해커스 세무사
IFRS 1차 FINAL
정윤돈 재무회계

🏛 해커스 경영아카데미

▌이 책의 저자

정윤돈

학력
성균관대학교 경영학과 졸업

경력
현 | 해커스 경영아카데미 교수
해커스공무원 교수
해커스금융 교수
미래세무회계 대표 회계사
삼일아카데미 외부교육 강사
전 | 삼정회계법인 감사본부(CM본부)
한영회계법인 금융감사본부(FSO)
한영회계법인 금융세무본부(FSO TAX)
대안회계법인 이사
이그잼 경영아카데미 재무회계 전임(회계사, 세무사)
합격의 법학원 재무회계 전임(관세사, 감평사)
와우패스 강사(CFA-FRA, 신용분석사, 경영지도사)
KEB하나은행, KB국민은행, 신한은행, IBK기업은행, 부산은행
외부교육 강사

자격증
한국공인회계사, 세무사

저서
해커스 IFRS 정윤돈 회계원리
해커스 IFRS 정윤돈 중급회계 1/2
해커스 IFRS 정윤돈 고급회계
해커스 IFRS 정윤돈 재무회계 키 핸드북
해커스 IFRS 정윤돈 객관식 재무회계
해커스 세무사 IFRS 정윤돈 재무회계 1차 FINAL
해커스 IFRS 정윤돈 재무회계연습
해커스공무원 정윤돈 회계학 재무회계 기본서
해커스공무원 정윤돈 회계학 원가관리회계 · 정부회계 기본서
해커스공무원 정윤돈 회계학 단원별 기출문제집
해커스 신용분석사 1부 이론+적중문제+모의고사
IFRS 중급회계 스터디가이드
IFRS 재무회계 기출 Choice 1/2
IFRS 객관식 재무회계 1/2
신용분석사 완전정복 이론 및 문제 1/2
신용분석사 기출 유형 정리 1부
신용분석사 최종정리문제집 1/2부

머리말

재무회계 학습에서 가장 중요한 것은 '각 거래들이 재무제표에 어떠한 영향을 주어 정보이용자에게 어떠한 의미로 전달되는지'를 파악하는 것입니다. 이를 위해서 우리는 다양한 방법을 통하여 각 거래를 학습하고 있습니다. 그러나 많은 수험생들이 재무회계를 학습할 때 단순히 회계처리를 해보거나 그림을 그려 답을 구하려고만 하는 실수를 범하는 경우가 많습니다. 모든 회계처리와 그림의 결론은 '각 거래들이 재무제표에서 어떠한 의미로 기재되는가'라는 것을 항상 기억하시기를 바랍니다.

시험을 앞두고 많은 수험생들은 재무회계를 정리하면서 이제까지 공부하였던 이론을 주로 암기하거나 문제의 답을 외우려고 합니다. 그러나 이러한 방법은 옳은 마무리법이 아닙니다. 남은 기간동안 회계학 전체 파트에서 자주 출제되는 유형이 무엇인지, 그 유형에서 대표적인 문제들은 무엇인지 그리고 그 문제들의 대표적인 풀이법은 무엇인지를 기억하는 것이 가장 중요합니다. 본서는 수험생들이 수험기간 마지막에 이러한 부분들을 보완하는 데 도움이 되기 위하여 제작된 책입니다.

본서의 특징은 아래와 같습니다.

첫째, 재무회계 단원별로 세무사 1차 시험에 맞춰 꼭 확인해야 하는 부분을 모두 문제화하였습니다.

둘째, 회계학 1부의 2차 문제 중 반드시 알아야하는 대표 유형을 객관식화하여 2차 시험 준비도 자연스럽게 연계될 수 있도록 하였습니다.

셋째, FINAL 모의고사 15회를 수록하여 수험생들의 실전감각을 높이는 것에 집중하였습니다.

모든 과목이 동일하지만 특히 재무회계는 시험 막판 1달 사이에 가장 실력이 급상승하는 과목입니다. 그럼에도 불구하고 많은 학생들이 정리할 양이 너무 많아 중요한 시기에 포기해버리는 경우가 많습니다. 본서가 이러한 부분에서 수험생들에게 도움이 되었으면 합니다. 끝으로 늘 바쁘고, 피곤해하는 남편을 한결같이 사랑해주는 아내 현주와 하루하루가 큰 행복일 수 있게 해주는 딸 소은, 소율에게 사랑한다는 말 전합니다.

정윤돈

목차

PART 1 관련 종합 사례

PART 2 FINAL 모의고사

목차

본 교재와 관련된 이론을 학습하고 싶다면!
<해커스 IFRS 정윤돈 재무회계 키 핸드북>

본 교재와 관련된 주관식 문제를 풀어보고 싶다면!
<해커스 IFRS 정윤돈 재무회계연습>

*위 교재는 시중 서점에서 구입할 수 있습니다.

해커스 세무사 IFRS 정윤돈 재무회계 1차 FINAL

PART 1

관련 종합 사례

제 1 장 │ 재무제표와 개념체계

01 재무보고를 위한 개념체계 중 재무정보의 질적 특성에 관한 설명으로 옳지 않은 것은?

① 유용한 재무정보의 질적 특성은 그 밖의 방법으로 제공되는 재무정보뿐만 아니라 재무제표에서 제공되는 재무정보에도 적용된다.

② 중요성은 기업 특유 관점의 목적적합성을 의미하므로 회계기준위원회는 중요성에 대한 획일적인 계량임계치를 정하거나 특정한 상황에서 무엇이 중요한 것인지를 미리 결정하여야 한다.

③ 재무정보의 예측가치와 확인가치는 상호 연관되어 있다. 예측가치를 갖는 정보는 확인가치도 갖는 경우가 많다.

④ 재무보고의 목적을 달성하기 위해 근본적 질적 특성 간 절충이 필요할 수도 있다.

⑤ 근본적 질적 특성을 충족하면 어느 정도의 비교가능성은 달성된다.

02 재무보고를 위한 개념체계에 관한 설명으로 옳지 않은 것은?

① 이해가능성은 합리적인 판단력이 있고 독립적인 서로 다른 관찰자가 어떤 서술이 충실하게 표현되었다는 데 대체로 의견이 일치할 수 있다는 것을 의미한다.

② 근본적 질적 특성은 목적적합성과 표현충실성이다.

③ 비교가능성, 검증가능성, 적시성 및 이해가능성은 목적적합하고 충실하게 표현된 정보의 유용성을 보강시키는 질적 특성이다.

④ 목적적합한 재무정보는 정보이용자의 의사결정에 차이가 나도록 할 수 있다.

⑤ 적시성은 의사결정에 영향을 미칠 수 있도록 의사결정자가 정보를 제때에 이용가능하게 하는 것을 의미한다.

03 포괄손익계산서와 재무상태표에 관한 설명으로 옳지 않은 것은?

① 수익과 비용의 어느 항목도 당기손익과 기타포괄손익을 표시하는 보고서 또는 주석에 특별손익 항목으로 표시할 수 없다.

② 비용의 성격별 분류방법은 기능별 분류방법보다 자의적인 배분과 상당한 정도의 판단이 더 개입될 수 있다.

③ 해당 기간에 인식한 모든 수익과 비용의 항목은 단일 포괄손익계산서 또는 두 개의 보고서(당기손익 부분을 표시하는 별개의 손익계산서와 포괄손익을 표시하는 보고서) 중 한 가지 방법으로 표시한다.

④ 영업주기는 영업활동을 위한 자산의 취득시점부터 그 자산이 현금이나 현금성자산으로 실현되는 시점까지 소요되는 기간이다.

⑤ 기업의 정상영업주기가 명확하게 식별되지 않는 경우 그 주기는 12개월인 것으로 가정한다.

04 자본유지개념과 이익의 결정에 관한 설명으로 옳지 않은 것은?

① 재무자본유지개념을 사용하기 위해서는 현행원가기준에 따라 측정해야 한다.

② 자본유지개념은 기업의 자본에 대한 투자수익과 투자회수를 구분하기 위한 필수요건이다.

③ 자본유지개념 중 재무자본유지는 명목화폐단위 또는 불변구매력단위를 이용하여 측정할 수 있다.

④ 재무자본유지개념과 실물자본유지개념의 주된 차이는 기업의 자산과 부채에 대한 가격 변동 영향의 처리방법에 있다.

⑤ 자본유지개념은 이익이 측정되는 준거기준을 제공함으로써 자본개념과 이익개념 사이의 연결고리를 제공한다.

05 다음 중 재무제표의 작성과 표시에 대한 설명으로 옳은 것은?

① 매입채무 그리고 종업원 및 그 밖의 영업원가에 대한 미지급비용과 같은 유동부채는 기업의 정상영업주기 내에 사용되는 운전자본의 일부이지만, 이러한 항목은 보고기간 후 12개월 후에 결제일이 도래하면 비유동부채로 분류한다.

② 기업이 기존의 대출계약조건에 따라 보고기간 후 적어도 12개월 이상 부채를 차환하거나 연장할 것으로 기대하고 있고, 그런 재량권이 있더라도, 보고기간 후 12개월 이내에 만기가 도래하는 경우 유동부채로 분류한다.

③ 보고기간 말 이전에 장기차입약정을 위반했을 때, 대여자가 즉시 상환을 요구할 수 있는 채무라 하더라도 채권자가 보고기간 말 이후에 보고기간 후 적어도 12개월 이상의 유예기간을 주는 데 합의하여, 그 유예기간 내에 기업이 위반사항을 해소할 수 있고, 또 그 유예기간 동안에는 채권자가 즉시 상환을 요구할 수 없더라도, 그 부채는 유동부채로 분류한다.

④ 중요한 오류수정과 회계정책의 변경은 전진법을 적용하므로 이러한 수익과 비용은 당기손익에 반영된다.

⑤ 비용을 성격별로 분류하는 기업은 매출원가를 포함하여 비용의 기능에 대한 추가 정보를 주석 공시한다.

06 재무제표 표시에 관한 설명으로 옳은 것은?

① 기업은 재무제표, 연차보고서, 감독기구 제출서류 또는 다른 문서에 표시되는 그 밖의 정보 등 외부에 공시되는 모든 재무적 및 비재무적 정보에 한국채택국제회계기준을 적용하여야 한다.

② 투자자산 및 영업용자산을 포함한 비유동자산의 처분손익은 처분대가에서 그 자산의 장부금액과 관련처분비용을 차감하여 상계표시한다.

③ 경영진이 기업을 청산하거나 경영활동을 중단할 의도를 가지고 있거나 청산 또는 경영활동의 중단의도가 있을 경우에도 계속기업을 전제로 재무제표를 작성한다.

④ 한국채택국제회계기준의 요구사항을 모두 충족하지 않더라도 일부만 준수하여 재무제표를 작성한 기업은 그러한 준수 사실을 주석에 명시적이고 제한 없이 기재한다.

⑤ 변경된 표시방법의 지속가능성이 낮아 비교가능성을 저해하더라도 재무제표이용자에게 신뢰성 있고 더욱 목적적합한 정보를 제공한다고 판단할 때에는 재무제표의 표시방법을 변경한다.

07 유용한 재무정보의 질적 특성에 관한 설명으로 옳지 않은 것은?

① 목적적합성과 표현충실성이 없는 재무정보가 더 비교가능하거나, 검증가능하거나, 적시성이 있거나, 이해가능하다면 유용한 정보이다.

② 보고기업에 대한 정보는 다른 기업에 대한 유사한 정보 및 해당 기업에 대한 다른 기간이나 다른 일자의 유사한 정보와 비교할 수 있다면 더욱 유용하다.

③ 재무정보가 예측가치를 갖기 위해서 그 자체가 예측치 또는 예상치일 필요는 없으며, 예측가치를 갖는 재무정보는 정보이용자가 예측하는 데 사용된다.

④ 정보가 누락되거나 잘못 기재된 경우 특정 보고기업의 재무정보에 근거한 정보이용자의 의사결정에 영향을 줄 수 있다면 그 정보는 중요한 것이다.

⑤ 목적적합하고 충실하게 표현된 재무정보는 보강적 질적 특성이 없더라도 유용할 수 있다.

정답 및 해설

01 ② 중요성은 기업 특유 관점의 목적적합성을 의미하므로 회계기준위원회는 중요성에 대한 획일적인 계량임계치를 정하거나 특정한 상황에서 무엇이 중요한 것인지를 미리 결정할 수 없다.

02 ① 검증가능성은 합리적인 판단력이 있고 독립적인 서로 다른 관찰자가 어떤 서술이 충실하게 표현되었다는 데 대체로 의견이 일치할 수 있다는 것을 의미한다.

03 ② 비용의 기능별 분류방법은 성격별 분류방법보다 자의적인 배분과 상당한 정도의 판단이 더 개입될 수 있다.

04 ① 재무자본유지개념은 자산의 측정기준을 제한하고 있지 않다.

05 ③
① 매입채무 그리고 종업원 및 그 밖의 영업원가에 대한 미지급비용과 같은 유동부채는 기업의 정상영업주기 내에 사용되는 운전자본의 일부이므로, 이러한 항목은 보고기간 후 12개월 후에 결제일이 도래하더라도 유동부채로 분류한다.
② 기업이 기존의 대출계약조건에 따라 보고기간 후 적어도 12개월 이상 부채를 차환하거나 연장할 것으로 기대하고 있고, 그런 재량권이 있다면, 보고기간 후 12개월 이내에 만기가 도래한다 하더라도 비유동부채로 분류한다. 그러나 기업에게 부채의 차환이나 연장에 대한 재량권이 없다면, 차환가능성을 고려하지 않고 유동부채로 분류한다.
④ 중요한 오류수정과 회계정책의 변경은 소급법을 적용하므로 이러한 수익과 비용은 당기손익이 아니고 전기 이전 손익이 되어 당기 초 이익잉여금에 반영된다.
⑤ 비용을 기능별로 분류하는 기업은 감가상각비, 기타 상각비와 종업원급여비용을 포함하여 비용의 성격에 대한 추가 정보를 주석 공시한다. 비용을 성격별로 공시하는 경우 비용의 기능에 대한 추가 정보를 주석으로 공시하지 않는다.

06 ②
① 한국채택국제회계기준은 재무제표만을 그 적용범위로 한다.
③ 경영진이 기업을 청산하거나 경영활동을 중단할 의도를 가지고 있거나 청산 또는 경영활동의 중단의도가 있을 경우에는 청산기업 가정에 따라 재무제표를 작성한다.
④ 한국채택국제회계기준의 요구사항을 모두 충족하지 않더라도 일부만 준수하여 재무제표를 작성한 기업은 그러한 준수 사실을 기재할 수 없다.
⑤ 변경된 표시방법의 지속가능성이 낮아 비교가능성을 저해하더라도 재무제표이용자에게 신뢰성 있고 더욱 목적적합한 정보를 제공한다고 판단되더라도 재무제표의 표시방법을 변경할 수 없다.

07 ① 목적적합성과 표현충실성이 없는 재무정보는 더 비교가능하거나, 검증가능하거나, 적시성이 있거나, 이해가능하더라도 유용한 정보가 아니다.

[01 ~ 03]

A사는 20×1년 말 재고자산을 실사하였다. 실사 결과 회사가 보유한 재고자산의 원가는 ₩2,000,000이었으며, 재고자산 관련 자료는 아래와 같다.

> (1) 선적지인도조건으로 구입한 재고자산은 ₩100,000이 결산일 현재 운송 중이다. 회사는 송장이 도착하지 않아 매입 회계처리를 하지 않았다.
>
> (2) 도착지인도조건으로 판매한 재고자산이 결산일 현재 운송 중이다. 재고자산의 원가는 ₩200,000이다. 회사는 선적시점에 매출로 수익을 인식하였다.
>
> (3) 회사는 20×1년 12월 20일에 원가 ₩50,000의 상품을 판매하고 판매대금을 수수하였다. 고객은 상품에 대한 법적 권리가 있으며 통제한다. 하지만, 고객은 20×2년 2월 8일에 동 상품을 인도받기를 원하여 회사의 창고에 보관하고 있으며, 실사금액에 포함되었다.
>
> (4) 회사는 20×1년 12월 31일에 반품조건부로 원가 ₩400,000의 재고자산을 판매하였으며, 판매분 중 50%는 반품률을 합리적으로 추정할 수 없고 50%는 반품률을 10%로 추정하고 있다.
>
> (5) 보고기간 말 현재 회사가 보관하고 있는 재고자산 중 ₩300,000은 차입금에 대한 담보로 제공되어 있다.
>
> (6) A사는 20×1년 12월 1일에 원가 ₩800,000의 재고자산을 현금 ₩1,000,000에 판매하기로 고객과 계약을 체결하였다. 계약에는 20×2년 3월 31일 이전에 그 자산을 ₩1,050,000에 다시 살 권리를 기업이 가지는 콜옵션이 포함되어 있다. A사는 20×2년 3월 31일에 콜옵션을 행사하였다.

01 위의 재고자산 관련 자료 중 (1) ~ (2)를 고려할 때 기말재고자산에 가산(가감)될 금액은 얼마인가?

① ₩100,000   ② ₩200,000   ③ ₩300,000

④ ₩(-)200,000   ⑤ ₩0

02 위의 재고자산 관련 자료 중 (3) ~ (4)를 고려할 때 기말재고자산에 가산(가감)될 금액은 얼마인가?

① ₩(-)50,000   ② ₩350,000   ③ ₩(-)30,000

④ ₩(-)400,000   ⑤ ₩150,000

03 위의 재고자산 관련 자료 중 (5) ~ (6)을 고려할 때 기말재고자산에 가산(가감)될 금액은 얼마인가?

① ₩0   ② ₩1,000,000   ③ ₩(−)300,000

④ ₩700,000   ⑤ ₩800,000

[04 ~ 08]

다음은 ㈜한국의 상품에 관련된 자료이다. 각 물음은 서로 독립적이다.

(1) 모든 매입·매출거래는 현금거래이다.
(2) 상품의 단위당 판매가격은 ₩1,500이고, 20×1년 상품의 매입·매출에 관한 자료는 다음과 같다.

일자	구분	수량(개)	단위원가	금액
1월 1일	기초상품	200	₩1,100	₩220,000
2월 28일	매입	2,400	₩1,230	₩2,952,000
3월 5일	매출	2,000		
8월 20일	매입	2,600	₩1,300	₩3,380,000
12월 25일	매출	1,500		
12월 31일	기말상품	1,700		

04 ㈜한국이 재고자산 원가흐름의 가정을 평균법을 사용하고 있고, 계속기록법을 사용하고 있을 때, 당해 연도의 매출원가는 얼마인가?

① ₩4,800,000   ② ₩4,780,000   ③ ₩4,342,000
④ ₩4,367,500   ⑤ ₩4,410,000

05 ㈜한국이 재고자산 원가흐름의 가정을 평균법을 사용하고 있고, 실지재고조사법을 사용하고 있을 때, 당해 연도의 매출원가는 얼마인가?

① ₩4,800,000   ② ₩4,780,000   ③ ₩4,342,000
④ ₩4,367,500   ⑤ ₩4,410,000

06 ㈜한국이 재고자산 원가흐름의 가정을 선입선출법을 사용하고 있고, 계속기록법을 사용하고 있을 때, 당해 연도의 매출원가는 얼마인가?

① ₩4,800,000 ② ₩4,780,000 ③ ₩4,342,000
④ ₩4,367,500 ⑤ ₩4,410,000

07 ㈜한국이 재고자산 원가흐름의 가정을 평균법을 사용하고 있고, 실지재고조사법을 사용한다. 기초에 동 재고자산의 재고자산평가충당금은 없었고 실사 결과, 실제 창고에 존재하는 재고자산은 1,500개였다. 또한, 동 재고자산의 기말순실현가능가치는 단위당 ₩1,000이다. 이 경우 당해 연도의 매출원가는 얼마인가? (단, 감모손실은 모두 기타비용처리하고 평가손실만 매출원가에 반영한다)

① ₩4,800,000 ② ₩4,780,000 ③ ₩4,342,000
④ ₩4,367,500 ⑤ ₩4,410,000

08 ㈜한국이 재고자산 원가흐름의 가정을 평균법을 사용하고 있고, 실지재고조사법을 사용한다. 기초에 동 재고자산의 재고자산평가충당금은 ₩20,000이고 실사 결과, 실제 창고에 존재하는 재고자산은 1,500개였다. 또한, 동 재고자산의 기말순실현가능가치는 단위당 ₩1,000이다. 이 경우 당해 연도의 매출원가는 얼마인가? (단, 감모손실은 모두 기타비용처리하고 평가손실만 매출원가에 반영한다)

① ₩4,800,000 ② ₩4,780,000 ③ ₩4,342,000
④ ₩4,367,500 ⑤ ₩4,410,000

[09 ~ 10]

㈜포도는 20×1년에 설립된 회사로 원재료를 제조공정에 투입하여 재공품을 거쳐 제품을 생산 판매하고 있다.

⟨20×1년 말 현재 보유 중인 재고자산⟩

구분	실제수량	단위당		
		원가	현행대체원가	순실현가능가치
제품	370개	₩4,000	₩3,800	₩3,600
재공품	50개	₩1,500	₩1,200	₩1,400
원재료	180개	₩1,000	₩800	₩850

⟨20×2년 말 현재 보유 중인 재고자산⟩

구분	실제수량	단위당		
		원가	현행대체원가	순실현가능가치
제품	470개	₩5,000	₩4,800	₩5,200
재공품	20개	₩1,400	₩1,200	₩1,100
원재료	70개	₩1,200	₩700	₩900

㈜포도는 20×2년 12월 28일 ㈜앵두에 제품 200개를 개당 ₩4,500에 판매하는 확정판매계약을 체결하였다. 동 계약은 20×3년 중에 인도할 예정이며, 판매 시 거래원가는 ₩200이다.

09 ㈜포도가 20×1년도에 인식할 재고자산평가손실(또는 평가손실환입)은 얼마인가?

① ₩5,000 ② ₩148,000 ③ ₩153,000
④ ₩189,000 ⑤ ₩0

10 ㈜포도가 20×2년도에 인식할 재고자산평가손실(또는 (−)평가손실환입)은 얼마인가?

① ₩140,000 ② ₩(−)43,000 ③ ₩(−)7,000
④ ₩146,000 ⑤ ₩181,000

11 12월 말 결산법인인 A사는 전기자동차를 제조판매하는 회사로 20×1년 4월 1일 창고에 화재가 발생하였다. 20×1년 1월 1일 상품재고액은 ₩10,000이며 관련된 자료들은 다음과 같다고 할 경우 물음에 답하시오.

구분	금액	구분	금액
기초매입채무	₩30,000	기초매출채권	₩20,000
현금매입	₩10,000	현금매출	₩15,000
매입할인	₩3,000	매출할인	₩5,000
1분기 매입채무 결제액	₩500,000	1분기 매출채권 회수액	₩500,000
3월 31일 현재 매입채무	₩20,000	3월 31일 현재 매출채권	₩30,000

20×1년 3월 31일 현재 선적지인도조건으로 매입하는 운송 중인 미착품 ₩6,000이 있으며, 매입채무를 인식하지 않았다. A사는 제품을 판매할 때 원가에 25% 이익을 가산하여 판매한다. 화재 이후에 남은 창고보관 제품의 내역은 다음과 같다.

구분	원가	판매가
제품 A	₩40,000	₩8,000
제품 B	₩20,000	₩30,000

A사가 화재로 인하여 인식할 재해손실은 얼마인가?

① ₩60,000   ② ₩62,000   ③ ₩65,000

④ ₩68,000   ⑤ ₩70,000

12 소매업을 영위하고 있는 ㈜대한은 재고자산에 대해 소매재고법을 적용하고 있다.

〈자료〉

(1) ㈜대한의 당기 재고자산과 관련된 항목별 원가와 매가는 다음과 같다.

항목	원가	매가
기초재고자산	?	₩40,000
당기매입액(총액)	?	₩210,000
매입환출	₩3,000	₩5,000
매입할인	₩1,000	
매출액(총액)		₩120,000
매출환입	₩2,000	₩16,000
매출에누리		₩4,000
가격 인상액(순액)		₩22,000
가격 인하액(순액)		₩15,000
정상파손	₩2,000	₩4,000
비정상파손	₩6,000	₩12,000
종업원할인		₩2,000

(2) ㈜대한이 재고자산에 대해 원가기준으로 선입선출법과 가중평균법을 각각 적용하여 측정한 원가율은 다음과 같다.

적용방법	원가율
원가기준 선입선출법	55%
원가기준 가중평균법	50%

(3) 정상파손의 원가는 매출원가에 포함하며, 비정상파손의 원가는 영업외비용으로 처리한다.

(4) 원가율 계산 시 소수점 이하는 반올림한다(예 61.6%는 62%로 계산).

㈜대한이 재고자산에 대해 저가기준으로 선입선출법을 적용하였을 경우 **매출원가를 계산하시오.**

① ₩61,260 ② ₩58,660 ③ ₩55,000
④ ₩51,660 ⑤ ₩49,270

13 ㈜대한농림은 사과를 생산·판매하는 사과 과수원을 운영하고 있다.

〈자료〉

(1) 사과나무의 20×1년 초 장부금액은 ₩50,000이며, 잔존내용연수는 5년이다. 잔존가치는 없으며, 정액법으로 감가상각하고 원가모형을 적용한다.

(2) 20×1년 9월에 20박스의 사과를 수확하였으며, 수확한 사과의 순공정가치는 박스당 ₩30,000이고 수확비용은 총 ₩20,000이다.

(3) 20×1년 10월에 10박스를 ₩400,000에 판매하였고, 판매비용은 총 ₩10,000이다.

(4) 20×1년 말 사과 10박스를 보유하고 있고, 10박스의 순공정가치는 ₩450,000이다.

(5) 20×1년에 생산되기 시작하여 20×1년 말 수확되지 않고 사과나무에서 자라고 있는 사과의 순공정가치는 ₩200,000으로 추정된다.

㈜대한농림의 20×1년도 포괄손익계산서상 당기순이익에 미치는 영향을 계산하시오.

① ₩870,000   ② ₩860,000   ③ ₩855,000

④ ₩460,000   ⑤ ₩400,000

01 ③ 선적지인도조건으로 매입하여 아직 도착하지 못한 상품과 도착지인도조건으로 판매하여 아직 도착하지 못한 상품은 모두 기말 창고에 존재하는 재고자산에 가산한다.

02 ① 미인도청구판매분은 기말 실사 재고자산에서 차감한다. 또한 반품조건부 판매의 경우 반품률을 합리적으로 추정할수 없더라도 이를 반환재고회수권이라는 별도의 자산으로 기재하고 재고자산으로 보지 않는다. 그러므로 반품조건부 판매의 경우 기말재고자산에 가감할 금액은 없다.

03 ⑤ 차입금으로 담보를 제공하였어도 담보권이 실행되기 전까지는 회사의 재고자산이고, 현재 창고에 보관 중이므로별도로 고려할 사항은 없다. 재매입약정 판매의 경우 현재 기업이 동 거래로 손해를 보고 행사할 가능성이 높으므로금융약정으로 보아 해당 재고자산의 원가에 해당하는 금액을 기말재고자산에 가산하여야 한다.

04 ④ 1) 평균단가
    (1) 2월 28일: (200개 × 1,100 + 2,400개 × 1,230) ÷ (200 + 2,400)개 = @1,220
    (2) 8월 20일: (600개 × 1,220 + 2,600개 × 1,300) ÷ (600 + 2,600)개 = @1,285
  2) 매출원가: 2,000개 × @1,220 + 1,500개 × @1,285 = 4,367,500

05 ⑤ 1) 평균단가: (220,000 + 2,952,000 + 3,380,000) ÷ (200 + 2,400 + 2,600)개 = @1,260
  2) 매출원가: (2,000 + 1,500)개 × @1,260 = 4,410,000

06 ③ 매출원가: 220,000 + 2,952,000 + 900개 × @1,300 = 4,342,000

07 ① 1) 감모손실: (1,700 - 1,500)개 × @1,260 = 252,000
  2) 기말재고자산: Min[1,260, 1,000] × 1,500개 = 1,500,000
  3) 매출원가: 220,000 + 6,332,000 - 252,000 - 1,500,000 = 4,800,000

08 ② 매출원가: (220,000 - 20,000) + 6,332,000 - 252,000 - 1,500,000 = 4,780,000

09 ④ 평가손실(20×1년 말 재고자산평가충당금): 189,000
  1) 제품: 370개 × (4,000 - 3,600) = 148,000
  2) 재공품: 50개 × (1,500 - 1,400) = 5,000
  3) 원재료: 180개 × (1,000 - 800) = 36,000 (관련 제품 저가법 적용으로 원재료도 저가법 적용)

10 ② 1) 20×2년 재고자산평가충당금

    (1) 제품

        ① 확정판매계약: 200개 × [5,000 - (4,500 - 200)] = 140,000

        ② 확정판매계약 초과분: 저가법 적용대상 아님

    (2) 재공품: 20개 × (1,400 - 1,100) = 6,000

    (3) 원재료: 생산된 제품(확정판매계약 초과분)이 저가법 평가대상이 아니므로 원재료도 저가법 적용대상 아님

  2) 재고자산평가손실환입: 146,000 - 189,000 = (-)43,000 환입

11 ② 1) 매출액: 15,000 + 510,000[1] = 525,000

    [1] 매입채무 T계정: 20,000 + 외상매출 = 500,000 + 30,000, 외상매출: 510,000

  2) 매입: 10,000 + 490,000[2] + 6,000(선적지인도조건 미기록) = 506,000

    [2] 매입채무 T계정: 30,000 + 외상매입 = 500,000 + 20,000, 외상매입: 490,000

  3) 기말재고: 10,000 + 506,000 - 525,000/1.25 = 96,000

  4) 재해손실액: 96,000 - 6,000(미착상품) - Min[40,000, 8,000] - Min[20,000, 30,000] = 62,000

12 ④ 1) T계정 분석

기초재고자산 원가	① 10,000
당기매입액(총액) 원가	② 120,000

상품(원가)				상품(매가)			
기초재고	?	매출원가	?	기초재고	40,000	총매출액	120,000
총매입액	?			총매입액	210,000	매출에누리 등	(-)20,000
매입할인 등	(-)4,000	기말재고	?	매입환출	(-)5,000	종업원할인	2,000
비정상파손	(-)6,000			순인상액	22,000	정상파손	4,000
				순인하액	(-)15,000		
				비정상파손	(-)12,000	기말재고(역산)	134,000
					240,000		240,000

    (1) 판매가능재고자산 원가: 240,000 × 50% = 120,000

    (2) 당기매입재고자산 원가: (240,000 - 40,000) × 55% = 110,000

    (3) 기초재고자산 원가: 120,000 - 110,000 = 10,000

    (4) 당기 매입액(총액) 원가: 120,000 - 10,000 + 4,000 + 6,000 = 120,000

  2) 저가기준 선입선출법

    (1) 원가율: 110,000 ÷ (240,000 - 40,000 + 15,000) = 51%

    (2) 매출원가: 120,000 - 134,000 × 51% = 51,660

13 ②

20×1년 9월	차)	수확물(사과)[1]	600,000	대)	평가이익		600,000
	차)	수확비용	20,000	대)	현금		20,000

[1] 20박스 × @30,000 = 600,000, 생물자산에서 수확된 수확물은 수확시점에 순공정가치로 측정한다.

20×1년 10월	차)	현금	400,000	대)	매출		400,000
	차)	매출원가	300,000	대)	수확물(사과)		300,000
	차)	판매비용	10,000	대)	현금		10,000

20×1년 말	차)	생물자산(자라나는 사과)[2]	200,000	대)	평가이익		200,000
	차)	생산용식물(사과나무) 감가상각비[3]	10,000	대)	감가상각누계액		10,000

[2] 생물자산은 살아있는 동물이나 식물을 말하며, 생산용식물에서 자라는 생산물을 포함한다. 그러므로 기말에 순공정가치로 평가하여야 한다.
[3] (50,000 - 0)/5년 = 10,000

○ 이미 수확하여 보유하는 사과 10박스는 재고자산으로 처리하여 저가법을 적용하므로 평가이익은 인식하지 않는다.

당기순이익에 미치는 영향: 600,000 - 20,000 + 400,000 - 300,000 - 10,000 + 200,000 - 10,000 = 860,000

해커스 세무사 IFRS 정윤돈 재무회계 1차 FINAL

제3장

PART 1 관련 종합 사례

[01 ~ 03]

㈜포도는 20×1년 초에 설립되었으며, 매출채권과 기대신용손실에 관한 자료는 아래와 같다.

(1) 20×1년 말 현재 매출채권의 금액과 연령분석법에 따른 자료는 아래와 같다.

구분	총장부금액	손실률
30일 이내	₩200,000	1%
30일 초과 60일 이내	₩100,000	2%
60일 초과 90일 이내	₩50,000	4%
	₩350,000	

(2) 20×2년 매출채권 중 ₩3,000이 손상이 확정되었다.

(3) 20×2년 말 현재 매출채권의 금액과 연령분석법에 따른 자료는 아래와 같다.

구분	총장부금액	손실률
30일 이내	₩100,000	1%
30일 초과 60일 이내	₩200,000	2%
60일 초과 90일 이내	₩50,000	4%
90일 초과 120일 이내	₩40,000	20%
120일 초과	₩10,000	100%
	₩400,000	

(4) 20×3년 전기 손상처리 된 매출채권 중 ₩2,000이 회수되었다.

(5) 20×3년 말 현재 연령분석법에 따라 추정한 기대신용손실액은 ₩15,000으로 추정되었다.

01 20×1년 말 현재 ㈜포도의 재무상태표에 계상될 매출채권의 장부금액과 손실충당금 및 20×1년 ㈜포도의 포괄손익계산서에 계상될 손상차손은 얼마인가?

	20×1년 말 매출채권 장부금액	20×1년 말 손실충당금	20×1년 손상차손
①	₩350,000	₩3,000	₩5,000
②	₩350,000	₩6,000	₩6,000
③	₩344,000	₩6,000	₩6,000
④	₩340,000	₩4,000	₩7,000
⑤	₩350,000	₩4,000	₩7,000

02 20×2년 말 현재 ㈜포도의 재무상태표에 계상될 매출채권의 장부금액과 손실충당금 및 20×2년 ㈜포도의 포괄손익계산서에 계상될 손상차손은 얼마인가?

	20×2년 말 매출채권 장부금액	20×2년 말 손실충당금	20×2년 손상차손
①	₩350,000	₩13,000	₩25,000
②	₩390,000	₩16,000	₩22,000
③	₩375,000	₩15,000	₩22,000
④	₩390,000	₩15,000	₩28,000
⑤	₩375,000	₩16,000	₩28,000

03 20×3년 ㈜포도의 포괄손익계산서에 계상될 손상차손(손상차손환입)은 얼마인가?

① ₩2,000 손상차손
② ₩(−)2,000 손상차손환입
③ ₩3,000 손상차손
④ ₩(−)3,000 손상차손환입
⑤ ₩0

01 ③ 20×1년 F/S효과 및 회계처리

1) 20×1년 말 손실예상액

구분	총장부금액		손실률		손실예상액
30일 이내	₩200,000	×	1%	=	₩2,000
30일 초과 60일 이내	₩100,000	×	2%	=	₩2,000
60일 초과 90일 이내	₩50,000	×	4%	=	₩2,000
	₩350,000				기대신용손실 ₩6,000

2) 20×1년 말 F/S효과

B/S

매출채권	350,000	
(손실충당금)	(-)6,000	
	344,000	

I/S

손상차손	(-)6,000

3) 20×1년 회계처리

차) 손상차손	6,000	대) 손실충당금	6,000

02 ③ 20×2년 F/S효과 및 회계처리

1) 20×2년 말 손실예상액

구분	총장부금액		손실률		손실예상액
30일 이내	₩100,000	×	1%	=	₩1,000
30일 초과 60일 이내	₩200,000	×	2%	=	₩4,000
60일 초과 90일 이내	₩50,000	×	4%	=	₩2,000
90일 초과 120일 이내	₩40,000		20%		₩8,000
	₩390,000				기대신용손실 ₩15,000

❍ 손실예상률 100%는 이미 신용이 손상된 것으로 매출채권을 직접 제거한다.

2) 20×2년 말 F/S효과

B/S

매출채권	390,000	
(손실충당금)	(-)15,000	
	375,000	

I/S

손상차손	기초손실충당금 - 손상확정 + 손상확정채권회수 - 기말손실충당금
	6,000 - 13,000 + 0 - 15,000 = (-)22,000

3) 20×2년 회계처리
   - 기중 손상확정 시

차) 손실충당금	BV 3,000	대) 매출채권	손상확정액 3,000

   - 기말

차) 손실충당금	BV 3,000	대) 매출채권	손상확정액 10,000
손상차손	대차차액 7,000		
차) 손상차손	15,000	대) 손실충당금	15,000

4) 20×2년 손실충당금 T계정 분석

손실충당금

손상확정	③ 13,000	기초	① 6,000
		손상채권의 회수	② -
기말	④ 15,000	손상차손	대차차액 22,000

03 ② 20×3년 회계처리 및 당기손익에 미친 영향
   - 기중 손상처리 된 수취채권회수 시

차) 현금	2,000	대) 손실충당금	2,000

   - 기말

차) 손실충당금*	2,000	대) 손상차손환입	2,000

   * 기말기대신용손실(④) - 손실충당금 잔액(① + ② - ③)

손실충당금

당기손상확정	③ -	기초손실충당금	① 15,000
		손상채권의 회수	② 2,000
기말손상	④ 기말매출채권 × 설정율 15,000	손실차손(손실충당금환입)	대차차액 (-)2,000

I/S

손실충당금환입	기초손실충당금 - 손상확정 + 채권회수 - 기말손실충당금
	15,000 - 0 + 2,000 - 15,000 = 2,000

[01 ~ 05]

20×1년 1월 1일 영업을 시작한 K회사의 유형자산 내역은 다음과 같다. K회사의 결산일은 매년 12월 31일이다.

(1) 20×1년 1월 1일 토지 A와 건물 A를 취득하고 ₩812,500을 지급하였다. 취득 당시의 공정
  가치는 토지 A는 ₩72,000, 건물 A는 ₩828,000이었다.
(2) 20×1년 7월 1일 기계 A를 ₩300,000에 구입하였다. 이 기계의 잔존가치는 ₩30,000이
  고, 내용연수는 5년이다.
(3) 20×1년 1월 1일에 기계 B를 취득하면서 ₩4,000을 먼저 지급하고, 잔금은 20×1년 12월
  31일부터 매년 ₩4,000씩 3년간 분할상환하기로 하였다. 유효이자율은 연 8%이다.(할인율
  이 8%인 경우 ₩1의 3년 현가는 0.79383이며, 연금현가는 2.57710이다)

〈감가상각명세표〉

자산	취득일	취득원가	잔존가치	감가상각방법	내용연수	감가상각비	
						20×1년	20×2년
토지 A	20×1. 1. 1.	①					
건물 A	20×1. 1. 1.		₩47,500	정액법	②	₩14,000	₩14,000
기계 A	20×1. 7. 1.	₩300,000	₩30,000	연수합계법	5년		③
기계 B	20×1. 1. 1.		₩308	정액법	5년		

01 감가상각명세표의 ①에 들어갈 금액은 얼마인가?

① ₩65,000   ② ₩75,000   ③ ₩32,000
④ ₩812,500   ⑤ ₩81,000

02 감가상각명세표의 ②에 들어갈 금액은 얼마인가?

① 47년   ② 48년   ③ 49년

④ 50년   ⑤ 52년

03 감가상각명세표의 ③에 들어갈 금액은 얼마인가?

① ₩65,000   ② ₩75,000   ③ ₩32,000

④ ₩812,500   ⑤ ₩81,000

04 K회사의 유형자산 중 기계 B가 20×1년 말 물리적 손상으로 인하여 사용가치가 ₩8,000, 순공정가치가 ₩10,000이 되었으나, 20×2년 말에 기계 B의 사용가치와 순공정가치를 재측정한 결과 사용가치가 ₩12,000, 순공정가치가 ₩11,000으로 회복되었다면, 다음 중 옳지 않은 것은? (단, 회사는 유형자산을 원가모형으로 후속측정하며, 다른 유형자산은 손상사유가 발생하지 않은 것으로 가정한다)

① 기계장치 B의 취득원가는 ₩14,308이다.
② 기계장치 B에 대한 20×1년의 손상차손은 ₩1,508이다.
③ 기계장치 B로 인식할 20×2년의 감가상각비는 ₩2,423이다.
④ 기계장치 B에 대한 20×2년의 손상차손환입액은 ₩1,131이다.
⑤ 기계장치 B와 관련하여 20×2년 말에 인식할 손상차손누계액은 없다.

05 유형자산의 감가상각방법, 내용연수 및 잔존가치는 매 회계연도 말에 재검토하여야 한다. 20×3년 말 감가상각 전 기계 A의 감가상각방법, 내용연수 및 잔존가치를 재검토한 결과 감가상각방법을 정액법으로, 잔존가치를 ₩14,000으로 변경하는 것이 타당한 것으로 파악되었으며, 잔존내용연수는 4년으로 추정되었다. 20×3년에 K회사가 인식할 기계 A의 감가상각비는 얼마인가?

① ₩65,000   ② ₩75,000   ③ ₩32,000

④ ₩812,500   ⑤ ₩81,000

매년 12월 31일이 결산일인 A사는 20×1년 초 취득원가 ₩1,000,000의 기계장치를 취득하여 즉시 사용하기 시작하였다. 동 기계장치의 내용연수는 5년이며, 잔존가치 없이 정액법으로 감가상각하고 원가모형을 사용한다. A사는 20×3년 초에 동 기계장치에 대하여 수선비 ₩40,000을 지출하였다. 동 지출로 인하여 잔존내용연수가 1년 더 연장되었고 잔존가치에는 변화가 없었다. 한편 동 기계장치는 기업환경의 변화에 따라 효용의 변동이 심한 자산으로, 20×2년 말과 20×3년 말 현재 손상차손 인식 여부 검토를 위한 자료는 아래와 같다.

구분	20×2년 말	20×3년 말
회수가능액	₩320,000	₩500,000

동 거래로 인해 A사의 20×3년 당기손익에 미친 영향을 구하시오.

① ₩270,000 ② ₩260,000 ③ ₩210,000
④ ₩160,000 ⑤ ₩100,000

[07 ~ 09]

A사는 경주시 소유의 토지에 5년간 방사선폐기물 매립장을 설치하고 이를 이용하는 계약을 체결하였다. 동 계약에 따르면 5년의 계약기간 종료 후 A사는 토지를 원상회복해야 할 의무를 부담하기로 되어있다. 방사선폐기물 매립장은 20×1년 1월 1일 ₩3,000,000에 설치가 완료되어 사용하기 시작하였으며, 동 일자로 추정한 원상회복을 위한 지출액은 ₩500,000으로 추정하였다. 방사선폐기물 매립장의 잔존가치는 없으며 정액법으로 상각한다.

부채의 특유위험과 화폐의 시간가치에 대한 현행시장의 평가를 반영한 세전이자율은 20×1년 1월 1일에 10%이다. 현가계수는 다음과 같다.

구분	1년	2년	3년	4년	5년
10%	0.90909	0.82645	0.75131	0.68301	0.62092
12%	0.89286	0.79719	0.71178	0.63552	0.56743

07 A사는 방사선폐기물 매립장에 대해 원가모형을 적용하고 있다. 동 거래가 A사의 20×1년 당기손익에 미치는 영향은 얼마인가?

① ₩(-)662,092 ② ₩(-)640,268 ③ ₩(-)693,138
④ ₩(-)702,091 ⑤ ₩(-)737,547

08 A사는 방사선폐기물 매립장에 대해 원가모형을 적용하고 있다. 5년 후 원상복구 시 실제 지출액이 ₩530,000이었다. 동 거래가 A사의 20×5년 당기손익에 미치는 영향은 얼마인가?

① ₩(-)662,092 ② ₩(-)640,268 ③ ₩(-)670,773
④ ₩(-)702,091 ⑤ ₩(-)737,547

09 위 물음과 독립적으로 A사는 방사선폐기물 매립장에 대해 원가모형을 적용하고 있다. 20×1년 12월 31일에 기술발전의 결과로서 미래 복구비용이 ₩400,000으로 감소할 것으로 추정하였고 해당 시점의 적절한 할인율은 12%이다. 동 거래가 A사의 20×2년 당기손익에 미친 영향은 얼마인가?

① ₩(-)662,092 ② ₩(-)640,268 ③ ₩(-)670,773
④ ₩(-)702,091 ⑤ ₩(-)737,547

[10 ~ 12]

A회사는 방위산업에 종사하고 있는 회사로 20×1년에 방위산업설비의 취득 시 설비자금의 일부인 ₩1,000,000을 20×1년 7월 1일에 정부에서 현금지원받았다.

(1) 유형자산의 취득일은 20×1년 10월 1일이며, 유형자산의 취득원가는 ₩4,000,000, 내용연수는 5년이며, 잔존가치는 ₩200,000으로 추정된다.
(2) A회사는 해당 유형자산을 20×4년 9월 30일에 ₩1,600,000에 처분하였다.

10 A회사가 감가상각방법을 정액법으로 하는 경우에 동 거래가 A회사의 20×4년 당기손익에 미친 영향은 얼마인가? (단, 회사는 정부보조금을 수령한 경우 이를 부채로 분류하여 인식하고 있다)

① ₩(-)140,000 　　② ₩420,000 　　③ ₩756,092
④ ₩350,000 　　⑤ ₩(-)737,547

11 A회사가 감가상각방법을 연수합계법으로 하는 경우에 동 거래가 A회사의 20×4년 당기손익에 미친 영향은 얼마인가? (단, 회사는 정부보조금을 수령한 경우 이를 부채로 분류하여 인식하고 있다)

① ₩(-)140,000 　　② ₩420,000 　　③ ₩756,092
④ ₩350,000 　　⑤ ₩(-)737,547

12 A회사가 감가상각방법을 정률법(상각률: 45%)으로 하는 경우에 동 거래가 A회사의 20×4년 당기손익에 미친 영향은 얼마인가? (단, 회사는 정부보조금을 수령한 경우 이를 부채로 분류하여 인식하고 있다)

① ₩(-)140,000 　　② ₩420,000 　　③ ₩756,092
④ ₩350,000 　　⑤ ₩(-)737,547

[13 ~ 15]

12월 말 결산법인인 A사는 20×1년 1월 1일 건물을 ₩100,000에 취득(경제적 내용연수 10년, 잔존가치 ₩0, 정액법 적용)하고 누계액제거법에 따라 재평가모형을 적용하고 있다. A사는 각 회계연도 말 공정가치와 회수가능액을 다음과 같이 추정하였다. 회수가능액이 공정가치에 미달하는 경우에는 손상징후가 발생하였다고 가정한다(단, 법인세효과는 고려하지 않는다).

구분	20×1년 말	20×2년 말	20×3년 말
공정가치	₩126,000	₩80,000	₩105,000
회수가능액	₩130,000	₩48,000	₩120,000

13 A사가 재평가잉여금을 이익잉여금으로 대체하지 않는 정책을 채택하고 있을 경우, 동 거래로 인하여 20×2년도에 A사가 인식할 손상차손은 얼마인가?

① ₩0   ② ₩10,000   ③ ₩36,000
④ ₩28,000   ⑤ ₩32,000

14 A사가 비례수정법에 따라 재평가에 대한 회계처리를 한다고 할 경우, 20×1년 말에 재무상태표에 기록될 건물의 취득원가는 얼마인가?

① ₩0   ② ₩126,000   ③ ₩136,000
④ ₩140,000   ⑤ ₩142,000

15 위 물음과 독립적으로 A사는 사업을 확장하기 위해 20×4년 4월 1일 미국에 있는 건물을 $1,000에 추가로 구입하였다. 동 건물의 내용연수는 5년이며, 잔존가치는 ₩0이다. 추가로 구입한 건물의 20×4년 말 공정가치가 $1,100일 경우, 동 건물과 관련하여 A사의 20×4년 재무제표에 표시될 재평가잉여금은 얼마인가? (단, 20×4년 4월 1일 환율은 ₩1,000/$이며, 20×4년 12월 31일 환율은 ₩900/$이다)

① ₩0   ② ₩126,000   ③ ₩136,000
④ ₩140,000   ⑤ ₩142,000

정답 및 해설

01 ① 812,500 × 72,000/(72,000 + 828,000) = 65,000

02 ④ 1) 건물의 취득원가: 812,500 × 828,000/(72,000 + 828,000) = 747,500
2) 건물의 내용연수: (747,500 - 47,500)/14,000 = 50년

03 ⑤ (300,000 - 30,000) × 5년/15년 × 6/12 + (300,000 - 30,000) × 4년/15년 × 6/12 = 81,000

04 ⑤ ① 기계장치의 취득원가: 4,000 + 4,000 × 2.57710(3년, 8% 연금현가) = 14,308
② 기계장치의 20×1년 손상차손

장부금액: 14,308 - (14,308 - 308) ÷ 5년 =	11,508
회수가능액: Max[8,000, 10,000] =	(-)10,000
계	1,508

③ 기계장치의 20×2년 감가상각비: (10,000 - 308) ÷ 4년 = 2,423
④ 기계장치의 20×2년 손상차손환입

회수가능액: Min[Max(11,000, 12,000), 8,708*] =	8,708
장부금액: 10,000 - (10,000 - 308) ÷ 4년 =	(-)7,577
계	1,131

* 회수가능액의 한도: 14,308 - (14,308 - 308)×2년/5년 = 8,708
⑤ 기계장치 관련 20×2년 말 손상차손누계액: 1,508 - 1,131 = 377

05 ③ 1) 20×2년 기계 A의 장부금액

취득원가	300,000
감가상각누계액: 45,000 + 81,000 =	(-)126,000
장부금액	174,000

2) 20×3년 기계 A의 감가상각비: (174,000 - 14,000) ÷ (4 + 1)년 = 32,000

06 ③   1) 20×2년 당기손익에 미친 영향: (200,000) + (280,000) = (-)480,000

         (1) 20×2년 감가상각비: (1,000,000 - 0) ÷ 5년 = (-)200,000

         (2) 20×2년 말 손상 전 장부금액: 1,000,000 - 200,000 × 2년 = 600,000

         (3) 20×2년 손상차손: 320,000 - 600,000 = (-)280,000

     2) 20×3년 당기손익에 미친 영향: (90,000) + 210,000 = 120,000

         (1) 20×3년 감가상각비: (320,000 + 40,000 - 0) ÷ (5 - 2 + 1)년 = (-)90,000

         (2) 20×3년 말 손상차손환입 전 장부금액: 320,000 + 40,000 - 90,000 = 270,000

         (3) 20×3년 말 손상차손환입 한도: Min[①, ②] = 480,000

             ① 20×3년 말 회수가능액: 500,000

             ② 손상차손을 인식하지 않았을 경우 20×3년 말 장부금액: 480,000

               • 손상차손을 인식하지 않았을 경우 20×3년 초 장부금액: 1,000,000 - 200,000 × 2년 + 40,000 = 640,000

               • 손상차손을 인식하지 않았을 경우 20×3년 감가상각비: (640,000 - 0) ÷ 4년 = (-)160,000

               • 손상차손을 인식하지 않았을 경우 20×3년 말 장부금액: 640,000 - 160,000 = 480,000

         (4) 20×3년 손상차손환입: 480,000 - 270,000 = 210,000

07 ③

[20×1년 초]					
차)	구축물	3,310,460	대)	현금	3,000,000
				복구충당부채[1]	310,460
[20×1년 말]					
차)	감가상각비[2]	662,092	대)	감가상각누계액	662,092
차)	이자비용[3]	31,046	대)	복구충당부채	31,046

[1] 500,000 × 0.62092 = 310,460
[2] 3,310,460/5 = 662,092
[3] 310,460 × 10% = 31,046

08 ⑤   1) 감가상각비: (-)662,092

     2) 이자비용: 500,000/1.1 × 10% = (-)45,455

     3) 복구공사손실: 500,000 - 530,000 = (-)30,000

09 ③

[20×1년 초]					
차)	구축물	3,310,460	대)	현금	3,000,000
				복구충당부채[1]	310,460
[20×1년 말]					
차)	감가상각비[2]	662,092	대)	감가상각누계액	662,092
차)	이자비용[3]	31,046	대)	복구충당부채	31,046
차)	복구충당부채[4]	87,298	대)	구축물	87,298
[20×2년 말]					
차)	감가상각비[5]	640,268	대)	감가상각누계액	640,268
차)	이자비용[6]	30,505	대)	복구충당부채	30,505

[1] 500,000 × 0.62092 = 310,460
[2] 3,310,460/5 = 662,092
[3] 310,460 × 10% = 31,046
[4] (310,460 + 31,046) - 400,000 × 0.63552 = 87,298
[5] 2,561,070/4 = 640,268
[6] 254,208 × 12% = 30,505

10 ① 1) 20×4년 초 유형자산 BV: 4,000,000 - (4,000,000 - 200,000) × 27/60개월 = 2,290,000
2) 20×4년 초 이연수익 BV: 1,000,000 - 1,000,000 × 27/60개월 = 550,000
3) 당기손익에 미친 영향: 처분이익(1,600,000 - 2,290,000) + 보조금수익 550,000 = (-)140,000

11 ② 1) 20×4년 초 유형자산 BV: 4,000,000 - (4,000,000 - 200,000) × (5 + 4 + 3 × 3/12)/15 = 1,530,000
2) 20×4년 초 이연수익 BV: 1,000,000 - 1,000,000 × (5 + 4 + 3 × 3/12)/15 = 350,000
3) 당기손익에 미친 영향: 처분이익(1,600,000 - 1,530,000) + 보조금수익 350,000 = 420,000

12 ③ 1) 20×4년 초 감가상각누계액: 2,926,125
   * 4,000,000 × 45% + 4,000,000 × (1 - 45%) × 45% + 4,000,000 × (1 - 45%)^2 × 45% × 3/12 = 2,926,125
2) 20×4년 초 유형자산 BV: 4,000,000 - 2,926,125 = 1,073,875
3) 20×4년 초 이연수익 BV: 1,000,000 - 2,926,125 × 1,000,000/(4,000,000 - 200,000) = 229,967
4) 당기손익에 미친 영향: 처분이익(1,600,000 - 1,073,875) + 보조금수익 229,967 = 756,092

13 ④ 20×2년 말 회계처리

차)	감가상각비	14,000	대)	감가상각누계액	14,000
차)	감가상각누계액	14,000	대)	건물	46,000
	재평가잉여금	32,000			
차)	재평가잉여금	4,000	대)	손상차손누계액	32,000
	손상차손	28,000			

* 20×1년 말 재평가잉여금: 126,000 - (100,000 - 10,000) = 36,000

14 ④ 1) 20×1년 말 공정가치 기준 감가상각비: (126,000 - 0)/9년 = 14,000
2) 20×1년 말 감가상각누계액: 14,000 × 1년 = 14,000
3) 20×1년 말 공정가치: 126,000
4) 20×1년 말 취득원가: 14,000 + 126,000 = 140,000

15 ④ 재평가잉여금: 990,000 - 850,000 = 140,000
1) 공정가치: $1,100 × ₩900/$ = 990,000
2) 장부금액: ($1,000 - $1,000/5 × 9/12) × ₩1,000/$ = 850,000
   * 공정가치 변동분과 환율변동효과를 모두 재평가잉여금으로 계상한다.

제 5 장 │ 차입원가 자본화

[01 ~ 07]

12월 31일이 결산일인 ㈜합격은 보유하고 있던 토지에 건물을 신축하기 위하여 20×1년 1월 1일 건설회사와 도급계약을 체결하였다. 관련 자료는 다음과 같다.

> (1) ㈜합격은 20×1년 4월 1일부터 4월 30일까지 건물설계와 건물 신축 관련 인가 업무를 완료하였고, 20×1년 5월 1일부터 본격적인 건물 신축공사를 시작하였다.
>
> (2) ㈜합격의 건물 신축과 관련하여 다음과 같이 지출이 발생하였다.
>
> | 20×1. 4. 1. | ₩800,000 | 20×1. 7. 1. | ₩3,000,000 | 20×2. 6. 30. | ₩1,200,000 |
> |---|---|---|---|---|---|
>
> * 20×1년 4월 1일 A사는 정부로부터 동 건물 신축과 관련하여 ₩400,000을 보조받다.
>
> (3) 동 건물은 20×2년 6월 30일에 완공되었다.
>
> (4) ㈜합격의 20×1년 중 차입금 현황은 다음과 같다.
>
> | 차입금 | 차입일 | 차입금액 | 상환일 | 연 이자율 |
> |---|---|---|---|---|
> | A | 20×1. 4. 1. | ₩1,200,000 | 20×2. 3. 31. | 12% |
> | B | 20×1. 7. 1. | ₩3,000,000 | 20×2. 12. 31. | 9% |
> | C | 20×0. 1. 1. | ₩1,000,000 | 20×3. 12. 31. | 12% |
>
> * 이들 차입금 중 차입금 A는 건물 신축을 위하여 개별적으로 차입되었으며, 이 중 ₩400,000은 20×1년 4월 1일부터 20×1년 6월 30일까지 연 10%의 이자지급조건의 정기예금에 예치하였다. 차입금 B, C는 일반적으로 차입된 것이다.

---

01 20×1년 연평균지출액은 얼마인가?

① ₩1,800,000　　　　② ₩2,000,000　　　　③ ₩2,200,000

④ ₩3,000,000　　　　⑤ ₩3,100,000

02 20×1년 자본화가능차입원가는 얼마인가?

① ₩123,000　　　　② ₩200,000　　　　③ ₩220,000

④ ₩245,000　　　　⑤ ₩300,000

03 A사는 적격자산 평균지출액은 회계기간 동안 건설중인자산의 매월 말 장부금액 가중평균으로 계산한다고 할 때, 20×2년 연평균지출액은 얼마인가?

① ₩1,800,000   ② ₩2,000,000   ③ ₩2,200,000

④ ₩3,000,000   ⑤ ₩3,100,000

04 A사는 적격자산 평균지출액은 회계기간 동안 건설중인자산의 매월 말 장부금액 가중평균으로 계산한다고 할 때, 20×2년 자본화가능차입원가는 얼마인가?

① ₩100,000   ② ₩165,200   ③ ₩135,000

④ ₩172,250   ⑤ ₩182,250

05 위 물음과 독립적으로 일반차입금 B, C의 이자율을 알지 못한다고 가정할 때, 20×1년 건설과 관련하여 총차입원가 ₩218,000을 자본화하였다면 일반차입금에 대한 자본화이자율은 얼마인가?

① 10%   ② 12%   ③ 14%

④ 16%   ⑤ 18%

06 20×2년도 포괄손익계산서에 보고할 이자비용은 얼마인가?

① ₩223,750   ② ₩233,750   ③ ₩243,750

④ ₩253,750   ⑤ ₩263,750

07 위와는 독립적으로 ㈜합격은 20×1년 초 건물을 위하여 $100를 차입(환율 ₩1,000/$, 연 5% 이자지급)하고 건설을 시작하였다. 유사한 조건의 원화차입금 이자율은 연 12%이다. 20×1년도의 평균환율은 ₩1,050/$, 기말환율이 ₩1,050/$이라고 할 때, 동 외화차입금과 관련하여 자본화할 금융비용은 얼마인가?

① ₩10,250   ② ₩20,250   ③ ₩30,250

④ ₩40,250   ⑤ ₩50,250

01 ① 1) 적수 산정

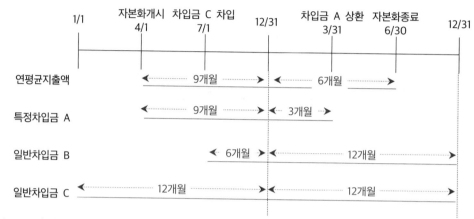

2) 20×1년 자본화할 차입원가: 102,000 + 98,000 = 200,000

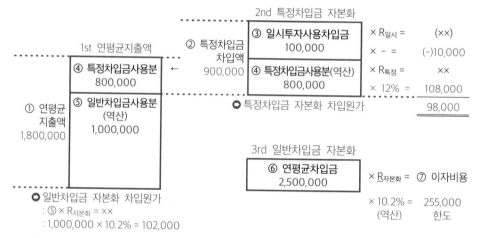

① 연평균지출액: (800,000 × 9 − 400,000 × 9 + 3,000,000 × 6)/12 = 1,800,000
② 특정차입금 연평균차입금: 1,200,000 × 9/12 = 900,000
③ 일시투자사용 연평균차입금: 400,000 × 3/12 = 100,000
⑥, ⑦ 일반차입금의 연평균차입금과 이자비용

구분	차입금액(I)	적수(II)	연평균차입금(III = I × II)	이자비용
B(9%)	3,000,000	6/12	1,500,000	1,500,000 × 9%
C(12%)	1,000,000	12/12	1,000,000	1,000,000 × 12%
합계			⑥ 2,500,000	⑦ 255,000

02 ② 01번 해설 참고

03 ① 20×2년 자본화할 차입원가: 146,250 + 36,000 = 182,250

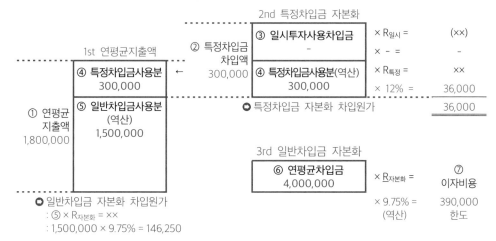

① 연평균지출액: (800,000 - 400,000 + 3,000,000 + 200,000) × 6/12 = 1,800,000
② 특정차입금 연평균차입금: 1,200,000 × 3/12 = 300,000
⑥, ⑦ 일반차입금의 연평균차입금과 이자비용

구분	차입금액(I)	적수(II)	연평균차입금(III = I × II)	이자비용
B(9%)	3,000,000	12/12	3,000,000	3,000,000 × 9%
C(12%)	1,000,000	12/12	1,000,000	1,000,000 × 12%
합계			⑥ 4,000,000	⑦ 390,000

04 ⑤ 03번 해설 참고

05 ② 자본화할 차입원가: 218,000

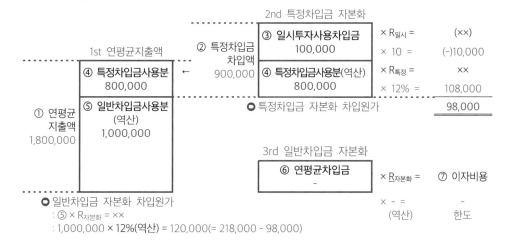

06 ③ 20×2년 이자비용: 243,750
① 특정차입금: 전액 자본화
② 일반차입금: 390,000 - 146,250 = 243,750

07 ① 자본화할 금융비용: 10,250

① 20×1년 이자비용: 100 × 5% × 1,050 = 5,250

② 외환 관련 손실: 100 × (1,000 − 1,050) = 5,000

③ 유사한 원화차입금 이자비용: 100 × 1,000 × 12% = 12,000

*12,000 > 5,250 + 5,000(외환 관련 손실 전액 자본화 차입원가 반영)

제 6 장 | 기타의 자산

[01 ~ 05]

12월 말 결산법인인 ㈜하늘은 20×1년 1월 1일 건물을 ₩10,000에 취득하였다. 건물의 경제적 내용연수는 10년, 잔존가치는 없으며 감가상각방법은 정액법이다. 각 보고기간 말 현재 건물의 공정가치는 다음과 같다.

20×1년 말	20×2년 말	20×3년 말	20×4년 말
₩9,180	₩7,200	₩6,300	₩6,000

단, 동 건물을 자가사용부동산으로 분류하여 재평가모형을 적용하는 경우에는 사용 중에 재평가잉여금을 이익잉여금으로 대체하지 않고, 회계처리는 감가상각누계액을 우선적으로 상계하는 방법을 사용한다. 다음에 제시되는 문제는 각각 독립된 상황이다.

01 ㈜하늘이 동 건물을 아래의 3가지 경우로 분류한 경우, 20×2년도의 당기순이익이 큰 순서대로 나열한 것은? (단, 동 거래를 고려하지 않을 때 20×2년의 당기순이익이 ₩10,000이다)

> A: 유형자산으로 분류하고 원가모형 적용
> B: 유형자산으로 분류하고 재평가모형 적용
> C: 투자부동산으로 분류하고 공정가치모형 적용

① B > C > A
② C > B > A
③ A > C > B
④ A > B > C
⑤ B > A > C

02 ㈜하늘은 동 건물을 임대목적으로 취득하여 공정가치모형을 적용하였으나 20×2년 7월 초 건물의 사용목적을 자가사용목적으로 변경하였다. 20×2년 7월 초 동 건물의 공정가치는 ₩10,500이다. 또한 20×2년 7월 초 현재 건물의 잔여내용연수를 10년으로 추정하였으며 잔존가치는 없이 정액법으로 감가상각하기로 하였다. ㈜하늘이 동 건물에 대해서 원가모형을 적용하는 경우 동 거래가 20×2년 ㈜하늘의 당기손익에 미친 영향은 얼마인가?

① ₩0
② ₩795
③ ₩1,320
④ ₩(-)1,980
⑤ ₩(-)2,775

03 ㈜하늘은 동 건물을 임대목적으로 취득하여 공정가치모형을 적용하였으나 20×2년 7월 초 건물의 사용목적을 자가사용목적으로 변경하였다. 20×2년 7월 초 동 건물의 공정가치는 ₩10,500이다. 또한 20×2년 7월 초 현재 건물의 잔여내용연수를 10년으로 추정하였으며 잔존가치는 없이 정액법으로 감가상각하기로 하였다. ㈜하늘이 동 건물에 대해서 재평가모형을 적용하는 경우 동 거래가 20×2년 ㈜하늘의 당기손익에 미친 영향은 얼마인가?

① ₩0　　　　　　　　② ₩795　　　　　　　　③ ₩1,320

④ ₩(−)1,980　　　　⑤ ₩(−)2,775

04 위 문제와 독립적으로 ㈜하늘은 20×1년 7월 1일에 자가사용목적으로 건물을 ₩200,000에 취득하였으며 내용연수 20년, 잔존가치 없이 정액법으로 상각하였다가 20×2년 7월 초 투자부동산(공정가치모형 적용)으로 대체하였을 경우에 각 시점별 공정가치가 아래와 같다.

20×1. 12. 31.	20×2. 7. 1.	20×2. 12. 31.
₩220,000	₩210,000	₩202,000

동 거래에 ㈜하늘이 원가모형을 적용하는 경우 20×2년의 당기손익에 미친 영향은 얼마인가? (단, 소수점 이하의 숫자는 반올림한다)

① ₩0　　　　　　　　② ₩(−)13,641　　　　③ ₩(−)13,000

④ ₩(−)1,980　　　　⑤ ₩(−)2,775

05 위 문제와 독립적으로 ㈜하늘은 20×1년 7월 1일에 자가사용목적으로 건물을 ₩200,000에 취득하였으며 내용연수 20년, 잔존가치 없이 정액법으로 상각하였다가 20×2년 7월 초 투자부동산(공정가치모형 적용)으로 대체하였을 경우에 각 시점별 공정가치가 아래와 같다.

20×1. 12. 31.	20×2. 7. 1.	20×2. 12. 31.
₩220,000	₩210,000	₩202,000

동 거래에 ㈜하늘이 재평가모형을 적용하는 경우 20×2년의 당기손익에 미친 영향은 얼마인가? (단, 소수점 이하의 숫자는 반올림한다)

① ₩0　　　　　　　　② ₩(−)13,641　　　　③ ₩(−)13,000

④ ₩(−)1,980　　　　⑤ ₩(−)2,775

06 다음은 ㈜대한의 무형자산과 관련된 자료이다.

(1) ㈜대한은 탄소배출량을 혁신적으로 감소시킬 수 있는 신기술에 대해서 연구 및 개발활동을 수행하고 있다. ㈜대한의 20×1년과 20×2년의 연구 및 개발활동에서 발생한 지출 내역을 요약하면 다음과 같다.

구분	20×1년	20×2년
연구활동	₩900,000	₩300,000
개발활동	-	₩3,500,000

(2) ㈜대한의 개발활동과 관련된 지출은 모두 무형자산의 인식요건을 충족한다.
(3) ㈜대한의 탄소배출량 감소와 관련된 신기술은 20×2년 중에 개발이 완료되었으며, 20×2년 10월 1일부터 사용가능하게 되었다.
(4) ㈜대한은 신기술 관련 무형자산에 대해서 원가모형을 적용하며 추정내용연수 4년, 잔존가치 ₩0, 연수합계법으로 상각한다.
(5) 20×3년 말 상기 신기술의 사업성이 매우 낮은 것으로 판명되었고, 신기술의 회수가능금액은 ₩1,000,000으로 평가되었다.

㈜대한이 동 거래로 인식할 20×3년 비용의 합계를 구하시오.

① ₩2,700,000   ② ₩2,260,000   ③ ₩2,150,000
④ ₩1,312,500   ⑤ ₩837,700

01 ④   1) A로 분류 시 당기손익에 미치는 영향: (-)1,000
       감가상각비: (10,000 - 0)/10년 = 1,000
     2) B로 분류 시 당기손익에 미치는 영향: (-)1,800
       (1) 감가상각비: (9,180 - 0)/9년 = 1,020
       (2) 재평가손실: 9,180 - 1,020 - 180 - 7,200 = 780
     3) C로 분류 시 당기손익에 미치는 영향: (-)1,980
       평가손실: 7,200 - 9,180 = (-)1,980

02 ②   원가모형 적용 시 20×2년 당기손익에 미친 영향: 795
     1) 투자부동산평가이익: 10,500 - 9,180 = 1,320
     2) 감가상각비: (10,500 - 0)/10년 × 6/12 = (-)525

[대체 시]				
차) 건물	10,500	대)	투자부동산	9,180
			투자부동산평가이익	1,320
[기말]				
차) 감가상각비	525	대)	감가상각누계액	525

03 ④   재평가모형 적용 시 20×2년 당기손익에 미친 영향: (-)1,980
     1) 투자부동산평가이익: 10,500 - 9,180 = 1,320
     2) 감가상각비: (-)525
     3) 재평가손실: 7,200 - (10,500 - 525) = (-)2,775

[대체 시]				
차) 건물	10,500	대)	투자부동산	9,180
			투자부동산평가이익	1,320
[기말]				
차) 감가상각비	525	대)	감가상각누계액	525
차) 감가상각누계액	525	대)	유형자산	3,300
재평가손실	2,775			

04 ③   원가모형을 적용하는 경우 20×2년 당기손익에 미친 영향: (-)13,000

[20×2년 7월 1일]				
차) 감가상각비[1]	5,000	대)	감가상각누계액	5,000
차) 감가상각누계액	10,000	대)	건물	200,000
투자부동산	210,000		재평가잉여금	20,000
[20×2년 말]				
차) 투자부동산평가손실[2]	8,000	대)	투자부동산	8,000

[1] (200,000 - 0)/20년 × 6/12 = 5,000
[2] 202,000 - 210,000 = (-)8,000

05 ② 재평가모형을 적용하는 경우 20×2년 당기손익에 미친 영향: (-)13,641

[20×1년 말]				
차) 감가상각비	5,000	대) 감가상각누계액	5,000	
차) 감가상각누계액	5,000	대) 재평가잉여금	25,000	
건물	20,000			
[20×2년 7월 1일]				
차) 감가상각비[1]	5,641	대) 감가상각누계액	5,641	
차) 감가상각누계액	5,641	대) 건물	220,000	
투자부동산	210,000			
재평가잉여금	4,359			
[20×2년 말]				
차) 투자부동산평가손실	8,000	대) 투자부동산	8,000	

[1] (220,000 - 0)/19.5년 × 6/12 = 5,641

06 ③ 1) 20×2년 비용의 합계: 300,000 + 350,000 = 650,000
　(1) 연구비: 300,000
　(2) 개발비의 20×2년 감가상각비: (3,500,000 - 0) × 4/10 × 3/12 = 350,000
2) 20×3년 비용의 합계: 1,312,500 + 837,500 = 2,150,000
　(1) 개발비의 20×3년 감가상각비: (3,500,000 - 0) × 4/10 × 9/12 + (3,500,000 - 0) × 3/10 × 3/12
　　= 1,312,500
　(2) 20×3년 말 손상 전 개발비 장부금액: 3,500,000 - 350,000 - 1,312,500 = 1,837,500
　(3) 20×3년 개발비 손상차손: 1,837,500 - 1,000,000 = 837,500

제 7 장 │ 금융부채

[01 ~ 03]

다음에 제시되는 물음은 각각 독립된 상황이다.

A사는 20×1년 초에 다음과 같은 조건의 사채를 B사에 발행하였으며 사채발행일에 A사의 사채에 적용될 시장이자율은 연 10%이다. A사의 보고기간은 매년 1월 1일부터 12월 31일까지이다. 동 사채의 액면금액은 ₩100,000이고 액면이자율은 연 8%, 이자지급일은 매년 12월 31일에 연 1회 지급하고 만기는 20×3년 말이다.

01 사채발행 시 사채발행비로 ₩4,633을 지출하였으며, 20×1년 12월 31일 A사의 재무상태표에 위 사채의 장부금액이 ₩93,240으로 계상되었을 경우 A사가 계상할 20×1년의 이자비용은 얼마인가? (이자율 10% 3기간 ₩1의 현가계수와 연금현가계수는 각각 0.75131, 2.48685이다)

① ₩10,847   ② ₩12,847   ③ ₩13,847

④ ₩9,745   ⑤ ₩8,000

02 사채의 사채발행비가 없다고 가정하고 A사는 동 사채를 사채액면의 발행일인 20×1년 초가 아닌 20×1년 4월 1일에 실제 발행하였을 경우, 다음 중 옳지 않은 것은? (단, 실제발행일인 4월 1일의 시장이자율은 15%이며 이자율 15% 3기간 ₩1의 현가계수와 연금현가계수는 각각 0.65752, 2.28323이다)

① 20×1년 4월 1일의 사채발행금액은 ₩87,169이다.

② 20×1년 말 사채할인발행차금의 장부금액은 ₩11,379이다.

③ 20×1년 사채의 이자비용은 ₩9,452이다.

④ 20×1년 사채할인발행차금상각액은 ₩3,452이다.

⑤ 동 사채로 A사가 인식할 총이자비용은 ₩38,831이다.

03 A사는 동 사채액면금액 ₩40,000을 20×3년 7월 1일에 ₩45,000에 상환하였다. 동 거래가 A사의 20×3년 당기손익에 미치는 영향은 얼마인가?

① ₩(-)3,764   ② ₩(-)4,909   ③ ₩(-)7,855

④ ₩(-)11,619   ⑤ ₩(-)12,000

B사는 다음과 같은 조건의 사채를 20×1년 4월 1일에 경과이자를 포함하여 ㈜사과에 발행하였다. B사와 ㈜사과의 결산일은 모두 12월 31일이다.

- 사채권면상 발행일: 20×1년 1월 1일
- 액면금액: ₩10,000,000
- 표시이자율: 연 10%
- 이자지급시기: 매년 12월 31일
- 원금의 상환: 20×1년부터 20×5년까지 매년 12월 31일에 ₩2,000,000씩 연속상환
- 20×1년 1월 1일의 시장이자율: 연 3%
- 20×1년 4월 1일의 시장이자율: 연 5%
- 사채발행과 관련하여 발생한 비용은 없음

시장이자율이 3%와 5%일 때 ₩1의 현가계수와 정상연금 ₩1의 현가계수는 아래의 표와 같다.

기간	₩1의 현가계수		정상연금 ₩1의 현가계수	
	3%	5%	3%	5%
1	0.97087	0.95238	0.97087	0.95238
2	0.94260	0.90703	1.91347	1.85941
3	0.91514	0.86384	2.82861	2.72325
4	0.88849	0.82270	3.71710	3.54595
5	0.86261	0.78353	4.57971	4.32948

단, 각 물음은 독립적이며, 소수점 이하 금액은 반올림한다.

04 B사가 동 사채와 관련하여 인식해야 하는 20×1년 12월 31일 현재 사채의 사채할증발행차금은 얼마인가?

① ₩908,107 ② ₩905,107 ③ ₩901,235
④ ₩887,165 ⑤ ₩875,106

05 B사가 위 사채를 20×4년 1월 1일에 시가(미래현금흐름의 현재가치)로 조기상환하는 경우 인식해야 하는 사채상환이익(손실)은 얼마인가? (단, 20×4년 1월 1일의 시장이자율은 연 4%이다)

① ₩60,538 ② ₩(-)60,538 ③ ₩72,538
④ ₩(-)72,538 ⑤ ₩75,106

[06 ~ 07]

A사는 20×1년 1월 1일 현재 만기일이 20×1년 12월 31일인 사채가 ₩98,182(액면금액 ₩100,000) 있다. 사채의 유효이자율은 연 10%이며, 표시이자는 매년 말 지급한다. A사는 동 사채의 만기일을 20×3년 12월 31일로 연장하고, 표시이자율은 연 5%로 조건을 변경하였다. 조건변경일 현재의 시장이자율은 연 12%이다. 현가계수는 다음과 같다(단, 사채의 회계처리는 순액법으로 한다).

기간	10%		12%	
	현가	연금현가계수	현가	연금현가계수
1	0.9091	0.9091	0.8928	0.8928
2	0.8264	1.7355	0.7972	1.6900
3	0.7513	2.4868	0.7118	2.4018

06 A사는 조건변경과 관련된 수수료 ₩500을 지출했다고 할 때, 동 사채로 인하여 인식할 조건변경이익은 얼마인가?

① ₩14,993

② ₩14,493

③ ₩10,618

④ ₩8,392

⑤ ₩0

07 A사는 조건변경과 관련된 수수료 ₩1,000을 지출했다고 할 때, 동 사채로 인하여 인식할 조건변경이익은 얼마인가?

① ₩14,993

② ₩14,493

③ ₩10,618

④ ₩8,392

⑤ ₩0

제7장 | 금융부채

정답 및 해설

01 ① 20×1년 이자비용: (-)10,847
1) 사채발행가액: 100,000 × 0.75131 + 8,000 × 2.48685 - 4,633 = 90,393
2) 유효이자(R): 90,393 × (1 + R) - 8,000 = 93,240, R = 12%
3) 이자비용: 90,393 × 12% = (-)10,847

02 ⑤ 1) 20×1년 4월 1일 사채발행 시 현금수령액: (1) + (2) = 87,169
    (1) 20×1년 초 사채의 현재가치: 100,000 × 0.65752 + 8,000 × 2.28323 = 84,018
    (2) 20×1년 초 ~ 4월 1일까지 유효이자: 84,018 × 15% × 3/12 = 3,151
    (3) 20×1년 초 ~ 4월 1일까지 미수이자: 8,000 × 3/12 = 2,000
2) 20×1년 4월 1일 사채발행 시 장부금액: (1) + (2) - (3) = 85,169
3) 20×1년 말 B/S상 사채할인발행차금: 100,000 - (84,018 × 1.15 - 8,000) = 11,379
4) 20×1년의 이자비용: 84,018 × 15% × 9/12 = (-)9,452
5) 20×1년 사채할인발행차금상각액: 88,621* - 85,169 = 3,452
    * 20×1년 말 사채 BV: 84,018 × 1.15 - 8,000 = 88,621
6) 총이자비용: (100,000 + 8,000 × 3년) - 87,169 = (-)36,831

03 ④ 20×3년 N/I에 미치는 영향: (-)3,764 + (-)7,855 = (-)11,619
1) 상환손실: -45,000 + ((1) + (2)) × 40% = (-)3,764
    (1) 20×3년 초 사채의 BV: 108,000/1.1 = 98,182
    (2) 20×3년 초 ~ 7월 1일까지 유효이자: 98,182 × 10% × 6/12 = 4,909
2) 이자비용: 98,182 × 10% × 6/12 × 40% + 98,182 × 10% × 60% = (-)7,855

04 ① 20×1년 말 사채의 장부금액: 11,341,054 + 11,341,054 × 5% - 3,000,000 = 8,908,107
20×1년 말 사채할증발행차금: 8,908,107 - 8,000,000 = 908,107
1) 20×1년 초의 현재가치: 11,341,054

구분	20×1. 12. 31.	20×2. 12. 31.	20×3. 12. 31.	20×4. 12. 31.	20×5. 12. 31.	계
원금	2,000,000	2,000,000	2,000,000	2,000,000	2,000,000	10,000,000
이자	1,000,000	800,000	600,000	400,000	200,000	3,000,000
합계	3,000,000	2,800,000	2,600,000	2,400,000	2,200,000	13,000,000
현가계수	0.95238	0.90703	0.86384	0.82270	0.78353	
현재가치	2,857,140	2,539,684	2,245,984	1,974,480	1,723,766	11,341,054

2) 20×1년 초 ~ 4월 1일 유효이자: 11,341,054 × 5% × 3/12 = 141,763
3) 20×1년 초 ~ 4월 1일 액면이자: 1,000,000 × 3/12 = 250,000

05 ② 1) 20×4년 1월 1일 사채의 장부금액: 2,400,000 × 0.95238 + 2,200,000 × 0.90703 = 4,281,178
2) 20×4년 1월 1일 상환금액: 2,400,000 ÷ 1.04 + 2,200,000 ÷ 1.04^2 = 4,341,716
3) 사채상환손실: 4,281,178 - 4,341,716 = (-)60,538

06 ② 1) 실질적 조건변경 여부 판단

(1) 새로운 미래현금흐름의 현재가치(10%): 5,000 × 2.4868 + 100,000 × 0.7513 = 87,564

(2) 최초 금융부채의 현재가치의 10%: 98,182 × 10% = 9,818

(3) 현재가치 차이: 98,182 − 87,564 − 500 = 10,118

○ 실질적인 조건의 변경에 해당한다.

2) 조건변경일의 회계처리

[20×1년 초]				
차) 사채(구)	98,182	대) 사채(신)		83,189
		조건변경이익		14,993
차) 조건변경이익	500	대) 현금		500

변경된 미래현금흐름의 현재가치(12%): 5,000 × 2.4018 + 100,000 × 0.7118 = 83,189

07 ③ 1) 실질적 조건변경 여부 판단

(1) 새로운 미래현금흐름의 현재가치(10%): 5,000 × 2.4868 + 100,000 × 0.7513 = 87,564

(2) 최초 금융부채의 현재가치의 10%: 98,182 × 10% = 9,818

(3) 현재가치 차이 98,182 − 87,564 − 1,000 = 9,618

○ 실질적인 조건의 변경에 해당하지 않는다.

2) 조건변경일의 회계처리

[20×1년 초]				
차) 사채	10,618	대) 조건변경이익		10,618
차) 사채	1,000	대) 현금		1,000

01 충당부채에 관한 설명으로 옳지 않은 것은?

① 의무는 언제나 당해 의무의 이행대상이 되는 상대방이 존재하게 된다. 그러나 의무의 상대방이 누구인지 반드시 알아야 하는 것은 아니며 경우에 따라서는 일반 대중도 상대방이 될 수 있다.

② 현재의무를 이행하기 위하여 소요되는 지출금액에 영향을 미치는 미래사건이 발생할 것이라는 충분하고 객관적인 증거가 있는 경우에는 그러한 미래사건을 감안하여 충당부채 금액을 추정한다.

③ 의제의무는 과거의 실무관행, 발표된 경영방침 또는 구체적이고 유효한 약속 등을 통하여 기업이 특정 책임을 부담하겠다는 것을 상대방에게 표명하고, 책임을 이행하는 것이라는 정당한 기대를 상대방이 가지게 하여야 의제의무가 발생한다.

④ 우발자산은 경제적 효익이 유입될 것이 거의 확실하게 되는 경우에는 그러한 상황 변화가 발생한 기간의 재무제표에 그 자산과 관련 이익을 인식한다.

⑤ 재무제표는 재무제표이용자들의 현재 및 미래 의사결정에 유용한 정보를 제공하는 데에 그 목적이 있다. 따라서 미래영업을 위하여 발생하게 될 원가에 대해서 충당부채로 인식한다.

02 보고기간후사건에 관한 설명으로 옳지 않은 것은?

① 보고기간 후부터 재무제표 발행승인일 전 사이에 배당을 선언한 경우에는 보고기간 말에 부채로 인식한다.

② 보고기간 말 이전에 구입한 자산의 취득원가나 매각한 자산의 대가를 보고기간 후에 결정하는 경우는 수정을 요하는 보고기간후사건이다.

③ 보고기간 말과 재무제표 발행승인일 사이에 투자자산의 공정가치의 하락은 수정을 요하지 않는 보고기간후사건이다.

④ 보고기간 후에 발생한 화재로 인한 주요 생산 설비의 파손은 수정을 요하지 않는 보고기간후사건이다.

⑤ 경영진이 보고기간 후에, 기업을 청산하거나 경영활동을 중단할 의도를 가지고 있다고 판단하는 경우에는 계속기업의 기준에 따라 재무제표를 작성해서는 안 된다.

03 충당부채와 우발부채에 관한 설명으로 옳지 않은 것은?

① 제3자와 연대하여 의무를 지는 경우에는 이행할 전체 의무 중 제3자가 이행할 것으로 예상되는 부분을 우발부채로 인식한다.

② 충당부채로 인식되기 위해서는 과거사건의 결과로 현재의무가 존재하여야 한다.

③ 충당부채를 현재가치로 평가할 때 할인율은 부채의 특유한 위험과 화폐의 시간가치에 대한 현행 시장의 평가를 반영한 세전 이율을 적용한다.

④ 충당부채와 관련하여 포괄손익계산서에 인식한 비용은 제3자의 변제와 관련하여 인식한 금액과 상계하여 표시할 수 있다.

⑤ 과거에 우발부채로 처리하였다면 이후 충당부채의 인식조건을 충족하더라도 재무제표의 신뢰성 제고를 위해서 충당부채로 인식하지 않는다.

04 다음은 20×1년 말 ㈜당근의 자료에서 재무상태표에 표시될 충당부채 금액은 얼마인가? (단, 현재가치 계산은 고려하지 않는다)

> (1) 20×1년 초에 취득한 공장건물은 정부와의 협약에 의해 내용연수가 종료되면 부속 토지를 원상으로 회복시켜야 하는데, 그 복구비용은 ₩500,000이 발생될 것으로 추정된다.
>
> (2) 20×1년 말에 새로운 회계시스템의 도입으로 종업원들에 대한 교육훈련이 20×2년에 진행될 예정이며, 교육훈련비용으로 ₩300,000의 지출이 예상된다.
>
> (3) 20×1년 초에 구입한 기계장치는 3년마다 한 번씩 대대적인 수리가 필요한데, 3년 후 ₩600,000의 수리비용이 발생될 것으로 추정된다.

① ₩0

② ₩500,000

③ ₩600,000

④ ₩800,000

⑤ ₩1,100,000

05 다음은 충당부채에 관한 한국채택국제회계기준의 설명이다. 가장 옳지 않은 것은?

① 경제적 효익이 유출될 가능성이 높고 금액을 신뢰성 있게 추정할 수 있다 하더라도 의무의 이행 대상이 정확히 누구인지 모를 경우에는 충당부채를 인식할 수 없다.

② 과거에 우발부채로 처리하였더라도 그 이후 상황변화로 인하여 미래 경제적 효익의 유출가능성이 높아지고 금액을 신뢰성 있게 추정할 수 있는 경우에는 그러한 변화가 발생한 기간에 충당부채로 인식한다.

③ 충당부채는 부채로 인식하는 반면, 우발부채와 우발자산은 부채와 자산으로 인식하지 않는다.

④ 어떤 의무에 대하여 제3자와 연대하여 보증의무를 지는 경우에는 이행할 의무 중 제3자가 이행할 부분은 우발부채로 처리한다.

⑤ 구조조정과 관련된 자산의 처분이익, 구조조정을 완료하는 날까지 발생할 것으로 예상되는 영업손실은 충당부채로 인식될 금액에 반영하지 아니한다.

06 A회사에는 20×2년 말 현재 다음과 같은 세 가지 독립된 우발상황이 존재하고 있다.

> (1) 20×2년 12월 10일 A회사에 화재가 발생하여 건물이 소실되었으며, 이웃 건물에 상당한 재산상의 피해를 입혔다. 이 사고로 인한 어떠한 손해배상청구를 받지는 않았으나, A회사의 경영자와 변호사는 손실피해에 대한 채무로서 ₩2,000,000이 합당할 것으로 판단하였다. ₩2,000,000의 추정부채 중에서 ₩500,000은 보험금으로 배상할 수 있다.
>
> (2) A회사는 공장에서 나오는 유독물질로 인한 인근주민에 대한 질병유발혐의로 인근주민에 의하여 제소되었다. A회사의 변호사는 재판에서 회사가 패소할 가능성이 높으며, 보상비용은 ₩100,000과 ₩1,000,000 사이에 있을 것이라고 예측하고 있으나, 가장 합리적인 금액은 ₩500,000으로 판단되었다.
>
> (3) A회사는 당사의 주원료 공급업체인 B회사의 차입금 ₩2,000,000에 대해서 지급보증을 제공하였다. 그러나 B회사의 재정적인 문제 때문에 ₩2,000,000에 대해서 지불을 하면 ₩400,000밖에 받지 못할 것이 거의 확실시된다.

A회사는 위 상황에 대하여 아무런 회계처리를 하지 않았다. 위 상황을 K-IFRS에 따라 회계처리할 때 20×2년의 포괄손익계산서에 손실 또는 비용으로 인식될 금액은 얼마인가?

① ₩4,600,000 　　② ₩5,000,000 　　③ ₩3,600,000
④ ₩4,000,000 　　⑤ ₩3,900,000

07 다음은 한국채택국제회계기준서 제1037호 '충당부채, 우발부채 및 우발자산'에 관련된 설명이다. 기준서의 내용과 일치하지 않는 설명은 무엇인가?

① 충당부채는 현재의무이지만 지출의 시기 또는 금액이 불확실한 부채를 말한다. 하지만, 자원이 유출될 가능성이 높고 당해 금액을 신뢰성 있게 추정할 수 있는 경우에만 재무상태표에 부채로 인식한다.

② 현재의무의 존재 여부는 보고기간 말 기준으로 판단하여야 하며, 보고기간후사건이 제공하는 추가적인 증거까지 포함하여 판단하여야 한다.

③ 부채의 인식요건을 만족하지 않는 충당부채는 우발부채로 분류하고, 우발부채는 재무상태표에 부채로 인식하지 아니하며, 주석으로 공시하는 것을 원칙으로 한다.

④ 과거에 우발부채로 처리하였더라도 미래 경제적 효익의 유출가능성이 높아진 경우에는 그러한 가능성의 변화가 발생한 기간의 재무제표에 충당부채로 인식한다.

⑤ 제품보증 또는 이와 유사한 계약 등 다수의 유사한 의무가 있는 경우 의무이행에 필요한 자원의 유출가능성은 당해 유사한 의무 전체를 고려하여 결정한다. 개별 항목의 의무이행에 필요한 자원의 유출가능성이 높지 않다면 전체적인 의무이행을 의하여 필요한 자원의 유출가능성이 높을 경우에도 충당부채로 인식할 수 없다.

08 충당부채는 부채의 인식요건을 만족하는 추정부채로 재무상태표에 부채로 계상한다. 이때 부채로 인식하는 금액은 현재의무를 보고기간 말에 이행하기 위하여 소요되는 지출에 대한 최선의 추정치이어야 한다. 다음은 충당부채의 측정방법에 관한 한국채택국제회계기준의 내용이다. 기준서의 내용과 일치하지 않는 설명은 무엇인가?

① 충당부채에 대한 최선의 추정치를 구할 때에는 관련된 사건과 상황에 대한 불가피한 위험과 불확실성을 고려한다.

② 화폐의 시간가치 효과가 중요한 경우 충당부채는 의무를 이행하기 위하여 예상되는 지출액의 현재가치로 평가한다.

③ 현재의무를 이행하기 위하여 소요되는 지출금액에 영향을 미치는 미래사건이 발생할 것이라는 충분하고 객관적인 증거가 있는 경우에는 그러한 미래사건을 감안하여 충당부채 금액을 추정한다. 하지만, 미래의 예상영업손실은 충당부채로 인식하지 아니한다.

④ 자산의 예상처분이익은 충당부채를 발생시킨 사건과 밀접하게 관련되어 있는 경우에도 측정할 때 고려하지 아니한다.

⑤ 충당부채를 결제하기 위하여 필요한 지출액의 일부 또는 전부를 제3자가 변제할 것이 예상되는 경우 기업이 의무를 이행한다면 변제를 받을 것이 거의 확실하게 되는 때에 한하여 변제금액을 인식하고 변제금액을 제외한 순액을 충당부채로 계산한다.

09 A회사는 20×1년에 영업을 개시하여 1년간 확신유형의 제품보증을 해주는 조건으로 전기밥솥을 대당 ₩100에 현금판매하고 있다. 전기밥솥을 20×1년에 1,000대, 20×2년에 3,000대 판매하였다. 동종업계의 과거 경험으로 보아 보증기간 내에 평균 2%의 보증 요청이 있고 보증비용은 대당 평균 ₩60이 소요된다. 20×1년 판매분에 대하여 20×1년 6월과 20×2년 5월에 각각 8대, 11대의 보증요청이 있었으며, 20×2년 판매분에 대하여 20×2년에 20대의 보증요청이 있었다. 다음 설명 중 옳지 않은 것은? 한편, A회사는 제품보증수리를 하면서 회수하는 전기밥솥의 폐부품을 처분하면서 처분이익으로 대당 평균 ₩25이 발생할 것으로 예상하고 있다.

① 20×1년의 손익계산서상 제품보증비용은 ₩1,200이다.
② 20×2년의 손익계산서상 제품보증비용은 ₩3,540이다.
③ 20×1년 말에 재무상태표에 계상할 제품보증충당부채는 ₩720이다.
④ 20×2년 말에 재무상태표에 계상할 제품보증충당부채는 ₩2,200이다.
⑤ 충당부채에 대하여 보충법으로 회계처리를 수행하는 경우 20×1년 말에 추가로 인식할 제품보증비용은 ₩720이다.

10 위의 [문제 9]에서 제품보증기간이 판매 후 1년이 아니라, 2년인 경우 A회사가 20×2년 포괄손익계산서에 당기손익으로 인식할 제품보증비와 20×2년 말의 재무상태표에 부채로 인식할 제품보증충당부채의 금액은 각각 얼마인가?

	제품보증비	보증충당부채
①	₩3,600	₩2,460
②	₩3,600	₩2,400
③	₩3,540	₩2,460
④	₩3,540	₩2,400
⑤	₩2,460	₩3,600

11 20×1년 말에 회사는 일부생산시설의 폐쇄 및 이전에 대한 상세한 계획을 수립하고 이를 공표하였으며 예상되는 영향은 다음과 같다. 회사의 할인율은 연 10%이며 관련 현가계수는 아래에 제시된 것과 동일하다.

구분	20×2년 말	20×3년 말	20×4년 말
종업원 해고급여 지급액	₩100	₩200	₩100
기존직원의 재배치비용	₩26	₩50	₩36
구조조정대상사업부 컨설팅비용	₩156	₩30	-
신규사업에 대한 마케팅비용	₩25	₩35	₩48
신입사원의 교육훈련비용	₩15	₩26	₩28
구조조정대상자산의 처분이익	₩30	₩26	-
현가계수(10%)	0.90909	0.82645	0.75131

20×1년 말 현재 구조조정충당부채로 인식해야 할 금액은 얼마인가?

① ₩798 　　　　　② ₩698 　　　　　③ ₩598
④ ₩498 　　　　　⑤ ₩398

12 다음은 20×9년 말 현재 A회사가 체결한 계약과 관련한 내용이다.

> (1) A회사는 상품의 가격상승에 대비하기 위하여 20×9년 10월에 상품 100단위를 3개월 후 단위당 ₩100,000에 매입하겠다는 취소불능계약을 체결하였다. 20×9년 말 상품의 공정가치는 단위당 ₩75,000으로 하락하였으며, 향후 공정가치의 상승가능성은 희박한 것으로 파악되고 있다. 계약조건에 의하면 계약을 해지할 경우 계약금액의 20%에 해당하는 위약금을 지불하여야 한다.
> (2) A회사는 20×8년 초에 4년간 본사 사무실임차계약을 체결하여 사용하여 오던 중 20×9년 말에 본사의 이전으로 사무실을 다른 지역으로 이전하였다. 사무실임차계약에 의하면 임차료는 매년 초에 ₩10,000,000씩 4회 지급조건이며, 타인에게 재임대할 수 없다. 또한, 임차기간 내에 임차계약을 해지할 경우 위약금으로 잔여 임차기간에 대한 임차료를 일시불로 지급하여야 한다.

A회사는 위 상황에 대하여 아무런 회계처리를 하지 않았다. 위 상황을 K-IFRS에 따라 회계처리할 경우 20×9년의 포괄손익계산서에 손실 또는 비용으로 인식될 금액은 얼마인가? (단, 20×9년 말 현재 현재가치 평가를 위한 할인율은 10%라고 가정한다)

① ₩12,000,000

② ₩12,500,000

③ ₩19,090,909

④ ₩21,090,909

⑤ ₩22,500,000

정답 및 해설

01 ⑤ 미래영업을 위하여 발생할 원가는 충당부채로 인식할 수 없다.

02 ① 배당은 주주거래이므로 보고기간 말 부채로 인식하지 않는다. 또한 보고기간 후부터 재무제표 발행승인일 전 사이의 배당은 차기의 거래이다.

03 ⑤ 과거에 우발부채로 처리하였다면 이후 충당부채의 인식조건을 충족하게 되면 충당부채로 인식한다.

04 ② 1) 충당부채로 ₩500,000 인식
2) 미래의 회계시스템 도입을 위하여 지출될 비용은 과거사건의 결과로 인한 비용이 아니므로 충당부채로 인식하지 아니한다.
3) 정기적인 수리비용 및 교체는 대체원가가 자산인식기준을 충족하는 경우 대체원가를 자산으로 인식한다.

05 ① 의무는 상대방이 누구인지 반드시 알아야 하는 것은 아니며, 경우에 따라서는 일반 대중이 될 수도 있다.

06 ③

1) 손해배상손실: ₩2,000,000 - ₩500,000 =	₩1,500,000
2) 손해배상손실:	₩500,000
3) 지급보증손실: ₩2,000,000 - ₩400,000 =	₩1,600,000
계	₩3,600,000

07 ⑤ 제품보증 또는 이와 유사한 계약 등 다수의 유사한 의무가 있는 경우 의무이행에 필요한 자원의 유출가능성은 당해 유사한 의무 전체를 고려하여 결정한다. 비록 개별 항목의 의무이행에 필요한 자원의 유출가능성이 높지 않더라도 전체적인 의무이행을 위하여 필요한 자원의 유출가능성이 높을 경우에는 충당부채로 인식할 수 있다.

08 ⑤ 충당부채를 결제하기 위하여 필요한 지출액의 일부 또는 전부를 제3자가 변제할 것이 예상되는 경우 기업이 의무를 이행한다면 변제를 받을 것이 거의 확실하게 되는 때에 한하여 변제금액을 인식하고 별도의 자산으로 회계처리한다.

09 ④ 1) 제품보증충당부채 잔액
(1) 20×1년: (1,000대 × 2% - 8대) × 60 = 720
(2) 20×2년: (3,000대 × 2% - 20대) × 60 = 2,400
2) 제품보증비용
(1) 20×1년: 720 + 8대 × 60 = 1,200
(2) 20×2년: (2,400 - 720) + (11 + 20)대 × 60 = 3,540
* 예상되는 자산처분이 충당부채를 발생시킨 사건과 밀접하게 관련되었더라도 당해 자산의 예상처분이익은 충당부채를 측정하는 데 고려하지 아니한다. 자산의 예상처분이익은 당해 자산과 관련된 회계처리를 다루고 있는 한국채택국제회계기준서에서 규정하고 있는 시점에 인식한다.

10 ① 1) 20×2년 말 제품보증충당부채 잔액: (1,000대 × 2% + 3,000대 × 2% - 8대 - 11대 - 20대) × 60 = 2,460

2) 20×1년 말 제품보증충당부채 잔액: (1,000대 × 2% - 8대) × 60 = 720

3) 제품보증비: (2,460 - 720) + (11 + 20)대 × 60 = 3,600

11 ④ 기말충당부채: (100 + 156) × 0.90909 + (200 + 30) × 0.82645 + (100 + 0) × 0.75131 = 498

* 구조조정과 직접적으로 관련이 있는 해고급여와 컨설팅비용만을 고려하여 구조조정충당부채를 계상한다.

12 ④ 1) 손실부담계약에 의한 손실 = Min[(1), (2)]

(1) 계약을 이행하기 위해 소요되는 원가 - 계약에 의하여 기대되는 효익

(2) 계약의 미이행 시 지급하여야 할 보상금 또는 위약금

2) 상품구입계약의 손실부담액: Min[100단위 × (100,000 - 75,000), 100단위 × 100,000 × 20%] = 2,000,000

3) 사무실임차계약의 손실부담액: Min[(10,000,000 + 10,000,000/1.1), 10,000,000 × 2] = 19,090,909

∴ 손실부담계약에 의한 손실(손실부담계약충당부채): 2,000,000 + 19,090,909 = 21,090,909

제9장 | 자본

01 다음은 ㈜도도의 20×1년 1월 1일 현재의 주주지분이다.

납입자본(보통주자본금, 액면금액 ₩5,000)	₩50,000,000
이익잉여금	₩50,000,000
기타자본요소	₩1,200,000

상기 기타자본요소는 전액 자본잉여금이며 감자차익 ₩1,000,000, 자기주식처분이익 ₩200,000으로 구성되어 있다. ㈜도도의 20×1년에 발생한 다음의 자기주식거래로 인하여 회사의 주주지분은 얼마나 증가(감소)하는가?

- 1월: 자기주식 1,000주를 주당 ₩6,000에 현금으로 취득
- 2월: 자기주식 300주를 소각
- 4월: 자기주식 400주를 주당 ₩5,400에 처분
- 6월: 자기주식 100주를 주당 ₩7,000에 처분
- 8월: 대주주로부터 공정가치 ₩8,000인 자기주식 50주를 증여받음
- 9월: 자기주식 50주를 주당 ₩8,000에 처분(단위당 원가는 이동평균법을 적용한다)

① ₩2,740,000 증가
② ₩2,740,000 감소
③ ₩1,600,000 감소
④ ₩1,200,000 증가
⑤ ₩1,200,000 감소

02 A사의 20×1년도 기초자산총액은 ₩300,000이며, 동년 기말자산총액과 부채총액은 각각 ₩500,000과 ₩200,000이다. A사는 20×1년도 중에 ₩50,000을 유상증자했고 주주에게 ₩30,000의 현금배당과 ₩20,000의 주식배당을 실시하였다. 20×1년에 보유 중인 FVOCI금융자산의 평가손실이 ₩40,000 발생하였고 20×1년의 총포괄이익은 ₩120,000일 때, A사의 20×1년도 기초부채총액은 얼마인가?

① ₩40,000
② ₩120,000
③ ₩140,000
④ ₩170,000
⑤ ₩200,000

03 ㈜앵두는 20×1년 1월 20일 자사가 발행한 보통주식 30주를 주당 ₩2,000에 취득하였다. 20×1년 4월 10일 자기주식 중 10주를 주당 ₩3,000에 매각한 후, 20×1년 5월 25일 나머지 20주를 주당 ₩500에 매각하였다. 20×1년도 말 자본에 표시되는 자기주식처분손익은 얼마인가? (단, 20×1년 1월 1일 현재 자기주식과 자기주식처분손익은 없다고 가정한다)

① 손실 ₩30,000 ② 손실 ₩20,000 ③ ₩0
④ 이익 ₩20,000 ⑤ 이익 ₩30,000

04 다음은 자본거래의 결과로 변동하게 되는 자본의 구성내역을 표시한 것이다. 틀린 것은 무엇인가? (단, 주식배당과 무상증자는 액면금액을 기준으로 이루어진 것으로 가정한다)

		무상증자	주식배당	주식분할	주식병합
①	발행주식수	증가	증가	증가	감소
②	주당액면금액	불변	불변	감소	증가
③	자본금총액	증가	증가	불변	감소
④	자본잉여금	감소가능	불변	불변	불변
⑤	이익잉여금	감소가능	감소	불변	불변

05 A회사는 20×1년 1월 1일에 설립되었는데, 이 회사의 수권주식수는 액면 ₩5,000의 보통주 2,000주이다. 20×1년간의 자본거래는 다음과 같다. 아래의 거래로 인하여 A회사가 20×1년 말 재무상태표에 보고할 자본의 총계와 자본잉여금의 총계를 각각 계산하면 얼마인가?

> (1) 1월 10일 주당 ₩5,000으로 보통주 1,000주를 발행하였으며, 3월 6일에 주당 ₩4,000으로 보통주 500주를 발행하였다.
> (2) 5월 11일에 주당 ₩10,000으로 보통주 150주를 발행하였으며, 8월 12일에 주당 ₩4,000에 자기주식 250주를 매입하였다. 12월 31일에 주당 ₩7,000에 자기주식 250주를 처분하였다.

	자본총계	자본잉여금
①	₩9,250,000	₩1,000,000
②	₩9,250,000	₩1,750,000
③	₩7,500,000	₩1,600,000
④	₩7,500,000	₩1,750,000
⑤	₩9,250,000	₩1,500,000

06 12월 말 결산법인인 A사의 20×0년 12월 31일 현재 재무상태표상 자본의 구성 내역은 다음과 같다.

구분		금액	비고
자본금		₩1,000,000	1,000주, 주당액면 ₩1,000
자본잉여금	주식발행초과금	₩177,000	
	자기주식처분이익	₩43,000	
이익잉여금	이익준비금	₩400,000	
	재무구조개선적립금	₩140,000	
	시설확장적립금	₩50,000	
	미처분이익잉여금	₩300,000	
기타자본	자기주식	₩(-)150,000	100주
	재평가잉여금	₩40,000	
합계		₩2,000,000	

A사는 자본거래의 결과로 발생한 손익은 우선 상계하며, 손실이 발생하는 경우에는 정기주주총회에서 이익잉여금의 처분으로 우선 상각하는 정책을 채택하고 있다. 또한 이익준비금의 적립은 법률이 허용하는 최소한의 금액을 적립한다. 20×1년 중 아래와 같은 사건이 발생하였다.

(1) 20×1년 2월 5일 개최된 정기주주총회에서 재무구조개선적립금 중 ₩40,000을 이입하고 이익잉여금을 다음과 같이 처분하였다. 20×0년 중 중간배당으로 지급한 금액은 ₩30,000이다.

현금배당	₩50,000
주식배당	₩10,000
시설확장적립금의 적립	₩10,000
이익준비금 적립액	?

(2) 20×1년 7월 1일 보유 중인 자기주식 전부를 주당 ₩1,000에 처분하였다.
(3) 20×1년 10월 1일 공정가치 ₩500,000의 토지를 현물출자받고 보통주식 400주를 발행교부하였다. 발행교부일 현재 보통주식의 주당 공정가치는 ₩1,200이다.
(4) 20×1년도에 보고한 당기순이익은 ₩120,000이며, 당기에 발생한 재평가잉여금은 ₩30,000이다. 재평가잉여금은 건물과 관련된 것으로 사용함에 따라 이익잉여금으로 대체하고 있으며, 20×1년 초 현재 잔존내용연수는 4년, 정액법으로 감가상각한다.
(5) 20×2년 2월 8일에 개최예정인 정기주주총회에서는 임의적립금을 이입하지 않으며, 최대한의 금액을 현금배당할 예정이다.

A사의 20×1년 2월 5일 정기주주총회 종료 직후 차기이월이익잉여금은 얼마인가?

① ₩262,000   ② ₩226,000   ③ ₩215,000
④ ₩172,000   ⑤ ₩167,200

07 20×1년 1월 1일 A회사는 액면금액 ₩500,000의 다음과 같은 조건의 상환우선주를 발행하였다. 우선주의 액면배당률은 20%이며 매년 말 배당을 지급할 계획이며, 실제로 지급하였다. 상환우선주의 발행과 관련하여 20×1년 당기손익에 미치는 영향을 누적적 우선주인 경우와 비누적적 우선주인 경우로 구분하여 계산하면 얼마인가?

> (1) A회사는 상기 상환우선주에 대하여 20×3년 12월 31일 ₩1,000,000에 의무적으로 상환하여야 한다.
> (2) 20×1년 1월 1일 A회사의 일반사채의 시장이자율은 12%이다.
> (3) 12%, 3기간 일시금현가계수와 연금현가계수는 각각 0.71178과 2.40183이다.

	누적적 우선주	비누적적 우선주
①	₩114,236	₩85,414
②	₩114,236	₩185,414
③	₩100,000	₩80,000
④	₩100,000	없음
⑤	없음	없음

08 20×1년 초에 설립된 ㈜도도는 보통주 5,000주와 우선주 5,000주를 발행하여 설립되었으며 설립일 이후 당기순이익 이외에 자본의 변동은 없다. 보통주와 우선주의 주당 액면금액은 각각 ₩100이며, 우선주는 비누적적 10% 부분참가적이고 약정배당률은 5%이다. ㈜도도의 20×3년 말 이익잉여금 잔액은 ₩220,000이며 전액 배당으로 처분한다고 가정할 경우, 우선주 주주에게 최대 지급가능한 배당금액은 얼마인가? (단, 배당은 전액 현금배당이며, 20×3년에 이익준비금을 적립하더라도 자본금의 1/2에 미달한다)

① ₩50,000   ② ₩75,000   ③ ₩100,000
④ ₩110,000   ⑤ ₩150,000

09 ㈜사과의 20×1년 12월 31일 재무상태표에 표시된 이익잉여금은 ₩300,000으로 이에 대한 세부항목은 이익준비금 ₩30,000과 임의적립금 ₩60,000 그리고 미처분이익잉여금 ₩210,000이다. ㈜사과는 20×2년 2월 27일에 개최한 정기주주총회에서 20×1년도 재무제표에 대해 다음과 같이 결산 승인하였다.

임의적립금 이입액	₩20,000	이익준비금 적립액	₩?
자기주식처분손실 상각액	₩10,000	현금배당액	₩100,000

㈜사과가 20×2년 2월 27일의 결산승인사항을 반영한 후 이익잉여금은 얼마인가? (단, 이익준비금은 자본금의 1/2에 미달한다고 가정한다)

① ₩180,000 ② ₩190,000 ③ ₩200,000
④ ₩210,000 ⑤ ₩220,000

10 12월 말 결산법인인 A사의 20×1년 1월 1일 현재 재무상태표상 자본 중 이익잉여금으로 보고된 금액은 ₩100,000이다. 다음의 자료를 이용하여 A사가 20×1년 말 현재 재무상태표상 자본 중 이익잉여금으로 보고할 금액을 계산하면 얼마인가?

일자	거래내역
2월 5일	20×0년도 정기주주총회에서 현금배당 ₩3,000과 주식배당 ₩2,000을 각각 결의하고 지급하였다. 이익준비금은 상법에서 규정한 최소금액을, 시설확장적립금은 ₩4,000을 각각 적립하였다. 또한 주식할인발행차금 ₩500을 이익잉여금의 처분으로 상각하였으며, 시설적립금 ₩800을 미처분의 상태로 이입하였다.
7월 8일	이사회 결의로 중간배당 ₩1,000을 지급하였다.
12월 31일	20×1년도 당기순이익으로 ₩8,000, 총포괄이익으로 ₩10,000을 각각 보고하였으며, 재평가잉여금 중 이익잉여금으로 직접 대체한 금액은 ₩400이다.

① ₩100,400 ② ₩101,900 ③ ₩103,900
④ ₩106,000 ⑤ ₩106,400

11 A사는 20×1년 1월 1일 액면금액 ₩200,000의 상환우선주(상환시점의 상환금액은 ₩200,000)를 ₩195,000에 할인하였다. A사는 20×3년 12월 31일 당해 우선주를 액면금액으로 상환하여야 하며, 배당률은 8%, 비누적적 우선주이다. 20×1년 1월 1일 현재 A사의 시장이자율은 10%로, 10% 3기간 현재가치계수는 0.7513, 연금현가계수는 2.48680이다. A사는 20×1년 12월 31일에 8%의 현금배당을 선언하고 즉시 현금으로 지급하였다. A사가 20×1년 1월 1일 발행한 상환우선주와 관련하여 20×1년 당기순이익에 미친 영향을 구하시오.

① ₩15,026 증가 ② ₩15,026 감소 ③ ₩13,026 증가
④ ₩13,026 감소 ⑤ 영향 없음

정답 및 해설

01 ② 주주지분에 미친 영향: 1월 (6,000,000) + 4월 2,160,000 + 6월 700,000 + 9월 400,000 = (-)2,740,000

02 ③ 자본의 증감: 140,000
- 기말자본 500,000 - 200,000 = 300,000
- 기초자본 300,000 - 기초부채 = 160,000 ◑ 기초부채: 140,000
  1) 주주와의 거래: 50,000 - 30,000 = 20,000
  2) 총포괄손익: 120,000

03 ②

[20×1년 1월 20일]			
차) 자기주식	60,000	대) 현금	60,000
[20×1년 4월 10일]			
차) 현금	30,000	대) 자기주식	20,000
		자기주식처분이익	10,000
[20×1년 5월 25일]			
차) 현금	10,000	대) 자기주식	40,000
자기주식처분이익	10,000		
자기주식처분손실	20,000		

04 ③ 주식병합으로 인하여 자본금총액은 변하지 않는다. 상법상 주식병합은 감자의 절차를 포함하는 개념이지만 회계상의 주식병합은 감자의 절차를 포함하는 개념이 아니라는 것에 유의하여야 한다.

05 ①
1) 자본총계: 5,000 × 1,000주 + 4,000 × 500주 + 10,000 × 150주 - 4,000 × 250주 + 7,000 × 250주 = 9,250,000
2) 자본잉여금: (4,000 - 5,000) × 500주 + (10,000 - 5,000) × 150주 + (7,000 - 4,000) × 250주 = 1,000,000

1월 10일	차) 현금	5,000,000	대) 자본금	5,000,000
3월 6일	차) 현금	2,000,000	대) 자본금	2,500,000
	주식할인발행차금	500,000		
5월 11일	차) 현금	1,500,000	대) 자본금	750,000
			주식할인발행차금	500,000
			주식발행초과금	250,000
8월 12일	차) 자기주식	1,000,000	대) 현금	1,000,000
12월 31일	차) 현금	1,750,000	대) 자기주식	1,000,000
			자기주식처분이익	750,000

06 ① 차기이월이익잉여금: 262,000

기초미처분이익잉여금	300,000
재무구조개선적립금 이입	40,000
현금배당 및 주식배당 (50,000) + (10,000) =	(-)60,000
시설확장적립금 적립	(-)10,000
이익준비금 적립 (30,000 + 50,000) × 10% =	(-)8,000
차기이월이익잉여금	262,000

07 ① 1) 누적적 상환우선주
    (1) 발행금액: 500,000 × 20% × 2.40183 + 1,000,000 × 0.71178 = 951,963
    (2) 이자비용: 951,963 × 12% = 114,236
  2) 비누적적 상환우선주
    (1) 발행금액: 1,000,000 × 0.71178 = 711,780
    (2) 이자비용: 711,780 × 12% = 85,414

08 ① 1) 최대배당가능이익을 x라고 하면 $x + x \times 10\% = 220,000$
    ∴ 최대배당가능이익(x) = 200,000
  2) 최대배당가능이익의 배분

구분	기본배당	잔여배당	합계
우선주	25,000	25,000*	50,000
보통주	25,000	125,000	150,000

    * Min $\begin{cases} 150,000 \times 500,000/1,000,000 = 75,000 \\ \text{한도: } 500,000 \times (10\% - 5\%) = 25,000 \end{cases}$ = 25,000

09 ② 1) 20×2년 2월 27일 결산승인사항 반영 후 이익잉여금: 190,000
    • 20×1년 말 이익잉여금 300,000 - 자기주식처분손실 상각액 10,000 - 현금배당액 100,000 = 190,000
  2) 임의적립금 이입액, 이익준비금 적립액 등은 이익잉여금 내에서의 구성내역의 변동이므로 이익잉여금의 총계에는 영향을 미치지 않는다.

10 ② 기초이익잉여금 100,000 - 현금배당 3,000 - 주식배당 2,000 - 주식할인발행차금 500 - 중간배당 1,000 + 당기순이익 8,000 + 재평가잉여금 중 이익잉여금으로 대체한 금액 400 = 기말이익잉여금 101,900
  * 이익준비금과 임의적립금의 이입·적립은 이익잉여금 총계 변동에 영향을 미치지 않는다. 본 문제는 미처분이익잉여금을 구하는 문제가 아니라 이익잉여금을 구하는 문제이다.

11 ② 1) 부채요소: 200,000 × 0.7513 = 150,260
    ◉ 비누적적 우선주이므로 상환금액에 대해서만 PV평가액을 부채로 인식한다.
  2) 자본요소: 195,000 - 150,260 = 44,740
  3) 당기손익에 미친 영향(이자비용): 150,260 × 10% = 15,026 감소

20×1년 초	차) 현금	195,000	대) 상환우선주(부채)	150,260
			자본항목	44,740
20×1년 말	차) 이자비용	15,026	대) 상환우선주(부채)	15,026
	차) 이익잉여금	16,000	대) 현금	16,000

제10장 │ 금융자산

[01 ~ 02]

아래는 12월 말 결산법인인 C사가 거래한 D사 주식과 관련된 내용들이다. 이들 자료를 이용하여 물음에 답하시오.

> (1) 20×1년 10월 1일 D사 주식 100주를 주당 ₩4,900에 취득하고 증권회사 수수료로 주당 ₩50을 지급하였다. 취득일 현재 D사 주식의 주당 공정가치는 ₩4,900이다.
> (2) 20×1년 말 현재 D사 주식의 주당 공정가치는 ₩4,700이다.
> (3) 20×2년 7월 1일 C사는 D사 주식 40주를 주당 ₩5,200에 처분하였으며, 처분 시 거래원가는 주당 ₩50이다.
> (4) 20×2년 말 현재 D사 주식의 주당 공정가치는 ₩5,400이다.

01 D사가 동 주식을 FVPL금융자산으로 분류할 경우, 다음 중 옳은 것은?

① 20×1년에 인식할 평가손익은 ₩(-)25,000이다.
② 20×2년에 인식할 처분이익은 ₩(-)30,000이다.
③ 20×2년에 인식할 평가이익은 ₩30,000이다.
④ 20×1년에 인식할 평가손익은 ₩(-)20,000이다.
⑤ 20×2년에 인식할 처분이익은 ₩(-)40,000이다.

02 D사가 동 주식을 FVOCI금융자산으로 분류할 경우, 다음 중 옳은 것은?

① 20×1년에 포괄손익계산서상에 인식할 평가손익은 ₩(-)20,000이다.
② 20×2년에 인식할 처분이익은 ₩(-)30,000이다.
③ 20×1년에 포괄손익계산서상에 인식할 평가손익은 ₩(-)25,000이다.
④ 20×2년에 인식할 처분이익은 ₩0이다.
⑤ 20×2년에 인식할 총포괄손익은 FVOCI와 FVPL금융자산이 서로 다르다.

12월 말 결산법인인 A사는 20×1년 1월 1일 액면금액 ₩100,000, 만기 3년의 회사채를 취득하였다. 다음은 이와 관련된 자료들이다.

(1) 회사채의 발행일은 20×1년 1월 1일, 만기일은 20×3년 말이며, 표시이자율은 4%로 매년 말 지급한다.

(2) 취득일 현재 시장이자율은 10%이며, 거래원가를 고려하는 경우 유효이자율은 연 9%이다.

(3) 회사채의 20×1년 말 현재 공정가치는 ₩90,000이며, 신용위험은 유의적으로 증가하지 않았다. 20×1년 말 현재 12개월 기대신용손실과 전체기간 기대신용손실은 각각 ₩3,000과 ₩7,000으로 추정하였다.

기간	9%		10%	
	현가계수	연금현가계수	현가계수	연금현가계수
1년	0.9174	0.9174	0.9091	0.9091
2년	0.8417	1.7591	0.8265	1.7356
3년	0.7722	2.5313	0.7513	2.4869

03 A사가 회사채를 취득할 때 발생한 거래원가는 얼마인가?

① ₩2,268

② ₩2,368

③ ₩2,578

④ ₩3,123

⑤ ₩1,794

04 A사는 회사채를 FVPL금융자산으로 분류하기로 하였을 때, 동 회사채가 20×1년도의 당기손익에 미친 영향은 얼마인가?

① ₩4,861

② ₩8,923

③ ₩6,655

④ ₩5,698

⑤ ₩1,794

05 A사는 회사채를 AC금융자산으로 분류하기로 하였을 때, 동 회사채가 20×1년도의 당기손익에 미친 영향은 얼마인가?

① ₩4,861
② ₩8,923
③ ₩6,655
④ ₩5,698
⑤ ₩1,794

06 A사는 회사채를 FVOCI금융자산으로 분류하기로 하였을 때, 동 회사채가 20×1년도의 당기손익에 미친 영향은 얼마인가?

① ₩4,861
② ₩8,923
③ ₩6,655
④ ₩5,698
⑤ ₩1,794

07 A사는 회사채를 FVOCI금융자산으로 분류하기로 하였을 때, 동 회사채가 20×1년도의 기타포괄손익에 미친 영향은 얼마인가?

① ₩4,861
② ₩8,923
③ ₩6,655
④ ₩5,698
⑤ ₩1,794

12월 말 결산법인인 A사는 20×1년 1월 1일 액면금액 ₩100,000의 B사 사채를 ₩93,660에 취득하였다. A사는 사채의 표시이자율은 8%로 이자지급일은 매년 말이며, 취득 시의 유효이자율은 10%이다. A사의 사채 만기일은 20×4년 12월 31일이다.

(1) 20×1년 12월 31일, B사 사채의 공정가치는 ₩92,000이며, 신용위험은 유의적으로 증가하지 않았다. B사 사채의 12개월 기대신용손실과 전체기간 기대신용손실은 각각 ₩2,000과 ₩3,000이다.

(2) 20×2년 중 B사 사채는 신용손실이 발생하였으며 20×2년 12월 31일 현재 추정미래현금흐름은 다음과 같이 추정된다. 20×2년 말 현재 유사한 금융자산의 현행시장이자율은 14%이며, 20×2년 말에 수령할 표시이자는 정상적으로 회수하였다.

구분	20×3년 말	20×4년 말
액면금액	-	₩60,000
표시이자	₩4,000	₩4,000

(3) 20×3년 12월 31일, B사 사채의 추정미래현금흐름은 다음과 같이 추정되었으며, 이들 현금흐름의 회복은 신용손실이 회복된 사건과 관련되어 있다. 20×3년 말 현재 유사한 금융자산의 현행시장이자율은 12%이며, 20×3년 말에 수령할 것으로 추정된 표시이자 ₩4,000은 정상적으로 회수하였다.

구분	20×4년 말
액면금액	₩80,000
표시이자	₩7,000

08 A사가 동 금융자산을 AC금융자산으로 분류한 경우 20×2년에 인식할 손상차손은 얼마인가?

① ₩2,000

② ₩38,000

③ ₩40,000

④ ₩20,909

⑤ ₩22,909

09 A사가 동 금융자산을 AC금융자산으로 분류한 경우 20×3년에 인식할 손상차손환입은 얼마인가?

① ₩2,000
② ₩38,000
③ ₩40,000
④ ₩20,909
⑤ ₩22,909

10 A사가 동 금융자산을 FVOCI금융자산으로 분류한 경우 20×2년에 인식할 손상차손은 얼마인가?

① ₩2,000
② ₩38,000
③ ₩40,000
④ ₩20,909
⑤ ₩22,909

11 A사가 동 금융자산을 FVOCI금융자산으로 분류한 경우 20×3년에 인식할 손상차손환입은 얼마인가?

① ₩2,000
② ₩38,000
③ ₩40,000
④ ₩20,909
⑤ ₩22,909

A사는 20×1년 1월 1일 액면금액 ₩100,000의 B사가 발행한 사채를 ₩92,790에 FVOCI금융자산으로 취득하였다.

> (1) B사 사채의 만기일은 20×5년 12월 31일이며, 표시이자율은 10%, 이자지급일은 매년 12월 31일이다. 투자채무상품 취득 시 유효이자율은 12%이다.
> (2) A사가 손실충당금으로 측정한 20×1년 말 기대신용손실은 ₩2,000이며, 20×2년 말과 20×3년 말의 기대신용손실은 각각 ₩5,000과 ₩7,000이다.
> (3) 투자채무상품의 20×1년 말 공정가치는 ₩90,000이며, 20×2년 말 공정가치는 ₩88,000, 20×3년 말 공정가치는 ₩92,000이다. 기말의 공정가치는 다음 연도 초 공정가치와 같다.

12 A사는 20×2년 10월 1일 사업모형을 변경하여 투자채무상품을 FVOCI금융자산에서 FVPL금융자산으로 재분류하였다. 동 금융자산이 A사의 20×3년 당기손익에 미치는 영향은 얼마인가?

① ₩1,804
② ₩10,424
③ ₩14,348
④ ₩11,804
⑤ ₩9,424

13 A사는 20×2년 10월 1일 사업모형을 변경하여 투자채무상품을 FVOCI금융자산에서 AC금융자산으로 재분류하였다. 동 금융자산이 A사의 20×3년 당기손익에 미치는 영향은 얼마인가?

① ₩1,804
② ₩10,424
③ ₩14,348
④ ₩11,804
⑤ ₩9,424

14 위 물음과 독립적으로 A사는 동 채무상품을 취득시점부터 FVPL로 분류하여 오다가 20×4년 10월 1일에 사업모형을 변경하여 투자채무상품을 FVPL금융자산에서 AC금융자산으로 재분류하였다. A사가 20×5년에 인식할 이자수익은 얼마인가? (단 20×4년 말 동 채무상품의 공정가치는 ₩95,652이고, 기대신용손실은 고려하지 않는다)

① ₩1,804
② ₩10,424
③ ₩14,348
④ ₩11,804
⑤ ₩9,424

15 ㈜세무는 20×1년 1월 1일에 ㈜한국이 발행한 A사채(액면금액 ₩1,000,000, 표시이자율 연 6%, 만기 3년, 매년 말 이자지급)를 취득하고 '상각후원가 측정 금융자산'으로 분류하였으며, ㈜한국은 A사채를 '상각후원가 측정 금융부채'로 분류하였다. 발행시점의 유효이자율은 연 10%이다. 20×2년 12월 31일에 ㈜세무와 ㈜한국은 A사채의 만기를 20×5년 12월 31일로 연장하고, 표시이자율을 연 4%로 낮추어 매년 말에 이자를 지급하는 것으로 계약변경(조건변경)에 합의하였다. 이 과정에서 ㈜한국은 ㈜세무에게 수수료 ₩12,000을 지급하였다. 계약상 현금흐름 변경일(20×2년 12월 31일)의 현행이자율은 연 8%이다(단, ㈜세무는 계약변경 합의 전에 20×2년도 이자를 수령하였다고 가정하며, A사채와 관련된 신용위험은 고려하지 않는다). 20×2년 12월 31일 A사채와 관련된 계약변경이 '금융자산의 제거조건을 충족하지 않는 경우', ㈜세무가 계약변경시점에 인식할 계약변경손익을 계산하시오(단, 20×2년 12월 31일 계약변경 합의 전 금융자산(A사채)의 장부금액은 ₩960,000이라고 가정한다).

① ₩121,228 손실
② ₩121,228 이익
③ ₩109,228 손실
④ ₩109,228 이익
⑤ ₩167,200 손실

01 ④   1) 20×1년 말 공정가치평가로 인식할 평가손실: @(4,700 - 4,900) × 100주 = (-)20,000

      * 취득 시 수수료는 비용처리, 취득 시 취득원가는 취득시점의 공정가치

    2) 20×2년 처분이익: 18,000

차) 현금	@(5,200 - 50) × 40주	대) FVPL금융자산	@4,700 × 40주
		처분이익 (대차차액)	18,000

    3) 20×2년 평가이익: @(5,400 - 4,700) × 60주 = 42,000

02 ③   1) 20×1년 포괄손익계산서에 인식할 기타포괄손익: @(4,700 - 4,950) × 100주 = (-)25,000

      * 취득 시 수수료는 취득원가에 가산, 취득 시 취득원가는 취득시점의 공정가치

    2) 20×2년 처분손익: @50 × 40주 = (-)2,000

차) FVOCI금융자산	@(5,200 - 4,700) × 40주	대) 평가손실(OCI)	@250 × 40주
		평가이익(OCI)	10,000
차) 현금	@(5,200 - 50) × 40주	대) FVOCI금융자산	@5,200 × 40주
처분손실	@50 × 40주 = 2,000		

    3) FVOCI금융자산과 FVPL금융자산은 분류와 관계없이 총포괄손익(= 자산의 변동)은 항상 일치한다.

03 ①   거래원가: 2,268

    • 100,000 × 0.7513 + 4,000 × 2.4868 + 거래원가 = 100,000 × 0.7722 + 4,000 × 2.5313

04 ③   당기손익에 미친 영향: 6,655

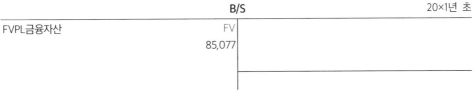

	B/S	20×1년 초
FVPL금융자산	FV 85,077	

     * 취득 시 거래원가 2,268은 비용처리

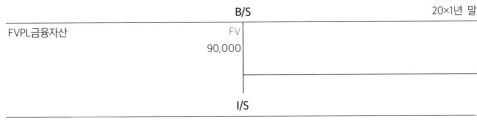

	B/S	20×1년 말
FVPL금융자산	FV 90,000	

I/S

N/I 영향: 이자수익 = 액면이자 = 4,000
N/I 영향: 평가손익 = 기말FV - 기초FV
     : 평가이익 = 90,000 - 85,077 = 4,923
     : 취득 시 수수료비용: (-)2,268
OCI 변동: -

05 ① 당기손익에 미친 영향: 4,861

		B/S		20×1년 초
AC금융자산	총장부금액 ① × (1 + R) - 액면이자			
		87,345		
(손실충당금)		(-)		
	상각후원가	87,345		

		B/S		20×1년 말
AC금융자산	총장부금액 ① × (1 + R) - 액면이자			
	87,345 × 1.09 - 4,000 = 91,206			
(손실충당금)		(-)3,000		
	상각후원가	88,206		

I/S

N/I 영향: 이자수익 = 기초총장부금액 × 유효 R × 보유기간/12 = 87,345 × 9% = 7,861
N/I 영향: 손상차손 = 기말B/S상 손실충당금 - 기초B/S상 손실충당금 = (-)3,000 - 0 = (-)3,000
OCI 변동: -

06 ① AC금융자산과 FVOCI금융자산은 당기손익에 미치는 영향이 동일하다.

07 ⑤ 당기손익에 미친 영향: 4,861
기타포괄손익에 미친 영향: 1,794 - 0 = 1,794

		B/S		20×1년 초
FVOCI금융자산	기말FV			
	87,345			
		평가손익(FV)	기말FV - 총장부금액	
			-	
		평가손익	기말기대신용손실누계액	
		(손실충당금)	-	

		B/S		20×1년 말
FVOCI금융자산	기말FV			
	90,000			
		평가손익(FV)	기말FV - 총장부금액	
			90,000 - 91,206 = (-)1,206	
		평가손익	기말기대신용손실누계액	
		(손실충당금)	3,000	

I/S

N/I 영향: 이자수익 = 기초총장부금액 × 유효 R × 보유기간/12 = 87,345 × 9% = 7,861
N/I 영향: 손상차손 = 기말기대손실누계액 - 기초기대손실누계액 = (3,000) - 0 = (-)3,000
OCI 변동: 금융자산평가이익 = 기말B/S상 OCI - 기초B/S상 OCI
  : 금융자산평가이익(FV평가) = 1,794 - 0 = 1,794

08 ② 손상차손: (4,000/1.1 + 64,000/1.1²) - (8,000/1.1 + 108,000/1.1² - 2,000) = (-)38,000

09 ④ 손상차손환입: 87,000/1.1 - 64,000/1.1 = 20,909

10 ② 손상차손: (4,000/1.1 + 64,000/1.1²) - (8,000/1.1 + 108,000/1.1² - 2,000) = (-)38,000

11 ④ 손상차손환입: 87,000/1.1 - 64,000/1.1 = 20,909

12 ④ 1) 재분류일: 20×3년 1월 1일
2) 재분류일 회계처리

차)	FVPL금융자산	재분류일 FV 88,000	대)	FVOCI금융자산	재분류일 FV 88,000
	재분류손실(N/I)	대차차액 2,196		금융자산평가손실	재분류일 B/S상 OCI 2,196

B/S(재분류 전)

FVOCI금융자산	재분류일 FV 88,000		
		OCI(FV평가)	재분류일 FV - 총장부금액 (-)7,196
		OCI(손상)	기대손실누계액 5,000

B/S(재분류 후)

FVOCI금융자산	재분류일 FV 88,000	

* 20×2년 말 총장부금액: (92,790 × 1.12 - 10,000) × 1.12 - 10,000 = 95,196

3) 20×3년 말 회계처리

차)	현금	10,000	대)	이자수익[1]	10,000
차)	FVPL금융자산	4,000	대)	금융자산평가이익(N/I)[2]	4,000

[1] 이자수익: 100,000 × 10% = 10,000
[2] 평가이익: 92,000 - 88,000 = 4,000

13 ⑤ 　1) 재분류일: 20×3년 1월 1일
　2) 재분류일 회계처리

차)	AC금융자산	재분류일 총장부금액 95,196	대)	FVOCI금융자산	재분류일 FV 88,000
				금융자산평가손실	재분류일 FV - 총장부금액 2,196
				금융자산평가이익	5,000
차)	금융자산평가이익	재분류일 기대손실누계액 5,000	대)	손실충당금	5,000

B/S(재분류 전)

FVOCI금융자산	재분류일 FV 88,000		
		OCI(FV평가)	재분류일 FV - 총장부금액 (-)7,196
		OCI(손상)	기대손실누계액 5,000

B/S(재분류 후)

AC금융자산	재분류일 총장부금액 95,196		
(손실충당금)	(기대손실누계액) (-)5,000		
	상각후원가 90,196		

　3) 20×3년 말 회계처리

차)	현금	10,000	대)	이자수익[1]	11,424
	AC금융자산	1,424			
차)	손상차손[2]	2,000	대)	손실충당금	2,000

[1] 95,196 × 12% = 11,424
[2] 7,000 - 5,000 = 2,000

---

14 ③ 　20×5년 이자수익: 110,000 - 95,652 = 14,348

* FVPL금융자산에서 FVOCI · AC금융자산으로 재분류 시 재분류일의 공정가치를 기준으로 재분류일의 시장이자율을 적용하여 재분류 이후의 이자수익을 인식한다.

---

15 ③ 　㈜세무가 계약변경시점에 인식할 계약변경손실: (-)109,228
　1) 계약변경 후 현금흐름의 현재가치(10%): 40,000 × 2.4868 + 1,000,000 × 0.7513 = 850,772
　2) 계약변경시점의 회계처리

차)	계약변경손실[1]	109,228	대)	AC금융자산	109,228
차)	현금	12,000	대)	AC금융자산	12,000

[1] 960,000 - 850,772 = 109,228

제11장 | 복합금융상품

[01 ~ 04]

㈜한영은 20×1년 초에 신주인수권부사채를 발행하였다. ㈜한영의 결산일은 매년 12월 31일이며, 관련 자료는 다음과 같다.

---

(1) 신주인수권부사채는 액면 ₩100,000, 표시이자율 10%, 만기 3년, 이자는 매년 말 1회 지급 조건이다.
(2) 신주인수권부사채의 발행가액은 ₩100,000이고, 행사조건은 사채액면 ₩10,000당 보통주 1주(액면 ₩5,000)를 ₩7,000에 매입할 수 있다. 보장수익률은 12%이고 상환할증률은 106.749%이다. 사채발행 당시의 시장이자율은 연 13%이다(단, 13%, 3년의 연금현가요소는 2.36115이고 13%, 3년 현가요소는 0.69305이다).

---

01 ㈜한영이 동 신주인수권부사채를 발행하였을 때, 인식할 신주인수권대가는 얼마인가?

① ₩2,406　　　　　　　② ₩3,408　　　　　　　③ ₩12,687
④ ₩13,431　　　　　　　⑤ ₩6,468

02 ㈜한영이 동 신주인수권부사채로 인해 인식할 20×3년 이자비용은 얼마인가?

① ₩2,406　　　　　　　② ₩3,408　　　　　　　③ ₩12,687
④ ₩13,431　　　　　　　⑤ ₩6,468

03 ㈜한영의 재무상태표상에 계상될 20×1년 말 신주인수권조정의 장부금액은 얼마인가?

① ₩2,406　　　　　　　② ₩3,408　　　　　　　③ ₩12,687
④ ₩13,431　　　　　　　⑤ ₩6,468

04 동 신주인수권이 20×1년 말 40%가 행사되었을 때, 다음 중 옳지 않은 것은?

① 신주인수권의 행사시점에 자본은 ₩30,114 증가한다.
② 신주인수권의 행사시점에 주식발행초과금은 ₩11,076 증가한다.
③ 신주인수권의 행사 이후 만기지급액(액면이자 제외)은 ₩104,049이다.
④ 신주인수권의 행사 이후 20×2년에 인식할 이자비용은 ₩7,822이다.
⑤ 신주인수권의 행사 이후 20×2년 말에 신주인수권조정의 장부금액은 ₩3,120이다.

[05 ~ 07]

A회사는 20×1년 초 액면가액 ₩1,000,000의 3년 만기 전환사채를 액면발행하였다. 아래에 제시되는 자료는 공통자료이며, 각 물음은 독립적이다.

> (1) 전환권이 행사되면 사채액면 ₩20,000당 액면 ₩5,000의 보통주 1주를 교부하며, 권리가 행사되지 않은 부분에 대하여는 액면가액의 115%를 만기금액으로 지급한다.
>
> (2) 표시이자율은 연 4%로 매년 말 후급조건이며, 사채발행일 현재 동종 일반 사채의 시장이자율은 10%이다(단, 3기간 10% 현가계수와 연금현가계수는 각각 0.75131과 2.48685이다).

05 전환사채발행 시 사채발행원가로 ₩100,000이 소요되는 경우 사채발행일의 사채 순발행가액은 얼마인가?

① ₩963,481   ② ₩867,133   ③ ₩954,383

④ ₩913,431   ⑤ ₩876,468

06 20×2년 초에 A회사가 전환을 유도하기 위하여 20×2년 말까지 전환된 전환사채에 대하여만 기존 전환비율의 10%에 해당하는 주식을 더 교부해주기로 조건을 변경하였고 이로 인해 해당 기간 동안 전환사채가 80%로 전환되었다. 이때 전환으로 인하여 A사의 20×2년 당기손익에 미치는 영향은 얼마인가? (단, 조건변경일의 A사 보통주 1주당 공정가치는 1주당 ₩8,000이다)

① ₩60,000   ② ₩50,000   ③ ₩42,000

④ ₩40,000   ⑤ ₩32,000

07 20×2년 말까지 전환권이 행사되지 않은 것으로 가정한다. A회사는 20×3년 초에 모든 전환사채를 현금 ₩1,150,000으로 조기상환한 경우 전환사채의 조기상환으로 인하여 A사의 20×3년 당기손익에 미치는 영향은 얼마인가? (단, 상환시점의 시장이자율은 8%이다)

① ₩(-)24,455   ② ₩(-)22,034   ③ ₩(-)20,034

④ ₩(-)18,455   ⑤ ₩22,034

08 ㈜포도는 20×1년 1월 1일에 전환사채를 발행하였다. 전환사채와 관련된 내용은 아래와 같다.

> (1) 만기일: 20×3년 12월 31일
> (2) 액면금액: ₩100,000
> (3) 액면이자율은 2%로 매년 말 지급하며, 만기까지 전환되지 않는 경우에 상환할증금을 지급하는 조건으로 보장수익률은 4%이다.
> (4) 전환사채의 액면금액 ₩200당 보통주 1주(액면금액 ₩100)로 전환 가능하다.
> (5) 전환사채 발행일 현재 일반사채의 유효이자율은 7%이다.
> (6) ㈜포도의 보통주의 공정가치는 다음과 같다.
>
> | 구분 | 20×1년 초 | 20×2년 초 | 20×3년 초 |
> |---|---|---|---|
> | 공정가치 | ₩200 | ₩150 | ₩120 |
>
> (7) 현재가치 계수는 다음과 같다.
>
> | 기간 | 단일금액 ₩1의 현가계수 | | | | 정상연금 ₩1의 현가계수 | | | |
> |---|---|---|---|---|---|---|---|---|
> | | 4% | 6% | 7% | 8% | 4% | 6% | 7% | 8% |
> | 1 | 0.9615 | 0.9434 | 0.9346 | 0.9259 | 0.9615 | 0.9434 | 0.9346 | 0.9259 |
> | 2 | 0.9246 | 0.8900 | 0.8734 | 0.8573 | 1.8861 | 1.8334 | 1.8080 | 1.7832 |
> | 3 | 0.8890 | 0.8396 | 0.8163 | 0.7938 | 2.7751 | 2.6730 | 2.6243 | 2.5770 |

20×1년 초에 전환사채는 액면발행되었다. 20×2년 초에 동 전환사채의 60%가 전환되었다. ㈜포도가 동 전환사채로 인하여 20×2년 재무제표에 표시할 주식발행초과금 증가액을 구하시오.

① ₩34,663   ② ₩32,663   ③ ₩30,663

④ ₩27,663   ⑤ ₩25,663

01 ①

시장 R 13%
2nd

보장 R 12%

	20×1년	20×2년	20×3년	

신주인수권부사채 BV 97,594[2]	액면이자 10,000	액면이자 10,000	액면이자(10%) 10,000	1st
3rd 신주인수권대가 2,406(역산)			액면금액 100,000	
발행가액 100,000			상환할증금 6,749[1]	

[1] 100,000 × (12% − 10%) × (1 + 1.12 + 1.12²) = 6,749
[2] 10,000 × 2.36115 + 106,749 × 0.69305 = 97,594

02 ④ 20×3년 이자비용: 116,749/1.13 × 13% = 13,431

03 ⑤

재무상태표(20×1년 말)

신주인수권부사채	액면금액	100,000
상환할증금	+ 만기상환액	6,749
(신주인수권조정)	− 역산	(−)6,468
신주인수권부사채 BV		① 100,281
신주인수권대가		② 2,406

◐ 기말 신주인수권부사채 BV: PV(잔여 CF) by 취득 R = 기초BV × (1 + R) − 액면이자 = 97,594 × 1.13 − 10,000 = 100,281

04 ④ 1) 40% 행사 시 회계처리

차)	현금	70,000 × 40%	대)	신주인수권조정	1,464 × 40%
	상환할증금	6,749 × 40%		자본금	50,000 × 40%
	신주인수권대가	2,406 × 40%		주식발행초과금	27,691 × 40%

2) 행사시점에 자본총계에 미친 영향: (70,000 + 6,749/1.13²) × 40% = 30,114
3) 행사시점에 주식발행초과금의 증가액: 27,691 × 40% = 11,076
4) 만기 시 ㈜한영이 상환할 금액: 104,049
   * 액면금액 + 상환할증금 만기지급액 × (1 − 전환비율) = 100,000 + 6,749 × (1 − 40%) = 104,049
5) 20×2년에 ㈜한영이 인식할 이자비용: (−)12,762
   * 기초PV(액면금액 + 액면이자 + 상환할증금 × (1 − 전환비율)) × 취득 R = [10,000/1.13 + {110,000 + 6,749 × (1 − 40%)}/1.13²] × 13%
   = (−)12,762

6) 20×2년 말 재무상태표

재무상태표(20×2년 말)

	신주인수권부사채	액면금액 100,000
	상환할증금	+ 만기상환액 4,049
	(신주인수권조정)	- 역산 (-)3,120
	신주인수권부사채 BV	① 100,929
	신주인수권대가	② 1,444

❶ 기말 신주인수권부사채 BV: PV(잔여 CF) by 취득 R = (110,000 + 6,749 × (1 - 40%))/1.13 = 100,929

05 ② 부채요소: 963,481 - 96,348 = 867,133
자본요소: 36,519 - 3,652 = 32,867
전환사채의 발행시점 회계처리

차)	현금	1,000,000	대)	전환사채	1,000,000
	전환권조정	186,519		상환할증금	150,000
				전환권대가[1]	36,519
차)	전환권조정[2]	96,348	대)	현금	100,000
	전환권대가	3,652			

[1] 1,000,000 - (1,000,000 × 1.15 × 0.75131 + 40,000 × 2.48685) = 36,519
[2] 100,000 × 963,481/1,000,000 = 96,348

06 ④ 조건변경으로 인한 전환사채의 전환 시 A사의 당기손익에 미치는 영향
: (55 - 50)주 × 8,000 = 40,000
1) 변경된 조건하에서 전환으로 인하여 보유자가 수취하는 주식 수: 1,000,000 ÷ 20,000 × (1 + 10%) = 55주
2) 원래의 조건하에서 전환으로 인하여 보유자가 수취하였을 주식 수: 1,000,000 ÷ 20,000 = 50주
3) 80% 전환 시 회계처리

차)	조건변경손실[1]	40,000	대)	자본금	25,000
				주식발행초과금	15,000
차)	전환사채	1,000,000 × 80% = 800,000	대)	전환권조정[2]	130,170 × 80% = 104,136
	상환할증금	150,000 × 80% = 120,000		자본금[3]	250,000 × 80% = 200,000
	전환권대가	36,519 × 80% = 29,215		주식발행초과금	806,349 × 80% = 645,079

[1] (1,000,000 ÷ 20,000)주 × 10% × 8,000 = 40,000
[2] (1,000,000 + 150,000) - (963,481 × 1.1 - 40,000) = 130,170
[3] 1,000,000 ÷ 20,000 × 5,000 = 250,000

07 ③ A사의 20×3년 당기손익에 미치는 영향: (-)20,034
1) 사채상환손실: -1,190,000/1.08 + 1,190,000/1.1 = (-)20,034
2) 20×3년 초 회계처리

차)	전환사채	1,000,000	대)	전환권조정[3]	68,182
	상환할증금	150,000		현금[1]	1,101,852
	전환사채상환손실	20,034			
차)	전환권대가	36,519	대)	현금[2]	48,148
	전환권대가매입손실(자본)	11,629			

[1] 전환사채의 상환가액: (40,000 + 1,000,000 + 150,000)/1.08 = 1,101,852
[2] 전환권대가의 상환가액: 1,150,000 - 1,101,852 = 48,148
[3] 전환권조정: 1,150,000 - 1,190,000/1.1 = 68,182

08 ② 1) 상환할증금의 만기지급액: 100,000 × (4% − 2%) × (1 + 1.04 + 1.04²) = 6,243

2) 20×1년 초 전환사채의 공정가치: (100,000 + 6,243) × 0.8163 + 2,000 × 2.6243 = 91,975

3) 전환권대가: 100,000 − 91,975 = 8,025

4) 전환시점의 회계처리(순액법 − 100% 가정)

차)	전환사채	96,413	대)	자본금[1]	50,000
	전환권대가	8,025		주식발행초과금(역산)	54,438

[1] 100,000/200 × 100 = 50,000

5) 주식발행초과금 증가액: 54,438 × 60% = 32,663

6) 20×2년도 이자비용: 96,413 × 7% × (1 − 60%) = 2,700

01 다음은 ㈜대한의 20×1년과 20×2년의 수취채권, 계약자산, 계약부채에 대한 거래이다.

> (1) ㈜대한은 고객에게 제품을 이전하기로 한 약속을 수행의무로 식별하고, 제품을 고객에게 이전할 때 각 수행의무에 대한 수익을 인식한다.
>
> (2) ㈜대한은 20×2년 1월 31일에 ㈜민국에게 제품 A를 이전하는 취소 불가능 계약을 20×1년 10월 1일에 체결하였다. 계약에 따라 ㈜민국은 20×1년 11월 30일에 대가 ₩1,000 전액을 미리 지급하여야 하나 ₩300만 지급하였고, 20×2년 1월 15일에 잔액 ₩700을 지급하였다. ㈜대한은 20×2년 1월 31일에 제품 A를 ㈜민국에게 이전하였다.
>
> (3) ㈜대한은 ㈜만세에게 제품 B와 제품 C를 이전하고 그 대가로 ₩1,000을 받기로 20×1년 10월 1일에 계약을 체결하였다. 계약에서는 제품 B를 먼저 인도하도록 요구하고, 제품 B의 인도대가는 제품 C의 인도를 조건으로 한다고 기재되어 있다. ㈜대한은 제품의 상대적 개별 판매가격에 기초하여 제품 B에 대한 수행의무에 ₩400을, 제품 C에 대한 수행의무에 ₩600을 배분한다. ㈜대한은 ㈜만세에게 20×1년 11월 30일에 제품 B를, 20×2년 1월 31일에 제품 C를 각각 이전하였다.

상기 거래에 대하여, 20×1년 12월 31일 현재 ㈜대한의 수취채권, 계약자산, 계약부채 금액은 각각 얼마인가? (단, 기초잔액은 없는 것으로 가정한다)

	수취채권	계약자산	계약부채
①	₩1,000	₩400	₩700
②	₩700	₩400	₩1,000
③	₩500	₩500	₩400
④	₩600	₩500	₩400
⑤	₩1,200	₩600	₩1,000

[02 ~ 03]

20×1년 1월 1일 A사는 제품 120개를 고객에게 개당 ₩100에 판매하기로 계약하고, 향후 2개월에 걸쳐 고객에게 이전하기로 하였다. A사는 제품에 대한 통제를 한 시점에 이전한다. 20×1년 1월 중 기업이 제품 50개에 대한 통제를 고객에게 이전한 다음에, 추가로 제품 30개를 고객에게 납품하기로 계약을 변경하였다. 그 후 20×1년 2월 중 기존 계약 제품 40개와 추가 계약 제품 10개를 고객에게 이전하였다. 추가 제품은 최초 계약에 포함되지 않았다.

02 계약을 변경할 때 추가 제품 30개에 대한 계약변경의 가격은 개당 ₩95이다. 추가 제품은 계약변경 시점에 그 제품의 개별 판매가격을 반영하여 가격이 책정되고, 원래 제품과 구별된다. 이 경우 A사가 2월에 고객에게 이전한 기존 계약 제품 40개에 대한 수익인식액과 추가 계약 제품 10개에 대한 수익 인식액의 합계는 얼마인가?

① ₩5,150
② ₩5,000
③ ₩4,950
④ ₩4,700
⑤ ₩4,500

03 추가 제품 30개를 구매하는 협상을 진행하면서, 처음에는 개당 ₩80에 합의하였다. 동 금액은 그 제품의 개별 판매가격을 반영하지 못하였다. 그러나 고객은 20×1년 1월에 이전받은 최초 제품 50개에 그 인도된 제품 특유의 사소한 결함이 있음을 알게 되었다. A사는 그 제품의 결함에 대한 보상으로 고객에게 개당 ₩15씩 일부 공제를 약속하였다. 그러나 동 공제금액을 A사가 고객에게 별도로 지급하지 않고, 기업이 추가 제품 30개에 부과하는 가격에서 공제하기로 합의하였다. 이로 인해 계약변경으로 추가 주문되는 제품 30개의 가격을 개당 ₩55으로 정하였다. 이 경우 A사가 2월에 고객에게 이전한 기존 계약 제품 40개에 대한 수익인식액과 추가 계약 제품 10개에 대한 수익인식액의 합계는 얼마인가?

① ₩5,150
② ₩5,000
③ ₩4,950
④ ₩4,700
⑤ ₩4,500

A회사는 고객에게 환불조건부판매를 마케팅 포인트로 하여 영업을 하고 있는 회사이다. C회사와 제품을 개당 ₩100에 판매하기로 20×1년 10월 1일에 계약을 체결하였으며, 계약상 C회사가 6개월 동안 1,000개 넘게 구매하면 개당 가격을 ₩90으로 소급하여 낮추기로 계약을 정하였다. 따라서 계약상 대가 중의 일부는 환불될 수 있다. A회사는 제품에 대한 통제를 고객에게 이전할 때 대가를 지급받을 권리가 생긴다. 그러므로 기업은 가격 감액을 소급 적용하기 전까지는 개당 ₩100의 대가를 받을 무조건적 권리(수취채권)가 있다.

20×1년 12월 31일까지 C회사에 제품 600개를 판매하였다. A회사는 C회사가 대량 할인을 받을 수 있는 1,000개의 임계치를 초과하여 구매할 수 있을 것이라고 추정한다.

04 20×2년 3월 31일까지 C회사에 추가로 제품 500개를 판매하였다. 판매대금은 20×2년 4월 1일에 일괄적으로 현금회수하였다. A회사가 20×2년에 수익으로 인식할 금액은 얼마인가?

① ₩30,000

② ₩36,000

③ ₩40,000

④ ₩45,000

⑤ ₩48,000

05 위의 4번과 달리 20×2년 3월 31일까지 C회사에 추가로 제품 300개를 판매하였다. 판매대금은 20×2년 4월 1일에 일괄적으로 현금회수하였다. A회사가 20×2년에 수익으로 인식할 금액은 얼마인가?

① ₩30,000

② ₩36,000

③ ₩40,000

④ ₩45,000

⑤ ₩48,000

[06 ~ 08]

각 물음은 서로 독립적이다.

06 A사는 20×1년 7월 1일 고객에게 1년 동안 재화를 판매하기로 계약을 체결하였다. 고객은 1년 동안은 최소 제품 100단위를 단위당 ₩20,000씩 총 ₩2,000,000의 제품을 사기로 약속하였다. 계약에서 A사는 계약 개시시점에 고객에게 환불되지 않는 ₩200,000을 고객에게 지급하도록 되어 있다. 이는 고객이 기업의 제품을 사용하는 데 필요한 변경에 대해 고객에게 보상하는 것이다. A사는 20×1년에 제품 50단위를 판매하고 현금 ₩1,000,000을 수령하였다. A사가 20×1년에 인식할 수익은 얼마인가?

① ₩900,000
② ₩1,000,000
③ ₩400,000
④ ₩390,000
⑤ ₩449,440

07 B사는 20×1년 11월 1일 고객 C에게 자체 제작한 생산설비를 ₩400,000에 판매하는 계약을 체결하였다. 생산설비의 판매대가는 전액 계약 개시시점에 수령하였다고 가정한다. B사는 계약 개시시점에 고객 C에게 환불되지 않는 금액 ₩50,000을 지급하였다. 이 금액은 B사가 고객 C에게 경영자문을 받은 대가에 해당하며, 고객 C는 통상적인 경영자문에 대하여 ₩40,000을 대가로 받는다. B사가 20×1년도에 인식할 수익은 얼마인가?

① ₩900,000
② ₩1,000,000
③ ₩400,000
④ ₩390,000
⑤ ₩449,440

08 A사는 20×1년 7월 1일 제품을 판매하기로 고객과 계약을 체결하였다. 제품에 대한 통제는 20×3년 6월 30일에 고객에게 이전될 것이다. 계약에 따라 고객은 20×1년 7월 1일 계약에 서명하는 시점에 ₩400,000을 지급하기로 하였다. A사는 약속된 대가를 조정하기 위해 사용해야 할 이자율은 연 6%라고 판단하였다. 그러나 20×1년 말 이후 A사는 고객 신용특성의 변동을 반영하여 새로운 할인율 연 10%를 산정하였다. A사는 20×3년 6월 30일에 원가 ₩300,000의 재고자산을 이전하였다. A사가 20×3년에 제품을 판매할 때 인식할 매출액은 얼마인가?

① ₩900,000
② ₩1,000,000
③ ₩400,000
④ ₩390,000
⑤ ₩449,440

[09 ~ 10]

D건설회사는 20×1년 초에 도로와 교량을 건설하는 계약을 체결하고 즉시 공사를 진행하였다(도로의 건설과 교량의 건설이라는 별도의 이행의무가 있다고 가정). D건설회사는 계약체결 시 거래가격을 ₩120,000으로 결정하였고 이는 ₩100,000의 고정가격과 포상금에 대한 추정치 ₩20,000이 포함된 금액이다. 회사는 ₩20,000의 장려금에 대한 변동가능대가를 추정하는데 최선의 추정치를 이용한다. D건설회사는 추정치의 변동으로 수익이 감소하지 않을 가능성이 매우 높다고 결론 내렸다. 20×2년 초에 변동가능대가가 계약 개시 이후 예상했던 ₩20,000에서 ₩30,000으로 변동되었다. 동 변동은 건설기간 중 기상상황의 호전으로 인한 것으로서 예상한 것보다 일찍 공사를 종료할 것으로 기대하였기 때문에 발생하였다. 예측치가 변동되어 20×1년 말에 도로는 90%가 완료되었지만 교량 건설은 아직 시작하지 않았다가 20×2년에 두 공사 모두 완료되었다(단, 20×1년 도로 건설의 개별 판매가격은 ₩70,0000이고 교량 건설의 개별 판매가격은 ₩70,0000이였으나 20×2년 도로 건설의 개별 판매가격은 ₩60,000이고 교량 건설의 개별 판매가격은 ₩70,000으로 변경되었다. 또한 동 공사는 모두 지금까지 수행을 완료한 부분에 대해 집행가능한 지급청구권을 D회사가 가지고 있다).

09 동 거래로 기업이 20×1년에 수익으로 계상할 금액은 얼마인가?

① ₩60,000

② ₩54,000

③ ₩76,000

④ ₩65,000

⑤ ₩11,000

10 동 거래로 기업이 20×2년에 수익으로 계상할 금액은 얼마인가?

① ₩60,000

② ₩54,000

③ ₩76,000

④ ₩65,000

⑤ ₩11,000

11 A사는 제품을 ₩50,000에 판매하기로 계약을 체결하였다. 이 계약의 일부로 기업은 앞으로 30일 이내에 ₩40,000 한도의 구매에 대해 30% 할인권을 고객에게 주었다. A사는 할인을 제공하기로 한 약속을 제품 판매 계약에서 수행의무로 회계처리한다. A사는 고객의 60%가 할인권을 사용하고 추가 제품을 평균 ₩25,000에 구매할 것으로 추정한다. 또한, A사는 계절 마케팅의 일환으로 앞으로 30일 동안 모든 판매에 10% 할인을 제공할 계획이다. 10% 할인은 30% 할인권에 추가하여 사용할 수 없다. A사가 동 제품을 판매하는 시점에 인식할 수익은 얼마인가?

① ₩45,872
② ₩47,170
③ ₩40,872
④ ₩41,170
⑤ ₩50,000

12 12월 말 결산법인인 A사는 20×1년 말에 제조원가 ₩300,000인 기계 1대를 ₩480,000에 판매하고 중장비를 사용하는 중에 고장이 발생하면 4년간 무상으로 수리해주기로 하였다. 관련 법률에 따르면 판매 후 2년간 무상수리하여야 하며, 동종업계에서는 모두 2년간 무상수리를 보증한다. 향후 4년간 발생할 것으로 예상되는 수리비용은 다음과 같다.

구분	20×2년	20×3년	20×4년	20×5년
수리비용	₩1,000	₩2,000	₩6,000	₩10,000

A사는 무상수리를 별도로 판매하지 않으므로 수리용역의 개별 판매가격은 없으나 적정이윤은 원가의 25%에 해당하는 것으로 추정하였다. 동 거래로 A사의 20×1년 말 재무상태표상 계상될 충당부채와 20×1년에 수익으로 인식할 금액의 합은 얼마인가?

① ₩300,000
② ₩425,000
③ ₩444,200
④ ₩455,760
⑤ ₩463,800

13 유통업을 영위하고 있는 ㈜대한은 20×1년 1월 1일 제품 A를 생산하는 ㈜민국과 각 제품에 대해 다음과 같은 조건의 판매 계약을 체결하였다.

- ㈜대한은 제품 A에 대해 매년 최소 200개의 판매를 보장하며, 이에 대해서는 재판매 여부에 관계없이 ㈜민국에게 매입대금을 지급한다. 다만, ㈜대한이 200개를 초과하여 제품 A를 판매한 경우 ㈜대한은 판매되지 않은 제품 A를 모두 조건 없이 ㈜민국에게 반환할 수 있다.
- 고객에게 판매할 제품 A의 판매가격은 ㈜대한이 결정한다.
- ㈜민국은 ㈜대한에 1개당 원가 ₩1,000의 제품 A를 1개당 ₩1,350에 인도하며, ㈜대한은 판매수수료 ₩150을 가산하여 1개당 ₩1,500에 고객에게 판매한다.

㈜민국은 위 계약을 체결한 즉시 ㈜대한에게 제품 A 250개를 인도하였다. ㈜대한이 20×1년에 제품 A 240개를 판매하였을 경우 ㈜대한과 ㈜민국이 20×1년에 인식할 수익금액을 구하시오.

	㈜대한이 수익으로 인식할 금액	㈜민국이 수익으로 인식할 금액
①	₩306,000	₩330,000
②	₩306,000	₩60,000
③	₩360,000	₩330,000
④	₩360,000	₩60,000
⑤	₩420,000	₩60,000

A회사와 B회사의 20×1년 말 반품가능조건 현금판매액은 ₩10,000이며, 매출원가율은 70%이다. 그리고 업계평균 반품률은 1%이며, 업계평균 반품률을 이용하여 반품으로 인한 환불액을 신뢰성 있게 추정가능하다. 가방이 반품될 경우 수선만하면 판매가치의 감소는 없다. 그리고 가방이 반품될 경우 수선에 총 ₩20이 지출될 것으로 추정된다.

14 동 거래로 A회사의 20×1년 당기손익에 미친 영향은 얼마인가?

① ₩10,000
② ₩9,900
③ ₩2,950
④ ₩(-)75
⑤ ₩(-)60

15 20×2년에 실제로 반품될 금액이 ₩150이며, 수선으로 인해 총 ₩30이 지출되고 반환된 재고자산의 가치감소액이 ₩50이다. 반품으로 인해 A회사의 20×2년 당기손익에 미친 영향은 얼마인가?

① ₩10,000
② ₩9,900
③ ₩2,950
④ ₩(-)75
⑤ ₩(-)60

아래의 각 상황은 독립적이다.

16 A사는 20×1년 1월 1일에 원가 ₩800,000의 재고자산을 ₩1,000,000에 판매하기로 고객과의 계약을 체결하였다. 계약에는 20×1년 3월 31일 이전에 그 자산을 ₩1,050,000에 다시 살 권리를 기업에 부여하는 콜옵션이 포함되어 있다. A사는 20×1년 3월 31일에 콜옵션을 행사하였다. 동 거래로 A사가 20×1년에 수익으로 인식할 금액은 얼마인가?

① ₩0
② ₩1,000,000
③ ₩1,050,000
④ ₩900,000
⑤ ₩100,000

17 A사는 20×1년 1월 1일에 원가 ₩800,000의 재고자산을 ₩1,000,000에 판매하기로 고객과의 계약을 체결하였다. 계약에는 20×1년 3월 31일 이전에 그 자산을 ₩1,050,000에 다시 살 권리를 기업에 부여하는 콜옵션이 포함되어 있다. A사는 20×1년 3월 31일까지 콜옵션을 행사하지 않았다. 동 거래로 A사가 20×1년에 수익으로 인식할 금액은 얼마인가?

① ₩0   ② ₩1,000,000   ③ ₩1,050,000
④ ₩900,000   ⑤ ₩100,000

18 A사는 20×1년 1월 1일에 장부금액 ₩800,000의 유형자산을 ₩1,000,000에 판매하기로 고객과 계약을 체결하였다. 계약에서 고객의 요구에 따라 20×1년 3월 31일 이전에 기업이 자산을 ₩900,000에 다시 사야 하는 풋옵션이 포함되어 있다. 20×1년 3월 31일에 시장가치는 ₩750,000이 될 것으로 예상된다. A사는 재매입일의 재매입가격이 자산의 기대시장가치를 유의적으로 초과하기 때문에 고객이 풋옵션을 행사할 경제적 유인이 유의적이라고 결론을 지었다. 20×1년 3월 31일에 고객은 풋옵션을 행사하였다. 동 거래로 A사가 20×1년에 수익으로 인식할 금액은 얼마인가?

① ₩0   ② ₩1,000,000   ③ ₩1,050,000
④ ₩900,000   ⑤ ₩100,000

19 PK마트는 20×1년에 일정 기간 동안 상품을 구매한 회원에게 포인트를 부여하였다. 회원은 포인트를 이용하여 PK마트의 식료품을 추가 구매할 수 있으며, 포인트의 유효기간은 부여일 이후 3년이다. PK마트의 20×1년 매출은 총 ₩100,000,000이며, 부여한 총 포인트는 100,000포인트이다.

고객에게 판매한 상품의 개별 판매가격은 ₩94,500,000이지만, 고객에게 부여한 100,000포인트의 객관적인 공정가치는 신뢰성 있게 추정할 수 있다(다만, 포인트를 사용하는 경우 1포인트의 개별 판매가격은 ₩105이다. 다음은 연도별 예상 포인트와 실제 청구된 포인트의 내역이다).

구분	20×1년	20×2년	20×3년
청구예상 포인트	80,000	90,000	85,000
실제청구된 포인트	24,000	57,000	4,000
실제회수된 누적보상포인트	24,000	81,000	85,000

PK마트가 20×1년에 수익으로 인식할 금액은 얼마인가?

① ₩10,000,000   ② ₩93,000,000   ③ ₩90,000,000
④ ₩96,000,000   ⑤ ₩91,000,000

[20 ~ 21]

A건설은 20×1년 1월 1일 서울시와 공원을 건설하는 도급계약(총도급금액 ₩18,000,000, 추정총계약원가 ₩14,000,000, 건설소요기간 3년)을 체결하였다. 동 도급계약과 관련하여 20×1년 말에 A건설이 추정한 총 계약원가는 ₩15,000,000으로 증가하였으며, 20×2년 말에 계약원가를 검토한 결과 추가로 ₩1,000,000만 큼 증가할 것으로 추정되었다. A건설은 동 도급계약의 결과를 신뢰성 있게 추정할 수 있으므로 진행기준으로 수익을 인식하고 있으며, 진행률은 누적계약발생원가를 추정총계약원가로 나눈 비율로 적용하고 있다.

구분	20×1년도	20×2년도	20×3년도
당기원가발생액	₩3,000,000	₩8,500,000	₩4,500,000
당기대금청구액	₩4,000,000	₩10,000,000	₩4,000,000
당기대금회수액	₩3,400,000	₩8,800,000	₩5,800,000

* 20×2년 말에 발생한 원가 ₩8,500,000에는 계약상 20×3년도 공사에 사용하기 위해 준비되었지만 아직 사용되지 않은 ₩400,000의 재료 원가와 하도급계약에 따라 수행될 공사에 대해 하도급자에게 선급한 금액 ₩300,000이 포함되어 있다(단, 재료는 동 계약을 위해 별도로 제작된 것이다).

20 동 공사와 관련하여 20×2년에 인식할 계약손익은 얼마인가?

① ₩1,000,000

② ₩900,000

③ ₩850,000

④ ₩800,000

⑤ ₩700,000

21 동 공사와 관련하여 20×2년 말에 인식할 계약자산(부채)은 얼마인가?

① 계약자산 ₩1,400,000

② 계약부채 ₩1,400,000

③ 계약자산 ₩1,200,000

④ 계약부채 ₩1,200,000

⑤ 계약자산 ₩700,000

정답 및 해설

01 ② 20×1년 말 수취채권: 700, 20×1년 말 계약자산: 400, 20×1년 말 계약부채: 1,000

1) 제품 A - 회계처리

20×1년 11월 30일	차) 현금	300	대) 계약부채	300
	차) 수취채권	700	대) 계약부채	700

2) 제품 B - 회계처리

20×1년 11월 30일	차) 계약자산	400	대) 계약수익	400

02 ③ 기존 계약 제품 40개에 대한 수익인식액: 4,000
추가 계약 제품 10개에 대한 수익인식액: 950

1) 동 계약의 변경은 계약의 범위가 확장되고 확장된 부분은 개별 판매가격을 반영하였으므로 별도의 계약이다.

2) 기존 계약 제품 40개에 대한 수익인식액: 40개 × @100 = 4,000

3) 추가 계약 제품 10개에 대한 수익인식액: 10개 × @95 = 950

03 ④ 기존 계약 제품 40개에 대한 수익인식액: 3,760
추가 계약 제품 10개에 대한 수익인식액: 940

1) 동 계약의 변경은 계약의 범위가 확장되고 확장된 부분은 개별 판매가격을 반영하지 않았고 재화 · 용역이 구별되므로 기존 계약은 종료하고 새로운 계약이 시작되는 것으로 본다. 또한 기존 제품의 결함으로 인한 가격할인분은 기존 계약의 일부로 인식(매출에누리)한다.

2) 기존 계약 제품 40개에 대한 수익인식액: 40개 × @94[*] = 3,760

3) 추가 계약 제품 10개에 대한 수익인식액: 10개 × @94 = 940

[*] [(120 − 50)개 × @100 + 30개 × @80] ÷ (70 + 30)개 = @94

04 ④ 1) 20×2년 수익인식액: 500개 × @90 = 45,000

2) 회계처리

20×1. 12. 31.	차) 수취채권	60,000	대) 수익	54,000
			환불부채[1)]	6,000
20×2. 3. 31.	차) 수취채권	50,000	대) 수익	45,000
			환불부채[2)]	5,000
20×2. 4. 1.	차) 환불부채	11,000	대) 수취채권	110,000
	현금	99,000		

[1)] 600개 × @(100 − 90) = 6,000
[2)] 500개 × @(100 − 90) = 5,000

05 ② 1) 20×2년 수익인식액: 36,000
- 20×2년 300개: 300개 × @100 = 30,000
- 20×1년 600개 소급분: 600개 × @(100 - 90) = 6,000

2) 회계처리

20×1. 12. 31.	차)	수취채권	60,000	대)	수익	54,000
					환불부채	6,000
20×2. 3. 31.	차)	수취채권	30,000	대)	수익	36,000
		환불부채	6,000			
20×2. 4. 1.	차)	현금	90,000	대)	수취채권	90,000

06 ① A사가 20×1년에 인식할 수익: 900,000
1) 제품 단위당 수익: (2,000,000 - 200,000) ÷ 100단위 = @18,000
2) 20×1년에 인식할 수익: 50단위 × @18,000 = 900,000
3) 회계처리

[20×1년 7월 1일]					
차)	환수자산(선급금)	200,000	대)	현금	200,000
[20×1년 판매 시]					
차)	현금	1,000,000	대)	계약수익	900,000
				환수자산(선급금)	100,000

* 고객에게 지급할 대가가 고객에게 받은 구별되는 재화나 용역에 대한 지급이 아니라면, 그 대가는 거래가격 즉, 수익에서 차감하여 회계처리한다.

07 ④ B사가 20×1년도에 인식할 수익: 400,000 - 10,000 = 390,000
1) 생산설비의 판매금액: 400,000
2) 고객에게 지급한 대가: 50,000 - 40,000 = 10,000

* 고객에게 지급한 대가가 경영자문의 대가(공정가치)를 초과하므로 동 초과액을 수익에서 차감한다. 만일 경영자문의 대가(공정가치)를 합리적으로 추정할 수 없는 경우에는 전액을 수익에서 차감한다.

3) 회계처리

[20×1년 11월 1일]					
차)	현금	400,000	대)	매출	390,000
				환불부채	10,000
[경영자문용역을 제공받을 때]					
차)	환불부채	10,000	대)	현금	50,000
	수수료비용	40,000			

08 ⑤ A사가 20×3년에 제품을 판매할 때 인식할 매출액: 400,000 × 1.06² = 449,440

회계처리

[20×1년 7월 1일]				
차) 현금	400,000	대) 계약부채		400,000
[20×1년 12월 31일]				
차) 이자비용	12,000	대) 계약부채		12,000
[20×2년 12월 31일]				
차) 이자비용	24,720	대) 계약부채		24,720
* 400,000 × 6% × 6/12 + 400,000 × 1.06 × 6% × 6/12 = 24,720				
[20×3년 6월 30일]				
차) 이자비용	12,720	대) 계약부채		12,720
* 424,000 × 6% × 6/12 = 12,720(단수차이)				
차) 계약부채	449,440	대) 매출		449,440
차) 매출원가	300,000	대) 재고자산		300,000

09 ② 20×1년 수익: 60,000 × 90% – 54,000

10 ③ 20×2년 수익: 76,000

1) 거래가격의 배분
   (1) 도로 건설: 120,000 × 70,000/140,000 = 60,000
   (2) 교량 건설: 120,000 × 70,000/140,000 = 60,000

2) 거래가격 변동분의 배분
   (1) 도로 건설: 10,000 × 70,000/140,000 = 5,000
   (2) 교량 건설: 10,000 × 70,000/140,000 = 5,000
   * 거래가격을 이행의무에 배분하는 기준(상대적 독립판매가격 기준으로 배분하는데 사용한 비율)은 계약 개시 후 변경하지 않았다.

3) 추가적으로 인식할 수익금액: 11,000 + 65,000 = 76,000
   (1) 도로 건설: (60,000 + 5,000) × 100% – 60,000 × 90% = 11,000
   (2) 교량 건설: 60,000 + 5,000 = 65,000

11 ② A사가 제품을 판매하는 시점에 인식할 수익: 47,170

1) 할인권의 추정 개별 판매가격: 3,000
   * @25,000(추가 제품 평균구입가격) × 20%(증분할인율) × 60%(할인권 행사 가능성) = 3,000
   * 모든 고객은 앞으로 30일 동안 구매금액의 10% 할인을 받을 수 있기 때문에 고객에게 중요한 권리를 제공하는 할인은 10%에서 증분되는 20% 할인뿐이다.

2) 거래가격 배분

구분	거래가격
제품	50,000 × 50,000/(50,000 + 3,000) = 47,170
할인권	50,000 × 3,000/(50,000 + 3,000) = 2,830
합계	50,000

3) 회계처리

차) 현금	50,000	대) 매출	47,170
		계약부채	2,830

12 ⑤　20×1년 말 충당부채: 3,000
20×1년 수익: 460,800
1) 보증용역의 개별판매가격: (6,000 + 10,000) × (1 + 25%) = 20,000
2) 거래가격의 배분
(1) 기계: 480,000 × 480,000/(480,000 + 20,000) = 460,800
(2) 보증용역: 480,000 × 20,000/(480,000 + 20,000) = 19,200
  *법적 무상보증기간을 초과하는 무상보증은 용역 유형의 보증에 해당하므로 별도의 수행의무이다.
3) 회계처리

차) 현금	480,000	대) 매출	460,800
		계약부채	19,200
차) 매출원가	300,000	대) 재고자산	300,000
차) 제품보증비	3,000	대) 제품보증충당부채	3,000

13 ①　1) ㈜대한이 20×1년에 수익으로 인식할 금액: @1,500 × 200개 + @150 × 40개 = 306,000
2) ㈜민국이 20×1년에 수익으로 인식할 금액: @1,350 × 200개 + @1,500 × 40개 = 330,000

14 ③　1) 수익으로 인식할 금액: 10,000 × (1 - 1%) = 9,900
2) 비용으로 인식할 금액: (7,000) × (1 - 1%) + (20) = (-)6,950
3) 회계처리

	차) 현금	10,000	대) 매출	10,000
	차) 매출	100	대) 환불부채	100
판매 시	차) 매출원가	7,000	대) 재고자산	7,000
	차) 반품비용	20	대) 매출원가	70
	반환재고회수권	50		

15 ④

	차) 환불부채	100	대) 현금	150
	매출	50		
반품 시	차) 재고자산	150 × 70% - 50 = 55	대) 반환재고회수권	50
	반품비용	60	현금	30
			매출원가	50 × 70% = 35

16 ①　[20×1년 1월 1일]

차) 현금	1,000,000	대) 단기차입금	1,000,000

[20×1년 3월 31일]

차) 이자비용	50,000	대) 미지급이자	50,000
차) 단기차입금	1,000,000	대) 현금	1,050,000
미지급이자	50,000		

17 ③   [20×1년 1월 1일]

차)	현금	1,000,000	대)	단기차입금	1,000,000

[20×1년 3월 31일]

차)	이자비용	50,000	대)	미지급이자	50,000
차)	단기차입금	1,000,000	대)	매출	1,050,000
	미지급이자	50,000			
차)	매출원가	800,000	대)	재고자산	800,000

18 ⑤   [20×1년 1월 1일]

차)	현금	1,000,000	대)	리스보증금	900,000
				선수리스료	100,000

[20×1년 3월 31일]

차)	리스보증금	900,000	대)	현금	900,000
차)	선수리스료	100,000	대)	리스료수익	100,000

19 ②   1) 회계처리

20×1년 매출	차) 현금	100,000,000	대) 매출	90,000,000	
			계약부채	10,000,000	
20×1년 말	차) 계약부채	3,000,000	대) 포인트매출	3,000,000	
20×2년 말	차) 계약부채	6,000,000	대) 포인트매출	6,000,000	
20×3년 말	차) 계약부채	1,000,000	대) 포인트매출	1,000,000	

(1) 부여한 포인트의 개별 판매가격

제공된 포인트 총 개별 판매가격: ₩105 × 100,000포인트 = 10,500,000

(2) 거래가격 배분

① 일반매출액: 100,000,000 × 94,500,000/(94,500,000 + 10,500,000) = 90,000,000

② 포인트 관련 이연매출액: 100,000,000 × 10,500,000/(94,500,000 + 10,500,000) = 10,000,000

2) 연도별 누적 포인트 매출액

구분	이연매출	예상회수비율	누적매출액	당기매출액
20×1년 말	10,000,000	24,000/80,000 = 30%	3,000,000	3,000,000
20×2년 말	10,000,000	81,000/90,000 = 90%	9,000,000	6,000,000
20×3년 말	10,000,000	100%	10,000,000	1,000,000

20 ④   1) 진행률

구분	20×1년도	20×2년도
누적발생원가(A)	3,000,000	11,200,000[1]
추정총계약원가(B)	15,000,000	16,000,000
누적진행률(A/B)	20%	70%

[1] 3,000,000 + 8,500,000 - 300,000 = 11,200,000 (재료는 동 계약을 위해 별도로 제작된 것으로 발생원가에 포함한다)

2) 20×2년 계약수익: 18,000,000 × 70% - 18,000,000 × 20% = 9,000,000

3) 20×2년 계약손익: (18,000,000 - 16,000,000) × 70% - (18,000,000 - 15,000,000) × 20% = 800,000

21 ②   20×2년 계약자산(부채): 18,000,000 × 70% - 14,000,000 = (-)1,400,000

제13장 │ 리스

[01 ~ 03]

A리스의 기계장치 1대를 아래와 같은 조건으로 B사에게 금융리스하였다.

> (1) 리스기간: 20×1년 1월 1일부터 20×3년 12월 31일
> (2) 고정리스료: 리스이용자는 리스기간 동안 매년 12월 31일에 ₩100,000씩 지급
> (3) 잔존가치 보증: 리스종료 시 기계장치를 리스제공자에게 반환하되, 예상잔존가치 ₩30,000
>   중 ₩20,000을 리스이용자가 보증
> (4) A리스의 리스개설직접원가: ₩10,000
> (5) 내재이자율: 연 5%
> (6) 3기간 이자율 5%의 현가계수: 0.86384, 3기간 이자율 5%의 연금현가계수: 2.72325
> (7) 2기간 이자율 5%의 현가계수: 0.90703, 2기간 이자율 5%의 연금현가계수: 1.85941

01 동 리스거래가 20×1년 A리스의 당기손익에 미친 영향은 얼마인가?

① ₩3,810   ② ₩24,912   ③ ₩14,912

④ ₩5,842   ⑤ ₩(−)3,810

02 20×1년 말에 리스기간 종료시점의 잔존가치 추정이 ₩30,000에서 ₩15,000으로 변경된 경우에 동
리스거래가 20×1년 A리스의 당기손익에 미친 영향은 얼마인가?

① ₩3,810   ② ₩24,912   ③ ₩14,912

④ ₩5,842   ⑤ ₩(−)3,810

03 문제 02와 독립적으로 리스기간 동안 종료시점의 잔존가치 추정액의 변경은 없었으나 리스기간 종료
시점에 기초자산의 실제 잔존가치가 ₩15,000이었다면 동 리스거래가 20×3년 A리스의 당기손익에
미친 영향은 얼마인가? (단, B사는 실제 잔존가치와 보증 잔존가치의 차이 금액을 리스종료시점에 A
리스에 현금으로 지급하였다)

① ₩3,810   ② ₩24,912   ③ ₩14,912

④ ₩5,842   ⑤ ₩(−)3,810

[04 ~ 06]

㈜대한은 20×0년 12월 31일에 항공기를 ₩5,198,927에 취득하였다. 리스제공자인 ㈜대한은 항공서비스를 제공하는 ㈜세무와 20×1년 1월 1일에 금융리스계약을 체결하였다. 구체적인 계약내용이 다음과 같을 때, 각 물음에 답하시오.

> (1) 리스개시일은 20×1년 1월 1일이고, 만료일은 20×4년 12월 31일이다. 이 기간 동안은 리스계약의 해지가 불가능하다.
> (2) 기초자산(항공기)의 공정가치는 ₩5,198,927이며, 경제적 내용연수는 6년이고 내용연수 종료 후 추정잔존가치는 없다. 해당 기초자산은 정액법으로 감가상각한다.
> (3) 리스기간 종료시점의 해당 기초자산 잔존가치는 ₩500,000으로 추정되며, ㈜세무의 보증잔존가치는 ₩200,000이다. 추정잔존가치 중 ㈜세무가 보증한 잔존가치 지급예상액은 ₩200,000이다.
> (4) 리스료는 리스기간 동안 매년 말 고정된 금액을 수수한다.
> (5) 리스기간 종료시점에 소유권 이전약정이나 염가매수선택권은 없으며, 리스기간 종료 시 기초자산을 ㈜대한에 반환하여야 한다.
> (6) ㈜대한이 리스계약과 관련하여 지출한 리스개설직접원가는 ₩300,000이며, ㈜세무가 리스계약과 관련하여 지출한 리스개설직접원가는 ₩200,000이다. 이들 리스개설직접원가는 모두 현금으로 지급하였다.
> (7) ㈜대한의 내재이자율은 연 10%이며, ㈜세무의 증분차입이자율은 12%이다. ㈜세무는 ㈜대한의 내재이자율을 알고 있다.
> (8) ㈜세무는 사용권자산에 대한 감가상각방법으로 정액법을 채택하고 있으며, 감가상각비는 지급할 것으로 예상되는 보증잔존가치를 차감하는 방법으로 회계처리한다.
> (9) 현재가치 계산 시 아래의 현가계수를 이용하며, 금액을 소수점 첫째 자리에서 반올림하여 계산한다(예 ₩5,555.5 → ₩5,556).
>
> | 구분 | 단일금액 ₩1의 현가계수 | | 정상연금 ₩1의 현가계수 | |
> |---|---|---|---|---|
> | | 10% | 12% | 10% | 12% |
> | 1기간 | 0.9091 | 0.8929 | 0.9091 | 0.8929 |
> | 2기간 | 0.8264 | 0.7972 | 1.7355 | 1.6901 |
> | 3기간 | 0.7513 | 0.7118 | 2.4868 | 2.4018 |
> | 4기간 | 0.6830 | 0.6355 | 3.1699 | 3.0373 |

04 ㈜대한이 매년 받게 될 고정리스료는 얼마인가?

① ₩1,627,000
② ₩1,527,000
③ ₩1,509,073
④ ₩1,344,000
⑤ ₩1,250,678

05 ㈜대한이 동 리스거래로 인해 인식하게 될 미실현금융수익은 얼마인가?

① ₩1,627,000   ② ₩1,527,000   ③ ₩1,509,073

④ ₩1,344,000   ⑤ ₩1,250,678

06 동 리스거래와 관련하여 회계처리가 ㈜세무의 20×1년도 당기순이익에 미치는 영향은 얼마인가?

① ₩(−)1,852,910   ② ₩(−)1,854,135   ③ ₩(−)1,324,732

④ ₩(−)1,224,732   ⑤ ₩(−)1,032,578

07 **공기청정기 제조 · 판매가 주업인 ㈜청정은 20×1년 1월 1일 직접 제조한 추정내용연수가 5년인 에어컨을 ㈜하늘에게 판매하였는데 이 거래의 실질은 금융리스이다.**

> (1) 공기청정기: 제조원가는 ₩9,000,000, 20×1년 1월 1일의 공정가치는 ₩12,500,000
> (2) 리스기간: 20×1년 1월 1일부터 20×4년 12월 31일까지
> (3) ㈜하늘은 리스기간 종료 시 공기청정기를 반환하기로 하였다.
> (4) ㈜하늘은 매년 말 고정리스료로 ₩3,500,000을 지급하며, 20×4년 12월 31일의 공기청정기 예상잔존가치 ₩1,000,000 중 ₩200,000은 ㈜하늘이 보증하기로 하고, ₩400,000은 ㈜청정과 특수관계가 없고 재무적 이행능력이 있는 제3자가 보증하기로 하였다.
> (5) ㈜청정은 20×1년 1월 1일 ㈜하늘과의 리스계약을 체결하는 과정에서 리스를 체결하지 않았더라면 부담하지 않았을 리스체결 증분원가 ₩350,000이 발생하였다.
> (6) ㈜청정이 ㈜하늘에 제시한 할인율: 연 5%(시장이자율보다 인위적으로 낮은 이자율임)
> (7) 20×1년 1월 1일 현재 시장이자율: 연 8%
>
> | 기간 | 4기간 ₩1의 현가계수 | 4기간 ₩1의 연금현가계수 |
> | --- | --- | --- |
> | 5% | 0.8227 | 3.5460 |
> | 8% | 0.7350 | 3.3121 |

㈜청정이 20×1년에 인식할 영업이익을 구하시오.

① ₩3,140,330   ② ₩3,077,530   ③ ₩2,977,350

④ ₩2,864,450   ⑤ ₩2,770,350

A사는 20×1년 초에 기계장치를 아래와 같은 조건으로 리스계약을 체결하였다.

(1) 리스기간: 20×1년 1월 1일부터 20×3년 12월 31일까지
(2) 리스료: 연간 고정리스료 ₩200,000 매년 12월 31일 지급
(3) 할인율: 내재이자율 연 5%
    (3년, 5% 현가계수: 0.86384, 3년, 5% 연금현가계수: 2.72325)
    (2년, 5% 현가계수: 0.90703, 2년, 5% 연금현가계수: 1.85941)
(4) 기계장치의 내용연수는 5년(잔존가치 ₩0), 정액법으로 상각한다.
(5) 리스기간 종료 시 기계장치를 리스제공자에게 반환하며, 반환 시 실제 잔존가치가 ₩150,000에 미달할 경우 그 미달한 금액을 보증하기로 하였다.

08 동 리스계약이 20×1년 A사의 당기손익에 미치는 영향은 얼마인가? (단, 리스개시일 현재 잔존가치 보증으로 인하여 리스기간 종료 시 지급할 것으로 예상되는 금액은 없다고 추정하였다)

① ₩(−)208,783 ② ₩(−)181,550 ③ ₩(−)225,088
④ ₩(−)204,226 ⑤ ₩(−)194,783

09 20×2년 초에 A사는 잔존가치 보증에 따라 리스기간 종료 시 ₩50,000의 현금을 지급할 것으로 예상하였다. 이 경우 동 리스계약이 A사의 20×2년 당기손익에 미치는 영향은 얼마인가? (단, 20×2년 초에 동 리스계약에 대한 내재이자율은 7%이다)

① ₩(−)208,783 ② ₩(−)181,550 ③ ₩(−)225,088
④ ₩(−)204,226 ⑤ ₩(−)194,783

[10 ~ 11]

A사(판매자 – 리스이용자)는 20×1년 1월 1일 장부금액 ₩1,000,000인 건물을 B리스(구매자 – 리스제공자)에게 판매하고 18년간 매년 말 ₩120,000씩의 리스료를 지급하는 건물 사용권 계약을 체결하였다. 거래의 조건에 따르면, 건물 이전은 판매에 해당한다.

> (1) 판매일 현재 건물의 공정가치는 ₩1,800,000이다. 리스의 내재이자율은 연 4.5%로 A사는 쉽게 산정할 수 있으며, 연간 리스료 ₩120,000과 연간 리스료의 내재이자율로 할인한 현재가치는 ₩1,459,200이다.
> (2) A사는 리스기간 종료시점에 기초자산을 반환하기로 하였고 반환시점에 A사가 보증하기로 한 금액은 없다.
> (3) B리스는 건물리스를 운용리스로 분류하며, 내용연수는 20년, 내용연수 종료시점에 잔존가치는 없다. B리스와 A사는 건물과 사용권자산을 정액법으로 감가상각한다.

10 동 건물을 ₩2,000,000에 판매한 경우, A사가 인식할 처분손익은 얼마인가?

① ₩151,467
② ₩240,356
③ ₩107,022
④ ₩96,035
⑤ ₩87,467

11 동 건물을 ₩1,700,000에 판매한 경우, A사가 인식할 처분손익은 얼마인가?

① ₩151,467
② ₩240,355
③ ₩107,022
④ ₩96,035
⑤ ₩87,467

12 다음의 <자료>를 이용하여 답하시오.

현재가치 계산 시 아래의 현가계수를 이용하고, 답안 작성 시 원 이하는 반올림한다.

기간	정상연금 ₩1의 현가계수	
	8%	10%
1	0.9259	0.9091
2	1.7833	1.7355
3	2.5771	2.4869
4	3.3121	3.1699
5	3.9927	3.7908
6	4.6229	4.3553

1. 리스제공자인 ㈜민국리스는 리스이용자인 ㈜대한과 20×1년 1월 1일에 리스계약을 체결하였다. 리스개시일은 20×1년 1월 1일이다.
2. 기초자산인 사무실 공간 10,000m2의 리스기간은 리스개시일로부터 6년이다.
3. 리스기간 종료시점까지 소유권이 이전되거나 염가로 매수할 수 있는 매수선택권은 없으며, 리스기간 종료시점의 해당 기초자산 잔존가치는 ₩0으로 추정된다.
4. 기초자산의 내용연수는 7년이며, 내용연수 종료시점의 추정잔존가치는 ₩0으로 정액법으로 감가상각한다.
5. ㈜대한은 리스기간 동안 매년 말 ₩2,000,000의 고정리스료를 지급한다.
6. ㈜대한은 리스종료일에 기초자산을 리스제공자인 ㈜민국리스에게 반환하여야 한다.
7. ㈜대한이 리스계약과 관련하여 지출한 리스개설직접원가는 없다.
8. 20×1년 1월 1일에 동 리스의 내재이자율은 연 8%이고, 리스제공자와 리스이용자가 이를 쉽게 산정할 수 있다.
9. 사용권자산은 정액법으로 감가상각한다.

20×3년 1월 1일 ㈜민국리스와 ㈜대한은 기존 리스를 수정하여 다음의 <추가 자료>와 같은 리스변경에 합의하였다.

> <추가 자료>
> 20×3년 1월 1일 ㈜민국리스와 ㈜대한은 리스기간 종료시점까지 남은 4년 동안 사무실 공간 10,000m2에서 3,000m2를 추가하기로 합의하였다. ㈜대한은 사무실 공간 3,000m2의 추가 사용 권리로 인해 20×3년 1월 1일부터 20×6년 12월 31일까지 매년 말 ₩400,000의 고정리스료를 추가로 지급하는데, 증액된 리스대가는 계약 상황을 반영하여 조정한 추가 사용권자산의 개별 가격에 상응하는 금액이다. 20x3년 1월 1일에 동 리스의 내재이자율을 쉽게 산정할 수 없으나 리스이용자의 증분차입이자율은 연 10%이다. 단, 모든 리스는 소액기초자산 리스에 해당하지 않는다.

리스와 관련한 모든 회계처리가 ㈜대한의 20×3년도 포괄손익계산서의 당기순이익에 미치는 영향을 계산하시오. (단, 당기순이익이 감소하는 경우에는 (-)를 숫자 앞에 표시하시오)

① ₩(-)2,514,697　　　② ₩(-)2,641,494　　　③ ₩(-)2,877,350
④ ₩(-)3,164,450　　　⑤ ₩(-)3,270,350

13 ㈜세무는 20×1년 1월 1일에 ㈜민국리스로부터 기초자산 B(사무실)을 리스하는 계약을 체결하였다. 기초자산 B의 리스개시일은 20×1년 1월 1일이며 리스기간은 6년이고, 리스료는 매년 말에 지급한다. 기초자산 B는 리스기간 종료 시 리스제공자에게 반환하며, 모든 리스는 소액기초자산리스에 해당하지 않는다. 리스개시일 현재 기초자산 B의 내용연수는 10년(잔존가치 ₩0)이다. 리스의 내재이자율은 알 수 없으며, 20×1년 1월 1일 ㈜세무의 증분차입이자율은 연 5%이다. ㈜세무는 모든 사용권자산에 대해 원가모형을 적용하여 회계처리하고 있으며, 사용권자산은 잔존가치 없이 정액법을 이용하여 상각한다. 한편, 현재가치 계산이 필요한 경우 다음의 현가계수를 이용하고 금액은 소수점 첫째자리에서 반올림한다.

기간	단일금액 ₩1의 현가계수		정상연금 ₩1의 현가계수	
	5%	10%	5%	10%%
1	0.9524	0.9091	0.9524	0.9091
2	0.9070	0.8264	1.8594	1.7355
3	0.8638	0.7513	2.7232	2.4868
4	0.8227	0.6830	3.5460	3.1699
5	0.7835	0.6209	4.3295	3.7908
6	0.7462	0.5645	5.0757	4.3553

기초자산 B는 1,000m²의 사무실 공간이며, 이에 대한 리스료로 ㈜세무는 연간 ₩200,000을 지급한다. 20×3년 1월 1일에 ㈜세무는 리스기간 중 남은 4년 동안 사무실의 공간을 1,000m²에서 500m²로 줄이기로 ㈜민국리스와 합의하였으며, 남은 4년 동안 리스료로 매년 말에 ₩120,000씩 지급하기로 하였다. 리스계약변경시점인 20×3년 1월 1일 ㈜세무의 증분차입이자율은 연 10%이다. 기초자산 B의 리스와 관련하여 20×3년 1월 1일 ㈜세무가 인식할 리스부채와 리스변경손익, 그리고 20×3년에 당기손익으로 인식할 사용권자산에 대한 감가상각비를 계산하시오(단, 기초자산 B의 리스와 관련하여 발생한 비용 중 자본화된 금액은 없다).

① ₩100,045　　　② ₩91,043　　　③ ₩87,350
④ ₩64,450　　　⑤ ₩60,350

01 ③ 20×1년 말 당기손익에 미친 영향: 14,912

[리스현금흐름분석]

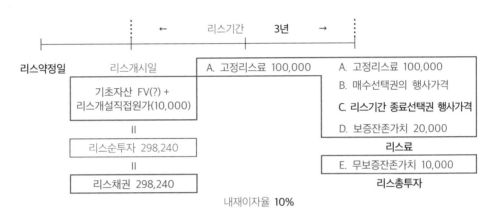

1) 리스개시일의 리스채권: 100,000 × 2.72325 + (20,000 + 10,000) × 0.86384 = 298,240
2) 20×1년 리스채권의 이자수익: 298,240 × 5% = 14,912
3) 회계처리

[20×1년 1월 1일 – 리스개시일]				
차) 리스채권	298,240	대) 선급리스자산		288,240
		현금		10,000
[20×1년 12월 31일]				
차) 현금	100,000	대) 이자수익		14,912
		리스채권		85,088

02 ④ 20×1년 말 당기손익에 미친 영향: 1) + 2) = 5,842
1) 20×1년 말 리스채권 손상차손: [Max(15,000, 20,000) - 30,000] × 0.90703 = (-)9,070
2) 20×1년 리스채권의 이자수익: 298,240 × 5% = 14,912
3) 회계처리

[20×1년 1월 1일 – 리스개시일]				
차) 리스채권	298,240	대) 선급리스자산		288,240
		현금		10,000
[20×1년 12월 31일]				
차) 현금	100,000	대) 이자수익		14,912
		리스채권		85,088
차) 손상차손	9,070	대) 리스채권		9,070

03 ⑤ 20×3년 말 당기손익에 미친 영향: 1) + 2) + 3) = (-)3,810

```
┌─────────────────────────────────────────────┐          리스제공자
│   (1) 리스채권 장부금액(보증 + 무보증 잔존가치)    │
│        20,000 + 10,000 = 30,000               │       1) 잔존가치보증손실: (1) - (3)
└─────────────────────────────────────────────┘            = 30,000 - 15,000 = 15,000

                                                         2) 보증이익: (2) - (3)
┌─────────────────────────────────────────────┐            = 20,000 - 15,000 = 5,000
│          (2) 기초자산 보증잔존가치               │
│                  20,000                        │
└─────────────────────────────────────────────┘

┌─────────────────────────────────────────────┐
│            (3) 기초자산 FV                     │
│                 15,000                         │
└─────────────────────────────────────────────┘
```

1) 20×3년 리스채권의 이자수익: (100,000 + 30,000)/1.05 × 5% = 6,190
2) 20×3년 잔존가치 보증손실: 15,000 - 30,000 = (-)15,000
3) 20×3년 리스보증이익: 20,000 - 15,000 = 5,000
4) 회계처리

[20×3년 12월 31일]				
차) 현금	100,000	대) 이자수익		6,190
		리스채권		93,810
차) 기초자산	15,000	대) 리스채권		30,000
잔존가치 보증손실	15,000			
차) 현금	5,000	대) 리스보증이익		5,000

04 ① 고정리스료(A): A × 3.1699 + 500,000 × 0.6830 = 5,498,927, A = 1,627,000

05 ③ 1) 리스총투자: 1,627,000 × 4년 + 200,000 + 300,000 = 7,008,000
2) 미실현수익: 7,008,000 - 5,498,927 = 1,509,073

06 ① ㈜세무의 20×1년 당기순이익: 1) + 2) = (-)1,852,910
1) 리스부채의 이자비용: 5,294,027[1] × 10% = 529,403
2) 사용권자산의 감가상각비: (5,494,027[2] - 200,000) ÷ Min[4년, 6년] = 1,323,507
[1] 1,627,000 × 3.1699 + 200,000 × 0.6830 = 5,294,027
[2] 5,294,027 + 200,000 = 5,494,027

07 ③ 1) 매출액: Min[기초자산 FV, PV(리스료) by 시장 R]
: Min[12,500,000, (3,500,000 × 3.3121 + 600,000 × 0.7350)] = 12,033,350
2) 매출원가: 기초자산 BV - PV(무보증잔존가치) by 시장 R
: 9,000,000 - (1,000,000 - 600,000) × 0.7350 = 8,706,000
3) 영업이익: 매출 12,033,350 - 매출원가 8,706,000 - 판매관리비 350,000 = 2,977,350
 * 회사 제시 이자율이 시장이자율보다 인위적으로 낮기 때문에 시장이자율 8%를 적용하여 현재가치를 계산한다.
 * 잔존가치보증은 리스이용자(리스이용자의 특수관계자 포함), 리스제공자와 특수관계에 있지 않고 보증의무를 이행할 재무적 능력이 있는 제3자가 리스제공자에게 제공할 수 있다.
 예 제3자가 보증한 잔존가치는 리스자산을 제조·판매한 회사가 보증한 경우 또는 리스제공자가 보험에 가입하여 보증보험에서 보증한 경우

08 ① 20×1년 당기손익에 미치는 영향: (-)208,783

1) 리스부채: 200,000 × 2.72325 = 544,650

* 리스개시일 현재 잔존가치 보증으로 인하여 리스기간 종료 시 지급할 것으로 예상되는 금액은 없다고 추정하였으므로 리스료에 포함되지 않는다.

2) 20×1년 당기손익에 미치는 영향: (1) + (2) = (-)208,783

(1) 이자비용: (544,650) × 5% = (-)27,233

(2) 감가상각비: (544,650 - 0) ÷ 3년 = (-)181,550

* 보증잔존가치를 리스기간 종료 시 지급할 것으로 예상하지 않으므로 감가상각 시에도 보증잔존가치를 고려하지 않는다.

09 ③ 20×2년 당기손익에 미치는 영향: (-)225,088

1) 20×2년 초 리스부채의 변경 전 장부금액: 544,650 × 1.05 - 200,000 = 371,883

2) 20×2년 초 리스부채의 재측정 금액: 200,000 × 1.85941 + 50,000 × 0.90703 = 417,234

3) 20×2년 초의 회계처리

차) 사용권자산	45,351	대) 리스부채	45,351

* 417,234 - 371,883 = 45,351

4) 20×2년 당기손익에 미치는 영향: (1) + (2) = (-)225,088

(1) 감가상각비: (544,650 - 181,550 + 45,351 - 0) ÷ 2년 = (-)204,226

(2) 이자비용: 417,234 × 5% = (-)20,862

10 ② [20×1년 초 회계처리]

차) 현금 ①	판매가 2,000,000	대) 기초자산 ②	BV 1,000,000
사용권자산 ⑤	BV × 리스부채/FV 699,556	금융부채 ③	(판매가 - FV) 200,000
		리스부채 ④	PV(리스료) - (판매가 - FV) 1,259,200
		기초자산처분이익(N/I) ⑥	대차차액 240,356

11 ③ [20×1년 초 회계처리]

차) 현금 ①	판매가 1,700,000	대) 기초자산 ②	BV 1,000,000
사용권자산 ④	BV × (리스부채 + 선급리스료)/FV 866,222	리스부채 ③	PV(리스료) 1,459,200
		기초자산처분이익(N/I) ⑤	대차차액 107,022

12 ① 1) 20×1년 초 리스부채, 사용권자산: 2,000,000 × 4.6229 = 9,245,800

2) 20×3년 초 리스부채: (9,245,800 × 1.08 - 2,000,000) × 1.08 - 2,000,000 = 6,624,301

3) 20×3년 초 사용권자산: 9,245,800 × 4/6 = 6,163,867

4) 별도계약으로 간주하는 범위를 확장하는 리스계약변경으로 인해 추가되는 리스부채와 사용권자산: 400,000 × 3.1699 = 1,267,960

5) 당기순이익에 미치는 영향: (-)2,514,697

    (1) 기존계약의 이자비용: 6,624,301 × 8% = 529,944

    (2) 기존계약의 사용권자산상각비: 9,245,800/6 = 1,540,967

    (3) 추가된 계약의 이자비용: 1,267,960 × 10% = 126,796

    (4) 추가된 계약의 사용권자산상각비: 1,267,960/4 = 316,990

13 ② 1) 20×1년 초 리스부채: 200,000 × 5.0757(5%) = 1,015,140

2) 20×2년 말 사용권자산 장부금액: 1,015,140 × 4/6 = 676,760

3) 20×2년 말 리스부채 장부금액: (1,015,140 × 1.05 - 200,000) × 1.05 - 200,000 = 709,192

4) 20×3년 초 변경 후 리스부채: 120,000 × 3.1699(10%) = 380,388

5) 20×3년 초 회계처리

차) 리스부채	709,192 × 1/2	대) 사용권자산(순액)	676,760 × 1/2
		리스변경이익	16,216
차) 사용권자산[1]	25,792	대) 리스부채	25,792

[1] 120,000 × 3.1699(10%) - 709,192 × 1/2 = 25,792

6) 20×3년 이자비용: 380,388 × 10% = 38,039

7) 20×3년 감가상각비: (676,760 × 1/2 + 25,792 - 0) ÷ 4년 = 91,043

제14장 | 종업원급여와 주식기준보상거래

[01 ~ 02]

㈜대한은 종업원이 퇴직한 시점에 일시불급여를 지급하며, 종업원은 4차 연도 말에 퇴직할 것으로 예상한다. 일시불급여는 종업원의 퇴직 전 최종 임금의 2%에 근무연수를 곱하여 산정한다. 종업원의 연간 임금은 1차 연도에 ₩10,000,000이며 앞으로 매년 8%(복리)씩 상승한다. 연간 할인율은 12%이다. 보험수리적가정에 변화는 없으며, 종업원이 예상보다 일찍 또는 늦게 퇴직할 가능성을 반영하기 위해 필요한 추가 조정은 없다고 가정한다.

01 ㈜대한의 1차 연도에 인식할 당기근무원가는 얼마인가? (단, 계산 과정에서 금액은 소수점 아래 첫째 자리에서 반올림한다)

① ₩179,327
② ₩222,365
③ ₩209,806
④ ₩106,129
⑤ ₩69,557

02 ㈜대한의 2차 연도에 인식할 퇴직급여는 얼마인가? (단, 계산 과정에서 금액은 소수점 아래 첫째 자리에서 반올림한다)

① ₩179,327
② ₩222,365
③ ₩209,806
④ ₩106,129
⑤ ₩69,557

[03 ~ 04]

다음은 ㈜한국이 채택하고 있는 퇴직급여제도와 관련된 20×1년도 자료이다.

---

(1) 20×1년 초 확정급여채무의 현재가치와 사외적립자산의 공정가치는 각각 ₩4,500,000과 ₩4,200,000이다.

(2) 20×1년 말 확정급여채무의 현재가치와 사외적립자산의 공정가치는 각각 ₩5,000,000과 ₩3,800,000이다.

(3) 20×1년 말 일부 종업원의 퇴직으로 퇴직금 ₩1,000,000을 사외적립자산에서 지급하였으며, 20×1년 말에 추가로 적립한 기여금 납부액은 ₩200,000이다.

(4) 20×1년에 종업원이 근무용역을 제공함에 따라 증가하는 예상 미래퇴직급여지급액의 현재가치는 ₩500,000이다.

(5) 20×1년 말 확정급여제도의 일부 개정으로 종업원의 과거근무기간의 근무용역에 대한 확정급여채무의 현재가치가 ₩300,000 증가하였다.

(6) 20×1년 초와 20×1년 말 현재 우량회사채의 연 시장수익률은 각각 8%, 10%이며, 퇴직급여채무의 할인율로 사용한다.

---

03 ㈜한국의 확정급여제도로 인한 20×1년도 포괄손익계산서의 당기순이익과 기타포괄이익에 미치는 영향은 각각 얼마인가? (단, 법인세효과는 고려하지 않는다)

	당기순이익	기타포괄이익
①	₩(-)848,000	₩286,000
②	₩(-)824,000	₩(-)276,000
③	₩(-)848,000	₩(-)252,000
④	₩(-)848,000	₩(-)276,000
⑤	₩(-)824,000	₩(-)252,000

04 만약, 위 물음과 달리 20×1년 초에 확정급여제도의 일부 개정으로 종업원의 과거근무기간의 근무용역에 대한 확정급여채무의 현재가치가 ₩300,000 증가하였다면, ㈜한국의 확정급여제도로 인한 20×1년도 포괄손익계산서의 당기순이익과 기타포괄이익에 미치는 영향은 각각 얼마인가? (단, 법인세효과는 고려하지 않는다)

	당기순이익	기타포괄이익
①	₩(-)848,000	₩286,000
②	₩(-)824,000	₩(-)276,000
③	₩(-)848,000	₩(-)252,000
④	₩(-)848,000	₩(-)276,000
⑤	₩(-)824,000	₩(-)252,000

12월 말 결산법인인 A사는 확정급여제도를 시행하고 있으며 20×1년 1월 1일 현재의 재무상태표에 순확정급여부채 ₩20,000(확정급여채무 ₩500,000, 사외적립자산 ₩480,000)을 보고하였다. A사의 20×1년도 당기근무원가는 ₩25,000, 우량회사채의 수익률은 연 6%이며, 사외적립자산의 실제수익률은 연 4%이다. A사는 20×1년 7월 1일 퇴직한 종업원에게 ₩30,000의 퇴직금을 사외적립자산에서 지급하였다. 20×1년 12월 31일 사외적립자산으로 추가 적립한 금액은 ₩26,000이며, 20×1년 말 현재 확정급여채무의 현재가치는 ₩530,000이다.

05 동 거래가 A사의 20×1년도 당기순이익에 미친 영향은 얼마인가?

① ₩(−)12,200
② ₩(−)15,200
③ ₩(−)21,200
④ ₩(−)26,200
⑤ ₩(−)31,300

06 동 거래가 A사의 20×1년도 기타포괄손익에 미친 영향은 얼마인가?

① ₩(−)12,200
② ₩(−)15,200
③ ₩(−)21,200
④ ₩(−)26,200
⑤ ₩(−)31,300

[07 ~ 10]

12월 말 결산법인인 B사는 20×1년 초 현재 순확정급여자산 ₩60,000을 보고하였으며, 확정급여채무의 측정에 사용한 이자율은 10%이다. B사는 20×1년 초 퇴직급여제도를 개정하였으며, 이로 인하여 과거근무원가 ₩300,000이 발생하였고 20×1년 말 인식할 당기근무원가는 ₩200,000이다. 20×1년 말 종업원이 퇴직하여 지급한 퇴직금은 ₩400,000으로 동 금액은 전액 사외적립자산에서 지급되었으며, 동 일자에 사외적립자산으로 추가 출연한 금액은 ₩500,000이다. 20×1년 말 확정급여채무의 현재가치로 재측정한 금액은 ₩880,000으로 측정에 사용한 이자율은 12%, 보험수리적이익은 ₩20,000이 발생하였다. 20×1년 초 자산인식상한효과는 ₩40,000이다. 20×1년 사외적립자산에서 발생한 재측정이익은 ₩10,000이고 20×1년 말 현재 자산인식상한은 ₩80,000이다.

07 20×1년 초 기초확정급여채무는 얼마인가?

① ₩400,000 ② ₩500,000 ③ ₩600,000
④ ₩700,000 ⑤ ₩800,000

08 20×1년 초 기초사외적립자산은 얼마인가?

① ₩400,000 ② ₩500,000 ③ ₩600,000
④ ₩700,000 ⑤ ₩800,000

09 동 거래가 B사의 20×1년 당기순이익에 미친 영향은 얼마인가?

① ₩(-)324,000 ② ₩(-)444,000 ③ ₩(-)510,400
④ ₩(-)524,000 ⑤ ₩(-)544,000

10 동 거래가 B사의 20×1년 기타포괄손익에 미친 영향은 얼마인가?

① ₩(-)44,000 ② ₩(-)32,000 ③ ₩40,000
④ ₩32,000 ⑤ ₩44,000

㈜합격은 20×1년 초에 종업원 500명에게 각각 회사의 보통주를 주당 ₩600에 살 수 있는 주식선택권 100개씩을 부여하였다. 주식선택권 1개당 보통주 1주를 교부하며, 보통주 1주의 액면금액은 ₩500이다.

> (1) 주식선택권은 근무기간이 5년을 경과하면 가득되는데, 주식선택권을 부여받은 종업원 500명은 근무기간이 2년 경과하여 잔여가득기간은 3년이다. 주식선택권의 행사기간은 20×4년 초부터 20×5년 말까지 2년간이다.
> (2) 20×1년 초 부여일의 주식선택권 단위당 공정가치는 ₩150이다.
> (3) 주식선택권이 가득되지 않은 종업원 500명의 연도별 퇴사예정인원에 대한 예측치와 실제치는 다음과 같다.

누적 퇴사인원수		
연도	직전연도 예측치	실제 퇴사인원수
20×1년	-	20명
20×2년	75명	45명
20×3년	60명	58명

11 ㈜합격이 20×2년에 인식할 주식보상비용(환입)은 얼마인가? (단, 20×2년 말 주식선택권의 공정가치는 ₩200이다)

① ₩1,125,000   ② ₩2,050,000   ③ ₩2,125,000
④ ₩2,275,000   ⑤ ₩4,400,000

12 20×4년 말에 가득된 주식선택권 30,000개가 행사되어 신주를 발행하여 교부하였다. 동 거래로 ㈜합격의 주식발행초과금 증가액은 얼마인가?

① ₩6,500,000   ② ₩7,500,000   ③ ₩8,500,000
④ ₩9,500,000   ⑤ ₩10,000,000

13 20×4년 말에 가득된 주식선택권 30,000개가 행사되어 신주를 발행하여 교부하였다. 이때 ㈜합격은 가득된 주식선택권이 행사될 때 보유하고 있던 자기주식(취득원가 ₩30,000,000)을 교부하였다면 동 거래로 인식하게 될 자기주식처분이익(손실)은 얼마인가?

① ₩22,500,000   ② ₩(-)7,500,000   ③ ₩8,500,000
④ ₩(-)22,500,000   ⑤ ₩(-)10,000,000

14 만약, 주식선택권의 일부가 행사되어 주식발행초과금이 ₩3,750,000 증가하였다면 행사한 종업원은 몇 명인가?

① 150명
② 200명
③ 250명
④ 300명
⑤ 350명

15 ㈜합격은 20×1년 초에 종업원 50명에게 각각 회사주식(액면금액: ₩500)을 매입할 수 있는 주식선택권(행사가격: ₩600, 권리행사만료일: 20×5년 말) 1,000개를 부여하고 3년의 용역제공조건을 부과하였다. 관련 자료는 다음과 같다.

> (1) 부여일 현재 회사는 주식선택권의 공정가치를 신뢰성 있게 측정할 수 없다고 판단하였으며, 부여일 현재 회사의 주가는 ₩600이다.
> (2) 20×1년 말 현재 이미 3명이 퇴사하였고, 회사는 20×2년과 20×3년에도 추가로 7명이 퇴사할 것으로 추정하였다. 따라서 부여한 주식선택권의 80%(40명분)가 가득될 것으로 추정된다.
> (3) 20×2년에 실제로 2명이 퇴사하였고, 회사는 미래에 가득될 것으로 기대되는 주식선택권의 비율을 86%로 추정하였다. 그리고 20×3년에 실제로 2명이 퇴사하였고, 20×3년 말까지 총 43,000개의 주식선택권이 가득되었다.
> (4) 20×1년부터 20×5년까지 회사의 주가와 행사된 주식선택권의 수량은 다음과 같다. 행사된 주식선택권은 모두 회계연도 말에 행사되었다.
>
> | 구분 | 회계연도 말 주가 | 행사된 주식선택권 수량 |
> |---|---|---|
> | 20×1년 | ₩630 | |
> | 20×2년 | ₩650 | |
> | 20×3년 | ₩750 | |
> | 20×4년 | ₩880 | 20,000개 |
> | 20×5년 | ₩1,000 | 23,000개 |

㈜합격이 20×4년에 인식할 주식보상비용은 얼마인가?

① ₩1,033,333
② ₩5,016,667
③ ₩5,590,000
④ ₩6,100,000
⑤ ₩6,222,000

다음은 A사의 주식기준보상거래와 관련된 자료들이다. 이들 자료를 기초로 물음에 답하시오.

> (1) A사는 20×1년 1월 1일 종업원 100명에게 각각 주식선택권 100개를 부여하고 3년의 용역제공조건을 부여하였다.
>
> (2) 주식선택권의 개당 행사가격은 ₩500이며, 부여일 현재 주식선택권의 공정가치는 개당 ₩300이다. A사가 발행하는 보통주식의 주당 액면금액은 ₩100이다.
>
> (3) 각 회계연도에 주식선택권을 부여받은 종업원 중 퇴사한 인원과 가득일까지의 퇴사예정인원은 다음과 같다.

구분	당기실제퇴사인원	추가예상퇴사인원
20×1년	5명	15명
20×2년	10명	12명

16 A사는 20×2년 1월 1일 주가 하락으로 인하여 주식선택권의 행사가격을 개당 ₩400으로 인하하기로 종업원과 합의하였다. 합의일 현재 행사가격을 인하하기 전 주식선택권의 개당 공정가치는 ₩200, 인하한 후 주식선택권의 개당 공정가치는 ₩260이다. 주식기준보상거래가 A사의 20×2년도 당기순이익에 미친 영향은 얼마인가?

① ₩(-)1,090,000
② ₩(-)2,365,000
③ ₩(-)3,400,000
④ ₩(-)879,000
⑤ ₩(-)660,000

17 위 문제와 독립적으로 A사는 가득기간 중인 20×3년 1월 1일 현재 근무 중인 종업원에게 보유한 주식선택권을 현금으로 중도청산하기로 하였다. 중도청산일 현재 주식선택권 1개당 현금지급액은 ₩400이며, 중도청산일 현재 주식선택권의 개당 공정가치는 ₩250이다. 주식선택권의 중도청산이 A사의 20×3년 당기순이익에 미친 영향은 얼마인가?

① ₩(-)1,090,000
② ₩(-)2,365,000
③ ₩(-)3,400,000
④ ₩(-)879,000
⑤ ₩(-)660,000

18 ㈜대한은 20×1년 1월 1일 종업원 100명에게 각각 10개의 주식선택권을 부여하였다. 동 주식선택권은 종업원이 앞으로 3년 동안 회사에 근무해야 가득된다. 20×1년 1월 1일 현재 ㈜대한이 부여한 주식선택권의 단위당 공정가치는 ₩360이며, 각 연도 말 퇴직한 종업원 수는 다음과 같다.

구분	실제 퇴직자 수	추가 퇴직 예상자 수
20×1년 말	10명	20명
20×2년 말	15명	13명
20×3년 말	13명	-

주식선택권 부여일 이후 주가가 지속적으로 하락하여 ㈜대한의 20×2년 12월 31일 주식선택권의 단위당 공정가치는 ₩250이 되었다. 또한 20×2년 초 ㈜대한은 종업원에게 부여하였던 주식선택권의 수를 10개에서 9개로 변경하였다. 동 주식기준보상과 관련하여 ㈜대한이 20×2년도에 인식할 주식보상비용은 얼마인가?

① ₩32,400 ② ₩49,920 ③ ₩82,320
④ ₩84,000 ⑤ ₩92,000

12월 말 결산법인인 B사는 20×1년 1월 1일 종업원 100명에게 각각 권리행사일의 주가가 행사가격을 초과하는 경우 그 차액을 현금으로 지급하는 주가차액보상권 100개를 부여하고 3년의 용역제공조건을 부여하였다. 개당 행사가격은 ₩500이며, 20×4년 말에 30명의 종업원이 권리를 행사하였다.

<주가차액보상권의 개당 공정가치>

구분	20×1년 말	20×2년 말	20×3년 말	20×4년 말
주가	₩550	₩620	₩630	₩700
공정가치	₩90	₩120	₩160	₩250

<각 회계연도 말의 가득예정인원>

20×1년 말	20×2년 말	20×3년 말
90명	80명	85명

19 동 거래가 B사의 20×4년도 당기순이익에 미친 영향은 얼마인가?

① ₩(-)150,000
② ₩(-)450,000
③ ₩(-)615,000
④ ₩765,000
⑤ ₩792,000

20 20×5년도에 권리를 행사한 종업원은 없으며, 주식보상비용으로 인식한 금액은 ₩165,000이라면 20×5년 말 주가차액보상권의 개당 공정가치는 얼마인가?

① ₩120
② ₩180
③ ₩240
④ ₩280
⑤ ₩310

01 ① 1) 20×4년 말 퇴직금 지급액: $10,000,000 \times 1.08^3 \times 2\% \times 4 = 1,007,770$

2) 20×1년 당기근무원가: $1,007,770 \div 4 \div 1.12^3 = 179,327$

02 ② 1) 20×1년 말 확정급여채무: $1,007,770 \div 4 \div 1.12^3 = 179,327$

2) 20×2년 말 확정급여채무: $179,327 \times 1.12 \times 2 = 401,692$

3) 20×2년 퇴직급여: $401,692 - 179,327 = 222,365$

03 ②

확정급여채무

지급액	1,000,000	기초	4,500,000
		근무원가(당기 + 과거) A	800,000
		이자비용(기초 × 기초 R) B	360,000
기말 I	5,000,000	재측정요소 ①	340,000

사외적립자산

기초	4,200,000	지급액	1,000,000
기여금	200,000		
이자수익 C	336,000		
재측정요소 ②	64,000	기말 II	3,800,000

* 실제이자수익: C + ②

1) B/S 계정
순확정급여채무
❍ I - II: 1,200,000
2) I/S 계정
(1) 퇴직급여(N/I)
❍ A + B - C: 824,000

(2) 재측정요소변동(OCI)
❍ ② - ①: (-)276,000

04 ③

확정급여채무

지급액	1,000,000	기초	4,500,000
		근무원가(당기 + 과거) A	800,000
		이자비용(기초 × 기초 R) B	384,000
기말 I	5,000,000	재측정요소 ①	316,000

사외적립자산

기초	4,200,000	지급액	1,000,000
기여금	200,000		
이자수익 C	336,000		
재측정요소 ②	64,000	기말 II	3,800,000

* 실제이자수익: C + ②

1) B/S 계정
순확정급여채무
❍ I - II: 1,200,000
2) I/S 계정
(1) 퇴직급여(N/I)
❍ A + B - C: 848,000

(2) 재측정요소변동(OCI)
❍ ② - ①: (-)252,000

05 ④

<table>
<tr><td colspan="4" align="center">확정급여채무</td></tr>
<tr><td>지급액</td><td align="right">30,000</td><td>기초</td><td align="right">500,000</td></tr>
<tr><td></td><td></td><td>근무원가(당기 + 과거) A</td><td align="right">25,000</td></tr>
<tr><td></td><td></td><td>이자비용(기초 × 기초 R) B</td><td align="right">29,100</td></tr>
<tr><td>기말 I</td><td align="right">530,000</td><td>재측정요소 ①</td><td align="right">5,900</td></tr>
</table>

<table>
<tr><td colspan="4" align="center">사외적립자산</td></tr>
<tr><td>기초</td><td align="right">480,000</td><td>지급액</td><td align="right">30,000</td></tr>
<tr><td>기여금</td><td align="right">26,000</td><td></td><td></td></tr>
<tr><td>이자수익 C</td><td align="right">27,900</td><td></td><td></td></tr>
<tr><td>재측정요소 ②</td><td align="right">(-)9,300</td><td>기말 II</td><td align="right">494,600</td></tr>
</table>

1) B/S 계정
순확정급여채무
◐ I - II: 35,400

2) I/S 계정
(1) 퇴직급여(N/I)
◐ A + B - C: 26,200

(2) 재측정요소변동(OCI)
◐ ② - ①: (-)15,200

* 실제이자수익: C 27,900 + ② = 480,000 × 4% - 30,000 × 4% × 6/12, ② = (-)9,300
* 이자비용: 500,000 × 6% - 30,000 × 6% × 6/12 = 29,100
* 이자수익: 480,000 × 6% - 30,000 × 6% × 6/12 = 27,900

06 ②　05번 해설 참고

07 ④　기초확정급여채무 A = 700,000
A + 근무원가 500,000 + 이자수익(A + 300,000) × 10% - 보험수리적이익 20,000 = 지급액 400,000 + 기말확정급여채무 880,000

08 ⑤　기초사외적립자산: 800,000

<table>
<tr><td colspan="3" align="center">부분재무상태표</td></tr>
<tr><td>B사</td><td colspan="2" align="center">20×1년 1월 1일 현재</td></tr>
<tr><td>순확정급여자산</td><td></td><td></td></tr>
<tr><td>사외적립자산</td><td>①</td><td align="right">800,000(역산)</td></tr>
<tr><td>확정급여채무</td><td>②</td><td align="right">(-)700,000</td></tr>
<tr><td>자산인식상한효과</td><td>③</td><td align="right">(-)40,000</td></tr>
<tr><td>자산인식상한</td><td>④</td><td align="right">60,000</td></tr>
</table>

09 ④

<table>
<tr><td colspan="4" align="center">확정급여채무</td></tr>
<tr><td>지급액</td><td align="right">400,000</td><td>기초</td><td align="right">700,000</td></tr>
<tr><td></td><td></td><td>근무원가(당기 + 과거) A</td><td align="right">500,000</td></tr>
<tr><td></td><td></td><td>이자비용(기초 × 기초 R) B</td><td align="right">100,000</td></tr>
<tr><td>기말 I</td><td align="right">880,000</td><td>재측정요소 ①</td><td align="right">(-)20,000</td></tr>
</table>

<table>
<tr><td colspan="4" align="center">사외적립자산</td></tr>
<tr><td>기초</td><td align="right">800,000</td><td>지급액</td><td align="right">400,000</td></tr>
<tr><td>기여금</td><td align="right">500,000</td><td></td><td></td></tr>
<tr><td>이자수익 C</td><td align="right">80,000</td><td></td><td></td></tr>
<tr><td>재측정요소 ②</td><td align="right">10,000</td><td>기말 II</td><td align="right">990,000</td></tr>
</table>

1) B/S 계정
순확정급여자산
◐ II - I - III = 80,000

2) I/S 계정
(1) 퇴직급여(N/I)
◐ A + B - C + D: 524,000

(2) 재측정요소변동(OCI)
◐ ② - ① - ③: 44,000

자산인식상한효과

		기초	40,000
		이자비용 D	4,000
기말 III	30,000	재측정요소 ③	(-)14,000

* 실제이자수익: C + ② = 90,000
* 이자비용: (700,000 + 300,000) × 10% = 100,000
* 이자수익: 800,000 × 10% = 80,000
* 기말자산인식상한효과: 990,000 - (880,000 + 80,000) = 30,000

10 ⑤ 09번 해설 참고

11 ④

구분	P	Q			누적(B/S)	당기(I/S)
	공정가치	인원	부여수량	적수	보상원가	당기원가
20×1년	① 150	× ② (500 - 75)	× ③ 100	× ④ 1/3	=A 2,125,000	A 2,125,000
20×2년	① 150	× ②-1 (500 - 60)	× ③ 100	× ④ 2/3	=B 4,400,000	B - A 2,275,000

12 ② 1st: 주식선택권 1개 행사 시 회계처리

차) 현금	행사가격 600	대) 자본금	액면가 500
주식선택권	FV 150	주식발행초과금	행사가 + FV - 액면가 250

2nd: 가득수량 고려
- 행사시점의 자본 증가액: 주식선택권 1개 행사 시 행사가격 × 행사수량
  : @600 × 30,000개 = 18,000,000
- 행사시점의 주식발행초과금 증가액: 주식선택권 1개 행사 시 주식발행초과금 × 행사수량
  : @250 × 30,000 = 7,500,000

13 ②

차) 현금	행사가격 600 × 30,000 = 18,000,000	대) 자기주식	BV 30,000,000
주식선택권	FV 150 × 30,000 = 4,500,000		
자기주식처분손실	7,500,000		

14 ① 3,750,000 ÷ (600 + 150 - 500) ÷ 100개 = 150명

15 ③ 주식보상비용: 5,590,000
1) 재측정: 43,000개 × (880 - 750) = 5,590,000

차) 주식보상비용	5,590,000	대) 주식선택권	5,590,000

2) 행사

차) 현금	20,000개 × 600	대) 자본금	20,000개 × 500
주식선택권	20,000개 × (880 - 600)	주식발행초과금	7,600,000

16 ④

1) 20×1년 ~ 20×2년 주식보상비용

구분	공정가치	인원	부여	적수	B/S	I/S
20×1년	300	100 - 5 - 15	100	1/3	800,000	800,000
20×2년	300	100 - 5 - 10 - 12	100	2/3	1,460,000	660,000

2) 증분공정가치에 따른 20×2년 주식보상비용 추가 인식액: 219,000

구분	증분공정가치	인원	부여	적수	B/S	I/S
20×2년	260 - 200	100 - 5 - 10 - 12	100	1/2	219,000	219,000

3) 부여일 공정가치 인식액에 따른 20×2년 주식보상비용: 660,000

  ● 20×2년 당기손익에 미친 영향: (-)879,000

17 ②

20×3년 당기순이익에 미친 영향: (-)2,365,000

차)	주식보상비용[1]	1,090,000	대)	주식선택권	1,090,000
차)	주식선택권	2,550,000	대)	현금[2]	2,125,000
				주식선택권청산이익(자본)	425,000
차)	주식보상비용	1,275,000	대)	현금[3]	1,275,000

[1] @300 × 100개 × (100 - 5 - 10)명 - 1,460,000 = 1,090,000
[2] @250 × 100개 × (100 - 5 - 10)명 = 2,125,000
[3] (@400 - @250) × 100개 × (100 - 5 - 10)명 = 1,275,000

18 ③

20×2년도에 인식할 주식보상비용: 32,400 + 49,920 = 82,320

주식보상비용

구분	P	Q			누적(B/S)	당기(I/S)
	공정가치	인원	부여수량	적수	보상원가	당기원가
20×1년	① 360	×② (100 - 30)	×③ 10	×④ 1/3	= A 84,000	A 84,000
20×2년	① 360	×② (100 - 10)	×③ 1	×④ 3/3	= 32,400	32,400
	① 360	×② (100 - 38*)	×③ 9	×④ 2/3	= B 133,920	B - A 49,920

* 100 - 10 - 15 - 13 = 62

19 ③

B사의 20×4년도 당기순이익에 미친 영향: (-)615,000 감소

1) 평가: (@250 - @160) × 85명 × 100개 = 765,000 주식보상비용
2) 행사: (@200[1] - @250) × 30명 × 100개 = (-)150,000 주식보상비용환입

   [1] 20×4년 말 주가 700 - 행사가격 500 = 200

20 ④

20×5년 말 주가차액보상권의 개당 공정가치: @280

1) 20×4년 말 미지급비용: @250 × (85 - 30)명 × 100개 = 1,375,000
2) 20×5년 말 미지급비용: 1,375,000 + 165,000 = 1,540,000
3) 20×5년 말 개당 공정가치(@A) = 280

   * @A × (85 - 30)명 × 100개 = 1,540,000, @A = 280

[01 ~ 05]

다음은 20×1년 1월 1일에 설립되어 영업을 시작한 ㈜세무의 20×1년도 법인세와 관련된 자료이다. 물음에 답하시오.

---

(1) ㈜세무의 법인세비용 세무조정을 제외한 20×1년도 세무조정사항은 다음과 같다.

〈소득금액조정합계표〉

익금산입 및 손금불산입			손금산입 및 익금불산입		
과목	금액	소득처분	과목	금액	소득처분
감가상각부인액	₩20,000	유보	미수수익	₩10,000	유보
제품보증충당부채	₩5,000	유보	FVOCI금융자산*	₩5,000	유보
접대비한도초과액	₩10,000	기타사외유출			
FVOCI금융자산 평가이익	₩5,000	기타			
합계	₩40,000		합계	₩15,000	

*채무상품

(2) 20×1년도 과세소득에 적용되는 법인세율은 20%이며, 차기 이후 관련 세율 변동은 없는 것으로 가정한다.

(3) 20×1년도 법인세비용차감전순이익(회계이익)은 ₩120,000이다.

(4) 세액공제 ₩8,000을 20×1년도 산출세액에서 공제하여 차기 이후로 이월되는 세액공제는 없으며, 최저한세와 농어촌특별세 및 법인지방소득세는 고려하지 않는다.

(5) 20×1년도 법인세부담액(당기법인세)은 ₩21,000이며, 20×1년 중 원천징수를 통하여 ₩10,000의 법인세를 납부하고 아래와 같이 회계처리하였다.

차) 당기법인세자산	10,000	대) 현금	10,000

(6) 당기법인세자산과 당기법인세부채는 상계조건을 모두 충족하며, 이연법인세자산과 이연법인세부채는 인식조건 및 상계조건을 모두 충족한다.

(7) 포괄손익계산서상 기타포괄손익항목은 관련 법인세효과를 차감한 순액으로 표시하며, 법인세효과를 반영하기 전 기타포괄이익은 ₩5,000이다.

---

01 ㈜세무가 20×1년 말 재무상태표에 인식할 이연법인세자산(부채)은 얼마인가?

① 이연법인세자산 ₩2,000
② 이연법인세자산 ₩3,000
③ 이연법인세자산 ₩5,000
④ 이연법인세부채 ₩3,000
⑤ 이연법인세부채 ₩2,000

02 ㈜세무가 20×1년에 인식할 법인세비용은 얼마인가?

① ₩18,000   ② ₩19,000   ③ ₩15,500
④ ₩14,500   ⑤ ₩16,500

03 ㈜세무가 20×1년도 평균유효세율은 얼마인가?

① 12%   ② 13%   ③ 14%
④ 15%   ⑤ 16%

04 위 문제와 독립적으로 20×2년부터 법인세율이 30%로 변경될 경우, ㈜세무가 20×1년에 인식할 법인세비용은 얼마인가?

① ₩18,000   ② ₩19,000   ③ ₩15,500
④ ₩14,500   ⑤ ₩16,500

05 위 문제와 독립적으로 20×2년부터 법인세율이 30%로 변경되고 소득금액조정합계표가 다음과 같이 변경되며 나머지 금액(납부세액 등)은 변동이 없다고 가정할 때, ㈜세무가 20×1년에 인식할 법인세비용은 얼마인가?

익금산입 및 손금불산입			손금산입 및 익금불산입		
과목	금액	소득처분	과목	금액	소득처분
감가상각부인액	₩20,000	유보	미수수익	₩10,000	유보
제품보증충당부채	₩5,000	유보			
접대비 한도초과액	₩10,000	기타사외유출			
자기주식처분이익	₩5,000	기타			
합계	₩40,000		합계	₩10,000	

① ₩18,000   ② ₩19,000   ③ ₩15,500
④ ₩14,500   ⑤ ₩16,500

[06 ~ 07]

12월 31일 결산법인인 ㈜현주의 20×4년도 법인세와 관련한 세무조정사항은 다음과 같다.

법인세비용차감전순이익	₩2,000,000
접대비 한도초과액	₩100,000
감가상각비 한도초과액	₩50,000
FVPL금융자산평가이익	₩20,000

한국채택국제회계기준상 감가상각비가 세법상 감가상각비 한도를 초과한 ₩50,000 중 ₩30,000은 20×5년에 소멸되고, ₩20,000은 20×6년에 소멸될 것이 예상된다. 또한 당기손익인식금융자산은 20×5년 중에 처분될 예정이다. ㈜대성의 연도별 과세소득에 적용될 법인세율은 20×4년 25%, 20×5년 28%이고, 20×6년도부터는 30%가 적용된다. 20×3년 12월 31일 현재 이연법인세자산(부채)잔액은 없었다.

06 20×4년도 ㈜현주의 법인세비용은 얼마인가? (단, 이연법인세자산의 실현가능성은 높고 이연법인세자산·부채는 상계요건을 충족하였다)

① ₩523,700 ② ₩532,500 ③ ₩544,500
④ ₩420,000 ⑤ ₩432,500

07 위 문제와 독립적으로 당기부터 세율은 20%로 변경이 없을 것으로 가정할 때, 20×4년도 ㈜현주의 법인세비용은 얼마인가? (단, 이연법인세자산의 실현가능성은 높고 이연법인세자산·부채는 상계요건을 충족하였다)

① ₩523,700 ② ₩532,500 ③ ₩544,500
④ ₩420,000 ⑤ ₩432,500

08 보고기간 말이 12월 31일인 ㈜국세의 20×1년 회계연도 법인세비용차감전순손실은 ₩4,000,000이다. 그리고 20×1년 회계연도에 유형자산의 감가상각과 관련하여 미래 과세소득에서 가산할 일시적 차이인 손금산입항목이 ₩4,000,000만큼 발생하여 세무당국에 ₩8,000,000의 결손금을 보고하였다. 20×0년 회계연도까지 발생된 일시적 차이는 없었으며 20×1년 회계연도에 발생된 손금산입항목은 20×2년 회계연도와 20×3년 회계연도에 각각 ₩2,000,000씩 소멸될 것으로 예상된다. 20×1년 회계연도의 법인세율은 24%이며 20×2년 회계연도부터는 20% 인하하기로 입법화되었다. ㈜국세의 경우 이월결손금을 통한 법인세혜택의 실현가능성이 확실한데 20×2년 회계연도에 ₩5,000,000, 20×3년 회계연도에 ₩3,000,000이 실현될 것이다. ㈜국세가 기업회계기준서에 의해 회계처리하였다(단, 이연법인세자산과 이연법인세부채는 상계하여 표시한다). 20×1년도 ㈜국세의 당기순손익은 얼마인가?

① ₩(−)3,000,000 ② ₩(−)3,200,000 ③ ₩(−)4,000,000
④ ₩(−)4,200,000 ⑤ ₩(−)4,500,000

01 ① 이연법인세자산 · 부채 정리
1) 이연법인세자산(기말): (20,000 + 5,000) × 20% = (-)5,000
2) 이연법인세부채(기말): (10,000 + 5,000) × 20% = 3,000
- 이연법인세자산과 이연법인세부채는 인식조건 및 상계조건을 모두 충족하므로 기말이연법인세자산 2,000으로 표시

02 ① 법인세 회계처리

차)	이연법인세자산	2,000	대)	당기법인세자산	10,000
	법인세비용	19,000		당기법인세부채	11,000
차)	FVOCI금융자산평가이익[1]	1,000	대)	법인세비용	1,000

[1] 5,000 × 20% = 1,000

03 ④ 20×1년 평균유효세율: 18,000(법인세비용) ÷ 120,000(법인세비용차감전순이익) = 15%

04 ⑤ 1) 이연법인세자산 · 부채 정리
(1) 이연법인세자산(기말): (20,000 + 5,000) × 30% = (-)7,500
(2) 이연법인세부채(기말): (10,000 + 5,000) × 30% = 4,500
- 이연법인세자산과 이연법인세부채는 인식조건 및 상계조건을 모두 충족하므로 기말이연법인세자산 3,000으로 표시
2) 법인세 회계처리

차)	이연법인세자산	3,000	대)	당기법인세자산	10,000
	법인세비용	18,000		당기법인세부채	11,000
차)	FVOCI금융자산평가이익[1]	1,500	대)	법인세비용	1,500

[1] 5,000 × 30% = 1,500

05 ③ 1) 이연법인세자산 · 부채 정리
(1) 이연법인세자산(기말): (20,000 + 5,000) × 30% = (-)7,500
(2) 이연법인세부채(기말): (10,000) × 30% = 3,000
- 이연법인세자산과 이연법인세부채는 인식조건 및 상계조건을 모두 충족하므로 기말이연법인세자산 4,500으로 표시
2) 법인세 회계처리

차)	이연법인세자산	4,500	대)	당기법인세자산	10,000
	법인세비용	16,500		당기법인세부채	11,000
차)	자기주식처분이익[1]	1,000	대)	법인세비용	1,000

[1] 5,000 × 20% = 1,000

06 ① 20×4년도 법인세비용: 523,700

1) 이연법인세자산 · 부채 정리

구분	당기(25%)	20×5년(28%)	20×6년(30%)
법인세비용차감전순이익	2,000,000		
접대비 한도초과액	100,000		
감가상각비 한도초과액	50,000	(-)30,000	(-)20,000
FVPL금융자산평가이익	(-)20,000	20,000	
합계	2,130,000	(-)10,000	(-)20,000
× 세율	× 25%	× 28%	× 30%
	① 532,500	② (-)2,800	② (-)6,000

2) 기간 간 배분 회계처리

차) 이연법인세자산(기말)	4th ② 8,800	대) 당기법인세자산	1st 0
법인세비용	대차차익 523,700	당기법인세부채	2nd 532,500 ①
		이연법인세자산(기초)	3rd 0

07 ④ (2,000,000 + 100,000) × 20% = 420,000

08 ②

차) 이연법인세자산(기말)	4th ② 800,000	대) 당기법인세자산	1st 0
		당기법인세부채	2nd 0 ①
		이연법인세자산(기초)	3rd 0
		법인세수익	대차차익 800,000

이연법인세자산 · 부채 정리

구분	당기(24%)	20×2년(20%)	20×3년(20%)
법인세비용차감전순손실	(-)4,000,000		
감가상각비	(-)4,000,000	2,000,000	2,000,000
이월결손금 공제		(-)5,000,000	(-)3,000,000
합계	(-)8,000,000	(-)3,000,000	(-)1,000,000
× 세율	× 24%	× 20%	× 20%
	① 0	② (-)600,000	② (-)200,000

부분포괄손익계산서

⋮	
법인세비용차감전순손실	(-)4,000,000
법인세수익	800,000
당기순손실	(-)3,200,000

01 자동차 부품을 제조·납품하는 A사가 20×1년 초에 부품의 자동제조설비를 ₩30,000,000에 취득하였고 원가모형을 적용한다. 동 설비자산의 내용연수는 8년, 잔존가치는 ₩1,000,000으로 추정하였으며 이중체감법으로 감가상각한다. A사는 20×3년 초에 설비자산에 대해서 ₩5,000,000의 수선비를 지출하였는데 이로 인하여 내용연수가 4년 더 연장될 것으로 추정하였으며, 회사는 20×3년부터 감가상각방법을 정액법으로 변경하기로 하였는데, 이는 기업환경의 변화로 인해 정액법이 동 설비자산의 미래 경제적 효익의 기대소비형태를 보다 잘 반영한다고 판단되었기 때문이다. 20×3년도 설비자산의 감가상각비는 얼마인가?

① ₩1,000,000
② ₩1,457,500
③ ₩1,987,500
④ ₩2,087,500
⑤ ₩2,135,000

02 A사는 재고자산 원가흐름의 가정을 선입선출법에서 이동평균법으로 변경하였다. 각 방법에 따른 매출원가는 다음과 같으며, 주어진 내용을 제외한 회계연도의 매출원가는 두 방법이 일치하였다.

구분	선입선출법	이동평균법
20×1년 매출원가	₩34,000	₩38,000
20×2년 매출원가	₩45,000	₩47,000
20×3년 매출원가	₩63,000	₩74,000

A사는 20×3년도의 재무제표에 매출원가와 재고자산을 선입선출법으로 보고하였다. 20×3년 말 재고자산이 ₩26,000인 경우, 20×3년 말 재무상태표에 보고할 재고자산금액은 얼마인가?

① ₩7,000
② ₩8,000
③ ₩9,000
④ ₩10,000
⑤ ₩11,000

[03 ~ 04]

B사는 20×6년부터 구입 및 판매를 시작한 D제품에 대하여 재고자산의 원가흐름가정으로 선입선출법을 사용하여 왔으나 20×8년에 총평균법으로 변경하였다. 이 변경은 정당한 변경이다. 이와 관련된 자료는 다음과 같다.

구분	20×6년	20×7년	20×8년
매출원가(선입선출법)	₩1,200,000	₩1,800,000	₩1,900,000
기말재고(선입선출법)	₩400,000	₩800,000	₩750,000
기말재고(총평균법)	₩300,000	₩650,000	₩500,000

B사는 20×8년에도 계속 선입선출법을 사용하여 회계처리하였다.

03 동 거래를 20×8년 말에 수정분개하였을 때, 수정분개로 인한 20×8년의 당기손익에 미친 영향은 얼마인가?

① ₩(−)250,000
② ₩(−)100,000
③ ₩150,000
④ ₩(−)150,000
⑤ ₩(−)50,000

04 동 거래를 20×8년 말에 수정분개하였을 때, 수정분개로 인한 20×8년 초의 이익잉여금에 미친 영향은 얼마인가?

① ₩(−)250,000
② ₩(−)100,000
③ ₩150,000
④ ₩(−)150,000
⑤ ₩(−)50,000

[05 ~ 06]

A사는 B사를 인수하기 위하여 동 회사로부터 다음과 같은 연도 말 재무상태표와 지난 3년 동안의 이익(납세후)에 관한 간단한 정보 <자료 1>을 검토하였다. 또한 세부자료 검토결과 지난 3년 동안 계속 여러 가지 회계처리상 오류를 범한 것을 확인하였다.

〈자료 1〉
제1차 연도(20×1년), 제2차 연도(20×2년), 제3차 연도(20×3년)의 수정 전 당기순이익은 각각 ₩16,000, ₩9,200과 ₩6,300이었다.

〈자료 2〉
(1) 재고자산오류

20×1년	₩9,700 과대	20×2년	₩7,500 과대	20×3년	₩5,900 과소

(2) 유동자산으로 처리해야 할 선급비용을 당기비용으로 처리

20×1년	₩1,950	20×2년	₩2,100	20×3년	₩2,300

(3) 판매수수료 미지급분 기록 누락

20×1년	₩2,400	20×2년	₩2,200	20×3년	₩1,900

(4) 20×1년 1월 1일에 ₩23,000을 지급하고 트럭 1대를 구입한 적이 있으며 구입한 해에 모두 비용처리하였다. 내용연수는 5년, 잔존가치는 ₩3,000으로 추정되며 정액법으로 감가상각해야 한다.

20×0년 12월 31일의 이익잉여금이 ₩60,000이었고, 위의 오류들은 중요한 오류이기 때문에 오류수정을 소급법으로 회계처리한다고 가정한다.

05 위의 오류를 반영한 20×3년의 정확한 당기순이익은 얼마인가?

① ₩16,200

② ₩17,200

③ ₩18,200

④ ₩19,300

⑤ ₩20,000

06 위의 오류를 반영한 20×3년 말의 정확한 이익잉여금은 얼마인가?

① ₩101,200
② ₩103,800
③ ₩104,500
④ ₩106,500
⑤ ₩108,800

01 ④   1) 20×1년 감가상각비: 30,000,000 × 2/8 = 7,500,000

2) 20×2년 감가상각비: (30,000,000 - 7,500,000) × 2/8 = 5,625,000

3) 20×3년 감가상각비: 2,087,500

* (30,000,000 - 7,500,000 - 5,625,000 + 5,000,000 - 1,000,000)/(8 - 2 + 4) = 2,087,500

02 ③   1) 수정분개

차) 매출원가	11,000	대) 재고자산	17,000
이월이익잉여금	6,000		

* 매출원가: 74,000 - 63,000 = 11,000
* 이월이익잉여금: (38,000 + 47,000) - (34,000 + 45,000) = 6,000

2) 20×3년 말 재고자산: 26,000 - 17,000 = 9,000

03 ②   1) 수정분개

차) 매출원가	100,000	대) 재고자산	250,000
이익잉여금	150,000		

2) 정산표

구분	20×6년	20×7년	20×8년
20×6년 재고 감소	(-)100,000	100,000	
20×7년 재고 감소		(-)150,000	150,000
20×8년 재고 감소			(-)250,000
계	(-)100,000	(-)50,000	(-)100,000

04 ④   20×8년 초 이익잉여금에 미친 영향: (-)100,000 + (-)50,000 = (-)150,000

05 ①

구분		20×1년	20×2년	20×3년
수정 전 당기순이익		16,000	9,200	6,300
(1)	재고자산 - 20×1 과대	(-)9,700	9,700	
	재고자산 - 20×2 과대		(-)7,500	7,500
	재고자산 - 20×3 과소			5,900
(2)	선급비용 누락 - 20×1	1,950	(-)1,950	
	선급비용 누락 - 20×2		2,100	(-)2,100
	선급비용 누락 - 20×3			2,300
(3)	미지급비용 누락 - 20×1	(-)2,400	2,400	
	미지급비용 누락 - 20×2		(-)2,200	2,200
	미지급비용 누락 - 20×3			(-)1,900
(4)	트럭 - 20×1	19,000		
	트럭 - 20×2		(-)4,000	
	트럭 - 20×3			(-)4,000
수정 후 당기순이익		24,850	7,750	16,200

06 ⑤ 20×3년 말 이익잉여금: 60,000 + 24,850 + 7,750 + 16,200 = 108,800

No# 제17장 │ 주당이익

No

[01 ~ 02]

다음은 A사의 20×1년 기본주당이익 계산에 필요한 자료이다. A사의 회계기간은 1월 1일부터 12월 31일까지 이며, 20×1년 당기순이익과 기초유통보통주식수는 각각 ₩1,000,000과 5,000주(액면 ₩500)이다. 다음의 각 물음은 독립적이다.

01 아래의 자료를 고려하였을 때, A사의 20×1년 기본주당이익을 산정하기 위한 보통주당기순이익은 얼마인가?

> (1) 누적적 상환우선주(액면 ₩500, 1,000주): 20×1년의 배당률은 5%이며, 부채로 분류되었다.
> (2) 비누적적 비상환우선주(액면 ₩500, 2,000주): 20×1년의 배당률은 10%이며, 20×1년 초에 발행주식수는 1,000주였으나 20×1년 10월 1일에 1,000주를 추가로 발행하였다. 유상신주의 배당기산일은 납입한 때이다(20×2년 초에 배당결의가 있었음).
> (3) 누적적 비상환우선주(액면 ₩500, 2,000주): 배당률은 8%이며, 전기 이전의 기간에 누적된 배당금은 없으나 20×1년의 배당금은 지급하지 않기로 하였다. 그리고 당기에 총발행주식 3,000주 중 1,000주를 매입하였으며 우선주의 장부금액을 초과하여 지불한 매입대가는 ₩10,000이었다.

① ₩810,000 ② ₩857,000 ③ ₩912,000
④ ₩982,000 ⑤ ₩999,000

02 아래의 자료를 고려하였을 때, A사의 20×1년 기본주당이익을 산정하기 위한 보통주당기순이익은 얼마인가?

> (1) 누적적 할증배당우선주(액면 ₩500, 1,000주): 20×0년 할인발행한 것으로 20×3년부터 배당(배당률 10%)하며, 20×1년에 유효이자율법으로 상각한 우선주할인발행차금은 ₩18,000이다.
> (2) 누적적 전환우선주(액면 ₩500, 2,000주): 배당률은 4%이며 전기 이전의 기간에 누적된 배당금 ₩70,000을 당기에 지급하였다. 그리고 당기에 총발행주식 5,000주 중 3,000주가 보통주로 전환되었으며, 전환 시 1주당 공정가치가 ₩300인 100주의 보통주를 추가로 지급하였다.

① ₩847,500 ② ₩857,000 ③ ₩912,000
④ ₩982,000 ⑤ ₩999,000

[03 ~ 04]

㈜세무의 20×1년 1월 1일 현재 자본금은 보통주자본금 ₩5,000,000과 우선주자본금(비참가적, 누적적 10%) ₩500,000으로 구성되어 있다. 유상신주의 배당기산일은 납입한 때이며, 무상신주의 배당기산일은 원구주에 따른다. 보통주와 우선주의 주당 액면금액은 각각 ₩500으로 동일하다. 또한 ㈜세무의 20×1년 1월 1일 현재 보통주의 유통주식수는 9,000주이며, 법인세율은 20%이다. ㈜세무는 자기주식에 대해서 증자 및 배당을 실시하지 않는다. ㈜세무는 20×1년도에 대한 배당은 보통주 및 우선주에 각각 10% 실시하였다.

(1) 20×1년 4월 1일	보통주에 대해 25%의 유상증자를 실시하여 2,250주를 발행하였다. 주당발행가액은 ₩1,000이었으며, 유상증자 직전 일의 주당 공정가치는 ₩2,250이었다.
(2) 20×1년 7월 1일	유통 중인 우선주 500주를 ₩350,000에 공개매수하였다. 20×1년 초 우선주의 장부금액은 액면금액과 동일하였다.
(3) 20×1년 10월 1일	자기주식 중 보통주 200주는 주당 ₩1,800에 처분하였다.
(4) 20×1년 12월 31일	당기순이익(계속영업이익)으로 ₩3,000,000을 보고하였다.

유상증자 관련 조정비율계산에서는 소수점 이하 넷째 자리에서 반올림하고, 이를 제외한 나머지 계산에서는 소수점 이하 첫째 자리에서 반올림하시오. 또한 주식 수의 가중평균은 월수로 계산하여 구하시오.

03 ㈜세무의 20×1년도 기본주당이익을 계산하기 위한 가중평균유통보통주식수는 얼마인가?

① 10,100주   ② 10,789주   ③ 11,019주
④ 11,500주   ⑤ 12,100주

04 ㈜세무의 20×1년도 기본주당이익을 계산하기 위해 보통주에 귀속되는 당기순손익은 얼마인가?

① ₩2,975,000   ② ₩2,910,000   ③ ₩2,875,000
④ ₩2,782,000   ⑤ ₩1,999,000

05 20×2년 중 아래의 거래가 발생하였을 경우 ㈜세무의 20×2년도 희석주당이익 계산을 위한 희석성 잠재적보통주의 가중평균유통보통주식수는 얼마인가? (단, 잠재적보통주는 희석효과가 있는 것으로 가정한다)

20×2년 10월 1일	3년 전에 부여한 3년 근무조건의 보통주 주식선택권(stock option)이 가득되었고 부여한 주식선택권 1,000주 중에서 500주가 행사되었다. 행사가격은 주당 ₩800이고, 주식보상비용으로 당기포괄손익계산서에 비용으로 인식된 금액은 ₩90,250이다. 또한 20×2년도 보통주의 주당 평균시장가격은 ₩2,000이다.

① 600주   ② 550주   ③ 512주
④ 486주   ⑤ 420주

[06 ~ 08]

다음은 12월 31일을 보고기간 말로 하는 A회사에서 20×1년에 발생한 사건이다. A회사 보통주식의 액면금액은 ₩1,000이며, 우선주식의 액면금액은 ₩500이다. A회사의 당기순이익은 ₩50,000,000이고 법인세율은 25%로 가정한다. A회사는 기말에 미전환된 우선주에 대해서만 배당금을 지급(상법의 관련규정은 무시한다)하고 있지만, 당기에는 20×2년의 대규모 설비투자를 계획하고 있어 20×1년의 결산주주총회에서 배당을 지급하지 않기로 결의할 계획이며, 이는 우선주주도 동의할 것으로 기대하고 있다. 각 물음 계산 시 소수점 아래 첫째 자리에서 반올림하고, 가중평균유통보통주식수의 계산과정에서 가중치는 월단위로 계산한다.

06 20×1년 초 보통주식수는 100,000주이며, 우선주식수는 10,000주이다. 우선주는 누적적, 비참가적 우선주이며, 배당률은 7%이다. 또한 전환우선주에 해당하며, 우선주 2주당 보통주 1주로 전환 가능하다. 20×1년 10월 1일에 전환우선주 40%가 보통주로 전환되었다. 동 거래로 인한 A회사의 20×1년도 희석주당이익을 계산하기 위한 희석효과는 얼마인가?

① ₩47　　　　　　　　　② ₩120　　　　　　　　③ ₩240
④ ₩437　　　　　　　　　⑤ ₩500

07 20×1년 4월 1일에 A회사는 액면금액 ₩5,000,000의 전환사채를 액면발행하였다. 전환사채는 액면금액 ₩5,000당 보통주 1주로 전환가능하다. 20×1년 7월 1일 전환권 행사로 전환사채의 60%가 보통주로 전환되었으며, 당기포괄손익계산서에 인식된 전환사채 관련 이자비용은 ₩300,000이다. 동 거래로 인한 A회사의 20×1년도 희석주당이익을 계산하기 위한 희석효과는 얼마인가?

① ₩47　　　　　　　　　② ₩120　　　　　　　　③ ₩240
④ ₩437　　　　　　　　　⑤ ₩500

08 20×0년 4월 1일에 A회사는 상환할증금을 지급하는 조건으로 행사가격이 ₩450인 신주인수권부사채를 발행하였다. 20×1년 4월 1일에 신주인수권의 50%가 행사되어 보통주 2,000주를 교부하였다. 20×1년도 A회사의 보통주 주당 평균시장가격은 ₩600이다. A회사가 신주인수권부사채에 대해 20×1년에 인식한 이자비용은 모두 ₩2,000,000이며, 이 중 사채상환할증금과 관련된 이자비용은 ₩100,000이다. 동 거래로 인한 A회사의 20×1년도 희석주당이익을 계산하기 위한 희석효과는 얼마인가?

① ₩47　　　　　　　　　② ₩120　　　　　　　　③ ₩240
④ ₩437　　　　　　　　　⑤ ₩500

01 ①

당기순이익		1,000,000
1) 누적적 상환우선주[1]		0
2) 비누적적 비상환우선주		
• 구주배당금	500 × 1,000주 × 10% = 50,000	
• 신주배당금	500 × 1,000주 × 10% = 50,000	(-)100,000
3) 누적적 비상환우선주[2]		
• 배당금	500 × 2,000주 × 8% = 80,000	
• 상환 시 초과지급액	10,000	(-)90,000
보통주당기순이익		810,000

[1] 부채로 분류되었으므로 우선주배당금이 비용으로 처리되어 당기순이익에 이미 차감됨
[2] 보통주당기순이익 산정 시 배당결의 여부와 관계없이 당해 회계기간과 관련된 누적적 우선주에 대한 세후 배당금만을 차감함

02 ③

당기순이익		1,000,000
1) 누적적 할증배당우선주		
• 우선주할인발행차금상각	18,000	(-)18,000
2) 누적적 전환우선주		
• 배당금	500 × 2,000주 × 4% = 40,000	
• 전환 시 추가 지급액	300 × 100주 = 30,000	(-)70,000
보통주당기순이익		912,000

03 ③ 가중평균유통보통주식수: 11,019주
1) 공정가치 미만 유상증자
  (1) 공정가치 유상증자주식수: 2,250주 × 1,000/2,250 = 1,000주
  (2) 무상증자주식수: 2,250주 - 1,000주 = 1,250주
  (3) 무상증자비율: 1,250주 ÷ (9,000 + 1,000)주 = 12.5%
2) 가중평균유통보통주식수: (9,000 × 1.125 × 12 + 1,000 × 1.125 × 9 + 200 × 3) ÷ 12 = 11,019주

04 ③ 보통주당기순이익: 2,875,000
1) 우선주배당금: (1,000* - 500)주 × @500 × 10% = 25,000
  * 우선주자본금 500,000 ÷ 우선주액면금액 @500 = 1,000
2) 우선주재매입손실: 350,000 - 500주 × @500 = 100,000
3) 보통주당기순이익: 3,000,000 - 25,000 - 100,000 = 2,875,000

05 ④ 잠재적보통주의 가중평균유통보통주식수: 486주
1) 조정 행사가격: 800 + 90,250/1,000주 = 890
2) 잠재적보통주의 가중평균유통보통주식수: (1) + (2) = 486
  (1) 행사분: (500 - 500 × 890/2,000) × 9/12 = 208주
  (2) 미행사분: (500 - 500 × 890/2,000) × 12/12 = 278주

06 ① 1) 당기손익에 가산효과: 10,000주 × 60% × 500 × 7% = 210,000
2) 잠재적보통주: (2,000 × 9 + 3,000 × 12)/12 = 4,500
3) 희석효과: 1) ÷ 2) = 47

07 ⑤ 1) 당기손익에 가산효과: 300,000 × (1 - 25%) = 225,000
2) 잠재적보통주: (600 × 3 + 400 × 9)/12 = 450
3) 희석효과: 1) ÷ 2) = 500

08 ② 1) 당기손익에 가산효과: 100,000 × (1 - 25%) = 75,000
2) 잠재적보통주: [(2,000 - 2,000 × 450/600) × 3 + (2,000 - 2,000 × 450/600) × 12]/12 = 625
3) 희석효과: 1) ÷ 2) = 120

제18장 │ 현금흐름표

[01 ~ 04]

A사의 20×1년 말과 20×2년 말의 수정 후 시산표의 내역 및 그 밖의 자료는 다음과 같다.

(1) 시산표

과목	20×2년	20×1년	과목	20×2년	20×1년
현금	₩2,450	₩1,700	매입채무	₩7,000	₩9,000
매출채권	₩14,000	₩11,100	미지급이자	₩1,800	₩1,000
재고자산	₩9,000	₩6,000	감가상각누계액	₩3,500	₩2,700
유형자산	₩9,000	₩5,000	사채	₩4,000	₩4,000
이연법인세자산	₩400	₩800	손실충당금	₩2,500	₩2,300
사채할인발행차금	₩900	₩1,200	당기법인세부채	₩800	₩700
매출원가	₩36,000	₩33,000	자본금	₩5,000	₩5,000
판매비	₩6,000	₩4,000	자본잉여금	₩3,000	₩3,000
관리비	₩4,700	₩2,900	매출액	₩58,250	₩51,000
감가상각비	₩800	₩800	이자수익	₩1,100	₩900
손상차손	₩400	₩300			
이자비용	₩1,300	₩1,400			
법인세비용	₩2,000	₩1,600			

* 단, 매출채권 중 당기에 회수불가능한 것으로 판명된 금액 ₩200이 있다.

(2) 20×2년 취득한 유형자산에 대한 자본화 차입원가는 ₩100이다.

01 20×2년 고객으로부터 유입된 현금은 얼마인가?

① ₩41,200

② ₩(-)1,500

③ ₩(-)300

④ ₩(-)41,000

⑤ ₩55,150

02 20×2년 공급자에게 지급하는 현금은 얼마인가?

① ₩41,200   ② ₩(-)1,500   ③ ₩(-)300

④ ₩(-)41,000   ⑤ ₩55,150

03 20×2년 이자지급으로 인한 현금유출액은 얼마인가?

① ₩41,200

② ₩(-)1,500

③ ₩(-)300

④ ₩(-)41,000

⑤ ₩55,150

04 20×2년 법인세의 납부로 인한 현금유출액은 얼마인가?

① ₩41,200

② ₩(-)1,500

③ ₩(-)300

④ ₩(-)41,000

⑤ ₩55,150

05 다음은 A사의 20×1년도 비교재무제표 중 기계장치와 관련된 부분들만 발췌한 것으로, A사는 기계장치를 원가모형으로 측정한다. A사는 당기에 처분한 기계장치의 처분금액은 ₩75,000으로 처분금액 중 ₩12,000은 20×2년도에 받기로 하였다. A사는 20×1년도에 기계장치의 취득으로 유출된 현금은 얼마인가?

계정과목	20×1년	20×0년
기계장치	₩300,000	₩150,000
감가상각누계액	₩(-)52,000	₩(-)45,000
감가상각비	₩45,000	
유형자산처분이익	₩15,000	

① ₩80,000

② ₩248,000

③ ₩95,000

④ ₩215,000

⑤ ₩132,900

06 다음은 B사의 20×1년도 비교재무제표 중 건물과 관련된 부분들만 발췌한 것으로 건물은 재평가모형을 적용한다. B사는 20×1년 중 재평가잉여금 ₩10,000을 이익잉여금으로 대체하였으며, 당기의 건물 취득액은 ₩300,000이다. B사의 20×1년도에 건물의 처분으로 수령한 현금은 얼마인가?

계정과목	20×1년	20×0년
건물	₩700,000	₩600,000
감가상각누계액	₩190,000	₩250,000
재평가잉여금	₩30,000	₩80,000
감가상각비	₩40,000	-
유형자산처분이익	₩20,000	-

① ₩80,000 ② ₩248,000 ③ ₩95,000
④ ₩215,000 ⑤ ₩132,900

07 다음은 C사의 20×1년도 비교재무제표 중 사채와 관련된 부분들만 발췌한 것이다. C사가 당기에 발행한 사채의 발행금액은 ₩182,000(액면금액 ₩200,000)이며, 이자비용으로 처리된 사채할인발행차금 상각액은 ₩4,000이다. C사는 20×1년도에 사채상환으로 지급한 현금은 얼마인가?

계정과목	20×1년	20×0년
사채	₩300,000	₩200,000
사채할인발행차금	₩(-)26,000	₩(-)15,000
이자비용	₩80,000	-
사채상환이익	₩2,000	-

① ₩80,000 ② ₩248,000 ③ ₩95,000
④ ₩215,000 ⑤ ₩132,900

08 D사의 20×1년 이자비용과 관련한 자료는 다음과 같다. D사가 이자지급으로 인한 현금유출액은 얼마인가?

(1) 기초 및 기말재무상태표에서 추출한 자료

구분	기초	기말
선급이자	₩20,000	₩40,000
미지급이자	₩40,000	₩45,000

(2) 포괄손익계산서상의 이자비용은 ₩200,000으로 사채할인발행차금상각액 ₩30,000이 포함되어 있으며, 당기에 자본화한 차입원가는 ₩30,000이다.

① ₩80,000 ② ₩248,000 ③ ₩95,000
④ ₩215,000 ⑤ ₩132,900

[09 ~ 11]

다음은 20×2년 A사의 부분재무제표이다.

(1) 부분 재무상태표

구분	20×1년 말	20×2년 말
매출채권	₩2,500	₩2,800
손실충당금	₩(-)50	₩(-)65
재고자산	₩3,600	₩3,500
유형자산	₩9,200	?
감가상각누계액	₩(-)2,100	₩(-)2,300
선급판매비용	₩900	₩870
매입채무	₩1,200	₩1,350
미지급판매비용	₩740	₩620
당기법인세부채	₩300	₩320
외화장기차입금	?	₩4,850
확정급여채무	₩1,450	₩1,640

(2) 부분 포괄손익계산서

구분	금액
감가상각비	₩800
퇴직급여	₩300
손상차손	₩20
유형자산처분손실	₩250
외화환산손실(외화차입금에서 발생)	₩200

(3) 부분 현금흐름표 직접법

구분	금액
고객으로부터의 유입액	₩45,695
공급자에 대한 유출액	₩(-)39,000
판매비 유출액	₩(-)1,900
법인세비용 유출액	₩(-)790
퇴직금 유출액	₩(-)110
유형자산처분으로 인한 유입액	₩1,750
유형자산취득으로 인한 유출액	₩(-)1,800
외화장기차입금의 차입으로 인한 유입액	₩2,100
외화장기차입금의 상환으로 인한 유출액	₩(-)4,250

09 20×2년 포괄손익계산서의 매출액은 얼마인가?

① ₩39,250

② ₩42,000

③ ₩46,000

④ ₩2,560

⑤ ₩3,370

10 20×2년도 포괄손익계산서의 매출원가는 얼마인가?

① ₩39,250

② ₩42,000

③ ₩46,000

④ ₩2,560

⑤ ₩3,370

11 20×2년도 현금흐름표의 영업활동으로 인한 순현금흐름은 ₩3,895이다. 20×2년도 법인세비용차감전 순이익은 얼마인가? (단, 법인세의 납부를 영업활동으로 분류한다)

① ₩39,250

② ₩42,000

③ ₩46,000

④ ₩2,560

⑤ ₩3,370

01 ⑤

고객으로부터 수취한 현금(A+C)		55,150
1. 매출활동 관련 손익(A)		
(1) 매출액	58,250	
(2) 손상차손	(-)400	
(3) 매출채권 처분손익	-	
(4) 환율변동손익	-	
2. 매출활동 관련 자산 · 부채 증감(C)		
(1) 매출채권 증감	(-)2,900	
(2) 손실충당금 증감	200	
(3) 선수금 증감	-	

02 ④

공급자에게 지급한 현금유출액(A + C)		(-)41,000
1. 매입활동 관련 손익(A)		
(1) 매출원가(매입 + 평가손실 · 감모손실)	(-)36,000	
(2) 감모손실과 평가손실	-	
(3) 채무면제이익	-	
(4) 환율변동이익	-	
2. 매입활동 관련 자산 · 부채 증감(C)		
(1) 상품 증감	(-)3,000	
(2) 선급금 증감	-	
(3) 매입채무 증감	(-)2,000	

03 ③

1. 기타영업활동 관련 손익(A)		
- 이자비용	(-)1,300	
- 사채할인발행차금상각액	300	
2. 기타영업활동 관련 자산 · 부채 증감(C)		
- 선급이자		
- 미지급이자	800	
- 자본화한 차입원가	(-)100	
❍ 이자의 지급으로 인한 현금유출액		(-)300

해커스 세무사 IFRS 정윤돈 재무회계 1차 FINAL

제18장

PART 1 관련 종합 사례

04 ② 1. 기타영업활동 관련 손익(A)

　- 법인세비용 (-)2,000

　- 자기주식처분이익

2. 기타영업활동 관련 자산·부채 증감(C)

　- 이연법인세자산의 감소 400

　- 당기법인세부채의 증가 100

　◉ 법인세로 인한 현금유출액 (-)1,500

05 ② 20×1년도에 기계장치의 취득으로 유출된 현금: 248,000

유형자산 투자활동현금흐름(A + C)		① (173,000) - 12,000 = (-)185,000
1. 투자활동 관련 손익(A)		(-)30,000
- 감가상각비	(-)45,000	
- 유형자산처분이익	15,000	
- 유형자산손상차손 등	-	
2. 투자활동 관련 자산·부채 증감(C)		(-)143,000
- 자산의 증감	(-)150,000	
- 부채의 증감	7,000	
- 재평가잉여금 증감	-	

* 투자활동순현금흐름 계상 시 20×2년에 받기로 한 ₩12,000은 제외

① 순현금유출 (-)185,000	② 유형자산처분으로 인한 현금유입 63,000	◉ 역산
	③ 유형자산취득으로 인한 현금유출 (-)248,000	

06 ① 20×1년도에 건물의 처분으로 수령한 현금: 80,000

유형자산 투자활동현금흐름(A + C)		① (-)220,000
1. 투자활동 관련 손익(A)		(-)20,000
- 감가상각비	(-)40,000	
- 유형자산처분이익	20,000	
- 유형자산손상차손 등	-	
2. 투자활동 관련 자산·부채 증감(C)		(-)200,000
- 자산의 증감	(-)100,000	
- 부채의 증감	(-)60,000	
- 재평가잉여금	(50,000 - 10,000)	

* 재평가잉여금 중 이익잉여금 대체액은 현금의 증감과 관련이 없다.

① 순현금유출 (-)220,000	② 유형자산처분으로 인한 현금유입 80,000	◉ 역산
	③ 유형자산취득으로 인한 현금유출 (-)300,000	

07 ③ 20×1년도에 사채상환으로 지급한 현금: 95,000

장기차입금과 유동성장기부채 및 사채 재무활동현금흐름(A + C)		① 87,000
1. 재무활동 관련 손익(A)		(-)2,000
- 환율변동손익(차입금 관련)	-	
- 사채발행차금상각액	(-)4,000	
- 사채상환이익	2,000	
2. 재무활동 관련 자산·부채 증감(C)		(-)89,000
- 사채의 증감	100,000	
- 사채할인발행차금의 증감	(-)11,000	

① **순현금유입** **87,000**	② 사채로 인한 현금유입 182,000	○ 역산
	③ 사채로 인한 현금유출 (-)95,000	

08 ④ 이자의 지급으로 인한 현금유출액: 215,000

1. 기타영업활동 관련 손익(A)		(-)170,000
- 이자비용	(-)200,000	
- 사채할인발행차금상각액	30,000	
2. 기타영업활동 관련 자산·부채 증감(C)		(-)45,000
- 선급이자	(-)20,000	
- 미지급이자	5,000	
- 자본화한 차입원가	(-)30,000	
○ 이자의 지급으로 인한 현금유출액		(-)215,000

09 ③ 약식분개법

차) 현금	45,695	대) 매출(역산)	46,000
손상차손	20	손실충당금	15
매출채권	300		

10 ① 약식분개법

차) 매출원가(역산)	39,250	대) 재고자산	100
		매입채무	150
		현금	39,000

11 ⑤　1) 법인세비용차감전순이익: 3,370

법인세비용차감전순이익		3,370
비관련 손익 가감		1,250
감가상각비	800	
유형자산처분손실	250	
외환손실	200	
관련 자산·부채의 증감		65
매출채권 증가	(-)300	
손실충당금 증가	15	
재고자산 감소	100	
선급판매비용 감소	30	
매입채무 증가	150	
미지급판매비용 감소	(-)120	
확정급여채무 증가	190	
영업에서 창출된 현금		4,685
법인세납부	(-)790	
영업활동순현금흐름		3,895

2) 법인세비용: (-)810

* 법인세납부 (-)790 = 법인세비용 + 미지급법인세 증가 20, 법인세비용: (-)810

차) 법인세용	810	대) 현금	790
		미지급법인세	20

cpa.Hackers.com

해커스 세무사 IFRS 정윤돈 재무회계 1차 FINAL

PART 2

FINAL 모의고사

01 다음 중 재무제표의 작성과 표시에 대한 설명으로 옳은 것은?

① 재무제표를 포함하여 모든 재무보고서는 한국채택국제회계기준의 적용범위에 해당한다.

② 재무제표가 한국채택국제회계기준의 요구사항을 모두 충족하지 않더라도 이에 대하여 공시나 주석 또는 보충자료를 통해 설명한다면 한국채택국제회계기준을 준수하여 작성되었다고 기재할 수 있다.

③ 한국채택국제회계기준의 요구사항을 준수하는 것이 오히려 '개념체계'에서 정하고 있는 재무제표의 목적과 상충되어 재무제표이용자의 오해를 유발할 수 있는 경우에는 관련 감독체계가 이러한 요구사항으로부터의 일탈을 의무화하거나 금지하지 않는다면, 요구사항을 달리 적용한다.

④ 유사한 항목은 중요성 분류에 따라 재무제표에 구분하여 표시하며, 상이한 성격이나 기능을 가진 항목은 구분하여 표시한다. 그러므로 중요하지 않은 항목은 성격이나 기능이 유사한 항목이라 하여도 구분하여 표시하여야 한다.

⑤ 회계정책을 소급하여 적용하거나, 재무제표 항목을 소급하여 재작성 또는 재분류하고 이러한 소급적용, 소급재작성 또는 소급재분류가 전기 기초 재무상태표의 정보에 중요한 영향을 미치는 경우에는 세 개의 재무상태표를 표시한다. 이 경우 각 시점(당기 말, 전기 말, 전기 초)에 세 개의 재무상태표를 표시한다. 또한, 전기 기초의 개시 재무상태표에 관련된 주석을 표시하여야 한다.

02 다음 중 재무제표의 작성과 표시에 대한 설명으로 옳은 것은?

① 매입채무 그리고 종업원 및 그 밖의 영업원가에 대한 미지급비용과 같은 유동부채는 기업의 정상영업주기 내에 사용되는 운전자본의 일부이지만, 이러한 항목은 보고기간 후 12개월 후에 결제일이 도래하면 비유동부채로 분류한다.

② 기업이 기존의 대출계약조건에 따라 보고기간 후 적어도 12개월 이상 부채를 차환하거나 연장할 것으로 기대하고 있고, 그런 재량권이 있더라도, 보고기간 후 12개월 이내에 만기가 도래하는 경우 유동부채로 분류한다.

③ 보고기간 말 이전에 장기차입약정을 위반했을 때, 대여자가 즉시 상환을 요구할 수 있는 채무라 하더라도 채권자가 보고기간 말 이후에 보고기간 후 적어도 12개월 이상의 유예기간을 주는 데 합의하여, 그 유예기간 내에 기업이 위반사항을 해소할 수 있고, 또 그 유예기간 동안에는 채권자가 즉시 상환을 요구할 수 없다면, 그 부채는 비유동부채로 분류한다.

④ 중요한 오류수정과 회계정책의 변경은 소급법을 적용하므로 이러한 수익과 비용은 당기손익이 아니고 전기이전 손익이 되어 당기 초 이익잉여금에 반영된다.

⑤ 비용을 성격별로 분류하는 기업은 매출원가를 포함하여 비용의 기능에 대한 추가 정보를 주석 공시한다.

03 다음은 ㈜한국의 상품에 관련된 자료이다.

> (1) 모든 매입·매출거래는 현금거래이다.
> (2) 상품의 단위당 판매가격은 ₩1,500이고, 20×1년 상품의 매입·매출에 관한 자료는 다음과 같다.
>
> | 일자 | 구분 | 수량(개) | 단위원가 | 금액 |
> |---|---|---|---|---|
> | 1월 1일 | 기초상품 | 200 | ₩1,100 | ₩220,000 |
> | 2월 28일 | 매입 | 2,400 | ₩1,230 | ₩2,952,000 |
> | 3월 5일 | 매출 | 2,100 | | |
> | 3월 6일 | 매출환입 | 100 | | |
> | 8월 20일 | 매입 | 2,600 | ₩1,300 | ₩3,380,000 |
> | 12월 25일 | 매출 | 1,500 | | |
> | 12월 31일 | 기말상품 | 1,700 | | |
>
> (3) 상품의 원가흐름에 대한 가정으로 가중평균법을 적용하고 있다.
> (4) 20×1년 12월 31일 상품에 대한 실사수량은 1,700개이다.

상품에 대한 회계처리로 계속기록법을 적용하는 경우, 20×1년 12월 25일에 ㈜한국이 인식할 매출원가는 얼마인가?

① ₩2,001,500 ② ₩1,927,500 ③ ₩1,890,000
④ ₩1,830,000 ⑤ ₩1,780,000

04 A사가 최근 3개년 동안 보고한 당기순이익은 20×1년에 ₩50,000, 20×2년에 ₩40,000, 20×3년에 ₩60,000이었다. 그런데 20×3년 장부 마감 전에 기말재고자산의 오류금액이 20×1년에 ₩2,000이 과대 계상, 20×3년에 ₩6,000이 과대 계상되었음을 발견하였다. 이러한 오류는 중요한 오류에 해당한다. 상기 오류를 수령하는 경우 20×3년의 당기순이익이 ₩52,000일 때, 20×2년의 기말재고에서 발생한 오류의 과소(과대)금액은 얼마인가?

① ₩2,000 과대 계상 ② ₩2,000 과소 계상 ③ ₩4,000 과대 계상
④ ₩6,000 과소 계상 ⑤ ₩4,000 과소 계상

05 12월 말 결산법인인 A사는 20×1년 말 현재 다음과 같은 재고자산을 보유하고 있으며, 원재료는 제조공정에 투입하여 제품을 생산하고 있다.

구분	수량		단위당		
	장부수량	실제수량	원가	현행대체원가	순실현가능가치
원재료	100개	90개	₩10	₩9	₩12
제품	50개	40개	₩40	₩35	₩42

A사는 20×1년 12월 중 B사와 제품 20개를 개당 ₩35에 판매하는 확정계약을 체결하였으며, 12월 31일 현재 인도한 제품은 없다. 확정판매계약에 따라 판매하는 제품의 판매비용은 ₩1이다. A사의 20×2년 말 현재 제품과 관련된 자료들이 각 상황별로 다음과 같다고 할 경우, 각 상황별 재고자산평가손실(환입)은 얼마인가?

[상황 1]

수량		단위당	
장부수량	실제수량	원가	순실현가능가치
100개	80개	₩10	₩9

[상황 2]

수량		단위당	
장부수량	실제수량	원가	순실현가능가치
100개	80개	₩10	₩8

[상황 3]

수량		단위당	
장부수량	실제수량	원가	순실현가능가치
100개	80개	₩10	₩12

	〈상황 1〉		〈상황 2〉		〈상황 3〉	
①	재고자산평가충당금환입	₩40	재고자산평가손실	₩160	재고자산평가손실	₩120
②	재고자산평가충당금환입	₩40	재고자산평가충당금환입	₩40	재고자산평가충당금환입	₩40
③	재고자산평가충당금환입	₩40	재고자산평가손실	₩40	재고자산평가충당금환입	₩120
④	재고자산평가손실	₩80	재고자산평가손실	₩40	재고자산평가충당금환입	₩120
⑤	재고자산평가손실	₩80	재고자산평가손실	₩40	재고자산평가손실	₩120

06 A사는 제품 판매와 관련하여 20×1년 9월 1일 고객에게 제품 100개를 개당 ₩4,000에 판매하기로 약속하였다. 제품은 6개월에 걸쳐 고객에게 이전된다. 20×1년 11월 30일까지 제품 60개에 대한 통제를 고객에게 이전하면서 현금 ₩240,000을 수령하였다. 20×1년 12월 1일 추가로 제품 50개를 납품하기로 계약을 변경하였다. 추가 제품 50개를 판매하는 협상을 진행하면서, 양 당사자는 처음에 판매되는 50개에 대하여 개당 ₩3,460에 합의하였다(개별 판매가격을 반영하지 않은 가격이다). 그러나 고객은 이전받은 최초 제품 60개에 결함이 있음을 알게 되었다. 기업은 그 제품의 결함에 대한 보상으로 고객에게 개당 ₩400씩 일부 공제를 약속하였다. 기업과 고객은 기업이 추가로 납품하는 제품 50개에 부과하는 가격에서 ₩24,000(= ₩400 × 제품 60개)을 공제하기로 합의하였다. 따라서 계약변경에서 추가 제품 50개의 가격을 ₩149,000 즉, 개당 ₩2,980으로 정하였다. 또한, 20×1년 12월 31일까지 제품 20개에 대한 통제를 고객에게 이전하면서 현금 ₩30,000을 수령하였다. A사가 20×1년에 수익으로 계상할 금액은 얼마인가? (단, A사의 보고기간은 매년 1월 1일부터 12월 31일까지이다)

① ₩290,000   ② ₩238,400   ③ ₩216,000
④ ₩200,000   ⑤ ₩198,400

07 A사는 20×0년 1월 1일부터 20×1년 12월 31일까지 2년간 ㈜민국의 본사 건물을 일주일 단위로 청소하고, ㈜민국은 A사에게 연간 ₩300,000을 매 연도 말에 지급한다. 계약 개시시점에 그 용역의 개별 판매가격은 연간 ₩300,000이다. A사는 용역을 제공한 첫 연도인 20×0년에 ₩300,000을 수령하고 수익으로 인식하였다. 20×0년 12월 31일에 A사와 ㈜민국은 계약을 변경하여 2차 연도의 용역대금을 ₩300,000에서 ₩270,000으로 감액하고 2년을 더 추가하여 계약을 연장하기로 합의하였다. 연장기간에 대한 총대가 ₩510,000은 20×2년 말과 20×3년 말에 각각 ₩255,000씩 지급하기로 하였다. 2차 연도 개시일에 용역의 개별 판매가격은 연간 ₩270,000이며, 20×1년부터 20×3년까지 3년간 계약의 개별 판매가격의 적절한 추정치는 ₩810,000(연간 ₩270,000 × 3년)이다. A사가 20×1년에 수익으로 계상할 금액은 얼마인가? (단, A사의 보고기간은 매년 1월 1일부터 12월 31일까지이다)

① ₩255,000   ② ₩260,000   ③ ₩270,000
④ ₩275,000   ⑤ ₩300,000

08 다음의 각 사례가 하나의 수행의무로 식별되는지 또는 각각의 수행의무로 식별되는지를 옳게 나타낸 것은 어느 것인가?

〈사례 A〉

기업(소프트웨어 개발자)은 2년 동안 소프트웨어 라이선스를 이전하고, 설치용역을 수행하며, 특정되지 않은 소프트웨어 갱신(Update)과 기술지원(온라인과 전화)을 제공하는 계약을 고객과 체결하였다. 기업은 라이선스, 설치용역, 기술지원을 별도로 판매한다. 설치용역은 각 이용자 유형(예 마케팅, 재고관리, 기술정보)에 맞추어 웹 스크린을 변경하는 것을 포함한다. 설치용역은 일상적으로 다른 기업이 수행하는데 소프트웨어를 유의적으로 변형하지 않는다. 소프트웨어는 갱신과 기술지원이 없어도 가동되는 상태이다.

〈사례 B〉

기업은 장비를 판매하고 설치용역을 제공하기로 하는 계약을 고객과 체결한다. 그 장비는 어떠한 고객 맞춤화나 변형 없이 가동될 수 있다. 필요한 설치는 복잡하지 않고 몇몇 대체 용역제공자가 수행할 수도 있다.

〈사례 C〉

제약회사인 ㈜한영은 승인된 제약화합물에 대한 특허권을 고객에게 10년 동안 라이선스하고 약의 제조도 약속한다. 이 약은 성숙기 제품이므로 기업은 약에 대한 어떠한 지원 활동도 하지 않을 것이다. 이는 기업의 사업 관행과 일관된다. 약의 제조과정이 매우 특수하기 때문에 이 약을 제조할 수 있는 다른 기업은 없다. 그러므로 라이선스는 제조용역과 별도로 구매할 수 없다.

〈사례 D〉

기업은 제조기업으로 최종 고객에게 재판매하는 유통업자(기업의 고객)에게 제품을 판매한다. 기업은 과거부터 유통업자에게서 기업의 제품을 구매한 최종 고객에게 무료로 유지보수용역을 제공해왔다. 기업은 유통업자와의 계약을 협의하는 동안 당시 유지보수용역을 분명하게 약속하지 않았고 기업과 유통업자 간 최종 계약에 그 용역 조건을 규정하지도 않았다.

	하나의 수행의무로 식별	각각의 수행의무로 식별
①	사례 A	사례 B, C, D
②	사례 B, C	사례 A, D
③	사례 A, B, C	사례 D
④	사례 C	사례 A, B, D
⑤	사례 B, C, D	사례 A

09 B사는 20×1년 초에 선박을 제조하여 인도하는 계약을 고객과 체결하였다. 선박은 20×3년 말까지 완성해서 인도하여야 한다. 약속한 대가는 ₩300,000이지만, 20×3년 말보다 3개월 이전에 인도할 때는 추가로 조기 인도 보너스 ₩70,000을 추가로 수령하기로 하였다. 또한 선박을 납품한 후 12개월 동안 운항횟수에 따라 추가로 보너스를 수령하기로 하였다. 운항횟수에 따른 추가 보너스와 확률은 다음과 같다.

운항횟수	50회 이하	51회 ~ 100회	101회 이상
추가 보너스	₩5,000	₩10,000	₩20,000
확률	20%	30%	50%

B사는 운항횟수에 따른 변동대가는 기댓값을 사용하고, 조기 인도 보너스의 변동대가는 가능성이 가장 높은 금액을 사용하기로 결정하였다. 조기 인도할 가능성은 20%로 추정하였다. B사가 선박 제조 인도와 관련하여 거래가격으로 산정할 금액은 얼마인가?

① ₩300,000 ② ₩305,000 ③ ₩310,000
④ ₩314,000 ⑤ ₩320,000

10 다음 중 한국채택국제회계기준 제1115호 '고객과의 계약에서 생기는 수익'에서 규정된 내용으로 옳은 것은?

① 고객과의 계약이 계약 개시시점에 계약에 해당하는지에 대한 판단기준을 충족하는 경우에는 사실과 상황에 유의적인 변동 징후가 없는 한 이러한 기준들을 재검토하지 않는다. 또한 고객과의 계약이 판단기준을 충족하지 못하는 경우에도 그 계약을 지속적으로 검토하지 않는다.

② 계약변경이 별도 계약이 아니라면, 계약변경일에 아직 이전되지 않은 약속한 재화나 용역이 나머지 재화나 용역과 구별되는 경우에는 기존 계약의 일부로 보아 회계처리한다.

③ 고객과의 계약에서 식별되는 수행의무는 계약에 분명히 기재한 재화나 용역에만 한정되지 않을 수 있다. 고객에게 이전할 것이라는 정당한 기대를 하도록 한다면, 이러한 약속도 고객과의 계약에 포함될 수 있다.

④ 각 보고기간 말의 상황과 보고기간의 상황변동을 충실하게 표현하기 위하여 보고기간 말마다 추정 거래가격을 새로 수정한다. 거래가격의 후속변동은 거래변동시점의 개별 판매가격을 기준으로 계약상 수행의무에 배분한다.

⑤ 고객에게 지급할 대가가 고객에게서 제공받을 재화나 용역에 대한 대가가 아닌 경우에는 별도의 비용으로 처리한다.

11 ㈜호도는 20×1년 초에 토지와 토지 위에 정착되어 있는 건물을 일괄하여 ₩50,000,000에 취득하였다. 20×1년 초 현재 토지와 건물의 공정가치비율은 4: 1이었다. 건물의 내용연수는 5년이며, 잔존가치는 없는 것으로 추정하였다. ㈜호도는 토지와 건물을 일괄취득하고 건물을 계속 사용하였다. 건물은 정액법을 적용하여 감가상각하였다. 그러나 20×2년 초에 더 이상 건물을 사용할 수 없어 이를 철거하고 새로운 건물을 신축하였다. 건물 철거에 소요된 비용은 ₩2,000,000이며, 철거 시 수거한 고철 등을 매각하여 ₩300,000을 수령하였다. 건물 신축과 관련하여 20×2년도에 ₩20,000,000의 건설비가 발생하였으며, 건물은 20×2년 12월 초에 완공되었다. 신축건물의 추정내용연수는 20년이며, 잔존가치 없이 정액법으로 감가상각한다. 20×1년 말과 20×2년 말 건물의 장부금액은 각각 얼마인가?

	20×1년 말 건물의 장부금액	20×2년 말 건물의 장부금액
①	₩50,000,000	₩10,000,000
②	₩10,000,000	₩20,000,000
③	₩10,000,000	₩10,000,000
④	₩8,000,000	₩29,576,250
⑤	₩8,000,000	₩19,916,667

12 ㈜현주는 차량 A를 ㈜윤돈의 차량 B와 교환하였으며, 추가로 현금 ₩20,000을 지급하였다. 교환 당시 차량 A와 차량 B의 장부금액 및 공정가치는 다음과 같다.

구분	차량 A	차량 B
취득원가	₩500,000	₩1,000,000
감가상각누계액	₩200,000	₩150,000
공정가치	₩250,000	₩270,000

다음 중 옳지 않은 것은?

① 동 거래가 상업적 실질이 있는 교환거래에 해당될 경우 ㈜현주 차량 A의 취득원가는 ₩270,000 이다.

② 동 거래가 상업적 실질이 있는 교환거래에 해당될 경우 ㈜현주 차량 A의 유형자산처분손실은 ₩50,000이다(단, ㈜현주 차량 A의 공정가치를 신뢰성 있게 측정할 수 없다).

③ 동 거래가 상업적 실질이 있는 교환거래에 해당될 경우 ㈜현주 차량 A의 유형자산처분손실은 ₩50,000이다(단, 두 차량의 공정가치를 신뢰성 있게 측정할 수 없다).

④ 동 거래가 상업적 실질이 없는 교환거래에 해당될 경우 ㈜현주 차량 A의 취득원가는 ₩320,000 이다.

⑤ 동 거래가 상업적 실질이 있는 교환거래에 해당될 경우 ㈜현주 차량 A의 유형자산처분손실은 ₩50,000이다.

13 ㈜한국은 20×1년 1월 1일부터 20×2년 6월 30일까지 공장건물을 신축할 예정이며, 공장신축과 관련하여 20×1년 1월 1일에 ₩6,000,000의 공사비를 지출하였고 추가적인 지출은 발생하지 않았다. 공장건물의 신축과 관련된 차입금 내역은 다음과 같다.

종류	금액	차입기간	연 이자율
차입금 A - 특정	₩3,000,000	20×1. 1. 1. ~ 20×2. 12. 31.	5%
차입금 B - 일반	₩3,000,000	20×1. 1. 1. ~ 20×2. 12. 31.	6%

㈜한국이 20×2년도에 공장건물 신축과 관련하여 자본화할 차입원가는 얼마인가? (단, 전기에 발생한 자본화된 차입원가는 연평균지출액에 포함하지 않고 소수점 넷째 자리에서 반올림한다)

① ₩290,000　　　　② ₩280,000　　　　③ ₩285,050

④ ₩160,050　　　　⑤ ₩165,000

14 무형자산으로 인식하기 위해서는 무형자산의 정의와 함께 인식요건을 모두 충족하여야 한다. 다음 중 무형자산의 정의에 관한 설명으로 적절하지 않은 것은?

① 무형자산으로 정의되기 위해서는 식별가능성 조건을 충족하여야 한다. 자산이 식별가능하다는 것은 자산이 분리가능하다는 것을 의미하며 기업에서 분리하거나 분할할 수 있고, 개별적으로 또는 관련된 계약, 자산이나 부채와 함께 매각, 이전, 라이선스, 임대, 교환할 수 있다는 것을 말한다. 따라서 무형의 항목이 분리가능하지 않다면 식별가능성의 요건을 충족한다고 볼 수 없다.

② 특정 경영능력이나 기술적 재능도 그것을 사용하여 미래경제적효익을 확보하는 것이 법적 권리에 의하여 보호되지 않거나 무형자산 정의의 기타 요건을 충족하지 않는다면 일반적으로 무형자산의 정의를 충족할 수 없다고 본다.

③ 고객과의 관계나 고객의 충성도를 지속할 수 있는 법적 권리나 그것을 통제할 기타 방법이 없다면 일반적으로 고객과의 관계나 고객의 충성도에서 창출된 미래경제적효익에 대해서는 그러한 항목이 무형자산의 정의를 충족하기에 기업이 충분한 통제를 가지고 있지 않다고 본다.

④ 개별 취득하는 무형자산은 자산에서 발생하는 미래경제적효익이 기업에 유입될 가능성이 높다는 발생가능성 인식기준을 항상 충족하는 것으로 본다.

⑤ 재고자산의 제조과정에서 지적재산을 사용하면 미래수익을 증가시키기보다는 미래 제조원가를 감소시킬 수 있다는 측면에서 미래경제적효익이 존재한다고 볼 수 있다.

15 A사는 20×1년 1월 1일에 사채를 발행하여 매년 말 액면이자를 지급하고 유효이자율법에 의하여 상각한다. 20×2년 말 이자와 관련된 회계처리는 다음과 같다.

| 차) 이자비용 | 4,800 | 대) 현금 | 6,000 |
| 사채할증발행차금 | 1,200 | | |

위 거래가 반영된 20×2년 말 사채의 장부금액이 ₩38,800으로 표시되었다면, 사채의 유효이자율은 얼마인가? (단, 사채의 만기는 20×3년 12월 31일이다)

① 연 11% ② 연 12% ③ 연 13%
④ 연 14% ⑤ 연 15%

16 다음은 한국채택국제회계기준서 제1037호 '충당부채, 우발부채 및 우발자산'에 관련된 설명이다. 기준서의 내용과 일치하지 않는 설명은 무엇인가?

① 충당부채는 현재의무이지만 지출의 시기 또는 금액이 불확실한 부채를 말한다. 하지만 자원이 유출될 가능성이 높고 당해 금액을 신뢰성 있게 추정할 수 있는 경우에만 재무상태표에 부채로 인식한다.

② 현재의무의 존재 여부는 보고기간 말 기준으로 판단하여야 하며, 보고기간후사건이 제공하는 추가적인 증거까지 포함하여 판단하여야 한다.

③ 부채의 인식요건을 만족하지 않는 충당부채는 우발부채로 분류하고, 우발부채는 재무상태표에 부채로 인식하지 아니하며, 주석으로 공시하는 것을 원칙으로 한다.

④ 과거에 우발부채로 처리하였더라도 미래경제적효익의 유출가능성이 높아진 경우에는 그러한 가능성의 변화가 발생한 기간의 재무제표에 충당부채로 인식한다.

⑤ 제품보증 또는 이와 유사한 계약 등 다수의 유사한 의무가 있는 경우 의무이행에 필요한 자원의 유출가능성은 당해 유사한 의무 전체를 고려하여 결정한다. 개별 항목의 의무이행에 필요한 자원의 유출가능성이 높지 않다면 전체적인 의무이행을 위하여 필요한 자원의 유출가능성이 높을 경우에도 충당부채로 인식할 수 없다.

17 다음은 ㈜서울의 20×1년 초 주주지분 내역 및 20×1년 중 자기주식거래에 대한 자료이다. ㈜서울의 결산일은 매년 말이다.

> (1) 20×1년 초 주주지분의 총계는 ₩2,000,000이다.
> (2) 3월 21일: 자기주식 4주를 주당 ₩8,000에 취득하였다.
> (3) 7월 10일: 자기주식 1주를 ₩8,500에 재발행하였다.
> (4) 8월 15일: 자기주식 1주를 ₩7,200에 재발행하였다.
> (5) 10월 20일: 3월 21일에 취득한 보통주 1주를 소각하였다.
> (6) 12월 15일: 대주주로부터 자본을 충실히 할 목적으로 보통주 5주를 증여받았다. 증여 당시 주식의 시가는 주당 ₩6,920이었다.
> (7) 12월 28일: 증여받은 주식 중 3주를 주당 ₩7,300에 재발행하였다.
> (8) 12월 31일: 20×1년의 당기순이익으로 ₩200,000을 보고하였다.

동 거래가 20×1년 ㈜서울의 자본총계에 미친 영향은 얼마인가?

① ₩205,600   ② ₩207,000   ③ ₩210,600

④ ₩214,000   ⑤ ₩220,600

18 다음은 금융자산의 관리를 위한 사업모형과 계약상 현금흐름의 특성에 대한 설명이다. 기준서 제1109호 '금융상품'에서 규정하고 있는 내용과 다른 것은 무엇인가?

① 사업모형의 목적이 계약상 현금흐름을 수취하기 위해 금융자산을 보유하는 것인 경우에는 반드시 금융상품을 만기까지 보유해야 한다. 따라서 금융자산의 매도가 일어나거나 미래에 일어날 것으로 예상되는 경우에는 계약상 현금흐름을 수취하기 위해 금융자산을 보유하는 것이라고 할 수 없다.

② 계약상 현금흐름의 수취와 금융자산의 매도 둘 다를 통해 목적을 이루는 사업모형에서 금융자산을 보유할 수 있다. 이러한 형태의 사업모형에서 주요 경영진은 계약상 현금흐름의 수취와 금융자산의 매도 둘 다가 사업모형의 목적을 이루는 데에 필수적이라고 결정한다.

③ 기타목적 사업모형에서는 기업의 금융자산 보유의도를 해당 금융자산의 매도를 통해 현금흐름을 실현할 목적을 이루기 위한 것으로 본다. 이러한 형태의 금융자산 포트폴리오는 계약상 현금흐름의 수취가 사업모형의 목적을 이루는 데에 부수적일 뿐이다.

④ 금융상품이 주식가격이나 일반상품가격의 변동에 대한 익스포저와 같이 기본대여계약과 관련 없는 계약상 현금흐름의 위험이나 변동성에 노출시키는 계약조건을 포함하고 있다면 원리금 지급만으로 구성되는 계약상 현금흐름의 특성을 가지고 있다고 할 수 없다.

⑤ 금융상품이 명시된 만기일이 있는 채권이며, 원리금 지급은 이 금융상품이 발행된 통화의 인플레이션지수와 연계되어 있는 경우에는 원리금 지급만으로 구성되는 계약상 현금흐름의 특성을 가지고 있다고 할 수 있다.

19 A사는 20×1년 1월 1일 액면금액 ₩100,000의 B사가 발행한 사채를 취득 관련 거래원가를 포함하여 ₩92,790에 FVOCI금융자산으로 취득하였다.

> (1) B사 사채의 만기일은 20×5년 12월 31일이며, 표시이자율은 10%, 이자지급일은 매년 12월 31일이다.
> (2) FVOCI금융자산취득 시 유효이자율은 12%이며, 현가와 연금현가는 다음과 같다.
>
> | 구분 | 1기간 | | 2기간 | | 3기간 | |
> |---|---|---|---|---|---|---|
> | | 현가 | 연금현가 | 현가 | 연금현가 | 현가 | 연금현가 |
> | 12% | 0.8926 | 0.89286 | 0.79719 | 1.69005 | 0.71178 | 2.40183 |
>
> (3) 20×1년 말에는 금융자산의 신용위험이 유의적으로 증가하여 A사는 전체기간 기대신용손실 ₩2,000을 손실충당금으로 측정하였다. 20×1년 말 공정가치는 ₩90,000이다.

동 거래가 20×1년 A사의 당기손익과 기타포괄손익에 미친 영향은 얼마인가?

	당기손익에 미친 영향	기타포괄손익에 미친 영향
①	₩9,135	₩(−)1,925
②	₩9,135	₩(−)3,925
③	₩11,135	₩(−)1,925
④	₩11,135	₩(−)3,925
⑤	₩10,345	₩(−)2,000

20 ㈜목포는 액면금액 ₩1,000,000의 전환사채를 20×1년 1월 1일에 발행하였다. 전환사채의 표시이자율은 연 5%이고, 이자는 매년 말에 지급되며, 만기일은 20×3년 12월 31일이다. 이 전환사채는 20×2년 1월 1일부터 주식으로의 전환이 가능하며, 전환사채의 전환권을 행사하지 않을 경우에는 만기에 상환할증금이 지급된다. 보장수익률은 연 10%이며, 20×3년 1월 1일에 전체의 60%에 해당하는 전환사채 ₩600,000의 전환청구를 받아 전환이 이루어졌고 나머지는 만기에 상환하게 되었다. 이 회사는 일반사채를 발행할 경우 연 12%의 할인율로 액면발행이 가능하다. 만기에 지급하게 되는 총금액(표시이자지급액은 제외)은 얼마인가?

① ₩400,000　　　② ₩426,490　　　③ ₩438,974
④ ₩439,720　　　⑤ ₩466,200

21 확정급여제도를 도입하고 있는 ㈜한국의 20×1년 퇴직급여와 관련된 정보는 다음과 같다.

- 20×1년 초 순확정급여채무의 장부금액: ₩30,000
- 당기 근무원가: ₩50,000
- 20×1년 초 제도변경으로 인한 과거 근무원가: ₩12,000
- 퇴직급여지급액(사외적립자산에서 연말 지급): ₩90,000
- 당기 사외적립자산에 대한 기여금은 없음
- 퇴직급여 관련 기타포괄손실: ₩20,000
- 20×1년 말 보험수리적가정의 변동을 반영한 순확정급여채무의 현재가치: ₩117,040

위 퇴직급여와 관련하여 20×1년 초 확정급여채무의 현재가치측정에 적용한 할인율은 얼마인가? (단, 자산인식상한효과는 고려하지 않았다)

① 12% ② 14% ③ 16%
④ 18% ⑤ 20%

22 다음 자료를 이용하여 당기매입으로 인한 현금유출액은 얼마인가? (단, 매입은 모두 외상으로 한다)

- 기초매입채무: ₩8,000
- 기말매입채무: ₩12,000
- 기초상품재고: ₩12,000
- 기말상품재고: ₩11,000
- 당기현금매출: ₩30,000
- 매출원가 대비 매출총이익률: 25%
- 매출채권회수: ₩10,000
- 기초매출채권: ₩20,000
- 기말매출채권: ₩30,000

① ₩31,000 ② ₩32,000 ③ ₩33,000 ④ ₩34,000 ⑤ ₩35,000

23 ㈜대한은 다음과 같은 조건으로 회사에 필요한 기계장치의 리스계약을 체결하였다.

(1) 리스기간은 20×1년 1월 1일부터 20×3년 12월 31일까지, 고정리스료 ₩1,000,000은 매년 12월 31일 지급하기로 하였다.
(2) 계약체결 당시 증분차입이자율은 연 12%이며, 내재이자율은 알지 못한다. (3년 10% 현가계수: 0.75131, 연금현가계수: 2.48685, 3년 12% 현가계수: 0.71178, 연금현가계수: 2.40183, 2년 12% 현가계수: 0.79719, 연금현가계수: 1.69005)

㈜대한은 리스기간 종료 전에 현재의 리스를 해지할 권리를 행사할 것이 상당히 확실하다. 20×2년 12월 31일 해지를 통보하고 위약금 ₩700,000을 지급한다면 리스개시일의 리스부채금액은 얼마인가?

① ₩2,248,083 ② ₩2,268,083 ③ ₩2,348,083
④ ₩2,568,083 ⑤ ₩2,668,083

24 A사는 20×1년 초에 다음과 같은 조건으로 리스계약을 체결하고 기계장치를 리스하였다.

> (1) 리스기간: 20×1년 1월 1일부터 20×5년 12월 31일까지
> (2) 리스료: 연간 고정리스료 ₩200,000으로 매년 1월 1일에 지급
> (3) 내재이자율: 연 6%
>   (5년, 6% 현가계수: 0.74726, 5년, 6% 연금현가계수: 4.21236)
>   (4년, 6% 현가계수: 0.79209, 4년, 6% 연금현가계수: 3.46511)
>   (3년, 6% 현가계수: 0.83962, 3년, 6% 연금현가계수: 2.67301)

또한 A사는 동 리스계약과 관련하여 리스기간 종료 시 리스자산을 반환하되, 반환 시 실제 잔존가치 중 ₩150,000을 보증하였다(단, 리스개시일 현재 잔존가치 보증으로 인하여 리스기간 종료 시 지급할 것으로 예상되는 금액은 없다고 추정하였다). 리스개시일에 A사가 재무상태표에 인식할 리스부채는 얼마인가?

① ₩693,022   ② ₩793,022   ③ ₩893,022
④ ₩993,022   ⑤ ₩999,987

25 A사는 20×1년 초에 다음과 같은 조건으로 리스계약을 체결하고 B사로부터 토지를 리스하였다.

> 1) 리스기간: 20×1년 초부터 20×5년 12월 31일까지
> 2) 리스료: 연간 고정리스료 ₩200,000을 매년 초에 지급
> 3) 할인율: 내재이자율은 연 6%
> 4) 리스기간 종료 후 A사는 토지를 원상복구시켜야 할 의무를 부담
>
> 또한, 동 리스계약과 관련된 추가 정보는 다음과 같다.
> (1) A사는 리스개시일 전에 리스제공자로부터 ₩80,000의 리스인센티브를 수령하여 선수수익으로 인식하였다.
> (2) 리스개시일에 A사가 부담한 리스개설직접원가 ₩20,000을 현금으로 지급하였다.
> (3) 리스기간 종료 후 토지의 원상회복에 소요될 것으로 예상되는 원가는 ₩100,000이 며, 이에 적용할 할인율은 6%이다.
>   (5년, 6% 현가계수: 0.74726, 5년, 6% 연금현가계수: 4.21236)
>   (4년, 6% 현가계수: 0.79209, 4년, 6% 연금현가계수: 3.46511)

리스개시일에 A사가 인식할 사용권자산의 최초 측정금액은 얼마인가?

① ₩613,022   ② ₩693,022   ③ ₩907,748
④ ₩987,748   ⑤ ₩1,080,733

제1회 | FINAL 모의고사
정답 및 해설

정답

01 ③	02 ④	03 ②	04 ②	05 ③	06 ①	07 ②	08 ④	09 ④	10 ③
11 ⑤	12 ③	13 ④	14 ①	15 ②	16 ⑤	17 ①	18 ①	19 ①	20 ⑤
21 ①	22 ⑤	23 ①	24 ①	25 ③					

해설

01 ③
① 재무제표 이외의 보고서는 한국채택국제회계기준의 적용범위에 해당하지 않는다.
② 재무제표가 한국채택국제회계기준의 요구사항을 모두 충족한 경우가 아니라면 한국채택국제회계기준을 준수하여 작성되었다고 기재하여서는 안 된다. 또한, 부적절한 회계정책은 이에 대하여 공시나 주석 또는 보충자료를 통해 설명하더라도 정당화될 수 없다.
④ 유사한 항목은 중요성 분류에 따라 재무제표에 구분하여 표시하며, 상이한 성격이나 기능을 가진 항목은 구분하여 표시한다. 단, 중요하지 않은 항목은 성격이나 기능이 유사한 항목과 통합하여 표시할 수 있다.
⑤ 회계정책을 소급하여 적용하거나, 재무제표 항목을 소급하여 재작성 또는 재분류하고 이러한 소급적용, 소급재작성 또는 소급재분류가 전기 기초 재무상태표의 정보에 중요한 영향을 미치는 경우에는 세 개의 재무상태표를 표시한다. 이 경우 각 시점(당기 말, 전기 말, 전기 초)에 세 개의 재무상태표를 표시하되 전기 기초의 개시 재무상태표에 관련된 주석을 표시할 필요는 없다.

02 ④
① 매입채무 그리고 종업원 및 그 밖의 영업원가에 대한 미지급비용과 같은 유동부채는 기업의 정상영업주기 내에 사용되는 운전자본의 일부이므로, 이러한 항목은 보고기간 후 12개월 후에 결제일이 도래하더라도 유동부채로 분류한다.
② 기업이 기존의 대출계약조건에 따라 보고기간 후 적어도 12개월 이상 부채를 차환하거나 연장할 것으로 기대하고 있고, 그런 재량권이 있다면, 보고기간 후 12개월 이내에 만기가 도래한다 하더라도 비유동부채로 분류한다. 그러나 기업에게 부채의 차환이나 연장에 대한 재량권이 없다면, 차환가능성을 고려하지 않고 유동부채로 분류한다.
③ 보고기간 말 이전에 장기차입약정을 위반했을 때, 대여자가 즉시 상환을 요구할 수 있는 채무라 하더라도 채권자가 보고기간 말 이후에 보고기간 후 적어도 12개월 이상의 유예기간을 주는 데 합의하여, 그 유예기간 내에 기업이 위반사항을 해소할 수 있고, 또 그 유예기간 동안에는 채권자가 즉시 상환을 요구할 수 없더라도, 그 부채는 유동부채로 분류한다.
⑤ 비용을 기능별로 분류하는 기업은 감가상각비, 기타 상각비와 종업원급여비용을 포함하여 비용의 성격에 대한 추가 정보를 주석 공시한다. 비용을 성격별로 공시하는 경우 비용의 기능에 대한 추가 정보를 주석으로 공시하지 않는다.

03 ②　1) 20×1년 12월 25일 회계처리

차)	현금[1]	2,250,000	대)	매출	2,250,000
차)	매출원가[2]	1,927,500	대)	상품	1,927,500

[1] 1,500개 × @1,500 = 2,250,000
[2] 1,500개 × @1,285 = 1,927,500

2) 평균단가
(1) 2월 28일: (200개 × 1,100 + 2,400개 × 1,230) ÷ (200 + 2,400)개 = @1,220
(2) 8월 20일: (600개 × 1,220 + 2,600개 × 1,300) ÷ (600 + 2,600)개 = @1,285

04 ②　20×2년 기말재고 오류: ₩2,000 과소 계상
1) 오류수정 정산표

구분	20×1년	20×2년	20×3년
수정 전 당기순이익	50,000	40,000	60,000
20×1년 재고오류	(-)2,000	2,000	
20×2년 재고오류		A	(A)
20×3년 재고오류			(-)6,000
수정 후 당기순이익			52,000

2) 20×2년 오류로 인한 당기손익 가산액(A): 60,000 - A - 6,000 = 52,000, A = 2,000

05 ③　1) 20×1년 말 재고자산평가충당금: 20개 × @[40 - (35 - 1)] = 120
* 원재료를 제조공정에 투입하여 생산한 제품은 손상대상이 아니므로 원재료는 평가하지 않는다. 확정판매계약에 따라 판매하는 제품의 경우에는 재고자산평가손실이 발생하지만 나머지 제품은 손상대상이 아니므로 원재료를 투입하여 생산된 제품은 평가손실이 발생하지 않는다.

2) <상황 1>
(1) 20×2년 말 재고자산평가충당금: 80개 × @(10 - 9) = 80
(2) 20×2년 재고자산평가충당금환입: 80 - 120 = (-)40

3) <상황 2>
(1) 20×2년 말 재고자산평가충당금: 80개 × @(10 - 8) = 160
(2) 20×2년 재고자산평가손실: 160 - 120 = 40

4) <상황 3>
(1) 20×2년 말 재고자산평가충당금
　: 0(기말 순실현가능가치가 취득원가보다 크므로 저가법 적용대상이 아니다)
(2) 20×2년 재고자산평가충당금환입: 0 - 120 = (-)120

06 ①　20×1년 수익: 60개 × @4,000 - 60개 × @400 + 20개 × @3,700 = 290,000
* 계약변경 후 인식할 제품 개당 가격: (40개 × @4,000 + 50개 × @3,460) ÷ 90개 = @3,700

이미 이전한 것과 구별되는 재화가 추가되었거나, 추가 재화의 협상가격이 추가 제품의 개별 판매가격을 반영하지 않았다. 따라서 계약변경은 별도의 계약으로 회계처리하기 위한 조건을 충족하지 못하며, 원래 계약이 종료되고 새로운 계약이 체결된 것으로 회계처리한다.

20×1년 11월 30일까지	차)	현금	240,000	대)	매출	240,000
20×1년 12월 1일	차)	매출	24,000	대)	계약부채	24,000
20×1년 12월 31일까지	차)	현금	30,000	대)	매출	74,000
		계약부채	24,000			
		매출채권	20,000			

07 ② 20×1년에 수익으로 인식할 금액: 260,000

매주의 청소용역이 구별되더라도, 기업은 청소용역을 기업회계기준서 제1115호 문단 22(2)에 따라 단일 수행의무로 회계처리한다. 매주의 청소용역이 실질적으로 서로 같고 고객에게 이전하는 방식이 같은 용역을 기간에 걸쳐 이전하면서 진행률 측정에 같은 방법(시간기준 진행률 측정)을 사용하는 일련의 구별되는 용역이기 때문이다. 계약변경일에, 기업은 제공할 나머지 용역을 파악하고 그것들이 구별된다고 결론짓는다. 그러나 나머지 대가로 지급받을 금액(255,000원)은 제공할 용역의 개별 판매가격(270,000원)을 반영하지 않는다. 기업은 계약의 변경을 기업회계기준서 제1115호 문단 21(1)에 따라 원래 계약이 종료되고 새로운 계약이 체결된 것처럼 회계처리한다. 또한 계약변경일에, 기업은 제공할 나머지 용역을 파악하고 그것들이 구별된다고 결론짓는다. 그러나 나머지 대가로 지급받을 금액(780,000원)은 제공할 용역의 개별 판매가격(810,000원)을 반영하지 않는다. 따라서 기업은 계약의 변경을 기업회계기준서 제1115호 문단 21(1)에 따라 원래 계약이 종료되고 3년의 청소용역 대가가 780,000원인 새로운 계약이 체결된 것처럼 회계처리한다. 기업은 나머지 3년 동안 용역을 제공하는 대가로 매년 260,000원(780,000원 ÷ 3년)을 수익으로 인식한다.

08 ④ <사례 A> 각각의 수행의무로 식별

기업은 기업회계기준서 제1115호 문단 27에 따라 어떤 재화와 용역이 구별되는지를 판단하기 위해 고객에게 약속한 재화와 용역을 파악한다. 기업은 소프트웨어가 다른 재화와 용역보다 먼저 인도되고 갱신과 기술지원이 없어도 가동되는 상태임을 안다. 고객은 계약 개시시점에 이전되는 소프트웨어 라이선스와 함께하여 갱신에서 효익을 얻을 수 있다. 그러므로 기업은 고객이 각 재화와 용역 그 자체에서 효익을 얻거나 쉽게 구할 수 있는 다른 재화와 용역과 함께하여 효익을 얻을 수 있으므로 기업회계기준서 제1115호 문단 27(1)의 기준을 충족한다고 결론짓는다.

<사례 B> 각각의 수행의무로 식별

기업은 계약에서 두 가지의 약속한 재화와 용역((1) 장비, (2) 설치)을 식별한다. 기업은 약속한 각 재화나 용역이 구별되는지를 판단하기 위하여 기업회계기준서 제1115호 문단 27의 기준을 검토한다. 기업은 장비와 설치가 각각 기업회계기준서 제1115호 문단 27(1)의 기준을 충족하는지를 판단한다. 고객은 장비를 사용하거나, 폐물 가치보다 많은 금액으로 재판매하여 장비 그 자체에서 효익을 얻을 수 있거나, 쉽게 구할 수 있는 다른 자원(예 대체 제공자에게서 구할 수 있는 설치용역)과 함께하여 효익을 얻을 수 있다. 고객은 그 기업에서 이미 획득한 다른 자원(장비)과 함께하여 설치용역에서 효익을 얻을 수도 있다.

<사례 C> 하나의 수행의무로 식별

제조용역 없이는 고객이 라이선스에서 효익을 얻을 수 없으므로, 라이선스와 제조용역을 단일 수행의무로 회계처리한다.

<사례 D> 각각의 수행의무로 식별

고객과의 계약에서 식별되는 수행의무는 계약에 분명히 기재한 재화나 용역에만 한정되지 않을 수 있다. 고객에게 이전할 것이라는 정당한 기대를 하도록 한다면, 이러한 약속도 고객과의 계약에 포함될 수 있다. 동 거래는 사업 관행에 기초하여 기업은 계약 개시시점에 유통업자와 협상한 교환의 일부로 유지보수용역을 제공하기로 하는 암묵적 약속을 하였다고 판단한다. 이는 해당 용역을 제공하는 기업의 과거 관행도 유통업자와 최종 고객 모두 정당한 기대를 하게 된다. 또한, 고객은 제품 그 자체에 효익을 얻을 수 있으며 제품과 유지보수용역이 식별가능하므로 기업은 제품과 유지보수용역을 각각 수행의무로 식별한다.

09 ④ 거래가격: 300,000 + (@5,000 × 20% + @10,000 × 30% + @20,000 × 50%) = 314,000

* 운항횟수에 따른 변동대가는 기댓값을 사용하여 추정하고, 조기 인도에 따른 보너스는 조기 인도할 상황과 인도하지 못할 상황 중 가능성이 가장 높은 금액 ₩0으로 추정하였다.

10 ③ ① 고객과의 계약이 계약 개시시점에 계약에 해당하는지에 대한 판단기준을 충족하는 경우에는 사실과 상황에 유의적인 변동 징후가 없는 한 이러한 기준들을 재검토하지 않는다. 만일 고객과의 계약이 판단기준을 충족하지 못한다면, 나중에 충족되는지를 판단하기 위해 그 계약을 지속적으로 검토한다.

② 계약변경이 별도 계약이 아니라면, 계약변경일에 아직 이전되지 않은 약속한 재화나 용역이 나머지 재화나 용역과 구별되는 경우에는 기존 계약을 종료하고 새로운 계약을 체결한 것으로 회계처리한다.
④ 각 보고기간 말의 상황과 보고기간의 상황변동을 충실하게 표현하기 위하여 보고기간 말마다 추정 거래 가격을 새로 수정한다. 거래가격의 후속변동은 계약 개시시점과 같은 기준으로 계약상 수행의무에 배분한다.
⑤ 고객에게 지급할 대가가 고객에게서 제공받을 재화나 용역에 대한 대가가 아닌 경우 거래가격인 수익에서 차감하여 회계처리한다.

11 ⑤
1) 20×1년 말 건물의 장부금액: $50,000,000 \times 1/5 - 10,000,000/5$년 $= 8,000,000$
2) 20×2년 말 건물의 장부금액: $20,000,000 - 20,000,000/20$년 $\times 1/12 = 19,916,667$
  * 구건물의 잔여장부금액과 철거비용은 20×2년도 당기비용으로 처리한다.

12 ③
1) 상업적 실질 ○ + 제공한 자산의 공정가치가 보다 명확
  • 취득원가: $250,000 + 20,000 = 270,000$
  • 처분손실: $50,000$

[1st 처분손익]				
차) 자산(신규취득자산)	제공한 자산 FV 250,000	대) 자산(기존 보유자산)		BV 300,000
처분손실	제공한 자산 FV - BV 50,000			
[2nd 현금지급액]				
차) 자산(신규취득자산)	현금지급액 20,000	대) 현금		20,000

2) 상업적 실질 ○ + 제공받은 자산의 공정가치가 보다 명확
  • 취득원가: $270,000$
  • 처분손실: $50,000$

[처분손익 & 현금수령액 동시 고려]				
차) 자산(신규취득자산)	1st 취득한 자산 FV 270,000	대) 자산(기존 보유자산)		2nd BV 300,000
처분손실	대차차액 50,000	현금		3rd 현금지급액 20,000

3) 상업적 실질 × or 자산의 공정가치가 불명확
  • 취득원가: $320,000$
  • 처분손익: 0

차) 자산(신규취득자산)	제공한 자산 BV 300,000	대) 자산(기존 보유자산)		BV 300,000
차) 자산(신규취득자산)	20,000	대) 현금		20,000

13 ④
1) 연평균지출액: $6,000,000 \times 6/12 = 3,000,000$
2) 특정차입금
  (1) 특정차입금 연평균지출액: $3,000,000 \times 6/12 = 1,500,000$
  (2) 특정차입금 자본화할 차입원가: $1,500,000 \times 5\% = 75,000$
3) 일반차입금
  (1) 일반차입금에서 사용된 연평균지출액: $3,000,000 - 1,500,000 = 1,500,000$

(2) 일반차입금 분석

구분	차입금	적수	연평균차입금	이자비용
차입금 A(5%)	3,000,000	6/12	1,500,000	75,000
차입금 B(6%)	3,000,000	12/12	3,000,000	180,000
			4,500,000	255,000

(3) 자본화이자율: 255,000/4,500,000 = 5.67%

(4) 일반차입금 자본화할 차입원가: Min[1,500,000 × 5.67%, 255,000] = 85,050

4) 20×2년에 자본화할 차입원가: 75,000 + 85,050 = 160,050

> **참고 기준서 제1023호 '차입원가' 내용 중 개정된 내용(2019년 1월 1일부터 적용)**
>
> **(1) 개정 내용**
> 적격자산에 대한 자본화가 종료된 후에도 상환하지 않고 남아 있는 특정차입금은 일반차입금으로 본다. 따라서 적격자산에 대한 자본화가 종료된 후에도 특정차입금이 있으면 개정 전과 일반차입금 자본화이자율이 달라진다.
>
> **(2) 개정 후 기준서 문단 14**
> 일반적인 목적으로 자금을 차입하고 이를 적격자산을 취득하기 위해 사용하는 경우에 한정하여 해당 자산 관련 지출액에 자본화이자율을 적용하는 방식으로 자본화가능차입원가를 산정한다. 자본화이자율은 회계기간에 존재하는 기업의 모든 차입금에서 발생된 차입원가를 가중평균하여 산정한다. 그러나 어떤 적격자산을 의도된 용도로 사용(또는 판매)가능하게 하는 데 필요한 대부분의 활동이 완료되기 전까지는, 그 적격자산을 취득하기 위해 특정 목적으로 차입한 자금에서 생기는 차입원가는 위에서 기술된 자본화이자율 산정에서 제외한다. 회계기간 동안 자본화한 차입원가는 해당 기간 동안 실제 발생한 차입원가를 초과할 수 없다.

14 ① 자산이 계약상 권리 또는 기타 법적 권리로부터 발생한다면, 그러한 권리가 이전가능한지 여부 또는 기업이나 기타 권리와 의무에서 분리가능한지 여부와 상관없이 식별가능성의 요건을 충족한다고 볼 수 있다.

15 ② 1) 20×2년 초 사채 장부가액: 38,800 + 1,200(20×2년 상각액) = 40,000
2) 유효이자율(R): 40,000 × R = 4,800, R = 12%

16 ⑤ 제품보증 또는 이와 유사한 계약 등 다수의 유사한 의무가 있는 경우 의무이행에 필요한 자원의 유출가능성은 당해 유사한 의무 전체를 고려하여 결정한다. 비록 개별 항목의 의무이행에 필요한 자원의 유출가능성이 높지 않더라도 전체적인 의무이행을 위하여 필요한 자원의 유출가능성이 높을 경우에는 충당부채로 인식할 수 있다.

17 ①

일자	자본총계에 미치는 영향
3월 21일	₩(-)32,000
7월 10일	₩8,500
8월 15일	₩7,200
10월 20일	₩0
12월 15일	₩0
12월 28일	₩21,900
12월 31일	₩200,000
계	₩205,600

18 ① 사업모형의 목적이 계약상 현금흐름을 수취하기 위해 금융자산을 보유하는 것이더라도 그러한 모든 금융상품을 만기까지 보유할 필요는 없다. 따라서 금융자산의 매도가 일어나거나 미래에 일어날 것으로 예상되는 경우에도 사업모형은 계약상 현금흐름을 수취하기 위해 금융자산을 보유하는 것일 수 있다.

19 ①

	B/S		
FVOCI금융자산	기말FV 90,000		
		평가손익(FV)	기말FV - 총장부금액
			90,000 - (92,790 × 1.12 - 10,000) = (-)3,925
		평가손익 (손실충당금)	기말기대신용손실누계액 2,000

I/S

N/I 영향: 이자수익 = 기초총장부금액 × 유효 R × 보유기간/12

= 92,790 × 12% = 11,135

손상차손 = 기말기대손실누계액 - 기초기대손실누계액

= (2,000) - 0 = (-)2,000

OCI변동: 금융자산평가이익(FV 평가) = 기말B/S상 OCI - 기초B/S상 OCI

= (3,925 - 2,000) - 0 = (-)1,925

20×1년 초	차)	FVOCI금융자산	92,790	대)	현금	92,790
20×1년 말	차)	현금 FVOCI금융자산	10,000 1,135	대)	이자수익	11,135
	차)	손상차손 금융자산평가손실	2,000 1,925	대)	FVOCI금융자산	3,925

20 ⑤ 1) 상환할증금: 50,000 × (1 + 1.1 + 1.1²) = 165,500

2) 만기지급액: 1,000,000 × 40% + 165,500 × 40% = 466,200

21 ①

	순확정급여채무		
기여금	0	기초	30,000
		근무원가(당기 + 과거) A	62,000
		이자비용(기초 + 과거) × 기초 R	5,040
기말 I	117,040	재측정요소	20,000

❍ 할인율: (30,000 + 12,000) × R = 5,040, R = 12%

* 과거 근무원가의 제도변경이 연초에 이루어지면 동 금액을 당기 이자비용에 고려한다.

22 ⑤ 1) 당기외상매출: 20,000

　　* 기말매출채권 30,000 + 매출채권회수 10,000 - 기초매출채권 20,000

2) 당기매출원가: (현금매출 30,000 + 외상매출 20,000)/(1 + 25%) = 40,000

3) 당기매입: 매출원가 40,000 + 기말재고 11,000 - 기초재고 12,000 = 39,000

4) 매입채무상환액(매입으로 인한 현금유출액)

　: 기초매입채무 8,000 + 매입 39,000 - 기말매입채무 12,000 = 35,000

23 ① 리스개시일에 계상할 리스부채: 1,000,000 × 1.69005 + 700,000 × 0.79719 = 2,248,083

24 ① 리스부채: 200,000 × 3.46511 = 693,022

* 리스개시일 현재 잔존가치 보증으로 인하여 리스기간 종료 시 지급할 것으로 예상되는 금액은 없다고 추정하였으므로 리스료에 보증 잔존 가치를 포함시키지 않는다.

25 ③ 사용권자산의 최초 측정금액: 907,748

차)	사용권자산	대차차액	대)	리스부채[1]	PV(지급되지 않은 리스료)
		907,748			693,022
	선수수익	받은 리스인센티브		선급리스료	개시일 전 미리 지급한 리스료
		80,000			-
				현금	리스개설직접원가
					20,000
				현금	개시일에 지급한 리스료
					200,000
				복구충당부채[2]	PV(예상복구비용)
					74,726

[1] 200,000 × 3.46511 = 693,022
[2] 100,000 × 0.74726 = 74,726

01 재무보고를 위한 개념체계에 대한 다음 설명 중 옳지 않은 것은?

① 재무보고서는 정확한 서술보다는 상당 부분 추정, 판단 및 모형에 근거하며, '개념체계'는 그 추정, 판단 및 모형의 기초가 되는 개념을 정한다.

② 원가는 재무보고로 제공될 수 있는 정보에 대한 포괄적 제약요인이다. 재무정보의 보고에는 원가가 소요되고, 해당 정보보고의 효익이 그 원가를 정당화한다는 것이 중요하다.

③ 실물자본유지개념을 사용하기 위해서는 현행원가기준에 따라 측정해야 한다. 그러나 재무자본유지개념은 특정한 측정기준의 적용을 요구하지 아니하며, 재무자본유지개념하에서 측정기준의 선택은 기업이 유지하려는 재무자본의 유형과 관련이 있다.

④ 근본적 질적 특성을 적용하는 것은 어떤 규정된 순서를 따르지 않는 반복적인 과정이다.

⑤ 중요성은 개별 기업 재무보고서 관점에서 해당 정보와 관련된 항목의 성격이나 규모 또는 이 둘 모두에 근거하여 해당 기업의 특유한 측면의 목적적합성을 의미한다.

02 ㈜대한의 20×1년도 현금흐름표상 영업에서 창출된 현금(영업으로부터 창출된 현금)은 ₩100,000이다. 다음에 제시된 자료를 이용하여 계산한 ㈜대한의 20×1년도 포괄손익계산서상 법인세비용차감전순이익은 얼마인가? (단, 이자와 배당금 수취, 이자지급 및 법인세납부는 영업활동으로 분류한다)

• 감가상각비: ₩2,000	• 미지급이자 감소: ₩1,500
• 유형자산처분이익: ₩1,000	• 재고자산(순액) 증가: ₩3,000
• 이자비용: ₩5,000	• 매입채무 증가: ₩4,000
• 법인세비용: ₩4,000	• 매출채권(순액) 증가: ₩2,500
• 재고자산평가손실: ₩500	• 미수배당금 감소: ₩1,000
• 배당금수익: ₩1,500	• 미지급법인세 감소: ₩2,000

① ₩90,000　　　　　② ₩96,500　　　　　③ ₩97,000

④ ₩97,500　　　　　⑤ ₩99,000

03 ㈜대한은 20×1년 초 건물을 ₩1,000,000에 취득하여 투자부동산으로 분류하고 원가모형을 적용하여 정액법으로 감가상각(내용연수 10년, 잔존가치 ₩0)하였다. 그러나 20×2년에 ㈜대한은 공정가치모형이 보다 더 신뢰성 있고 목적적합한 정보를 제공하는 것으로 판단하여, 동 건물에 대하여 공정가치모형을 적용하기로 하였다. 동 건물 이외의 투자부동산은 없으며, 원가모형 적용 시 20×1년 말 이익잉여금은 ₩300,000이었다. 건물의 공정가치가 다음과 같은 경우, 동 건물의 회계처리와 관련된 설명 중 옳지 않은 것은? (단, 이익잉여금 처분은 없다고 가정한다)

구분	20×1년 말	20×2년 말
건물의 공정가치	₩950,000	₩880,000

① 20×2년 말 재무상태표에 표시되는 투자부동산 금액은 ₩880,000이다.

② 20×2년도 포괄손익계산서에 표시되는 투자부동산평가손실 금액은 ₩70,000이다.

③ 20×2년 재무제표에 비교표시되는 20×1년 말 재무상태표상 투자부동산 금액은 ₩950,000이다.

④ 20×2년 재무제표에 비교표시되는 20×1년도 포괄손익계산서상 감가상각비 금액은 ₩100,000이다.

⑤ 20×2년 재무제표에 비교표시되는 20×1년 말 재무상태표상 이익잉여금 금액은 ₩350,000이다.

04 ㈜대한이 재고자산을 실사한 결과 20×1년 12월 31일 현재 창고에 보관 중인 상품의 실사금액은 ₩2,000,000인 것으로 확인되었다. 추가자료 내용은 다음과 같다.

(1) ㈜대한이 20×1년 12월 21일 ㈜서울로부터 선적지인도조건(F.O.B. Shipping Point)으로 매입한 원가 ₩250,000의 상품이 20×1년 12월 31일 현재 운송 중에 있다. 이 상품은 20×2년 1월 5일 도착예정이며, 매입 시 발생한 운임은 없다.

(2) ㈜대한은 20×1년 10월 1일에 ㈜부산으로부터 원가 ₩150,000의 상품에 대해 판매를 수탁받았으며 이 중 원가 ₩40,000의 상품을 20×1년 11월 15일에 판매하였다. 나머지 상품은 20×1년 12월 31일 현재 ㈜대한의 창고에 보관 중이며 기말상품의 실사금액에 포함되었다. 수탁 시 발생한 운임은 없다.

(3) ㈜대한은 20×1년 12월 19일에 ㈜대전에게 원가 ₩80,000의 상품을 ₩120,000에 판매 즉시 인도하고 2개월 후 ₩130,000에 재구매하기로 약정을 체결하였다.

(4) 20×1년 11월 10일에 ㈜대한은 ㈜강릉과 위탁판매계약을 체결하고 원가 ₩500,000의 상품을 적송하였으며, ㈜강릉은 20×1년 12월 31일 현재까지 이 중 80%의 상품을 판매하였다. 적송 시 발생한 운임은 없다.

(5) ㈜대한은 단위당 원가 ₩50,000의 신상품 10개를 20×1년 10월 15일에 ㈜광주에게 전달하고 20×2년 2월 15일까지 단위당 ₩80,000에 매입할 의사를 통보해 줄 것을 요청하였다. 20×1년 12월 31일 현재 ㈜대한은 ㈜광주로부터 6개의 상품을 매입하겠다는 의사를 전달받았다.

위의 추가자료 내용을 반영한 이후 ㈜대한의 20×1년 12월 31일 재무상태표에 표시될 기말상품재고액은 얼마인가? (단, 재고자산감모손실 및 재고자산평가손실은 없다고 가정한다)

① ₩2,330,000   ② ₩2,430,000   ③ ₩2,520,000

④ ₩2,530,000   ⑤ ₩2,740,000

05 유통업을 영위하는 ㈜대한의 20×1년도 기초재고자산은 ₩855,000이며, 기초재고자산평가충당금은 ₩0이다. 20×1년도 순매입액은 ₩7,500,000이다. ㈜대한의 20×1년도 기말재고자산 관련 자료는 다음과 같다.

조	항목	장부수량	실제수량	단위당 원가	단위당 순실현가능가치
A	A1	120개	110개	₩800	₩700
	A2	200개	200개	₩1,000	₩950
B	B1	300개	280개	₩900	₩800
	B2	350개	300개	₩1,050	₩1,150

㈜대한은 재고자산감모손실과 재고자산평가손실을 매출원가에 포함한다. ㈜대한이 항목별기준 저가법과 조별기준 저가법을 각각 적용할 경우, ㈜대한의 20×1년도 포괄손익계산서에 표시되는 매출원가는 얼마인가?

	항목별기준	조별기준
①	₩7,549,000	₩7,521,000
②	₩7,549,000	₩7,500,000
③	₩7,519,000	₩7,500,000
④	₩7,519,000	₩7,498,000
⑤	₩7,500,000	₩7,498,000

06 ㈜대한은 20×1년 1월 1일에 기계장치 1대를 ₩600,000에 취득하고 해당 기계장치에 대해 재평가모형을 적용하기로 하였다. 동 기계장치의 내용연수는 5년, 잔존가치는 ₩50,000이며 정액법을 사용하여 감가상각한다. ㈜대한은 동 기계장치에 대해 매년 말 감가상각 후 재평가를 실시하고 있다. 동 기계장치의 20×1년 말 공정가치는 ₩510,000이며, 20×2년 말 공정가치는 ₩365,000이다. 동 기계장치와 관련된 ㈜대한의 20×1년도 및 20×2년도 자본의 연도별 증감액은 각각 얼마인가? (단, 재평가잉여금을 이익잉여금으로 대체하지 않으며, 손상차손은 고려하지 않는다. 또한 재평가모형을 선택하여 장부금액을 조정하는 경우 기존의 감가상각누계액 전부를 제거하는 방법을 적용한다)

	20×1년	20×2년
①	₩20,000 증가	₩20,000 감소
②	₩20,000 증가	₩30,000 감소
③	₩90,000 증가	₩125,000 감소
④	₩90,000 감소	₩125,000 감소
⑤	₩90,000 감소	₩145,000 감소

07 ㈜대한은 공장건물을 신축하기로 하고 ㈜청주건설과 도급계약을 체결하였다. 공장건물 건설공사는 20×1년 1월 1일에 시작하여 20×2년 6월 30일에 완료될 예정이다. 동 공장건물은 차입원가를 자본화하는 적격자산에 해당한다. ㈜대한은 공장건물 건설공사를 위해 20×1년 1월 1일에 ₩3,000,000, 20×1년 7월 1일에 ₩5,000,000, 20×1년 10월 1일에 ₩4,000,000을 각각 지출하였다. ㈜대한의 차입금 내역은 다음과 같다.

차입금	차입금액	차입일	상환일	연 이자율	이자지급조건
A	₩4,000,000	20×1. 1. 1.	20×2. 9. 30.	8%	단리 /매년 말 지급
B	₩6,000,000	20×0. 9. 1.	20×2. 12. 31.	10%	단리 /매년 말 지급
C	₩8,000,000	20×1. 4. 1.	20×3. 6. 30.	6%	단리 /매년 말 지급

이들 차입금 중에서 차입금 A는 동 공장건물의 건설공사를 위한 특정차입금이며, 차입금 B와 차입금 C는 일반차입금이다. 특정차입금 중 ₩1,000,000은 20×1년 1월 1일부터 20×1년 6월 30일까지 연 이자율 5%의 정기예금에 예치하였다. ㈜대한이 20×1년에 자본화할 차입원가는 얼마인가? (단, 연평균지출액, 이자비용, 이자수익은 월할로 계산한다)

① ₩320,000   ② ₩470,000   ③ ₩495,000
④ ₩520,000   ⑤ ₩535,000

08 ㈜대한은 20×1년 1월 1일에 현금 ₩80,000을 지급하고 기계장치를 취득하였다. ㈜대한은 동 기계장치에 대해 내용연수는 5년, 잔존가치는 ₩0으로 추정하였으며 감가상각방법으로 정액법을 사용하기로 하였다. 20×1년 말 동 기계장치에 자산손상사유가 발생하여 ㈜대한은 자산손상을 인식하기로 하였다. 20×1년 12월 31일 현재 동 기계장치의 회수가능액은 ₩50,000이다. ㈜대한은 20×2년 1월 1일 동 기계장치의 잔존내용연수를 6년으로, 잔존가치를 ₩5,000으로 재추정하여 변경하였다. 20×2년 12월 31일 현재 동 기계장치의 회수가능액은 ₩30,000이다. ㈜대한이 20×2년 12월 31일 재무상태표에 동 기계장치의 손상차손누계액으로 표시할 금액은 얼마인가? (단, ㈜대한은 동 기계장치에 대해 원가모형을 선택하여 회계처리하고 있다)

① ₩21,500   ② ₩25,000   ③ ₩26,500
④ ₩28,500   ⑤ ₩30,000

09 기업회계기준서 제1038호 '무형자산'에서 "내부적으로 창출한 무형자산의 원가는 그 자산의 창출, 제조 및 경영자가 의도하는 방식으로 운영될 수 있게 준비하는 데 필요한 직접 관련된 모든 원가를 포함한다"라고 설명하고 있다. 다음 중 내부적으로 창출한 무형자산의 원가에 포함하지 않는 것은 무엇인가?

① 무형자산의 창출에 사용되었거나 소비된 재료원가, 용역원가
② 무형자산에 대한 법적 권리를 등록하기 위한 수수료
③ 무형자산의 창출을 위하여 발생한 종업원급여
④ 무형자산을 운용하는 직원의 교육훈련과 관련된 지출
⑤ 무형자산의 창출에 사용된 특허권과 라이선스의 상각비

10 ㈜대한의 20×1년 1월 1일 현재 자본 관련 자료는 다음과 같다.

보통주-자본금	₩5,000,000
(주당 액면금액 ₩5,000, 발행주식수 1,000주)	
보통주-주식발행초과금	₩3,000,000
이익잉여금	₩1,500,000
자본총계	₩9,500,000

20×1년에 발생한 ㈜대한의 자기주식거래는 다음과 같다.

- 20×1년 3월 1일: 자기주식 60주를 주당 ₩6,000에 취득하였다.
- 20×1년 5월 10일: 자기주식 20주를 주당 ₩7,500에 처분하였다.
- 20×1년 7월 25일: 자기주식 10주를 주당 ₩5,000에 처분하였다.
- 20×1년 9월 15일: 자기주식 20주를 주당 ₩4,500에 처분하였다.
- 20×1년 10월 30일: 자기주식 10주를 소각하였다.
- 20×1년 11월 20일
  : 대주주로부터 보통주 20주를 무상으로 증여받았으며, 수증 시 시가는 주당 ₩8,000이었다.

㈜대한의 20×1년도 당기순이익은 ₩300,000이다. ㈜대한은 선입선출법에 따른 원가법을 적용하여 자기주식거래를 회계처리한다. ㈜대한의 20×1년 12월 31일 재무상태표에 표시되는 자본총계는 얼마인가?

① ₩9,710,000   ② ₩9,730,000   ③ ₩9,740,000
④ ₩9,820,000   ⑤ ₩9,850,000

11 ㈜대한은 20×1년 1월 1일에 ㈜민국의 사채를 발행가액으로 취득하였으며 사채의 발행조건은 다음과 같다(취득 시 신용이 손상되어 있지 않음). ㈜대한은 사업모형 및 사채의 현금흐름 특성을 고려하여 취득한 사채를 상각후원가로 측정하는 금융자산으로 분류하였다.

- 사채발행일: 20×1년 1월 1일
- 만기일: 20×3년 12월 31일(일시상환)
- 액면금액: ₩1,000,000
- 이자지급: 매년 12월 31일에 연 7% 지급
- 사채발행시점의 유효이자율: 연 10%

20×3년 1월 1일에 ㈜대한과 ㈜민국은 다음과 같은 조건으로 재협상하여 계약상 현금흐름을 변경하였으며, 20×3년 1월 1일의 현행이자율은 연 13%이다. ㈜대한은 재협상을 통한 계약상 현금흐름의 변경이 금융자산의 제거조건을 충족하지 않는 것으로 판단하였다.

- 만기일: 20×5년 12월 31일로 연장(일시상환)
- 이자지급: 20×3년부터 매년 12월 31일에 연 5% 지급

㈜대한이 계약상 현금흐름의 변경과 관련하여 인식할 변경손익은 얼마인가? (단, 단수차이로 인해 오차가 있다면 가장 근사치를 선택한다)

기간 \ 할인율	단일금액 ₩1의 현재가치		정상연금 ₩1의 현재가치	
	10%	13%	10%	13%
1년	0.9091	0.8850	0.9091	0.8850
2년	0.8264	0.7831	1.7355	1.6681
3년	0.7513	0.6931	2.4868	2.3612

① ₩0
② ₩97,065 이익
③ ₩97,065 손실
④ ₩161,545 이익
⑤ ₩161,545 손실

12 ㈜대한은 ㈜민국이 발행한 사채(발행일 20×1년 1월 1일, 액면금액 ₩3,000,000으로 매년 12월 31일에 연 8% 이자지급, 20×4년 12월 31일에 일시상환)를 20×1년 1월 1일에 사채의 발행가액으로 취득하였다. (취득 시 신용이 손상되어 있지 않음) ㈜대한은 취득한 사채를 상각후원가로 측정하는 금융자산으로 분류하였으며, 사채발행시점의 유효이자율은 연 10%이다. ㈜대한은 ㈜민국으로부터 20×1년도 이자 ₩240,000은 정상적으로 수취하였으나 20×1년 말에 상각후원가로 측정하는 금융자산의 신용이 손상되었다고 판단하였다. ㈜대한은 채무불이행확률을 고려하여 20×2년부터 20×4년까지 다음과 같은 현금흐름을 추정하였다.

- 매년 말 수취할 이자: ₩150,000
- 만기에 수취할 원금: ₩2,000,000

또한 ㈜대한은 ㈜민국으로부터 20×2년도 이자 ₩150,000을 수취하였으며, 20×2년 말에 상각후원가로 측정하는 금융자산의 채무불이행확률을 합리적으로 판단하여 20×3년부터 20×4년까지 다음과 같은 현금흐름을 추정하였다.

- 매년 말 수취할 이자: ₩210,000
- 만기에 수취할 원금: ₩2,000,000

㈜대한이 20×2년도에 인식할 손상차손환입은 얼마인가? (단, 단수차이로 인해 오차가 있다면 가장 근사치를 선택한다)

기간 \ 할인율	단일금액 ₩1의 현재가치		정상연금 ₩1의 현재가치	
	8%	10%	8%	10%
1년	0.9259	0.9091	0.9259	0.9091
2년	0.8573	0.8264	1.7832	1.7355
3년	0.7938	0.7513	2.5770	2.4868
4년	0.7350	0.6830	3.3120	3.1698

① ₩0   ② ₩104,073   ③ ₩141,635
④ ₩187,562   ⑤ ₩975,107

13 다음은 '재무보고를 위한 개념체계'의 내용들이다. 옳지 않은 것은?

① 역사적 원가는 자산의 소비와 손상을 반영하여 감소하기 때문에, 역사적 원가로 측정된 자산에서 회수될 것으로 예상되는 금액은 적어도 장부금액과 같거나 장부금액보다 크다.

② 역사적 원가로 측정한 수익과 비용은 재무제표이용자들에게 현금흐름이나 이익에 관한 그들의 종전 예측에 대해 피드백을 제공하기 때문에 확인가치를 가질 수 있다. 판매하거나 사용한 자산의 원가에 관한 정보는 기업의 경영진이 그 기업의 경제적 자원을 사용하는 책임을 얼마나 효율적이고 효과적으로 수행했는지를 평가하는 데 도움이 될 수 있다.

③ 가격 변동이 유의적일 경우, 현행원가를 기반으로 한 이익은 역사적 원가를 기반으로 한 이익보다 미래 이익을 예측하는 데 더 유용할 수 있다.

④ 자본의 총장부금액은 일반적으로 기업의 자본청구권에 대한 시가총액과 동일하다.

⑤ 자본의 총장부금액(총자본)은 직접 측정하지 않는다. 총자본은 직접 측정하지 않지만, 자본의 일부 종류와 자본의 일부 구성요소에 대한 장부금액은 직접 측정하는 것이 적절할 수 있다. 그럼에도 불구하고, 총자본은 잔여지분으로 측정되기 때문에 적어도 자본의 한 종류는 직접 측정할 수 없다.

14 ㈜대한은 20×1년 1월 1일에 다음과 같은 상환할증금 미지급조건의 비분리형 신주인수권부사채를 액면발행하였다.

- 사채의 액면금액은 ₩1,000,000이고 만기는 20×3년 12월 31일이다.
- 액면금액에 대하여 연 10%의 이자를 매년 말에 지급한다.
- 신주인수권의 행사기간은 발행일로부터 1개월이 경과한 날부터 상환기일 30일 전까지이다.
- 행사비율은 사채액면금액의 100%로 행사금액은 ₩20,000(사채액면금액 ₩20,000당 보통주 1주(주당 액면금액 ₩5,000)를 인수)이다.
- 원금상환방법은 만기에 액면금액의 100%를 상환한다.
- 신주인수권부사채 발행시점에 일반사채의 시장수익률은 연 12%이다.

㈜대한은 신주인수권부사채 발행 시 인식한 자본요소(신주인수권대가) 중 행사된 부분은 주식발행초과금으로 대체하는 회계처리를 한다. 20×3년 1월 1일에 ㈜대한의 신주인수권부사채 액면금액 중 40%에 해당하는 신주인수권이 행사되었다. 다음 설명 중 옳은 것은? (단, 단수차이로 인해 오차가 있다면 가장 근사치를 선택한다)

기간 \ 할인율	단일금액 ₩1의 현재가치		정상연금 ₩1의 현재가치	
	10%	12%	10%	12%
1년	0.9091	0.8929	0.9091	0.8929
2년	0.8264	0.7972	1.7355	1.6901
3년	0.7513	0.7118	2.4868	2.4019

① 20×1년 1월 1일 신주인수권부사채 발행시점의 자본요소(신주인수권대가)는 ₩951,990이다.
② 20×2년도 포괄손익계산서에 인식할 이자비용은 ₩114,239이다.
③ 20×2년 말 재무상태표에 부채로 계상할 신주인수권부사채의 장부금액은 ₩966,229이다.
④ 20×3년 1월 1일 신주인수권의 행사로 증가하는 주식발행초과금은 ₩319,204이다.
⑤ 20×3년도 포괄손익계산서에 인식할 이자비용은 ₩70,694이다.

15 기업회계기준서 제1012호 '법인세'에 대한 다음 설명 중 옳지 않은 것은?

① 미사용 세무상결손금과 세액공제가 사용될 수 있는 미래 과세소득의 발생가능성이 높은 경우 그 범위 안에서 이월된 미사용 세무상결손금과 세액공제에 대하여 이연법인세자산을 인식한다.

② 부채의 세무기준액은 장부금액에서 미래 회계기간에 당해 부채와 관련하여 세무상 공제될 금액을 차감한 금액이다. 수익을 미리 받은 경우, 이로 인한 부채의 세무기준액은 당해 장부금액에서 미래 회계기간에 과세되지 않을 수익을 차감한 금액이다.

③ 이연법인세자산과 부채의 장부금액은 관련된 일시적 차이의 금액에 변동이 없는 경우에도 세율이나 세법의 변경, 예상되는 자산의 회수방식 변경, 이연법인세자산의 회수가능성 재검토로 인하여 변경될 수 있다.

④ 과세대상 수익의 수준에 따라 적용되는 세율이 다른 경우에는 일시적 차이가 소멸될 것으로 예상되는 기간의 과세소득(세무상결손금)에 적용될 것으로 기대되는 평균세율을 사용하여 이연법인세자산과 부채를 측정한다.

⑤ 당기에 취득하여 보유 중인 토지에 재평가모형을 적용하여 토지의 장부금액이 세무기준액보다 높은 경우에는 이연법인세부채를 인식하며, 이로 인한 이연법인세효과는 당기손익으로 인식한다.

16 20×1년 1월 1일에 설립된 ㈜대한은 확정급여제도를 채택하고 있으며, 관련 자료는 다음과 같다. 순확정급여부채(자산) 계산 시 적용한 할인율은 연 7%로 변동이 없다.

〈20×1년〉
- 20×1년 말 사외적립자산의 공정가치는 ₩1,000,000이다.
- 20×1년 말 확정급여채무의 현재가치는 ₩1,200,000이다.

〈20×2년〉
- 20×2년도 당기근무원가는 ₩300,000이다.
- 20×2년 말에 일부 종업원의 퇴직으로 ₩150,000을 사외적립자산에서 현금으로 지급하였다.
- 20×2년 말에 ₩200,000을 현금으로 사외적립자산에 출연하였다.
- 20×2년 말 확정급여채무에서 발생한 재측정요소와 관련된 회계처리는 다음과 같다.

차) 보험수리적손실	466,000	대) 확정급여채무	466,000

㈜대한의 20×2년 말 재무상태표에 표시될 순확정급여부채가 ₩400,000인 경우, (A) 20×2년 말 현재 사외적립자산의 공정가치금액과 (B) 확정급여제도 적용이 20×2년도 당기순이익에 미치는 영향은 각각 얼마인가?

	(A)	(B)
①	₩568,000	₩286,000 감소
②	₩568,000	₩314,000 감소
③	₩1,416,000	₩286,000 감소
④	₩1,500,000	₩286,000 감소
⑤	₩1,500,000	₩314,000 감소

17 기업회계기준서 제1033호 '주당이익'에 대한 다음 설명 중 옳지 않은 것은?

① 기본주당이익 정보의 목적은 회계기간의 경영성과에 대한 지배기업의 보통주 1주당 지분의 측정치를 제공하는 것이다.

② 기업이 공개매수 방식으로 우선주를 재매입할 때 우선주의 장부금액이 우선주의 매입을 위하여 지급하는 대가의 공정가치를 초과하는 경우 그 차액을 지배기업의 보통주에 귀속되는 당기순손익을 계산할 때 차감한다.

③ 가중평균유통보통주식수를 산정하기 위한 보통주유통일수 계산의 기산일은 통상 주식발행의 대가를 받을 권리가 발생하는 시점이다. 채무상품의 전환으로 인하여 보통주를 발행하는 경우 최종이자발생일의 다음 날이 보통주유통일수를 계산하는 기산일이다.

④ 조건부로 재매입할 수 있는 보통주를 발행한 경우 이에 대한 재매입가능성이 없어질 때까지는 보통주로 간주하지 아니하고, 기본주당이익을 계산하기 위한 보통주식수에 포함하지 아니한다.

⑤ 잠재적보통주는 보통주로 전환된다고 가정할 경우 주당계속영업이익을 감소시키거나 주당계속영업손실을 증가시킬 수 있는 경우에만 희석성 잠재적보통주로 취급한다.

18 ㈜대한은 20×1년 1월 1일 만기가 2년을 초과하는 사채를 발행하였으며, 이는 회사의 유일한 사채이다. 동 사채는 액면이자를 매년 12월 31일 지급하며, 액면금액을 만기일에 일시상환하는 조건이다. 사채발행 이후 발행조건의 변경은 없다. 동 사채에 대한 20×1년도와 20×2년도의 관련 이자 정보는 다음과 같다.

구분	20×1년도	20×2년도
연도 말 액면이자지급액	₩120,000	₩120,000
포괄손익계산서상 연간 이자비용	₩148,420	₩152,400

상기 사채의 발행시점의 유효이자율은 얼마인가? (단, 사채발행비와 조기상환, 차입원가 자본화는 발생하지 않았으며, 단수차이로 인해 오차가 있다면 가장 근사치를 선택한다)

① 12% ② 13% ③ 14%

④ 17% ⑤ 18%

19 다음은 ㈜대한과 관련하여 20×1년에 발생한 사건이다.

> (1) ㈜대한은 20×1년부터 해저유전을 운영한다. 관련 라이선싱 약정에 따르면, 석유 생산 종료시점에는 유정 굴착장치를 제거하고 해저를 원상복구하여야 한다. 최종 원상복구원가의 90%는 유정 굴착장치 제거와 그 장치의 건설로 말미암은 해저 손상의 원상복구와 관련이 있다. 나머지 10%의 원상복구원가는 석유의 채굴로 생긴다. 20×1년 12월 31일 현재 굴착장치는 건설되었으나 석유는 채굴되지 않은 상태이다. 20×1년 12월 31일 현재 유정 굴착장치 제거와 그 장치의 건설로 말미암은 손상의 원상복구에 관련된 원가(최종 원가의 90%)의 최선의 추정치는 ₩90,000이며, 석유 채굴로 생기는 나머지 10%의 원가에 대한 최선의 추정치는 ₩10,000이다.
>
> (2) 20×1년 8월 A씨의 결혼식이 끝나고 10명이 식중독으로 사망하였다. 유족들은 ㈜대한이 판매한 제품 때문에 식중독이 발생했다고 주장하면서 ㈜대한에 민사소송을 제기하였다(손해배상금 ₩50,000). ㈜대한은 그 책임에 대해 이의를 제기하였다. 회사의 자문 법무법인은 20×1년 12월 31일로 종료하는 연차재무제표의 발행승인일까지는 ㈜대한에 책임이 있는지 밝혀지지 않을 가능성이 높다고 조언하였다.

상기 사건들에 대하여, 20×1년 말 ㈜대한의 재무상태표에 표시되는 충당부채는 얼마인가? (단, 기초 잔액은 없는 것으로 가정한다)

① ₩150,000   ② ₩140,000   ③ ₩100,000

④ ₩90,000   ⑤ ₩0

20 기업회계기준서 제1115호 '고객과의 계약에서 생기는 수익'에 대한 다음 설명 중 옳은 것은?

① 일반적으로 고객과의 계약에는 기업이 고객에게 이전하기로 약속하는 재화나 용역을 분명히 기재한다. 따라서 고객과의 계약에서 식별되는 수행의무는 계약에 분명히 기재한 재화나 용역에만 한정된다.

② 고객에게 재화나 용역을 이전하는 활동은 아니지만 계약을 이행하기 위해 수행해야 한다면, 그 활동은 수행의무에 포함된다.

③ 수행의무를 이행할 때(또는 이행하는 대로), 그 수행의무에 배분된 거래가격(변동대가 추정치 중 제약받는 금액을 포함)을 수익으로 인식한다.

④ 거래가격은 고객에게 약속한 재화나 용역을 이전하고 그 대가로 기업이 받을 권리를 갖게 될 것으로 예상하는 금액이며, 제3자를 대신해서 회수한 금액도 포함한다.

⑤ 거래가격의 후속변동은 계약 개시시점과 같은 기준으로 계약상 수행의무에 배분한다. 따라서 계약을 개시한 후의 개별 판매가격 변동을 반영하기 위해 거래가격을 다시 배분하지는 않는다.

21 ㈜대한은 ㈜민국 소유의 토지에 건물을 건설하기로 ㈜민국과 계약을 체결하였다. 그 계약의 내용 및 추가정보는 다음과 같다.

- ㈜민국은 계약 개시일부터 30일 이내에 ㈜대한이 토지에 접근할 수 있게 한다.
- 해당 토지에 ㈜대한의 접근이 지연된다면(불가항력적인 사유 포함) 지연의 직접적인 결과로 들인 실제원가에 상당하는 보상을 ㈜대한이 받을 권리가 있다.
- 계약 개시 후에 생긴 그 지역의 폭풍 피해 때문에 ㈜대한은 계약 개시 후 120일이 지나도록 해당 토지에 접근하지 못하였다.
- ㈜대한은 청구의 법적 기준을 검토하고, 관련 계약조건을 기초로 집행할 수 있는 권리가 있다고 판단하였다.
- ㈜대한은 계약변경에 따라 ㈜민국에게 재화나 용역을 추가로 제공하지 않고 계약변경 후에도 나머지 재화와 용역 모두는 구별되지 않으며 단일 수행의무를 구성한다고 판단하였다.
- ㈜대한은 계약조건에 따라 지연의 결과로 들인 특정 직접원가를 제시할 수 있으며, 청구를 준비하고 있다.
- ㈜민국은 ㈜대한의 청구에 처음에는 동의하지 않았다.

계약변경과 관련하여 상기 거래에 대한 다음 설명 중 옳지 않은 것은?

① 계약변경은 서면이나 구두 합의, 또는 기업의 사업 관행에서 암묵적으로 승인될 수 있다.

② ㈜대한과 ㈜민국이 계약변경범위에 다툼이 있더라도, 계약변경은 존재할 수 있다.

③ ㈜대한과 ㈜민국이 계약범위의 변경을 승인하였지만 아직 이에 상응하는 가격변경을 결정하지 않았다면, 계약변경은 존재할 수 없다.

④ ㈜대한과 ㈜민국은 계약변경으로 신설되거나 변경되는 권리와 의무를 집행할 수 있는지를 판단할 때에는 계약조건과 그 밖의 증거를 포함하여 관련 사실 및 상황을 모두 고려한다.

⑤ ㈜대한은 계약변경에 대해 거래가격과 수행의무의 진행률을 새로 수정하여 그 계약변경이 기존 계약의 일부인 것처럼 회계처리한다.

22 재무제표 요소의 측정과 자본유지의 개념에 대한 다음의 설명 중 옳지 않은 것은?

① 부채의 현행원가는 측정일 현재 동등한 부채에 대해 수취할 수 있는 대가이며, 그 날에 발생할 거래원가는 반영하지 않는다.

② 부채의 이행가치는 기업이 부채를 이행할 때 이전해야 하는 현금이나 그 밖의 경제적 자원의 현재가치이다.

③ 실물자본유지개념을 사용하기 위해서는 자산과 부채를 현행원가기준에 따라 측정해야 한다.

④ 재무자본유지개념과 실물자본유지개념의 주된 차이는 기업의 자산과 부채에 대한 가격 변동 영향의 처리방법에 있다.

⑤ 재무자본유지개념이 불변구매력단위로 정의된다면 일반물가 수준에 따른 가격상승을 초과하는 자산가격의 증가 부분만이 이익으로 간주되며, 그 이외의 가격증가 부분은 자본의 일부인 자본유지조정으로 처리된다.

23 A사는 20×1년 1월 1일에 종업원 500명에게 각각 100개씩 총 50,000개의 현금결제형 주가차액보상권을 부여하고 3년의 용역제공기간을 부과하였다. 관련 자료는 다음과 같다.

(1) 20×1년 중 30명의 종업원이 퇴사하여 3,000개의 주가차액보상권이 소멸하였으며, 회사는 향후 2년간 추가로 60명이 퇴사할 것으로 추정하였다. 20×2년에는 예상대로 30명이 퇴사하여 3,000개의 주가차액보상권이 소멸하였고 이에 따라 20×3년에도 30명이 퇴사할 것으로 추정하였다. 그러나 20×3년에는 실제로 20명만이 퇴사하여 2,000개의 주가차액보상권이 권리소멸하였다.

(2) 20×3년 말까지 계속하여 근무한 종업원은 부여받았던 주가차액보상권을 모두 가득하였다. 회사가 매 회계연도 말에 추정한 주가차액보상권의 공정가치와 각 권리행사시점의 내재가치(주가와 행사가격의 차액으로 현금지급액을 의미한다)는 다음과 같다.

회계연도	공정가치	내재가치
20×1년	₩300	
20×2년	₩360	
20×3년	₩420	
20×4년	₩270	₩300
20×5년		₩280

(3) 20×4년 말에 200명의 종업원이 주가차액보상권을 행사하였으며, 나머지 220명의 종업원은 20×5년 말에 전량 권리를 행사하였다.

동 거래가 A사의 20×4년의 당기손익에 미치는 영향은 얼마인가?

① ₩600,000 ② ₩(−)600,000 ③ ₩5,700,000
④ ₩(−)5,700,000 ⑤ ₩(−)6,300,000

24 ㈜한영은 20×0년 초에 산업폐기물을 처리하는 공장건물을 취득하였다. 건물에 대한 추가자료는 다음과 같다.

> (1) 공장건물은 20×0년 5월 1일 공사를 시작하여 20×0년 12월 31일 완공되었다. 공장건물의 취득원가는 ₩725,820이며, 조경공사비(영구적 성격)로 ₩8,000을 지출하였다. 한편, 기숙사 철거 후 공장건물 공사를 시작하기 전까지 토지를 일시적으로 주차장 용도로 임대하여 수익 ₩25,000이 발생하였다.
> (2) 공장건물은 20×1년 초부터 사용되었으며, 내용연수는 5년, 잔존가치 없이 정액법으로 감가상각한다. 다만, 산업폐기물을 처리하는 과정에서 주변환경을 오염시키기 때문에 내용연수 종료시점에 오염된 환경을 원상복구할 의무가 있다.
> (3) 복구공사원가 추정액과 각 할인율에 따른 현재가치는 다음과 같다.

구분	내용연수 종료시점 복구원가 추정액	각 할인율에 따른 현재가치		
		20×1년 초	20×2년 초	20×3년 초
할인율 10%	200,000	124,180	136,598	150,258
	250,000	155,230	170,753	187,828
할인율 8%	200,000	136,120	147,010	158,770
	250,000	170,150	183,762	198,463

㈜한영이 공장건물에 대해서 원가모형을 적용한다고 할 때, 동 거래가 ㈜한영의 20×1년과 20×2년의 당기손익에 미친 영향은 얼마인가? (단, 20×1년 초에 추정한 내용연수 종료시점 복구공사원가는 ₩200,000이며, 할인율은 10%이다. 20×2년 초에 추정한 내용연수 종료시점 복구공사원가는 ₩250,000이며, 할인율은 8%이다)

	20×1년 당기손익에 미친 영향	20×2년 당기손익에 미친 영향
①	₩(−)170,000	₩(−)199,210
②	₩(−)183,660	₩(−)207,415
③	₩(−)182,418	₩(−)196,492
④	₩(−)182,418	₩(−)207,415
⑤	₩(−)183,660	₩(−)196,492

25 실지재고조사법을 이용하여 재고자산의 수량을 결정하는 ㈜대한은 당기에 외상으로 구입한 상품에 대하여 회계처리를 누락하였고, 동 재고자산을 외부에 보관하기 때문에 기말재고실사에서도 누락하였다. 이러한 일련의 사건이 ㈜대한의 당기 말 현재 자산, 부채 및 자본에 미치는 영향으로 옳은 것은?

	자산	부채	자본
①	과소 계상	과소 계상	영향 없음
②	과소 계상	과소 계상	과대 계상
③	과소 계상	영향 없음	영향 없음
④	영향 없음	과소 계상	과대 계상
⑤	영향 없음	과대 계상	과소 계상

정답

01 ④	02 ③	03 ④	04 ③	05 ①	06 ⑤	07 ⑤	08 ③	09 ④	10 ②
11 ③	12 ②	13 ④	14 ④	15 ⑤	16 ⑤	17 ②	18 ③	19 ④	20 ⑤
21 ③	22 ①	23 ③	24 ③	25 ①					

해설

01 ④ 근본적 질적 특성을 적용하기 위한 가장 효율적이고 효과적인 절차는 일반적으로 아래의 그림과 같다. 즉, 개념체계에서는 근본적 질적 특성을 적용하기 위한 가장 효율적이고 효과적인 절차를 제시하고 있다.

1단계: 경제적 현상 식별	
2단계: 목적적합성 고려	반복
3단계: 표현의 충실성 고려	

02 ③

1) 법인세비용차감전순이익 or 당기순이익(A + B)	97,000(역산)
(1) 영업활동과 관련이 없는 손익 차감(-B)	2,000 - 1,000
(2) 이자손익, 배당금 · 법인세 관련 손익 차감(-B)	5,000 - 1,500
(3) 영업활동 관련 자산 · 부채의 증감(+C)	-3,000 + 4,000 - 2,500
2) 영업에서 창출된 현금(A + C)	100,000

03 ④ 비교표시되는 20×1년도 감가상각비는 ₩0이다.

* 투자부동산의 후속측정방법을 원가모형에서 공정가치모형으로 변경하는 것은 회계정책의 변경에 해당하므로 소급법을 적용한다.

04 ③ 기말재고자산: 2,000,000 + 250,000 - 110,000 + 80,000 + 500,000 × (1 - 80%) + 50,000 × (10 - 6)개
= 2,520,000

05 ① 1) 항목별기준
(1) 기말재고자산: 110개 × Min[800, 700] + 200개 × Min[1,000, 950] + 280개 × Min[900, 800]
+ 300개 × Min[1,050, 1,150] = 806,000
(2) 매출원가: 855,000 + 7,500,000 - 806,000 = 7,549,000
2) 조별기준
(1) 기말재고자산: Min[110개 × 800 + 200개 × 1,000, 110개 × 700 + 200개 × 950]
+ Min[280개 × 900 + 300개 × 1,050, 280개 × 800 + 300개 × 1,150] = 834,000
(2) 매출원가: 855,000 + 7,500,000 - 834,000 = 7,521,000

06 ⑤ 1) 20×1년 자본 증가액: 510,000 - 600,000 = (-)90,000 감소
2) 20×2년 자본 증가액: 365,000 - 510,000 = (-)145,000 감소

07 ⑤ 20×1년 자본화할 차입원가: 295,000 + 240,000 = 535,000

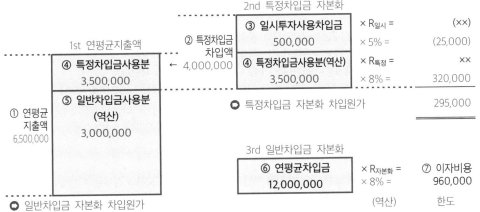

① 연평균지출액: (3,000,000 × 12 + 5,000,000 × 6 + 4,000,000 × 3)/12 = 6,500,000
② 특정차입금 연평균차입금: 4,000,000 × 12/12 = 4,000,000
③ 일시투자사용 연평균차입금: 1,000,000 × 6/12 = 500,000
⑥, ⑦ 일반차입금의 연평균차입금과 이자비용

구분	차입금액(I)	적수(II)	연평균차입금(III = I × II)	이자비용
B(10%)	6,000,000	12/12	6,000,000	6,000,000 × 10%
C(6%)	8,000,000	9/12	6,000,000	6,000,000 × 6%
합계			⑥ 12,000,000	⑦ 960,000

08 ③ 1) 20×1년 손상차손: 80,000 - 80,000/5 - 50,000 = 14,000
2) 20×2년 손상차손: 50,000 - (50,000 - 5,000)/6 - 30,000 = 12,500
3) 20×2년 말 손상차손누계액: 14,000 + 12,500 = 26,500

09 ④ 무형자산을 운용하는 직원의 교육훈련과 관련된 지출은 비용처리한다.

10 ② 기말자본총계
: 9,500,000 - 60주 × 6,000 + 20주 × 7,500 + 10주 × 5,000 + 20주 × 4,500 + 300,000 = 9,730,000

11 ③ 1) 실질적 조건변경의 판단
(1) 기존 금융자산의 장부금액: 1,000,000 × 0.9091 + 70,000 × 0.9091 = 972,737
(2) 변경된 현금흐름: 1,000,000 × 0.7513 + 50,000 × 2.4868 = 875,640
(3) 판단: 972,737 - 875,640 = 97,097 < 972,737 × 10% = 97,273(실질적 조건변경에 해당 ×)
2) 변경손실: 875,640 - 972,737 = 97,097 손실(단수차이)

12 ② 손상차손환입: 60,000/1.1 + 60,000/1.1^2 = 104,132(단수차이)

13 ④ 일반목적재무제표는 기업의 가치를 보여주도록 설계되지 않았기 때문에 자본의 총장부금액은 일반적으로 다음과 동일하지 않다.
㉠ 기업의 자본청구권에 대한 시가총액
㉡ 계속기업을 전제로 하여 기업 전체를 매각하여 조달할 수 있는 금액
㉢ 기업의 모든 자산을 매각하고 모든 부채를 상환하여 조달할 수 있는 금액

14 ④ 1) 20×1년 초 신주인수권부사채의 공정가치: $1,000,000 \times 0.7118 + 100,000 \times 2.4019 = 951,990$
2) 20×1년 초 신주인수권대가 장부금액: $1,000,000 - 951,990 = 48,010$
3) 20×2년 이자비용: $(951,990 \times 1.12 - 100,000) \times 12\% = 115,947$
4) 20×2년 말 신주인수권부사채의 장부금액: $966,229 \times 1.12 - 100,000 = 982,176$
5) 20×3년 초 주식발행초과금 증가액
   : $(1,000,000 + 48,010 - 1,000,000/20,000 \times 5,000) \times 40\% = 319,204$
6) 20×3년 이자비용: $982,176 \times 12\% = 117,861$

15 ⑤ 당기에 취득하여 보유 중인 토지에 재평가모형을 적용하여 토지의 장부금액이 세무기준액보다 높은 경우에는 이연법인세부채를 인식하며, 이로 인한 이연법인세효과는 기타포괄손익으로 인식한다.

16 ⑤

확정급여채무			
지급액	150,000	기초	1,200,000
		근무원가(당기 + 과거) A	300,000
		이자비용(기초 × 기초 R) B	84,000
기말 I	1,900,000	재측정요소 ①	466,000

사외적립자산			
기초	1,000,000	지급액	150,000
기여금	200,000		
이자수익 C	70,000		
재측정요소 ②	380,000	기말 II	1,500,000

* 실제이자수익: C + ②

1) B/S계정
   순확정급여채무
   ❍ I - II: 400,000

2) I/S계정
   (1) 퇴직급여(N/I)
      ❍ A + B - C: 314,000

   (2) 재측정요소변동(OCI)
      ❍ ② - ①: (-)86,000

17 ② 기업이 공개매수 방식으로 우선주를 재매입할 때 우선주의 장부금액이 우선주의 매입을 위하여 지급하는 대가의 공정가치를 초과하는 경우 그 차액을 지배기업의 보통주에 귀속되는 당기순손익을 계산할 때 가산한다.

18 ③ 유효이자율(R): $(148,420 - 120,000) \times (1 + R) = (152,400 - 120,000)$, R = 14%

19 ④ 20×1년 말 충당부채: 90,000
1) 굴착장치는 건설이 완료되었으므로 굴착장치에 대한 충당부채만 인식한다.
2) 자원의 유출가능성이 높지 않으므로 충당부채로 인식하지 않는다.

20 ⑤ ① 고객과의 계약에서 식별되는 수행의무는 계약에 분명히 기재한 재화나 용역에만 한정되지 않을 수 있다.
② 고객에게 재화나 용역을 이전하는 활동이 아니라면 그 활동은 수행의무에 포함되지 않는다.
③ 수행의무를 이행할 때(또는 이행하는 대로), 그 수행의무에 배분된 거래가격(변동대가 추정치 중 제약받는 금액을 제외)을 수익으로 인식한다.

④ 거래가격은 고객에게 약속한 재화나 용역을 이전하고 그 대가로 기업이 받을 권리를 갖게 될 것으로 예상하는 금액이며, 제3자를 대신해서 회수한 금액은 포함하지 않는다.

21 ③ 계약당사자가 집행가능한 권리와 의무를 새로 설정하거나 기존의 집행가능한 권리와 의무를 변경하기로 승인할 때 계약변경이 존재한다.

22 ① 부채의 현행원가는 그 날에 발생할 거래원가를 차감한다.

23 ③ ○ 20×4년 N/I에 미치는 영향: (600,000) + 6,300,000 = 5,700,000
1) 재측정: (270 - 420) × 420명 × 100개 = (-)6,300,000 (환입)
2) 행사: (300 - 270) × 200명 × 100개 = 600,000

1) 재측정	차) 장기미지급비용	6,300,000	대) 주식보상비용환입	6,300,000
2) 행사	차) 장기미지급비용	5,400,000	대) 현금	6,000,000
	주식보상비용	600,000		

24 ③ 1) 건물 취득원가: 725,820 + 124,180 = 850,000
 * 조경공사비(영구적 성격)는 토지로 회계처리한다.
2) 20×1년 감가상각비: 850,000 × 1/5 = 170,000
3) 20×1년 복구충당부채 이자비용: 124,180 × 10% = 12,418
4) 20×1년 당기순이익 감소: 170,000 + 12,418 = 182,418
5) 20×2년 초 건물 장부금액: 850,000 - 170,000 + (183,762 - 136,598) = 727,164
6) 20×2년 감가상각비: 727,164 × 1/4 = 181,791
7) 20×2년 복구충당부채 이자비용: 183,762 × 8% = 14,701
8) 20×2년 당기순이익 감소: 181,791 + 14,701 = 196,492

20×0. 12. 31.	차) 건물	725,820	대) 현금	725,820
20×1. 1. 1.	차) 건물	124,180	대) 복구충당부채	124,180
20×1. 12. 31.	차) 감가상각비	170,000	대) 감가상각누계액	170,000
	차) 이자비용	12,418	대) 복구충당부채	12,418
20×2. 1. 1.	차) 건물	47,164	대) 복구충당부채	47,164
20×2. 12. 31.	차) 감가상각비	181,791	대) 감가상각누계액	181,791
	차) 이자비용	14,701	대) 복구충당부채	14,701

20×1년 말 재무상태표

건물	850,000	복구충당부채	136,598
감가상각누계액	(-)170,000		
	680,000		

20×2년 말 재무상태표

건물	897,164	복구충당부채	198,463
감가상각누계액	(-)351,791		
	545,373		

25 ① • 수정분개: 차) 재고자산 대) 매입채무
• 자산: 과소 계상, 부채: 과소 계상, 자본: 영향 없음

01 유용한 재무정보의 질적 특성에 대한 설명으로 옳지 않은 것은?

① 재무정보가 유용하기 위해서는 목적적합해야 하고 나타내고자 하는 바를 충실하게 표현해야 한다.

② 목적적합한 재무정보는 이용자들의 의사결정에 차이가 나도록 할 수 있다.

③ 이해가능성은 합리적인 판단력이 있고 독립적인 서로 다른 관찰자가 어떤 서술이 표현충실성에 있어, 비록 반드시 완전히 의견이 일치하지는 않더라도, 합의에 이를 수 있다는 것을 의미한다.

④ 비교가능성, 검증가능성, 적시성 및 이해가능성은 목적적합성과 나타내고자 하는 바를 충실하게 표현하는 것 모두를 충족하는 정보의 유용성을 보강시키는 질적 특성이다.

⑤ 비대칭은 유용한 재무정보의 질적 특성이 아니다.

02 측정기준에 관한 재무보고를 위한 개념체계의 규정으로 옳은 것을 모두 고른 것은?

ㄱ. 측정기준은 측정대상 항목에 대해 식별된 속성으로서 측정기준의 종류에는 역사적 원가, 공정가치 또는 이행가치 등이 있다.

ㄴ. 부채가 발생하거나 인수할 때의 역사적 원가는 발생시키거나 인수하면서 수취한 대가와 거래원가를 포함한 가치이다.

ㄷ. 시장 조건에 따른 거래가 아닌 사건의 결과로 자산을 취득하는 경우 원가를 식별할 수 없다면 그 자산의 현행가치가 최초 인식시점의 간주원가로 사용된다.

ㄹ. 자산의 공정가치는 자산을 취득할 때 발생한 거래원가로 인해 증가할 수 있다.

① ㄱ, ㄷ   ② ㄱ, ㄹ   ③ ㄱ, ㄷ, ㄹ

④ ㄴ, ㄷ, ㄹ   ⑤ ㄷ, ㄹ

03 유동자산과 유동부채에 대한 설명으로 옳지 않은 것은?

① 기업의 정상영업주기 내에 실현될 것으로 예상하거나, 정상영업주기 내에 판매하거나 소비할 의도가 있는 자산은 유동자산으로 분류한다.

② 보고기간 후 12개월 이내에 실현될 것으로 예상되는 자산은 유동자산으로 분류한다.

③ 보고기간 후 12개월 이상 부채의 결제를 연기할 수 있는 무조건의 권리를 가지고 있지 않은 부채는 유동부채로 분류한다.

④ 매입채무와 같이 기업의 정상영업주기 내에 사용되는 운전자본의 일부 항목이라도 보고기간 후 12개월 후에 결제일이 도래할 경우 비유동부채로 분류한다.

⑤ 원래의 결제기간이 12개월을 초과하는 경우에도 금융부채가 보고기간 후 12개월 이내에 결제일이 도래하면 이를 유동부채로 분류한다.

04 다음의 자료를 근거로 계산한 기말재고자산평가충당금은 얼마인가?

- 재고자산은 실지재고조사법과 가중평균법 적용
- 기말재고자산 장부상 취득단가: ₩85/개
- 기말재고자산 현행대체원가: ₩74/개
- 기말재고자산 순실현가치: ₩83/개
- 기말재고자산(장부수량): 480개
- 기말재고자산(실사수량): 476개
- 기초재고자산평가충당금: ₩0

① ₩0   ② ₩340   ③ ₩952

④ ₩5,236   ⑤ ₩6,052

05 ㈜서울은 재고자산평가방법으로 저가기준 선입선출 소매재고법을 사용하고 있다. 다음의 자료를 근거로 계산한 기말재고자산의 원가는 얼마인가?

항목	원가	매가
기초재고자산	₩800	₩1,000
당기매입	₩4,200	₩6,400
매입운임	₩900	
매출액		₩4,000
인상액		₩500
인상취소액		₩100
인하액		₩400
인하취소액		₩200

① ₩2,223   ② ₩2,290   ③ ₩2,700

④ ₩2,781   ⑤ ₩2,881

06 ㈜대한은 20×1년 1월 1일에 장부금액이 ₩700,000인 기계장치를 ㈜민국의 기계장치(장부금액: ₩800,000, 공정가치: ₩900,000)와 교환하면서 현금 ₩50,000을 추가로 지급하였으며, 유형자산처분손실로 ₩50,000을 인식하였다. ㈜대한은 교환으로 취득한 기계장치와 관련하여 직원 교육훈련비로 ₩50,000을 20×1년 1월 1일에 지출하고 즉시 사용하였다. 한편, ㈜대한은 취득한 기계장치의 잔존가치와 내용연수를 각각 ₩50,000과 5년으로 추정하였으며, 정액법으로 감가상각한다. ㈜대한이 동 기계장치와 관련하여 20×1년 감가상각비로 인식할 금액은 얼마인가? (단, 동 자산의 교환은 상업적 실질이 있으며, ㈜대한의 기계장치 공정가치는 신뢰성 있게 측정가능하고 ㈜민국의 기계장치 공정가치보다 명백하다고 가정한다)

① ₩130,000   ② ₩140,000   ③ ₩150,000

④ ₩160,000   ⑤ ₩250,000

07 ㈜하늘은 20×1년 초 환경설비(취득원가 ₩5,000,000, 내용연수 5년, 잔존가치 ₩0, 정액법 상각)를 취득하였다. ㈜하늘은 모든 유형자산에 대하여 원가모형을 적용하고 있다. 동 환경설비는 관계법령에 의하여 내용연수가 종료되면 원상복구해야 하며, 이러한 복구의무는 충당부채의 인식요건을 충족한다. ㈜하늘은 취득시점에 내용연수 종료 후 복구원가로 지출된 금액을 ₩200,000으로 추정하였으며, 현재가치 계산에 사용될 적절한 할인율은 연 10%로 내용연수 종료시점까지 변동이 없을 것으로 예상하였다. 하지만 ㈜하늘은 20×2년 초 환경설비의 내용연수 종료 후 복구원가로 지출될 금액이 ₩200,000에서 ₩300,000으로 증가할 것으로 예상하였으며, 현재가치 계산에 사용될 할인율도 연 10%에서 연 12%로 수정하였다. ㈜하늘이 환경설비와 관련된 비용을 자본화하지 않는다고 할 때, 동 환경설비와 관련하여 20×2년도 포괄손익계산서에 인식할 비용은 얼마인가? (단, 5년, 이자율 10% 현가계수: 0.62092, 4년, 이자율 10% 현가계수: 0.68301, 4년, 이자율 12% 현가계수: 0.63552)

① ₩1,024,837   ② ₩1,037,254   ③ ₩1,038,350
④ ₩1,047,716   ⑤ ₩1,061,229

08 12월 말 결산법인인 A사는 20×1년 1월 1일 건물을 ₩100,000에 취득(경제적 내용연수 10년, 잔존가치 ₩0, 정액법 적용)하고 누계액제거법에 따라 재평가모형을 적용하고 있다. A사는 각 회계연도 말 공정가치와 회수가능액을 다음과 같이 추정하였다. 회수가능액이 공정가치에 미달하는 경우에는 손상징후가 발생하였다고 가정한다(단, 법인세효과는 고려하지 않는다).

구분	20×1년 말	20×2년 말	20×3년 말
공정가치	₩126,000	₩80,000	₩105,000
회수가능액	₩130,000	₩48,000	₩120,000

A사가 재평가잉여금을 이익잉여금으로 대체하지 않는 정책을 채택하고 있을 경우, 동 거래로 인하여 20×3년도에 A사가 인식할 손상차손환입과 기타포괄손익은 얼마인가?

	손상차손환입	기타포괄손익
①	₩28,000	₩63,000
②	₩32,000	₩31,000
③	₩32,000	₩63,000
④	₩28,000	₩31,000
⑤	₩28,000	₩35,000

09 ㈜한국은 20×1년 7월 1일부터 공장건물 신축공사를 시작하여 20×2년 4월 30일에 완공하였다. ㈜한국이 공장건물의 차입원가를 자본화하는 경우 20×1년도 포괄손익계산서상 당기손익으로 인식할 이자비용은 얼마인가? (단, 이자비용은 월할 계산한다)

[공사대금 지출]

20×1. 7. 1.	20×1. 10. 1.
₩50,000	₩40,000

[차입금 현황]

구분	금액	차입일	상환(예정)일	연 이자율
특정차입금	₩50,000	20×1. 7. 1.	20×2. 4. 30.	8%
일반차입금	₩25,000	20×1. 1. 1.	20×2. 6. 30.	10%

① ₩1,000   ② ₩1,500   ③ ₩2,000
④ ₩2,500   ⑤ ₩2,800

10 기업회계기준서 제1040호 '투자부동산'에 대한 다음 설명 중 옳지 않은 것은?

① 소유 투자부동산은 최초 인식시점에 원가로 측정하며, 거래원가는 최초 측정치에 포함한다.

② 계획된 사용수준에 도달하기 전에 발생하는 부동산의 운영손실은 투자부동산의 원가에 포함한다.

③ 투자부동산을 후불조건으로 취득하는 경우의 원가는 취득시점의 현금가격상당액으로 하고, 현금가격상당액과 실제 총지급액의 차액은 신용기간 동안의 이자비용으로 인식한다.

④ 투자부동산을 공정가치로 측정해 온 경우라면 비교할만한 시장의 거래가 줄어들거나 시장가격 정보를 쉽게 얻을 수 없게 되더라도, 당해 부동산을 처분할 때까지 또는 자가사용부동산으로 대체하거나 통상적인 영업과정에서 판매하기 위하여 개발을 시작하기 전까지는 계속하여 공정가치로 측정한다.

⑤ 공정가치모형을 적용하는 경우 투자부동산의 공정가치 변동으로 발생하는 손익은 발생한 기간의 당기손익에 반영한다.

11 충당부채, 우발부채, 우발자산과 관련된 다음의 회계처리 중 옳은 것은? (단, 각 설명에 제시된 금액은 최선의 추정치라고 가정한다)

① 항공업을 영위하는 ㈜대한은 3년에 한 번씩 항공기에 대해 정기점검을 수행한다. 20×1년 말 현재 ㈜대한은 동 항공기를 1년 동안 사용하였으며, 20×1년 말 기준으로 측정한 2년 후 정기점검 비용 ₩10,000을 20×1년에 충당부채로 인식하였다.

② ㈜민국은 새로운 법률에 따라 20×1년 6월까지 매연 여과장치를 공장에 설치해야 하며 미설치 시 벌과금이 부과된다. ㈜민국은 20×1년 말까지 매연 여과장치를 설치하지 않아 법규 위반으로 인한 벌과금이 부과될 가능성이 그렇지 않을 가능성보다 높으며, 벌과금은 ₩20,000으로 예상된다. ㈜민국은 20×1년에 동 벌과금을 우발부채로 주석공시하였다.

③ ㈜민국이 판매한 제품의 폭발로 소비자가 크게 다치는 사고가 발생하였다. 해당 소비자는 ㈜민국에 손해배상청구소송을 제기하였으며, 20×1년 말까지 재판이 진행 중에 있다. ㈜민국의 담당 변호사는 20×1년 재무제표 발행승인일까지 기업에 책임이 있다고 밝혀질 가능성이 높으나, ㈜민국이 부담할 배상금액은 법적 다툼의 여지가 남아 있어 신뢰성 있게 추정하기가 어렵다고 조언하였다. ㈜민국은 동 소송사건을 20×1년에 우발부채로 주석공시하였다.

④ 제조업을 영위하는 ㈜대한은 20×1년 12월 고객에게 제품을 판매하면서 1년간 확신유형의 제품보증을 하였다. 제조상 결함이 명백할 경우 ㈜대한은 제품보증계약에 따라 수선이나 교체를 해준다. 과거 경험에 비추어 볼 때, 제품보증에 따라 일부가 청구될 가능성이 청구되지 않을 가능성보다 높을 것으로 예상된다. 20×1년 말 현재 ₩5,000의 보증비용이 발생할 것으로 추정되었으며, ㈜대한은 동 제품보증을 20×1년에 우발부채로 주석공시하였다.

⑤ 20×1년 12월 28일 ㈜부산은 한 사업부를 폐쇄하기로 결정하였고 이를 고객과 폐쇄되는 사업부의 종업원들에게 공표하였다. 그러나 20×1년 12월 31일까지 이 사업부의 폐쇄와 관련된 지출이나 폐쇄결정의 구체적인 이행시기에 대해서는 계획을 확정하지 못하였다. ㈜부산은 동 구조조정과 관련하여 충당부채를 인식하였다.

12 ㈜한국은 20×7년 1월 1일에 다음과 같은 조건으로 3년 만기 사채를 발행하였다.

> - 발행일: 20×7년 1월 1일
> - 액면금액: ₩100,000
> - 이자지급: 매년 12월 31일에 액면금액의 연 8% 이자지급
> - 발행가액: ₩?
> - 발행시점의 유효이자율: ?

회사는 유효이자율법에 따라 이자를 인식하고 이자는 매년 12월 31일에 지급한다. 연도별 사채할증발행차금의 상각액은 20×7년도 ₩1,679, 20×8년도 ₩1,780, 20×9년도 ₩1,885이다. 이 사채의 발행시점부터 만기까지 인식할 총이자비용은 얼마인가? (단, 사채발행비는 발생하지 않았다)

① ₩5,344   ② ₩18,656   ③ ₩24,000

④ ₩42,656   ⑤ ₩44,656

13 ㈜한국의 20×1년 12월 31일의 재무상태표상의 자본은 보통주자본금 ₩100,000(주식 수 100주, 주당 액면금액 ₩1,000), 주식발행초과금 ₩30,000, 이익잉여금 ₩50,000으로 구성되어 있다. 20×2년의 자본과 관련된 거래내역이 다음과 같을 때, 자본 변동에 대한 설명으로 옳지 않은 것은? (단, 자기주식에 대하여 원가법을 적용하고, 기초자기주식처분손익은 없다)

• 3월 10일: 주주에게 보통주 한 주당 0.1주의 주식배당을 결의하였다.
• 3월 31일: 3월 10일에 결의한 주식배당을 실시하였다.
• 4월 9일: 자기주식 10주를 주당 ₩2,100에 취득하였다.
• 6월 13일: 4월 9일 취득한 자기주식 4주를 주당 ₩2,200에 매각하였다.
• 8월 24일: 4월 9일 취득한 자기주식 6주를 주당 ₩1,700에 매각하였다.
• 11월 20일: 보통주 1주를 2주로 하는 주식분할을 의결하고 시행하였다.

---

① 자본과 관련된 거래로 인해 이익잉여금은 ₩8,000 감소한다.
② 자기주식처분손실은 ₩2,000이다.
③ 20×2년 12월 31일의 보통주자본금은 ₩110,000이다.
④ 20×2년 12월 31일의 보통주 주식 수는 220주이다.
⑤ 위의 거래로 20×2년에 자본총계에 ₩(−)2,000 영향을 미쳤다.

14 ㈜민국은 다음의 제품들을 생산하여 고객에게 판매한다. 20×1년 각 제품과 관련된 거래는 다음과 같다.

---

(1) ㈜민국은 20×1년 6월 1일 제품 C와 제품 D를 이전하기로 약속하였다.
(2) 제품 C는 계약 개시시점에 고객에게 이전하고, 제품 D는 20×2년 2월 1일에 이전한다.
(3) 고객이 약속한 대가는 고정대가 ₩300,000과 ₩50,000으로 추정되는 변동대가를 포함하며, 대금은 제품 D가 이전되는 시점에 받기로 하였다. 변동대가 추정액은 변동대가 추정치의 제약이 고려된 후의 금액이며, 변동대가는 제품 C와 제품 D에 모두 배분한다.
(4) ㈜민국은 20×1년 12월 31일 변동대가 추정치 및 추정치의 제약을 재검토한 결과 변동대가를 ₩60,000으로 추정하였다.
(5) 제품 C와 제품 D의 날짜별 개별 판매가격은 다음과 같다.

구분	20×1년 6월 1일	20×1년 12월 31일
제품 C	₩300,000	₩280,000
제품 D	₩100,000	₩120,000

동 거래로 인하여 ㈜민국이 20×1년에 수익으로 인식할 금액은 얼마인가?

① ₩270,000   ② ₩262,500   ③ ₩245,000
④ ₩350,000   ⑤ ₩360,000

15 ㈜대한은 20×1년 12월 1일에 ㈜민국에게 원가 ₩600,000의 제품을 ₩1,000,000에 현금판매하였다. 판매계약에는 20×2년 3월 31일에 동 제품을 ₩1,200,000에 다시 살 수 있는 권리를 ㈜대한에게 부여하는 콜옵션이 포함되어 있다. ㈜대한은 20×2년 3월 31일에 계약에 포함된 콜옵션을 행사하지 않았으며, 이에 따라 해당 콜옵션은 동 일자에 소멸되었다. 상기 재매입약정거래가 ㈜대한의 20×2년 당기순이익에 미치는 영향은 얼마인가? (단, 현재가치평가는 고려하지 않으며, 계산과정에 오차가 있으면 가장 근사치를 선택한다)

① ₩100,000 감소
② ₩75,000 감소
③ ₩500,000 증가
④ ₩525,000 증가
⑤ ₩450,000 증가

16 A회사는 20×1년 초 액면가액 ₩1,000,000의 3년 만기 전환사채를 액면발행하였다.

> (1) 전환권이 행사되면 사채액면 ₩20,000당 액면 ₩5,000의 보통주 1주를 교부하여, 권리가 행사되지 않은 부분에 대하여는 액면가액의 115%를 만기금액으로 지급한다.
> (2) 표시이자율은 연 4%로 매년 말 후급조건이며, 사채발행일 현재 동종 일반사채의 시장이자율은 10%이다(단, 3기간 10% 현가계수와 연금현가계수는 각각 0.75131과 2.48685이다).

발행 시 사채발행원가가 발생하지 않고 20×2년 말까지 전환권이 행사되지 않은 것으로 가정한다. A회사는 20×3년 초에 모든 전환사채를 현금 ₩1,150,000으로 조기상환한 경우 전환사채의 조기상환으로 인하여 A사의 20×3년 당기손익에 미치는 영향은 얼마인가? (단, 상환시점의 시장이자율은 8%이다)

① ₩(−)31,663 ② ₩(−)20,034 ③ ₩(−)18,034
④ ₩(−)17,663 ⑤ ₩(−)15,035

17 금융자산의 재분류 시 회계처리에 관한 설명으로 옳지 않은 것은?

① 상각후원가측정금융자산을 당기손익−공정가치측정금융자산으로 재분류할 경우 재분류일의 공정가치로 측정하고, 재분류 전 상각후원가와 공정가치의 차이를 당기손익으로 인식한다.

② 상각후원가측정금융자산을 기타포괄손익−공정가치측정금융자산으로 재분류할 경우 재분류일의 공정가치로 측정하고, 재분류 전 상각후원가와 공정가치의 차이를 기타포괄손익으로 인식하며, 재분류에 따라 유효이자율과 기대신용손실 측정치는 조정하지 않는다.

③ 기타포괄손익−공정가치측정금융자산을 당기손익−공정가치측정금융자산으로 재분류할 경우 계속 공정가치로 측정하고, 재분류 전에 인식한 기타포괄손익누계액은 재분류일에 이익잉여금으로 대체한다.

④ 기타포괄손익−공정가치측정금융자산을 상각후원가측정금융자산으로 재분류할 경우 재분류일의 공정가치로 측정하고, 재분류 전에 인식한 기타포괄손익누계액은 자본에서 제거하고 재분류일의 금융자산의 공정가치에서 조정하며, 재분류에 따라 유효이자율과 기대신용손실 측정치는 조정하지 않는다.

⑤ 당기손익−공정가치측정금융자산을 기타포괄손익−공정가치측정금융자산으로 재분류할 경우 계속 공정가치로 측정하고, 재분류일의 공정가치에 기초하여 유효이자율로 다시 계산한다.

18 ㈜세무는 ㈜대한이 다음과 같이 발행한 만기 4년인 회사채를 20×1년 1월 1일에 취득하고 FVOCI금융자산으로 분류하였다.

- 발행일: 20×1년 1월 1일
- 액면금액: ₩1,000,000
- 이자지급: 액면금액의 4%를 매년 말에 후급
- 만기 및 상환방법: 20×4년 12월 31일에 전액 일시상환
- 사채발행시점의 유효이자율: 8%

㈜세무는 20×1년 말에 FVOCI금융자산의 신용위험이 유의하게 증가하였다고 판단하고 전체기간 기대신용손실을 ₩50,000으로 추정하였다. 20×2년 말에 이자는 정상적으로 수취하였으나 FVOCI금융자산의 신용이 손상되었다고 판단하였다. 20×2년 말 현재 채무불이행 발생확률을 고려하여 향후 이자는 받을 수 없으며, 만기일에 수취할 원금의 현금흐름을 ₩700,000으로 추정하였다. FVOCI금융자산관련 회계처리가 ㈜세무의 20×1년도와 20×2년도의 당기순이익에 미치는 영향으로 옳은 것은? (단, 20×1년 말과 20×2년 말의 시장이자율은 각각 10%와 12%이며, 회사채 취득 시 손상은 없다)

기간	단일금액 ₩1의 현재가치			정상연금 ₩1의 현재가치		
	8%	10%	12%	8%	10%	12%
1년	0.9259	0.9091	0.8929	0.9259	0.9091	0.8929
2년	0.8573	0.8264	0.7972	1.7833	1.7355	1.6901
3년	0.7938	0.7513	0.7118	2.5771	2.4869	2.4018
4년	0.7350	0.6830	0.6355	3.3121	3.1699	3.0373

	20×1년	20×2년		20×1년	20×2년
①	₩19,399 증가	₩206,773 감소	②	₩19,399 증가	₩248,843 감소
③	₩31,834 증가	₩248,843 감소	④	₩19,399 증가	₩216,913 감소
⑤	₩31,834 증가	₩206,773 감소			

19 공기청정기 제조·판매가 주업인 ㈜청정은 20×1년 1월 1일 직접 제조한 추정내용연수가 5년인 에어컨을 ㈜하늘에게 판매하였는데 이 거래의 실질은 금융리스이다.

> (1) 공기청정기: 제조원가는 ₩9,000,000, 20×1년 1월 1일의 공정가치는 ₩12,500,000
> (2) 리스기간: 20×1년 1월 1일부터 20×4년 12월 31일까지
> (3) ㈜하늘은 리스시간 종료 시 공기청정기를 반환하기로 하였다.
> (4) ㈜하늘은 매년 말 고정리스료로 ₩3,500,000을 지급하며, 20×4년 12월 31일의 공기청정기 예상잔존가치 ₩1,000,000 중 ₩200,000은 ㈜하늘이 보증하기로 하고 ₩400,000은 ㈜청정과 특수관계가 없고 재무적 이행능력이 있는 제3자가 보증하기로 하였다.
> (5) ㈜청정은 20×1년 1월 1일 ㈜하늘과의 리스계약을 체결하는 과정에서 리스를 체결하지 않았더라면 부담하지 않았을 리스 체결 증분원가 ₩350,000이 발생하였다.
> (6) ㈜청정이 ㈜하늘에 제시한 할인율: 연 5%(시장이자율보다 인위적으로 낮은 이자율임)
> (7) 20×1년 1월 1일 현재 시장이자율: 연 8%
>
> | 기간 | 4기간 ₩1의 현가계수 | 4기간 ₩1의 연금현가계수 |
> |---|---|---|
> | 5% | 0.8227 | 3.5460 |
> | 8% | 0.7350 | 3.3121 |

동 거래가 ㈜청정의 영업이익에 미친 영향은 얼마인가?

① ₩3,765,250   ② ₩3,652,350   ③ ₩3,500,350

④ ₩3,327,350   ⑤ ₩2,977,350

20 다음은 ㈜한국의 20×1년과 20×2년 수정 전 시산표의 일부이다.

계정과목	20×1년 말	20×2년 말
매출채권	₩200,000	₩100,000
재고자산	₩100,000	₩200,000
매입채무	₩200,000	₩300,000
매출	₩500,000	₩700,000
매입	₩600,000	₩500,000

20×2년 ㈜한국이 계상할 매출총이익과 직접법에 따른 영업활동으로 인한 현금 증감액은 얼마인가?

	매출총이익	영업활동으로 인한 현금 증감액
①	₩300,000	₩400,000 증가
②	₩300,000	₩400,000 감소
③	₩400,000	₩300,000 증가
④	₩400,000	₩300,000 감소
⑤	₩450,000	₩300,000 감소

21 ㈜대한은 20×1년 7월 1일 ㈜한국의 모든 자산과 부채를 취득, 인수하는 사업결합을 하였다. 사업결합과 관련된 자료가 다음과 같을 때, 20×1년 7월 1일 ㈜대한이 인식해야 할 영업권은 얼마인가?

- 사업결합시점에 식별할 수 있는 ㈜한국의 순자산 장부금액은 ₩1,000,000이며, 순자산 공정가치는 ₩1,200,000이다.
- ㈜대한은 사업결합의 이전대가로 ㈜한국의 주주들에게 ㈜대한의 보통주 100주(주당 액면금액 ₩7,000, 주당 공정가치 ₩14,000)를 발행하고 교부하였다.
- ㈜대한은 사업결합과 관련하여 보통주 발행과 직접 관련된 비용 ₩10,000과 기타 수수료 ₩10,000을 현금으로 지급하였다.

① ₩180,000   ② ₩190,000   ③ ₩200,000
④ ₩400,000   ⑤ ₩440,000

22 다음은 ㈜대한의 20×1년 법인세 관련 자료이다.

- 20×1년 법인세비용차감전순이익은 ₩500,000이다.
- 20×1년 말 접대비 한도초과액은 ₩20,000이며, 20×1년 말 재고자산평가손실의 세법상 부인액은 ₩10,000이다.
- 20×1년 5월 1일에 ₩30,000에 취득한 자기주식을 20×1년 10월 1일에 ₩50,000에 처분하였다.
- 20×1년 말 기타포괄손익-공정가치(FVOCI)로 측정하는 금융자산(지분상품) 평가손실 ₩30,000을 기타포괄손익으로 인식하였다.
- 20×1년 10월 1일 본사사옥을 건설하기 위하여 ₩100,000에 취득한 토지의 20×1년 말 현재 공정가치는 ₩130,000이다. ㈜대한은 유형자산에 대해 재평가모형을 적용하고 있으나, 세법에서는 이를 인정하지 않는다.
- 연도별 법인세율은 20%로 일정하다.
- 일시적 차이에 사용될 수 있는 과세소득의 발생가능성은 높으며, 전기이월 일시적 차이는 없다.

㈜대한이 20×1년 포괄손익계산서에 당기비용으로 인식할 법인세비용은 얼마인가?

① ₩96,000   ② ₩100,000   ③ ₩104,000
④ ₩106,000   ⑤ ₩108,000

23 ㈜문경의 20×1년도 주당 이익산출과 관련된 자료는 다음과 같다.

(1) 20×1년 1월 1일 현재 유통보통주식수는 15,000주(주당 액면금액 ₩1,000)이며, 우선주는 없다.
(2) 20×1년 7월 1일에 자기주식 1,800주를 취득하여 20×1년 12월 31일 현재 보유하고 있다.
(3) 20×1년 1월 1일에 전환사채(액면금액 ₩500,000, 3년 후 일시상환)를 액면발행하였다. 동 사채의 액면이자율은 연 8%(매년 말 이자지급)이며, 전환사채발행 시 동일 조건을 가진 일반사채의 유효이자율은 연 10%이다. 동 전환사채는 만기까지 언제든지 사채액면 ₩1,000당 보통주 1주로 전환가능하다. 20×1년 12월 31일까지 동 전환사채에 대하여 전환청구는 없었다.
(4) 가중평균은 월할로 계산한다.

20×1년도 ㈜문경의 기본주당순이익이 ₩328이라면 희석주당순이익은 얼마인가? (단, 법인세율은 20%로 가정한다. 현가계수는 아래 표를 이용하라. 또한 계산금액은 소수점 첫째 자리에서 반올림하며, 단수차이로 인해 약간의 오차가 있으면 가장 근사치를 선택한다)

기간\할인율	기간 말 단일금액 ₩1의 현재가치		정상연금 ₩1의 현재가치	
	8%	10%	8%	10%
1	0.9259	0.9091	0.9259	0.9091
2	0.8573	0.8264	1.7833	1.7355
3	0.7938	0.7513	2.5771	2.4868

① ₩313 ② ₩316 ③ ₩319
④ ₩322 ⑤ ₩325

24 ㈜한국은 당기에 다음과 같은 오류를 발견하고, 장부 마감 전에 이를 수정하였다. 오류수정 전 당기순이익이 ₩100,000이라고 할 때, 오류수정 후 당기순손익은 얼마인가?

> - 당기 7월 1일 수령한 선수임대료 ₩120,000을 전액 임대료수익으로 계상하였다(임대기간은 당기 7월 1일부터 차기 6월 30일까지이다).
> - 당기발생 미지급급여 ₩100,000을 누락하고 인식하지 않았다.
> - 당기발생 미수이자 ₩40,000을 누락하고 인식하지 않았다.
> - FOB 도착지인도조건으로 당기 12월 29일 선적하여 차기 1월 5일 인도예정인 상품에 대해 당기 12월 29일에 매출 ₩200,000과 매출원가 ₩150,000을 인식하였다.

① 당기순이익 ₩30,000
② 당기순이익 ₩70,000
③ 당기순손실 ₩70,000
④ 당기순손실 ₩150,000
⑤ 당기순손실 ₩200,000

25 다음은 B사의 20×1년도 비교재무제표 중 건물과 관련된 부분들만 발췌한 것으로 건물은 재평가모형을 적용한다. B사는 20×1년 중 재평가잉여금 ₩10,000을 이익잉여금으로 대체하였으며, 당기의 건물 취득액은 ₩300,000이다. B사의 20×1년도에 건물의 처분으로 수령한 현금은 얼마인가?

계정과목	20×1년	20×0년
기계장치	₩700,000	₩600,000
감가상각누계액	₩190,000	₩250,000
재평가잉여금	₩30,000	₩80,000
감가상각비	₩40,000	-
유형자산처분이익	₩20,000	-

① ₩90,000   ② ₩85,000   ③ ₩80,000
④ ₩78,000   ⑤ ₩75,000

정답

01 ③	02 ①	03 ④	04 ③	05 ③	06 ①	07 ⑤	08 ⑤	09 ②	10 ②
11 ③	12 ②	13 ①	14 ①	15 ⑤	16 ②	17 ③	18 ①	19 ⑤	20 ①
21 ③	22 ③	23 ③	24 ③	25 ③					

해설

01 ③ 검증가능성은 합리적인 판단력이 있고 독립적인 서로 다른 관찰자가 어떤 서술이 표현충실성에 있어, 비록 반드시 완전히 의견이 일치하지는 않더라도, 합의에 이를 수 있다는 것을 의미한다.

02 ① ㄴ. 자산의 역사적 원가는 자산의 취득 또는 창출을 위하여 지급한 대가와 거래원가를 포함하고, 부채의 역사적 원가는 부채가 발생하거나 인수하면서 수취한 대가에서 거래원가를 차감한 가치이다.
ㄹ. 공정가치는 측정일에 시장참여자 사이의 정상거래에서 자산을 매도할 때 받거나 부채를 이전할 때 지급하게 될 가격(유출가치)이며, 자산을 취득하거나 부채를 발생시키거나 인수할 때 발생한 거래원가로 인해 감소하거나 증가하지 않는다.

03 ④ 정상영업주기 내에 결제가 예상되는 부채는 유동부채로 분류한다. 다만, 정상영업주기를 명확하게 식별할 수 없는 경우에는 정상영업주기를 12개월인 것으로 가정한다. 따라서, 보고기간 후 12개월 이내에 결제되는 부채는 유동부채로 분류하게 된다. 매입채무와 같이 정상영업주기 내에 사용되는 운전자본의 일부인 항목은 정상영업주기 내에 결제되기 때문에 보고기간 후 12개월 후에 결제일이 도래한다고 하더라도 유동부채로 분류한다.

04 ③ 1) 기말재고자산평가충당금: 476개 × @(85 - 83) = 952
2) 당기재고자산평가손실: 기말평가충당금 952 - 기초평가충당금 0 = 952

05 ③ 1) 순인상: 500 - 100 = 400
2) 순인하: 400 - 200 = 200
3) 기말재고(매가): 1,000 + 6,400 + 400 - 200 - 4,000 = 3,600
4) 원가율: (4,200 + 900) ÷ (6,400 + 400) = 75%
5) 기말재고(원가): 3,600 × 75% = 2,700

06 ① 1) 20×1년 1월 1일 회계처리

차) 신기계장치(제공한 자산 FV)	650,000(역산)	대) 구기계장치(BV)	700,000
처분손실	50,000		
차) 신기계장치	50,000	대) 현금	50,000
차) 교육훈련비	50,000	대) 현금	50,000

2) 20×1년 감가상각비: (650,000 + 50,000 - 50,000) ÷ 5년 = 130,000

07 ⑤ 1) 20×1년 초 회계처리

차) 구축물	5,124,184	대) 현금	5,000,000
		복구충당부채	124,184

2) 20×1년 말 재무상태표
   (1) 구축물: 5,124,184 × 4/5 = 4,099,347
   (2) 복구충당부채: 124,184 × 1.1 = 136,602
3) 20×2년 초 재무상태표
   (1) 복구충당부채 재측정액: 300,000 × 0.63552 = 190,656
   (2) 구축물: 4,099,347 + (190,656 - 136,602) = 4,153,401
4) 20×2년 비용합계: (1) + (2) = 1,061,229
   (1) 감가상각비: 4,153,401 ÷ 4년 = 1,038,350
   (2) 이자비용: 190,656 × 12% = 22,879

08 ⑤ 1) 20×2년 말 회계처리

차) 감가상각비	14,000	대) 감가상각누계액	14,000
차) 감가상각누계액	14,000	대) 건물	46,000
재평가잉여금	32,000		
차) 재평가잉여금	4,000	대) 손상차손누계액	32,000
손상차손	28,000		

* 20×1년 말 재평가잉여금: 126,000 - (100,000 - 10,000) = 36,000

2) 20×3년 말 회계처리

차) 감가상각비	6,000	대) 감가상각누계액	6,000
차) 손상차손누계액	32,000	대) 손상차손환입	28,000
		재평가잉여금	4,000
차) 감가상각누계액	6,000	대) 재평가잉여금	31,000
건물	25,000		

09 ② 1) 연평균지출액: 50,000 × 6/12 + 40,000 × 3/12 = 35,000
   2) 특정차입금 이자비용: 50,000 × 6/12 × 8% = 2,000
   3) 일반차입금 이자비용: (35,000 - 50,000 × 6/12) × 10% = 1,000
      일반차입금 한도: 25,000 × 12/12 × 10% = 2,500
   4) 이자비용(비용): 2,500 - 1,000 = 1,500

10 ② 투자부동산이 경영진의 의도하는 방식으로 가동될 수 있는 장소와 상태에 이른 후에는 원가를 더 이상 인식하지 않는다. 예를 들어 다음과 같은 원가는 투자부동산의 장부금액에 포함하지 않는다.

ⓐ 경영진이 의도하는 방식으로 부동산을 운영하는 데 필요한 상태에 이르게 하는 데 직접 관련이 없는 초기원가

ⓑ 계획된 사용수준에 도달하기 전에 발생하는 부동산의 운영손실

ⓒ 건설이나 개발 과정에서 발생한 비정상적인 원재료, 인력 및 기타 자원의 낭비금액

11 ③ ① 수선비는 미래행위와 독립적이지 않으므로 충당부채로 인식하지 않는다.

② 충당부채의 인식요건을 만족하므로 벌과금 관련하여 충당부채로 인식하여야 한다.

③ 신뢰성 있게 금액을 추정하기 어려운 경우 충당부채로 계상하지 않는다.

④ 충당부채의 인식요건을 만족하므로 제품보증과 관련하여 충당부채로 인식하여야 한다.

⑤ 구조조정 계획의 이행에 착수하거나 구조조정의 주요내용을 공표하지 않았으므로, 관련 당사자가 기업이 구조조정을 이행할 것이라는 기대를 가질 수 없고, 의제의무가 발생하지 않는다. 따라서 충당부채로 인식하지 않는다.

12 ② 1) 사채발행금액(할증발행): 100,000 + 1,679 + 1,780 + 1,885 = 105,344

2) 총이자비용: 100,000 + 8,000 × 3년 - 105,344 = 18,656

13 ① 1) 이익잉여금: 100주 × 1,000 × 10% = 10,000 이익잉여금 감소

2) 자기주식처분손익: 4주 × (2,200 - 2,100) + 6주 × (1,700 - 2,100) = (-)2,000

3) 보통주 주식 수: (100주 × 1.1) × 2 = 220주

4) 보통주자본금: 220주 × 500 = 110,000

5) 자본총계에 미친 영향: -10주 × 2,100 + 4주 × 2,200 + 6주 × 1,700 = (-)2,000

14 ① 1) 제품 C의 수익인식액: (300,000 + 60,000) × 300,000/(300,000 + 100,000) = 270,000

　　*거래가격의 변동 시 계약 개시시점과 동일한 기준으로 배분한다.

2) 제품 D는 수행의무를 이행하지 않았으므로 수익으로 인식할 금액은 없다.

15 ⑤ 1) 20×1년 12월 1일 회계처리

차) 현금	1,000,000	대) 금융부채	1,000,000

2) 20×1년 12월 31일 회계처리

차) 이자비용	50,000	대) 미지급이자	50,000

3) 20×2년 3월 31일 회계처리

차) 이자비용	150,000	대) 미지급이자	150,000
차) 미지급이자	200,000	대) 매출	1,200,000
금융부채	1,000,000		
차) 매출원가	600,000	대) 재고자산	600,000

➋ 20×2년 당기순이익에 미치는 영향: -150,000 + 1,200,000 - 600,000 = 450,000 증가

16 ② A사의 20×3년 당기손익에 미치는 영향: (-)20,034

1) 사채상환손실: - 1,190,000/1.08 + 1,190,000/1.1 = (-)20,034

2) 20×3년 초 회계처리

차)	전환사채	1,000,000	대)	전환권조정[3]	68,182
	상환할증금	150,000		현금[1]	1,101,852
	전환사채상환손실	20,034			
차)	전환권대가	36,519	대)	현금[2]	48,148
	전환권대가 재매입손실(자본)	11,629			

[1] 전환사채의 상환가액: (40,000 + 1,000,000 + 150,000)/1.08 = 1,101,852
[2] 전환권대가의 상환가액: 1,150,000 - 1,101,852 = 48,148
[3] 전환권조정: 1,150,000 - 1,190,000/1.1 = 68,182

17 ③ 기타포괄손익-공정가치측정금융자산을 당기손익-공정가치측정금융자산으로 재분류할 경우 계속 공정가치로 측정하고, 재분류 전에 인식한 기타포괄손익누계액은 재분류일에 재분류조정으로 당기손익으로 재분류한다.

18 ① 1) 20×1년 당기손익에 미친 영향: 69,399 - 50,000 = 19,399

    (1) 20×1년 이자수익: (40,000 × 3.3121 + 1,000,000 × 0.7350) × 8% = 69,399

    (2) 손상차손: (-)50,000

2) 20×2년 당기손익에 미친 영향: 71,751 - 278,524 = (-)206,773

    (1) 20×2년 이자수익: (867,484 × 1.08 - 40,000) × 8% = 71,751

    (2) 20×2년 손상차손: 700,000 × 0.8573 - {(896,883 × 1.08 - 40,000) - 50,000} = (-)278,524

    * 당기손익에 미치는 영향은 AC금융자산과 FVOCI금융자산이 동일하다.

19 ⑤ 1) 매출액: PV(리스료) by 시장 R

    : (3,500,000 × 3.3121 + 600,000 × 0.7350) = 12,033,350

2) 매출원가: 기초자산 BV - PV(무보증잔존가치) by 시장 R

    : 9,000,000 - (1,000,000 - 600,000) × 0.7350 = 8,706,000

3) 영업이익: 매출 12,033,350 - 매출원가 8,706,000 - 판매관리비 350,000 = 2,977,350

    * 회사 제시 이자율이 시장이자율보다 인위적으로 낮기 때문에 시장이자율 8%를 적용하여 현재가치를 계산한다.
    * 잔존가치 보증은 리스이용자(리스이용자의 특수관계자 포함), 리스제공자와 특수관계에 있지 않고 보증의무를 이행할 재무적 능력이 있는 제3자가 리스제공자에게 제공할 수 있다. **[예]** 제3자가 보증한 잔존가치는 리스자산을 제조, 판매한 회사가 보증한 경우 또는 리스제공자가 보험에 가입하여 보증보험에서 보증한 경우)

20 ① 1) 고객으로부터 유입되는 현금

차)	현금	800,000	대)	매출채권 감소	100,000
				매출	700,000

2) 매출원가: 기초재고 100,000 + 매입 500,000 - 기말재고 200,000 = 400,000

3) 매출총이익: 700,000 - 400,000 = 300,000

4) 공급자에게 유출되는 현금

차)	재고자산 증가	100,000	대)	매입채무 증가	100,000
	매출원가	400,000		현금	400,000

5) 현금 증감액: 800,000 - 400,000 = 400,000

21 ③ 영업권: @14,000 × 100주 - 1,200,000 = 200,000
  * 합병 관련 부대비용은 영업권에 영향을 미치지 않는다.

22 ③ 법인세비용: (500,000 + 20,000) × 20% = 104,000

23 ③ 1) 유통보통주식수: 15,000주 - 1,800주 × 6 ÷ 12 = 14,100주
  2) 보통주당기순이익: 14,100주 × @328 = 4,624,800
  3) 전환사채의 장부금액: 40,000 × 2.4868 + 500,000 × 0.7513 = 475,122
  4) 전환사채의 희석효과: 475,122 × 10% × (1 - 20%) ÷ 500주 = @76
  5) 희석주당이익: {4,624,800 + 475,122 × 10% × (1 - 20%)} ÷ 14,600주 = @319

24 ③ 오류수정 후 당기순이익: 100,000 - 120,000 × 6/12 - 100,000 + 40,000 - 200,000 + 150,000 = (-)70,000

25 ③ 20×1년도에 건물의 처분으로 수령한 현금: 80,000

유형자산 투자활동현금흐름(A + C)		(-)220,000
1. 투자활동 관련 손익(A)		(-)20,000
- 감가상각비	(-)40,000	
- 유형자산처분이익	20,000	
- 유형자산손상차손 등	-	
2. 투자활동 관련 자산 · 부채 증감(C)		(-)200,000
- 자산의 증감	(-)100,000	
- 부채의 증감	(-)60,000	
- 재평가잉여금	(50,000 - 10,000)	

  * 재평가잉여금 중 이익잉여금 대체액은 현금의 증감과 관련이 없다.

① 순현금유출	② 유형자산처분으로 인한 현금유입 80,000	○ 역산
(-)220,000	③ 유형자산취득으로 인한 현금유출 (-)300,000	

01 투자부동산에 관한 설명으로 옳지 않은 것은?

① 미래에 투자부동산으로 사용하기 위하여 건설 또는 개발 중인 부동산은 투자부동산에 해당한다.

② 소유 투자부동산은 최초 인식시점에 원가로 측정하며, 거래원가는 최초 측정치에 포함한다.

③ 통상적인 영업과정에서 판매하기 위한 부동산이나 이를 위하여 건설 또는 개발 중인 부동산은 투자부동산에 해당하지 않는다.

④ 투자부동산을 개발하지 않고 처분하기로 결정하는 경우에는 재고자산으로 재분류한다.

⑤ 투자부동산에 대하여 공정가치모형을 선택한 경우, 투자부동산의 공정가치 변동으로 발생하는 손익은 발생한 기간의 당기손익에 반영한다.

02 A사와 B사는 사용 중인 유형자산을 상호 교환하여 취득하였다. 두 회사가 보유하고 있는 유형자산에 대한 자료는 다음과 같으며, 교환 시 A사가 B사에 추가로 현금 ₩200,000을 지급하였다. 이들 자산간 교환취득을 상업적 실질이 있다고 가정할 경우, A사가 인식할 유형자산취득원가(A)와 B사가 인식할 유형자산처분이익(B)은 얼마인가? (단, 두 자산의 공정가치는 신뢰성 있게 측정할 수 있으며, 각 회사의 입장에서 취득한 자산의 공정가치가 더 명백하다는 증거는 없다)

구분	A사	B사
취득원가	₩2,250,000	₩1,500,000
감가상각누계액	₩1,250,000	₩600,000
공정가치	₩950,000	₩1,150,000

① A: ₩950,000   B: ₩250,000

② A: ₩950,000   B: ₩450,000

③ A: ₩1,050,000   B: ₩450,000

④ A: ₩1,150,000   B: ₩250,000

⑤ A: ₩1,150,000   B: ₩450,000

03 A사는 20×1년 초 기계장치(취득원가 ₩6,000,000, 내용연수 5년, 잔존가치 ₩0)를 취득하여 정액법으로 감가상각하고 있다. 20×1년 말 이 기계장치에 손상징후가 존재하여 회수가능액을 추정한 결과 회수가능액이 ₩2,232,000으로 추정되었다. A사는 동 금액과 장부금액간의 차이가 중요한 것으로 판단하여 손상차손을 인식하였다. 한편, 20×2년 말 기계장치의 회수가능액이 ₩4,000,000으로 회복된 것으로 추정될 경우, A사가 20×2년 말 인식할 손상차손환입액은 얼마인가? (단, 기계장치에 대하여 원가모형을 적용한다)

① ₩1,574,000

② ₩1,926,000

③ ₩2,138,000

④ ₩2,326,000

⑤ ₩2,568,000

04 다음 무형자산의 회계처리에 관한 설명으로 옳은 것을 모두 고른 것은?

> A. 내용연수가 비한정적인 무형자산은 상각하지 않고, 무형자산의 손상을 시사하는 징후가 있을 경우에 한하여 손상검사를 수행해야 한다.
> B. 무형자산을 창출하기 위한 내부프로젝트를 연구단계와 개발단계로 구분할 수 없는 경우에는 그 프로젝트에서 발생한 지출은 모두 연구단계에서 발생한 것으로 본다.
> C. 브랜드, 제호, 출판표제, 고객목록 및 이와 실질이 유사한 항목은 그것을 외부에서 창출하였는지 또는 내부적으로 창출하였는지에 관계없이 취득이나 완성 후의 지출은 발생시점에 무형자산의 원가로 인식한다.
> D. 내용연수가 유한한 무형자산의 잔존가치는 적어도 매 회계연도 말에는 검토하고, 잔존가치의 변동은 회계추정치의 변경으로 처리한다.
> E. 무형자산은 처분하는 때 또는 사용이나 처분으로부터 미래경제적효익이 기대되지 않을 때 재무상태표에서 제거한다.

① A, B, C   ② A, C, D   ③ A, D, E
④ B, C, E   ⑤ B, D, E

05 A사는 고객에게 상품을 판매하고 약속어음(액면금액 ₩5,000,000, 만기 6개월, 표시이자율 연 6%)을 받았다. A사는 동 어음을 3개월간 보유한 후 은행에 할인하면서 은행으로부터 ₩4,995,500을 받았다. 동 어음에 대한 은행의 연간 할인율은 얼마인가? (단, 이자는 월할 계산한다)

① 8%   ② 10%   ③ 12%
④ 14%   ⑤ 16%

06 건강식품을 생산하는 A사는 B사에 판매를 위탁하고 있다. A사는 20×1년 초 단위당 판매가격이 ₩2,000(단위당 원가 ₩1,400)인 건강식품 100단위를 B사에 발송하였으며, 운반비 ₩8,000을 운송업체에 현금으로 지급하였다. 한편, B사는 A사로부터 수탁한 건강식품 중 60%를 20×1년도에 판매하였다. A사는 판매금액의 5%를 B사에 수수료로 지급한다. 이 거래로 20×1년도에 B사가 인식할 수익과 A사가 인식할 매출원가는 얼마인가?

	B사가 인식할 수익	A사가 인식할 매출원가
①	₩6,000	₩84,000
②	₩6,000	₩88,800
③	₩6,240	₩84,000
④	₩6,240	₩88,800
⑤	₩8,000	₩84,000

07 A사는 20×1년 중 B사가 주문한 맞춤형 특수기계를 ₩10,000에 제작하는 계약을 체결하였다. 20×1년에 발생한 제작원가는 ₩2,000이고, 추정총원가는 ₩8,000이다. 20×2년에 설계변경이 있었고, 이로 인한 원가상승을 반영하여 계약금액을 ₩12,000으로 변경하였다. 20×2년에 발생한 제작원가는 ₩4,000이고, 추정총원가는 ₩10,000이다. 이 기계는 20×3년 3월 31일에 완성되었다. 원가기준 투입법으로 진행률을 측정할 때, A사가 동 계약과 관련하여 20×2년도에 인식할 이익은 얼마인가?

① ₩300 ② ₩400 ③ ₩500
④ ₩600 ⑤ ₩700

08 A사는 리스이용자로 사무실용 건물을 20×1년 초부터 4년간 리스하는 계약(연간리스료 매년 말 ₩90,000 지급, 지수와 연동되는 조건)을 체결하였다. A사는 리스개시일인 20×1년 초에 리스부채로 ₩311,859을 인식하였다. 한편, 2년이 경과된 20×3년 초의 지수 변동으로 A사는 리스회사와 매년 말 연간리스료 ₩70,000을 지급하기로 합의하였다. 20×3년 초 리스변경을 반영한 후 A사의 리스부채의 장부금액은 얼마인가? (단, 리스의 내재이자율은 쉽게 산정할 수 없으나, 리스개시일과 20×3년 초 리스이용자인 A사의 증분차입이자율은 각각 연 6%와 연 8%이다)

기간	정상연금 ₩1의 현재가치	
	6%	8%
1	0.9434	0.9259
2	1.8334	1.7833
3	2.6730	2.5771
4	3.4651	3.3121

① ₩124,831 ② ₩128,338 ③ ₩159,456
④ ₩231,847 ⑤ ₩242,557

09 A사는 20×1년 12월 31일자로 종료되는 회계연도 재무제표의 이사회 승인을 앞두고 있다. 아래의 각 상호 독립된 사건은 재무제표에 반영되어 있지 않지만 보고기간 말 이후 발생한 것이다. '수정을 요하는 보고기간후사건'을 모두 고른 것은? (단, 주석으로 공시되는 금액은 제외한다)

A. 관계회사의 금융기관 차입에 대해 ₩30,000의 지급보증 약정을 체결하였다.
B. 생산공장에 화재가 발생하여 ₩50,000의 생산설비가 파손되었다.
C. 20×1년 말 현재 피고로 계류 중이던 손해배상소송에서 ₩10,000의 손해배상확정판결을 받았다.
D. 내부규정에 의해 20×1년 말 지급하여야 할 상여금 지급액이 ₩25,000으로 확정되었다.

① A, B ② A, C ③ B, D
④ C, D ⑤ B, C, D

10 다음은 기업회계기준서 제 1001호 '재무제표 표시'에 규정된 내용들이다. 올바른 설명은 어느 것인가?

① 기업들은 기업회계기준서 제1001호 '재무제표 표시'에서 규정하고 있는 재무제표의 명칭만을 사용하여야 한다.

② 당기순손익의 구성요소를 단일 포괄손익계산서의 일부로 표시하거나 별개의 손익계산서에 표시할 수 있으며, 별개의 손익계산서를 작성하는 경우 별개의 손익계산서는 포괄손익계산서의 바로 다음에 표시한다.

③ 재무상태표는 전체 재무제표에서 우월한 비중으로 표시한다.

④ 총포괄손익은 거래나 그 밖의 사건으로 인한 기간 중 자본의 변동을 말한다.

⑤ 경영진의 재무검토보고서, 환경보고서 및 부가가치보고서 등 재무제표 이외의 보고서도 한국채택국제회계기준의 적용범위에 해당하지 않는다.

11 재무보고를 위한 개념체계에 관한 설명으로 옳지 않은 것은?

① 부채는 과거 거래의 결과 발생한 것으로 미래에 기업실체가 부담할 의무로서 현재 그 의무를 이행한다.

② 미래경제적효익의 유입가능성이 높거나 그 항목의 원가를 신뢰성 있게 측정할 수 있으면 재무제표에 자산으로 인식한다.

③ 비용은 경제적 효익이 유출, 소비됨으로써 자산이 증가하거나 부채가 감소할 가능성이 높고 그 금액을 신뢰성 있게 측정할 수 있을 때 인식한다.

④ 자산의 사용정도를 체계적이고 합리적인 방법으로 배분하는 감가상각비는 관련 수익과의 관련성이 직접적으로 파악·결정되는 비용이다.

⑤ 표현의 충실성을 위한 서술에 오류가 없다는 것은 현상의 기술에 오류나 누락이 없고, 보고 정보를 생산하는 데 사용되는 절차의 선택과 적용에 절차상의 오류가 없음을 의미한다.

12 A사는 20×1년 1월 1일 액면금액 ₩1,000,000(만기 3년, 표시이자율 연 6%, 매년 말 이자지급)의 사채를 발행하였으며, 사채의 발행 당시 유효이자율은 연 8%이다. A사는 20×2년 6월 30일 사채를 조기상환하였다. 조기상환 시 발생한 사채상환손실은 ₩32,000이다. A사가 유효이자율법을 적용할 때, 상환일까지의 경과이자를 포함한 사채조기상환금액은 얼마인가? (단, 이자비용은 월할 계산하고, 계산금액은 소수점 첫째 자리에서 반올림하며, 단수차이로 인한 오차가 있으면 가장 근사치를 선택한다)

기간	단일금액 ₩1의 현재가치		정상연금 ₩1의 현재가치	
	6%	8%	6%	8%
1	0.9434	0.9259	0.9434	0.9259
2	0.8900	0.8574	1.8334	1.7833
3	0.8396	0.7938	2.6730	2.5771

① ₩970,872   ② ₩996,300   ③ ₩1,004,872

④ ₩1,034,974   ⑤ ₩1,073,444

13 A사는 20×1년 1월 1일에 액면금액 ₩500,000의 전환사채를 다음과 같은 조건으로 액면발행하였다.

> (1) 표시이자율: 연 6%(매년 말 지급)
> (2) 전환사채발행 당시 일반사채의 시장이자율: 연 10%
> (3) 만기일: 20×3년 12월 31일

전환사채의 만기상환조건이 액면상환조건인 경우의 전환권대가(A)와 할증상환조건(보장수익률 8%, 상환할증금 ₩32,464)인 경우의 전환권대가(B)는 얼마인가? (단, 계산금액은 소수점 첫째 자리에서 반올림하고, 단수차이로 인한 오차가 있으면 가장 근사치를 선택한다)

기간	단일금액 ₩1의 현재가치		정상연금 ₩1의 현재가치	
	8%	10%	8%	10%
3	0.7938	0.7513	2.5771	2.4869

	A	B
①	₩24,878	₩488
②	₩25,787	₩17
③	₩25,787	₩25,353
④	₩49,743	₩25,353
⑤	₩49,743	₩17

14 금융상품에 관한 설명으로 옳은 것은?

① 당기손익-공정가치로 측정되는 '지분상품에 대한 투자'에 대해서는 후속적인 공정가치 변동은 최초 인식시점이라 하더라도 기타포괄손익으로 표시하도록 선택할 수 없다.

② 측정이나 인식의 불일치, 즉 회계불일치의 상황이 아닌 경우 금융자산은 금융자산의 관리를 위한 사업모형과 금융자산의 계약상 현금흐름의 특성 모두에 근거하여 상각후원가, 기타포괄손익-공정가치, 당기손익-공정가치로 측정되도록 분류한다.

③ 금융자산 전체나 일부의 회수를 합리적으로 예상할 수 없는 경우에도 해당 금융자산의 총장부금액을 직접 줄일 수는 없다.

④ 기타포괄손익-공정가치측정금융자산의 기대신용손실을 조정하기 위한 기대신용손실액(손상차손)은 당기손실로 인식하고, 기대신용손실환입액(손상차손환입)은 기타포괄손익으로 인식한다.

⑤ 금융자산을 상각후원가측정범주에서 기타포괄손익-공정가치측정범주로 재분류하는 경우 재분류일의 공정가치로 측정하며, 재분류 전 상각후원가와 공정가치 차이에 따른 손익은 당기손익으로 인식한다.

15 A사는 재고자산평가방법으로 소매재고법을 적용하고 있다. 20×1년도 재고자산 관련 자료가 다음과 같은 경우, 평균원가법에 의한 20×1년 말 재고자산은 얼마인가?

항목	원가	판매가
기초재고액	₩143,000	₩169,000
당기매입액	₩1,138,800	₩1,586,000
매가인상액		₩390,000
인상취소액		₩150,000
매가인하액		₩110,000
당기매출액		₩1,430,000

① ₩211,000 ② ₩237,000 ③ ₩309,400
④ ₩455,000 ⑤ ₩485,400

16 ㈜포도는 20×1년 4월 1일에 취득원가가 ₩6,000,000이고 감가상각누계액이 ₩1,000,000인 비품을 매각하고 액면금액 ₩6,000,000의 3년 만기 장기성어음을 교부받았으며, 매년 3월 31일에 ₩2,000,000의 원금에 액면이자(표시이자율 연 5%)를 가산한 금액을 받기로 하였다. 동 어음에 적용될 유효이자율은 연 12%이다(3년 이자율 12% ₩1의 현가계수: 0.71178, 2년 이자율 12% ₩1의 현가계수: 0.79719, 1년 이자율 12% ₩1의 현가계수: 0.89286). 아래의 금액들은 얼마인가?

	유형자산처분손익	3년간 인식할 총이자수익	20×2년에 인식할 이자수익
①	₩(−)651,067	₩748,933	₩163,727
②	₩651,067	₩1,197,866	₩159,064
③	₩302,136	₩1,297,864	₩486,519
④	₩(−)302,134	₩1,397,866	₩159,064
⑤	₩697,864	₩1,297,866	₩486,519

17 12월 말 결산법인인 A사는 20×1년 1월 1일 건물을 ₩100,000에 취득(경제적 내용연수 5년, 잔존가치 ₩0, 정액법 적용)하고 재평가모형을 적용하고 있다. 20×1년 말과 20×2년 말 현재 건물의 공정가치가 각각 ₩96,000과 ₩36,000이라고 할 경우 다음의 설명 중 옳은 것은?

① 재평가잉여금을 이익잉여금으로 대체하는 정책을 채택하는 경우 20×2년도에 이익잉여금으로 대체할 금액은 ₩2,000이다.
② 재평가잉여금을 이익잉여금으로 대체하는 정책을 채택하는 경우가 대체하지 않는 경우보다 20×2년도 당기순이익이 ₩4,000만큼 크다.
③ 비례수정법으로 회계처리하는 경우 20×2년 말 현재 재무상태표에 보고할 감가상각누계액은 ₩24,000이다.
④ 법인세율이 30%라고 할 경우 20×1년 말 재무상태표에 보고할 재평가잉여금은 ₩16,000이다.
⑤ 재평가잉여금을 이익잉여금으로 대체하는 경우가 대체하지 않는 경우보다 20×2년도의 총포괄손익에 미친 영향이 ₩4,000만큼 크다.

18 20×0년 5월 1일 A회사는 주당 ₩15,000(액면가 ₩5,000)에 자기주식 보통주 1,000주를 취득하였다. 20×0년 12월 31일 A회사의 주가는 주당 ₩20,000이었다. 회사는 20×1년 2월 1일에 자기주식 중 600주를 주당 ₩21,000에 매각하고 나머지 400주는 소각하였다. 20×1년 2월 1일에 발생한 자본 항목 변동은 얼마인가? (단, A회사의 20×0년 초 재무상태표에는 자기주식처분손실 ₩2,000,000이 존재하였다)

	납입자본		기타자본구성
	자본금	자본잉여금	
①	₩5,000,000 감소	₩400,000 감소	₩15,000,000 증가
②	₩2,000,000 감소	변동없음	₩14,600,000 증가
③	₩5,000,000 감소	₩7,600,000 증가	₩18,600,000 증가
④	₩2,000,000 감소	₩4,000,000 감소	₩3,600,000 증가
⑤	₩2,000,000 감소	₩1,600,000 증가	₩13,000,000 증가

19 다음은 계약체결 증분원가와 계약이행원가의 인식과 관련된 기준서 제1115호 '고객과의 계약에서 생기는 수익'의 규정이다. 기준서의 내용과 일치하지 않는 설명은 무엇인가?

① 계약의 체결을 위한 원가인 계약체결 증분원가가 회수될 것으로 예상된다면 이를 자산으로 인식하지만, 자산으로 인식하더라도 상각기간이 1년 이하라면 그 계약체결 증분원가는 발생시점에 비용으로 인식할 수 있다.

② 계약체결 여부와 무관하게 드는 계약체결원가 중 고객에게 그 원가를 명백히 청구할 수 있는 경우가 아니라면 발생시점에 비용으로 인식한다.

③ 계약이행원가가 계약이나 구체적으로 식별할 수 있는 예상 계약에 직접 관련되고, 원가가 미래의 수행의무를 이행할 때 사용할 기업의 자원을 창출하거나 가치를 높이며, 원가가 회수될 것으로 예상되는 경우에는 이를 자산으로 인식한다.

④ 이미 이행한 계약상 수행의무와 관련된 원가나 이행하지 않은 수행의무와 관련된 원가인지 이미 이행한 수행의무와 관련된 원가인지 구별할 수 없는 원가는 발생시점에 즉시 비용으로 인식한다.

⑤ 자산으로 인식한 계약원가는 관련된 재화나 용역을 고객에게 이전하는 방식과 일치하는 체계적 기준으로 상각하여 비용인식하며, 비용인식 시기에 유의적 변동이 있는 경우에 이를 반영하여 상각방식을 후속수정하지 않는다.

20 다음은 20×1년 C사의 재고자산 매입과 매출에 관한 자료이다. C사는 재고자산에 대하여 실지재고조사법과 가중평균법을 이용하고 있다. 기말재고자산의 실지수량은 15개이며, 단위당 순실현가능가치는 ₩18이다. 재고자산감모손실은 매출원가에 포함하지 않고 별도의 계정으로 분류하며 재고자산평가손실(환입)은 매출원가에 포함하여 표시한다고 할 때 당기 매출원가는 얼마인가? (단, 기초재고의 단위당 순실현가능가치는 ₩12이다)

일자	적요	수량	단가[1]	금액
1월 1일	기초재고	20개	₩10	₩200
2월 3일	매입	40개	₩20	₩800
7월 8일	매출	(-)50개	₩50	₩2,500
10월 3일	매입	40개	₩30	₩1,200
11월 31일	매출	(-)30개	₩60	₩1,800

[1] 매입 시 매입단가, 매출 시 판매단가를 의미함

① ₩2,220 ② ₩2,120 ③ ₩2,020 ④ ₩1,920 ⑤ ₩1,820

21 주식기준보상에 관한 설명으로 옳지 않은 것은?

① 현금결제형 주식기준보상거래의 경우, 제공받는 재화나 용역과 그 대가로 부담하는 부채를 부채의 공정가치로 측정한다.

② 현금결제형 주식기준보상거래의 경우, 부채가 결제될 때까지 매 보고기간 말과 결제일에 부채의 공정가치를 재측정하고, 공정가치의 변동액은 기타포괄손익으로 인식한다.

③ 주식결제형 주식기준보상거래의 경우, 제공받는 용역의 공정가치를 신뢰성 있게 추정할 수 없다면, 제공받는 용역과 그에 상응하는 자본의 증가는 부여된 지분상품의 공정가치에 기초하여 간접 측정한다.

④ 주식결제형 주식기준보상거래의 경우, 부여한 지분상품의 공정가치에 기초하여 거래를 측정하는 경우에는 지분상품의 부여조건을 고려하여 측정기준일 현재 공정가치를 측정한다.

⑤ 기업이 거래상대방에게 주식기준보상거래를 현금이나 지분상품발행으로 결제받을 수 있는 선택권을 부여한 경우에는, 부채요소와 자본요소가 포함된 복합금융상품을 부여한 것이다.

22 ㈜사과는 20×1년에 설립된 회사로 원재료를 제조공정에 투입하여 재공품을 거쳐 제품을 생산판매하고 있다. ㈜사과의 20×1년 말 재무상태표에 계상된 재고자산평가충당금은 ₩18,900이다. 20×2년의 재고자산과 관련된 내용은 아래와 같다.

〈20×2년 말 현재 보유 중인 재고자산〉

구분	장부수량	실제수량	단위당		
			원가	현행대체원가	순실현가능가치
제품	50개	47개	₩5,000	₩4,800	₩5,200
재공품	3개	2개	₩1,400	₩1,200	₩1,100
원재료	10개	7개	₩1,200	₩800	₩900

㈜사과는 20×2년 12월 24일 ㈜앵두에 제품 20개를 개당 ₩4,700에 판매하는 확정판매계약을 체결하였다. 동 계약은 20×3년 중에 인도할 예정이다. ㈜사과가 20×2년에 인식할 재고자산평가손실(환입)은 얼마인가?

① ₩10,800 손실   ② ₩18,300 손실   ③ ₩6,600 손실

④ ₩10,800 환입   ⑤ ₩12,300 환입

23 다음은 ㈜현주의 연구소에서 개발하고 있는 신제품 A의 연구 및 개발활동과 관련된 자료이다. ㈜현주의 결산일은 매년 12월 31일이며, 무형자산을 원가모형으로 평가하고 있다.

> (1) 20×1년에 연구비로 ₩200,000을 지출하였고 개발비로 ₩800,000을 지출하였는데, 개발비 중 무형자산의 인식기준을 충족한 이후에 발생한 금액은 ₩300,000이다.
> (2) 20×2년에 추가 개발비로 ₩700,000을 지출하였으며, 동 금액은 무형자산의 인식기준을 충족한다.
> (3) 개발비는 20×3년부터 사용이 가능하며 내용연수는 5년, 잔존가치는 없고 정액법으로 상각한다.
> (4) 20×3년 초에 개발활동의 결과를 기초로 특허권을 취득하였는데, 특허권 취득과 관련하여 직접 지출한 금액은 ₩100,000이다. 특허권의 내용연수는 5년, 잔존가치는 없고 정액법으로 상각한다.
> (5) 20×4년 말에 경쟁업체의 유사제품 출시로 개발비의 회수가능액이 ₩450,000으로 추정되었으나, 20×5년 말에 관련 시장의 소비자들이 ㈜현주의 제품이 월등히 우수한 것으로 판단함에 따라 개발비의 회수가능액이 ₩700,000으로 회복되었다.

동 거래가 20×5년 ㈜현주의 당기손익에 미치는 영향은 얼마인가?

① ₩(-)85,000   ② ₩(-)80,000   ③ ₩(-)70,000

④ ₩(-)65,000   ⑤ ₩(-)64,000

24 다음은 ㈜한영의 20×1년 기본주당이익계산에 필요한 자료이다. ㈜한영의 보고기간은 1월 1일부터 12월 31일까지이다.

> 1) 기초자본금: 보통주자본금(액면 ₩5,000): 9,000주
> 2) 당기 중 자본금 변동내역
>   (1) 7월 1일: 보통주 유상증자(액면 ₩5,000): 2,000주
>   (2) 7월 1일의 유상증자는 주주우선배정 신주발행에 해당되며, 유상증자(권리행사) 전일의 보통주식의 시가는 ₩20,000, 유상증자 시 발행금액은 ₩10,000이다.
>   (3) 10월 1일: 주식선택권 행사 500주

㈜한영의 20×1년 기본주당이익을 산정하기 위한 유통보통주식수는 얼마인가? (단, 월할 계산할 것)

① 10,575주　　　　② 12,000주　　　　③ 12,875주
④ 13,125주　　　　⑤ 13,975주

25 A사는 20×1년 중에 ₩1,000,000의 기계장치를 구입하였으며, 장부금액이 ₩1,400,000인 기계장치를 ₩1,500,000에 처분하였다. 이외에 기계장치 구입 및 처분과 관련된 거래는 없다. 20×1년 말 미지급금잔액 ₩500,000은 20×1년 중 기계장치를 취득하는 과정에서 발생한 것으로 기중에 상환된 금액은 없다. 20×1년 기계장치 감가상각비로 인식한 금액은 ₩300,000이다. 기계장치(감가상각누계액 포함)와 관련하여 20×1년 현금흐름표에 보고할 내용을 현금흐름의 활동구분과 함께 기술한 것으로 옳은 것은?

	영업활동(간접법)	투자활동	재무활동
①	₩(−)100,000	₩700,000	₩(−)500,000
②	₩200,000	₩1,000,000	₩0
③	₩300,000	₩700,000	₩500,000
④	₩(−)100,000	₩1,000,000	₩0
⑤	₩100,000	₩700,000	₩500,000

정답

01 ④	02 ④	03 ②	04 ⑤	05 ③	06 ②	07 ⑤	08 ②	09 ④	10 ⑤
11 ③	12 ④	13 ④	14 ②	15 ③	16 ③	17 ③	18 ⑤	19 ⑤	20 ⑤
21 ②	22 ⑤	23 ③	24 ①	25 ②					

해설

01　④　투자부동산을 개발하지 않고 처분하기로 결정하는 경우에는 계속 투자부동산으로 분류한다.

02　④　1) A사가 인식할 유형자산취득원가(A): 950,000 + 200,000 = 1,150,000
　　　　　2) B사가 인식할 유형자산처분이익(B): 1,150,000 - (1,500,000 - 600,000) = 250,000

03　②　1) 손상 후 20×2년 말 장부금액: 2,232,000 - 2,232,000 ÷ 4년 = 1,674,000
　　　　　2) 20×2년 말 손상되지 않았을 때 장부금액: 6,000,000 × 3/5 = 3,600,000
　　　　　3) 20×2년 손상차손환입: Min[4,000,000, 3,600,000] - 1,674,000 = 1,926,000

04　⑤　A. 손상의 징후와 관계 없이 손상검토를 수행한다.
　　　　　C. 내부적으로 창출하는 경우와 완성 후의 지출은 모두 비용처리한다.

05　③　1) 만기 시 지급액: 5,000,000 + 5,000,000 × 6% × 6/12 = 5,150,000
　　　　　2) 할인액: 5,150,000 - 4,995,500 = 154,500
　　　　　3) 할인율(R): 5,150,000 × R × 3/12 = 154,500, R = 12%

06　②　1) B사가 인식할 수익: 2,000 × 100단위 × 60% × 5% = 6,000
　　　　　2) A사가 인식할 매출원가: 1,400 × 100단위 × 60% + 8,000 × 60/100단위 = 88,800

07　⑤　20×2년도 이익: (12,000 - 10,000) × (2,000 + 4,000)/10,000 - (10,000 - 8,000) × 2,000/8,000 = 700

08　②　20×3년 초 리스부채: 70,000 × 1.8334 = 128,338

09　④　C, D만이 재무제표일 현재 원인이 존재하였으므로 수정을 요하는 보고기간후사건이다.

10 ⑤ ① 다른 명칭을 사용할 수 있다.
② 별개의 손익계산서는 포괄손익계산서의 바로 앞에 표시한다.
③ 각각의 재무제표는 전체 재무제표에서 동등한 비중으로 표시한다.
④ 소유주와의 거래로 인한 자본의 변동은 총포괄손익에서 제외된다.

11 ③ 비용은 경제적 효익이 유출, 소비됨으로써 자산이 감소하거나 부채가 증가할 가능성이 높고 그 금액을 신뢰성 있게 측정할 수 있을 때 인식한다.

12 ④ 1) 20×2년 초 사채의 장부금액: $1,000,000 \times 0.8574 + 60,000 \times 1.7833 = 964,398$
2) 20×2년 초 ~ 6/30일 유효이자: $964,398 \times 8\% \times 6/12 = 38,576$
3) $-$상환금액 $+ (964,398 + 38,576) = -32,000$, 상환금액: $1,034,974$(단수차이)

13 ④ 1) A: $500,000 - (500,000 \times 0.7513 + 30,000 \times 2.4869) = 49,743$
2) B: $500,000 - (532,464 \times 0.7513 + 30,000 \times 2.4869) = 25,353$

14 ② ① 당기손익-공정가치로 측정되는 '지분상품에 대한 투자'에 대해서는 후속적인 공정가치 변동은 최초 인식시점에는 기타포괄손익을 인식하도록 선택할 수 있다.
③ 금융자산 전체나 일부의 회수를 합리적으로 예상할 수 없는 경우에도 해당 금융자산의 총장부금액을 직접 줄일 수는 있다.
④ 기타포괄손익-공정가치측정금융자산의 기대신용손실을 조정하기 위한 기대신용손실액(손상차손)은 당기손실로 인식하고, 기대신용손실환입액(손상차손환입)도 당기손익으로 인식한다.
⑤ 금융자산을 상각후원가측정범주에서 기타포괄손익-공정가치측정범주로 재분류하는 경우 재분류일의 공정가치로 측정하며, 재분류 전 상각후원가와 공정가치 차이에 따른 손익은 기타포괄손익으로 인식한다.

15 ③ 1) 판매가능상품원가: $143,000 + 1,138,800 = 1,281,800$
2) 판매가능상품매가: $169,000 + 1,586,000 + (390,000 - 150,000) - 110,000 = 1,885,000$
3) 원가율: 1) $\div$ 2) $= 68\%$
4) 기말재고 매가: $1,885,000 - 1,430,000 = 455,000$
5) 기말재고: $455,000 \times 68\% = 309,400$

16 ③ 1) 유형자산처분대가: $2,300,000/1.12 + 2,200,000/1.12^2 + 2,100,000/1.12^3 = 5,302,136$
   ➲ 유형자산처분손익: $5,302,136 - (6,000,000 - 1,000,000) = 302,136$
2) 3년간 인식할 총이자수익: $(2,300,000 + 2,200,000 + 2,100,000) - 5,302,136 = 1,297,864$
3) 20×2년 이자수익: $486,519$
   (1) 20×1년 4월 1일 장부가액 기준: $5,302,136 \times 12\% \times 3/12 = 159,064$
   (2) 20×2년 4월 1일 장부가액 기준: $(5,302,136 \times 1.12 - 2,300,000) \times 12\% \times 9/12 = 327,455$

17 ③ ① 20×2년 이익잉여금으로 대체할 금액: 96,000/4년 - 100,000/5년 = 4,000

② 1) 20×1년 재평가잉여금: 96,000 - 100,000 × 4/5 = 16,000

  2) 20×2년 감가상각비: 96,000/4년 = (-)24,000

  3) 20×2년 재평가잉여금 대체 시 재평가손실(N/I)

   (96,000 - 24,000) - 36,000 - (16,000 - 4,000) = 재평가손실 24,000

  4) 20×2년 재평가잉여금으로 대체하지 않는 경우 재평가손실(N/I)

   (96,000 - 24,000) - 36,000 - 16,000 = 재평가손실 20,000

  ◑ 재평가잉여금을 대체하는 경우가 그렇지 않은 경우보다 당기순이익이 4,000만큼 적다.

③ 비례수정법: 36,000/3년(잔여연수) × 2년(20×2년 말 현재 경과연수) = 24,000

④ 법인세율이 30%일 경우 재평가잉여금: 16,000 × (1 - 30%) = 11,200

⑤ 총포괄손익 = 자산의 증감이므로 재평가잉여금의 대체 여부는 자산의 증감과 관계가 없다. 따라서 총포
괄손익 역시 재평가잉여금의 대체 여부와는 관계가 없다

18 ⑤ 1) 자본금: 2,000,000 감소

2) 자본잉여금: 1,600,000 증가

3) 자본조정: 9,000,000 + 2,000,000 + 6,000,000 - 4,000,000 = 13,000,000 증가

20×0년 5월 1일	차)	자기주식	15,000,000	대)	현금	15,000,000
20×0년 12월 31일			회계처리 없음			
	차)	현금	12,600,000	대)	자기주식	9,000,000
					자기주식처분손실	2,000,000
20×1년 2월 1일					자기주식처분이익	1,600,000
	차)	자본금	2,000,000	대)	자기주식	6,000,000
		감자차손	4,000,000			

19 ⑤ 자산으로 인식한 계약원가는 관련된 재화나 용역을 고객에게 이전하는 방식과 일치하는 체계적 기준으로 상각
하여 비용인식하며, 비용인식 시기에 유의적 변동이 있는 경우에 이를 반영하여 상각방식을 후속수정한다.

20 ⑤ 1) 평균단가(순액법): (200 + 800 + 1,200)/100개 = @22/단위당

2) 재고자산감모손실: (20 - 15)개 × @22 = 110

  *기말재고 장부수량: 20 + 40 - 50 + 40 - 30 = 20개

3) B/S에 기재될 기말재고: 15개 × Min[22, 18] = 270

4) 매출원가: 1,820

  *판매가능상품원가 2,200 - 재고자산감모손실 110 - B/S상 기말재고 270 = 1,820

21 ② 현금결제형 주식기준보상거래의 경우, 부채가 결제될 때까지 매 보고기간 말과 결제일에 부채의 공정가치
를 재측정하고, 공정가치의 변동액은 당기손익으로 인식한다.

22 ⑤ 1) 20×1년 말 재고자산평가충당금: 18,900

2) 20×2년 말 재고자산평가충당금: 6,600

   (1) 제품

     ① 확정판매계약: 20개 × @(5,000 - 4,700) = 6,000

     ② 확정판매계약 초과분: 저가법 적용대상 아님

   (2) 재공품: 2개 × @(1,400 - 1,100) = 600

   (3) 원재료: 제품(확정판매계약 초과분)이 저가법 적용대상이 아니므로 원재료도 저가법 적용대상 아님

   ● 20×2년 재고자산평가충당금환입: 18,900 - 6,600 = 12,300

23 ③ 1) 그림

	20 × 1년	20 × 2년	20 × 3년	20 × 4년	20 × 5년
연구비	200,000 (비용)				
개발 - 경상개발비	500,000 (비용)				
- 개발비	300,000 (자산)	700,000 (자산)	→ (-)200,000 상각	→ (200,000) + (150,000) 상각 + 손상	→ (150,000) + 100,000 상각 + 환입
특허권		100,000 (자산)	→ (-)20,000 상각	→ (-)20,000 상각	→ (-)20,000 상각

 * 개발비 상각비(손상 전): (300,000 + 700,000 - 0)/5년 = 200,000

 * 개발비 상각비(손상 후): 450,000/3년 = 150,000

 * 특허권 상각비: 100,000/5년 = 20,000

2) 개발비 손상

구분	20 ×4년	20 ×5년
손상 전 장부가액	600,000	400,000
회수가능액	450,000	700,000
손상 후 장부가액	450,000	300,000

 * 손상 후 장부금액(20× 5년): 450,000 - 450,000/3년 = 300,000

 * 손상차손환입: Min[400,000, 700,000] - 300,000 = 100,000

3) I/S에 미치는 영향

20×1년 N/I	연구비 (200,000) + 경상개발비 (500,000) = (-)700,000
20×2년 개발비 B/S	20×1년 지출 300,000 + 20×2년 지출 700,000 = 1,000,000
20×3년 N/I	개발비 상각비 (200,000) + 특허권 상각비 (20,000) = (-)220,000
20×4년 N/I	개발비 상각비 (200,000) + 특허권 상각비 (20,000) + 개발비 손상 (150,000) = (-)370,000
20×5년 N/I	개발비 상각비 (150,000) + 특허권 상각비 (20,000) + 개발비 손상차손환입 100,000 = (-)70,000

24 ① 1) 주주우선배정 FV 미만 신주발행
　　　　1st FV기준 발행가능 유상증자주식수: 2,000주 × 10,000주 ÷ 20,000 = 1,000주
　　　　2nd 무상증자주식수: 2,000주 − 1,000주 = 1,000주
　　　　3rd 무상증자비율: 1,000주 ÷ (9,000 + 1,000)주 = 10%
　　　2) 가중평균유통보통주식수 산정

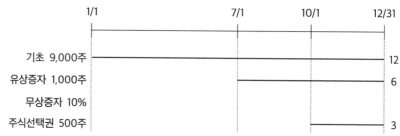

　　　　○ 가중평균유통보통주식수: 10,575주
　　　　(9,000 × 1.1 × 12 + 1,000 × 1.1 × 6 + 500 × 3)/12 = 10,575

25 ② 1) 영업활동: 200,000
　　　　(1) 감가상각비: 300,000
　　　　(2) 기계장치 처분이익: (−)100,000
　　　2) 투자활동: 1,000,000
　　　　(1) 감가상각비: (−)300,000
　　　　(2) 처분이익: 100,000
　　　　(3) 기계장치 증가: 700,000(= 1,000,000(취득) − 1,400,000(처분) − 300,000(감가상각비))
　　　　(4) 미지급금 증감: 500,000
　　　3) 재무활동: 관련 거래 없음

01 다음 중 기업회계기준서 제1115호 '고객과의 계약에서 생기는 수익'에서 규정된 내용으로 옳지 않은 것은?

① 계약에 상업적 실질이 있다는 것은 계약의 결과로 기업의 미래현금흐름의 위험, 시기, 금액이 변동될 것으로 예상되는 것을 의미한다. 또한 대가의 회수가능성이 높은지를 평가할 때에는 지급기일에 고객이 대가(금액)를 지급할 수 있는 능력과 지급할 의도만을 고려한다.

② 고객과의 계약에서 식별되는 수행의무는 계약에 분명히 기재한 재화나 용역에만 한정되지 않을 수 있다. 고객에게 이전할 것이라는 정당한 기대를 하도록 하더라도, 이러한 약속은 고객과의 계약에 포함될 수 없다.

③ 대가의 회수가능성이 높은지를 평가할 때에는 지급기일에 고객이 대가(금액)를 지급할 수 있는 능력과 지급할 의도만을 고려한다. 기업이 고객에게 가격할인(Price Concessions)을 제공함으로써 대가가 변동될 수 있다면, 기업이 받을 권리를 갖게 될 대가는 계약에 표시된 가격보다 적을 수 있다.

④ 용역제공자는 계약을 준비하기 위해 다양한 관리업무를 수행할 필요가 있을 수 있다. 관리업무를 수행하더라도, 그 업무를 수행함에 따라 고객에게 용역이 이전되지는 않는다. 그러므로 그 계약준비 활동은 수행의무가 아니다.

⑤ 약속한 재화나 용역이 구별되지 않는다면, 구별되는 재화나 용역의 묶음을 식별할 수 있을 때까지 그 재화나 용역을 약속한 다른 재화나 용역과 결합한다. 경우에 따라서는 그렇게 함으로써 기업이 계약에서 약속한 재화나 용역 모두를 단일 수행의무로 회계처리하는 결과를 가져올 것이다.

02 A사는 월간지 <맥심>과 <에스콰이어>를 출판하는 회사로 20×1년 6월 25일 고객에게 1년 정기구독권을 부여하고 현금 ₩30,000을 수령하였다. 잡지는 7월호부터 매월 1일에 발간과 동시에 고객에게 발송한다. 월간지 <맥심>과 <에스콰이어>의 월 구독료는 각각 ₩2,000과 ₩1,000이다. A사는 20×2년 1월 1일에 월간지 <에스콰이어>의 월 구독료를 ₩2,000으로 인상하였다. 이에 따라 고객에게 정기구독료를 추가로 청구하지 않는다고 할 경우 A사가 월간지 <맥심>과 관련하여 20×2년도에 인식할 수익 금액은 얼마인가?

① ₩10,000   ② ₩18,000   ③ ₩19,600

④ ₩20,000   ⑤ ₩23,600

03 A사는 20×1년 1월 1일 기계와 예비부품을 판매하기로 고객과의 계약을 체결하였다. 기계와 예비부품의 제작 소요기간은 2년이다. A사는 20×2년 12월 31일에 고객으로부터 현금 ₩1,440,000을 수령하였다. 고객은 예비부품을 검사하고 인수하였으나, A사의 창고가 고객의 공장과 인접하기 때문에 예비부품을 A사의 창고에 보관하도록 요청하였다. 고객은 예비부품에 대한 법적 권리가 있고 그 부품은 고객의 소유물로 식별될 수 있다. 더욱이 A사는 자신의 창고의 별도 구역에 예비부품을 보관하고 그 부품은 고객의 요청에 따라 즉시 운송할 준비가 되어 있다. A사는 예비부품을 20×4년 말까지 보유할 것으로 예상하고 있으며, 예비부품을 사용하거나 다른 고객에게 넘길 능력은 없다.

> (1) A사는 보관용역이 고객에게 제공되는 용역이고 기계 및 예비부품은 구별되기 때문에 보관용역을 제공하는 약속은 하나의 수행의무로 식별하였다.
> (2) A사는 고객으로부터 수령한 대가를 기계의 대가 ₩1,000,000, 예비부품의 대가 ₩200,000, 보관용역의 대가 ₩240,000으로 배분하였다.

동 거래와 관련하여 20×2년에 A사의 당기손익에 미친 영향은 얼마인가?

① ₩1,000,000   ② ₩1,200,000   ③ ₩1,240,000
④ ₩1,320,000   ⑤ ₩1,440,000

04 다음은 기업회계기준서 제1109호 '금융상품'에 규정된 금융자산의 분류 및 금융자산의 손상과 관련된 내용으로 옳지 않은 것은?

① 원리금 지급만으로 구성되는 계약상 현금흐름은 기본대여계약과 일관된다. 기본대여계약과 관련 없는 계약상 현금흐름의 위험이나 변동성에 노출시키는 계약조건은 원리금 지급만으로 구성되는 계약상 현금흐름이 생기지 않는다.

② 사업모형은 개별 상품에 대한 경영진의 의도와는 무관하므로 금융상품별 분류접근법이 아니며 더 높은 수준으로 통합하여 결정하여야 한다. 그러나 하나의 기업은 금융상품을 관리하는 둘 이상의 사업모형을 가질 수는 없다.

③ 계약상 현금흐름의 수취와 금융자산의 매도 둘 다를 통해 목적을 이루는 사업모형은 계약상 현금흐름 수취와 금융자산의 매도 둘 다가 사업모형의 목적을 이루는 데에 필수적이다. 그러나 이러한 사업모형에서 일어나야만 하는 매도의 빈도나 금액에 대한 기준은 없다.

④ 기대신용손실을 측정할 때 고려하는 가장 긴 기간은 신용위험에 노출되는 최장 계약기간(연장옵션 포함)이며, 이보다 더 긴 기간이 사업 관행과 일관된다고 하더라도 최장 계약기간을 넘어설 수 없다.

⑤ 최초 인식 후 금융상품의 신용위험이 유의적으로 증가하였는지는 매 보고기간 말에 평가한다. 보고기간 말에 금융상품의 신용위험이 낮다고 판단된다면 최초 인식 후에 해당 금융상품의 신용위험이 유의적으로 증가하지 않았다고 볼 수 있다.

[05 ~ 06]

다음은 ㈜서울의 20×1년 회계연도의 대차대조표와 손익계산서의 주요내용을 발췌한 것이다.

- 매출채권: ₩50,000 순증가
- 선급금: ₩20,000 순감소
- 기계장치: ₩50,000 순증가
- 감가상각비: ₩5,000
- 손상차손: ₩3,000
- 손실충당금: ₩2,000 순감소
- 재고자산: ₩15,000 순증가
- 감가상각누계액: ₩10,000 순감소
- 유형자산처분손실: ₩2,000

(1) 당기 중 기계장치를 일부 처분한 적이 있다. 처분한 기계장치의 장부가액은 ₩20,000이다.

(2) 당기 현금흐름표상의 고객으로부터 유입되는 현금유입액은 ₩400,000이다.

05 당기 손익계산서에 계상될 매출액은 얼마인가?

① ₩375,000　　　　② ₩380,000　　　　③ ₩400,000

④ ₩450,000　　　　⑤ ₩455,000

06 기계장치 취득으로 인한 현금유출액은 얼마인가?

① ₩75,000　　　　② ₩85,000　　　　③ ₩95,000

④ ₩100,000　　　　⑤ ₩105,000

07 20×1년도 ㈜한국의 다음 자료를 이용하여 계산된 20×1년도 당기순이익은 얼마인가?

- 현금흐름표상 영업활동순현금흐름은 ₩182,000이다.
- 포괄손익계산서상 사채상환손실, 이자비용 및 감가상각비는 각각 ₩15,000, ₩10,000 및 ₩5,000이다.
- 법인세비용은 ₩8,000이다.
- 매출채권은 ₩20,000 증가하였다.
- 재고자산은 ₩10,000 감소하였다.
- 매입채무는 ₩15,000 증가하였다.
- 법인세지급액과 이자지급액은 법인세비용과, 이자비용과 일치한다.

① ₩148,000　　　　② ₩157,000　　　　③ ₩163,000

④ ₩173,000　　　　⑤ ₩178,000

08 ㈜하늘은 20×8년 3월 1일 사용 중이던 기계장치를 ㈜대한의 신형 기계장치와 교환하면서 ₩4,000의 현금을 추가로 지급하였다. ㈜하늘이 사용하던 기계장치는 20×5년에 ₩41,000에 취득한 것으로 교환 당시 감가상각누계액은 ₩23,000이고 공정가치는 ₩21,000이다. 한편, 교환시점 ㈜대한의 신형 기계장치의 공정가치는 ₩26,000이다. 동 교환거래가 상업적 실질이 있으며 ㈜하늘의 사용 중이던 기계장치의 공정가치가 더 명백한 경우 ㈜하늘이 교환거래로 인해 인식할 처분손익은 얼마인가?

① 이익 ₩3,000 ② 이익 ₩4,000 ③ 손실 ₩3,000
④ 손실 ₩4,000 ⑤ 이익 ₩1,000

09 다음은 A사의 개발비와 특허권에 대한 자료이다. A사는 드론 기술에 대한 연구·개발활동을 진행하여 다음과 같은 항목을 지출하였다(단, 아래 표의 금액은 각 단계에서 발생한 총 지출액이며, 매월 균등하게 발생한다고 가정한다)

항목	개발단계 (20×1. 1. 1. ~ 6. 30.)	생산단계 (20×1. 7. 1. ~ 12. 31.)
연구원의 인건비	₩30,000	₩20,000
재료비	₩40,000	₩40,000
합리적 배분된 간접경비	₩50,000	₩70,000

(1) 개발단계에 사용할 설비자산은 20×1년 3월 1일 ₩100,000에 구입하였다. 설비자산의 잔존가치는 '0'이며, 내용연수는 10년이다. 감가상각방법은 정률법이며, 상각률은 0.20이다.
(2) 개발단계에서의 지출은 20×1년 4월 1일부터 무형자산의 인식요건을 모두 충족한다.
(3) 20×1년 7월 초에 개발이 종료되고, 즉시 생산이 시작되었다. 개발한 통신기술에 대하여 20×1년 10월 초에 특허권을 취득하였으며, 특허권과 직접 관련된 지출은 ₩350,000이다. 이러한 지출은 특허권의 미래경제적효익을 실질적으로 증가시킬 가능성이 매우 높다고 판단된다.
(4) A사의 무형자산의 내용연수는 10년, 잔존가치는 '0'이며, 감가상각방법은 정액법이다.

위의 거래로 A사가 20×1년에 재무상태표에 인식할 개발비의 취득원가는 얼마인가?

① ₩60,000 ② ₩65,000 ③ ₩70,000
④ ₩75,000 ⑤ ₩80,000

10 다음 중 무형자산에 대한 설명으로 옳지 않은 것은?

① 무형자산을 창출하기 위한 내부프로젝트를 연구단계와 개발단계로 구분할 수 없는 경우에는 그 프로젝트에서 발생한 지출은 모두 연구단계에서 발생한 것으로 본다.

② 계약상 권리 또는 기타 법적 권리로부터 발생하는 무형자산의 내용연수는 그러한 계약상 권리 또는 법적 권리의 기간을 초과할 수 없지만, 자산의 예상기간에 따라 더 짧을 수는 있다.

③ 내용연수가 비한정인 무형자산은 상각하지 아니한다. 다만 매년 그리고 무형자산의 손상을 시사하는 징후가 있을 때마다 회수가능액과 장부금액을 비교하는 손상검사를 수행하여 손상차손을 인식한다.

④ 웹사이트의 계획단계, 응용프로그램과 하부구조 개발단계, 그래픽 디자인 단계, 콘텐츠 개발단계에서 발생한 지출은 웹사이트의 창출, 제조 및 경영자가 의도하는 방식으로 운영될 수 있게 준비하는 데 직접 관련되며 필수적인 경우에는 무형자산으로 인식하는 웹사이트의 취득원가에 포함한다.

⑤ 박토활동자산의 원가와 생산된 재고자산의 원가를 별도로 식별할 수 없는 경우, 관련된 생산측정치를 기초로 한 배분 기준을 이용하여 생산 관련 박토원가를 생산된 재고자산과 박토활동자산에 배분한다.

11 재무제표 표시에 관한 설명으로 옳지 않은 것은?

① 계속기업의 가정이 적절한지의 여부를 평가할 때 경영진은 적어도 보고기간 말로부터 향후 12개월 기간에 대하여 이용가능한 모든 정보를 고려한다.

② 기업이 재무상태표에 유동자산과 비유동자산, 그리고 유동부채와 비유동부채로 구분하여 표시하는 경우, 이연법인세자산(부채)은 유동자산(부채)으로 분류하지 아니한다.

③ 매입채무 그리고 종업원 및 그 밖의 영업원가에 대한 미지급비용과 같은 유동부채는 기업의 정상영업주기 내에 사용되는 운전자본의 일부이다. 이러한 항목은 보고기간 후 12개월 후에 결제일이 도래한다 하더라도 유동부채로 분류한다.

④ 보고기간 후 12개월 이내에 만기가 도래하는 경우에는, 기업이 기존의 대출계약조건에 따라 보고기간 후 적어도 12개월 이상 부채를 차환하거나 연장할 것으로 기대하고 있고, 그런 재량권이 있다고 하더라도, 유동부채로 분류한다.

⑤ 비용을 기능별로 분류하는 기업은 감가상각비, 기타 상각비와 종업원급여비용을 포함하여 비용의 성격에 대한 추가 정보를 공시한다.

12 다음 중 재무보고를 위한 개념체계와 관련된 설명으로 가장 타당하지 않은 것은?

① 추정치에 불확실성의 수준이 충분히 크다면, 그 추정치가 별로 유용하지는 못할 것이다. 그러나 더 충실한 다른 표현을 할 수 없다면, 그 추정치가 최선의 이용가능한 정보를 제공하는 것일 수 있다.

② 개념체계는 유용한 정보가 되기 위한 근본적 질적 특성을 적용하는 데 있어서 가장 효율적이고 효과적인 일반적 절차를 제시하고 있지는 않다.

③ 재무정보에 예측가치, 확인가치 또는 이 둘 모두가 있다면 그 재무정보는 의사결정에 차이가 나도록 할 수 있다.

④ 중요성은 개별 기업 재무보고서 관점에서 해당 정보와 관련된 항목의 성격이나 규모 또는 이 둘 모두에 근거하여 해당 기업에 특유한 측면의 목적적합성을 의미한다. 회계기준위원회는 중요성에 대한 획일적인 계량 임계치를 정하거나 특정한 상황에서 무엇이 중요한 것인지를 미리 결정할 수 없다.

⑤ 보강적 질적 특성을 적용하는 것은 어떤 규정된 순서를 따르지 않는 반복적인 과정이다. 때로는 하나의 보강적 질적 특성이 다른 질적 특성의 극대화를 위해 감소되어야 할 수도 있다.

13 ㈜한영은 20×1년 초에 전환사채를 발행하였다. ㈜한영의 결산일은 매년 12월 31일이며, 관련 자료는 다음과 같다.

> (1) 전환사채는 액면 ₩1,000,000, 표시이자율 10%, 만기 3년, 이자는 매년 말 1회 지급 조건이다.
> (2) 전환사채의 발행가액은 ₩1,000,000이고, 전환조건은 사채액면 ₩10,000당 보통주 1주 (액면 ₩5,000)이며, 보장수익률은 12%, 사채발행 당시의 시장이자율은 연 13%이다. (단, 13%, 3년의 연금현가요소는 2.36115이고 13%, 3년 현가요소는 0.69305이다)
> (3) 회사는 전환권대가를 전환 시 주식발행초과금으로 대체하고 있다.

20×3년 초에 동 복합금융상품의 60%만이 권리가 행사되었을 때 20×3년 초에 주식발행초과금의 증가액을 ㈜한영이 동 복합금융상품을 전환사채로 발행하였을 경우와 신주인수권부사채로 발행하였을 경우로 나누어 각각 구하면 얼마인가? (단, 신주인수권부사채로 발행하였을 경우, 신주인수권 행사 시 사채의 액면금액 ₩10,000당 주식 1주를 인수할 수 있으며 행사금액은 주당 ₩8,000, 각 신주인수권은 액면금액이 ₩5,000인 보통주 1주를 매입할 수 있다)

	전환사채	신주인수권부사채
①	₩557,237	₩383,786
②	₩500,237	₩300,877
③	₩557,237	₩230,272
④	₩334,342	₩230,272
⑤	₩334,342	₩383,786

A사는 재고자산 원가흐름의 가정을 선입선출법에서 이동평균법으로 변경하였다. 각 방법에 따른 매출원가는 다음과 같으며, 주어진 내용을 제외한 회계연도의 매출원가는 두 방법이 일치하였다.

구분	선입선출법	이동평균법
20×1년 매출원가	₩34,000	₩38,000
20×2년 매출원가	₩45,000	₩47,000
20×3년 매출원가	₩63,000	₩74,000

A사는 20×3년도의 재무제표에 매출원가와 재고자산을 선입선출법으로 보고하였다. 20×3년 말 A사가 수행하여야 할 수정분개는 무엇인가?

① 차) 매출원가　　　　10,000　　대) 재고자산　　　　12,000
　　　이월이익잉여금　2,000
② 차) 매출원가　　　　11,000　　대) 재고자산　　　　17,000
　　　이월이익잉여금　6,000
③ 차) 매출원가　　　　6,000　　대) 재고자산　　　　6,000
④ 차) 이월이익잉여금　2,000　　대) 재고자산　　　　2,000
⑤ 차) 재고자산　　　　3,000　　대) 매출원가　　　　3,000

15 ㈜하늘은 20×1년 초 ㈜포도를 합병하였다. 합병시점의 ㈜포도의 자산과 부채의 공정가치와 장부가액은 아래와 같다.

구분	장부금액	공정가치	구분	장부금액	공정가치
현금	₩5,000	₩5,000	차입금	₩13,000	₩14,000
재고자산	₩3,000	₩4,000	자본금	₩5,000	
기타자산	₩2,000	₩3,000	이익잉여금	₩2,000	
유형자산	₩10,000	₩12,000			
합계	₩20,000	₩24,000	합계	₩20,000	₩14,000

재무상태표에 인식된 항목 이외에 다음과 같은 항목들이 존재한다.

(1) ㈜포도는 고객정보를 가지고 있으며, 해당 고객정보의 공정가치는 ₩1,500으로 추정된다.

(2) ㈜포도는 20×0년 프로젝트에 대한 연구비 ₩400을 당기비용으로 처리하였다. 20×1년 초 현재 해당 프로젝트는 자산의 인식기준을 충족하여 공정가치는 ₩1,000으로 추정된다.

(3) ㈜포도는 현재 소송에 계류 중이며 패소할 확률이 높지 않다고 판단하여 충당부채를 인식하지 않았다. 해당 항목은 신뢰성 있게 측정할 수 있으며, 그 금액은 ₩450이다. 또한 소송에 패소하였을 경우 보험회사가 일부 금액을 보상해 주기로 하였으며 해당 항목의 공정가치는 ₩300이다.

㈜포도의 식별가능한 순자산의 공정가치는 얼마인가?

① ₩12,350 ② ₩13,800 ③ ₩23,350
④ ₩23,800 ⑤ ₩30,000

16 당기 초에 갑회사는 을회사의 자산과 부채를 모두 취득·인수하고 인수대가로 갑회사 주식을 발행·교부하였는데 이는 사업결합에 해당된다. 취득일 현재 을회사의 식별가능한 자산·부채의 장부금액과 공정가치는 다음과 같다.

과목	장부금액	공정가치
자산	₩800,000	₩900,000
부채	₩600,000	₩650,000

한편, 갑회사는 다음과 같은 사업결합과 관련된 현금지출이 있었다.

- 회계사 수수료: ₩2,000
- 결합담당부서 일반관리비: ₩3,000
- 신주발행비용: ₩1,000

갑회사가 을회사에게 발행·교부한 주식의 액면총액이 ₩150,000, 공정가치 ₩300,000일 때 갑회사가 취득일에 인식할 영업권은 얼마인가?

① ₩10,000 ② ₩20,000 ③ ₩30,000
④ ₩40,000 ⑤ ₩50,000

17 20×3년 초 ㈜대한은 ㈜세종의 보통주식 100%를 취득하여 흡수합병하면서 합병대가로 ₩200,000을 지급하였으며, 합병 관련 자문수수료로 ₩20,000이 지출되었다. 합병 시 ㈜세종의 재무상태표는 다음과 같다.

재무상태표			
㈜세종		20×3년 1월 1일 현재	
매출채권	₩46,000	매입채무	₩92,000
상품	₩50,000	납입자본	₩60,000
토지	₩78,000	이익잉여금	₩22,000
자산총계	₩174,000	부채와 자본총계	₩174,000

20×3년 초 ㈜대한이 ㈜세종의 자산·부채에 대하여 공정가치로 평가한 결과, 매출채권과 매입채무는 장부금액과 동일하고, 상품은 장부금액 대비 20% 더 높고, 토지는 장부금액 대비 40% 더 높았다. ㈜대한이 흡수합병과 관련하여 인식할 영업권은 얼마인가?

① ₩76,800 ② ₩86,800 ③ ₩96,800
④ ₩118,000 ⑤ ₩138,000

18 ㈜당근은 20×1년 초 ㈜대한을 합병하면서 이전대가로 현금 ₩1,500,000과 ㈜당근이 보유한 토지(장부금액 ₩200,000, 공정가치 ₩150,000)를 ㈜대한의 주주에게 지급하였다. 합병일 현재 ㈜대한의 재무상태표에서 식별가능한 자산의 공정가치는 ₩3,000,000, 부채의 공정가치는 ₩1,500,000이며, 주석으로 공시한 우발부채는 현재의무이고 신뢰성 있는 공정가치는 ₩100,000이다. 합병 시 ㈜당근이 인식할 영업권은 얼마인가?

① ₩150,000   ② ₩200,000   ③ ₩250,000
④ ₩350,000   ⑤ ₩400,000

19 20×1년 말 현재 ㈜도도의 외부감사 전 재무상태표상 재고자산은 ₩1,000,000이다. ㈜도도는 실지재고조사법을 사용하여 창고에 있는 상품만을 기말재고로 보고하였다. 회계감사 중 공인회계사는 ㈜도도의 기말재고자산과 관련하여 다음 사항을 알게 되었다.

- 20×1년 12월 27일 FOB 선적지인도조건으로 ㈜한국에게 판매한 상품(원가 ₩300,000)이 20×1년 말 현재 운송 중에 있다.
- 수탁자에게 20×1년 중에 적송한 상품(원가 ₩100,000) 중 40%가 20×1년 말 현재 판매 완료되었다.
- 고객에게 20×1년 중에 인도한 시송품의 원가는 ₩200,000이며, 이 중 20×1년 말까지 매입의사표시를 해 온 금액이 ₩130,000이다.
- 20×1년 12월 29일 FOB 도착지조건으로 ㈜민국으로부터 매입한 상품(원가 ₩200,000)이 20×1년 말 현재 운송 중에 있다.

위의 내용을 반영하여 작성된 20×1년 말 재무상태표상 재고자산은 얼마인가?

① ₩1,010,000   ② ₩1,110,000   ③ ₩1,130,000
④ ₩1,330,000   ⑤ ₩1,430,000

20 ㈜사과는 20×1년 초 기계장치를 ₩100,000에 취득하고 재평가모형을 적용하기로 하였다. 기계장치의 내용연수는 5년, 잔존가치는 ₩0이며 정액법으로 감가상각한다. 다음은 연도별 기계장치의 공정가치와 회수가능액이다.

구분	20×1년 말	20×2년 말
공정가치	₩88,000	₩60,000
회수가능액	₩90,000	₩48,000

㈜사과는 20×2년 말에 기계장치에 대해서 손상이 발생하였다고 판단하였다. 기계장치와 관련하여 20×2년도 포괄손익계산서상 당기순이익과 기타포괄이익에 미치는 영향은 각각 얼마인가? (단, 기계장치를 사용함에 따라 재평가잉여금의 일부를 이익잉여금으로 대체하지 않는다)

	당기순이익에 미치는 영향	기타포괄이익에 미치는 영향
①	₩10,000 감소	₩2,000 증가
②	₩10,000 감소	₩8,000 감소
③	₩32,000 감소	₩2,000 감소
④	₩32,000 감소	₩2,000 증가
⑤	₩32,000 감소	₩8,000 감소

21 ㈜하늘은 20×1년 1월 1일 ㈜한국이 동 일자에 발행한 액면금액 ₩1,000,000, 표시이자율 연 10%(이자는 매년 말 지급)의 3년 만기 사채를 ₩951,963에 취득하였다. 동 사채의 취득 시 유효이자율은 연 12%이었으며, ㈜하늘은 동 사채를 상각후원가로 측정하는 금융자산으로 분류하였다. 동 사채의 20×1년 12월 31일 공정가치는 ₩975,123이었으며, ㈜하늘은 20×2년 7월 31일에 경과이자를 포함하여 ₩980,000에 전부 처분하였다. 동 사채 관련 회계처리가 ㈜하늘의 20×2년도 당기순이익에 미치는 영향은 얼마인가? (단, 단수차이로 인한 오차가 있으면 가장 근사치를 선택한다)

① ₩13,801 증가   ② ₩14,842 감소   ③ ₩4,877 증가

④ ₩34,508 감소   ⑤ ₩48,310 증가

22 다음은 ㈜하늘이 채택하고 있는 확정급여제도와 관련한 자료이다.

- 확정급여채무 계산 시 적용하는 할인율: 연 5%
- 기초확정급여채무의 현재가치: ₩700,000
- 기초사외적립자산의 공정가치: ₩600,000
- 당기근무원가: ₩73,000
- 사외적립자산에 대한 기여금 출연(기초납부): ₩90,000
- 퇴직급여지급액(사외적립자산에서 기말지급): ₩68,000
- 기말사외적립자산의 공정가치: ₩670,000
- 기말재무상태표에 표시된 순확정급여부채: ₩100,000

㈜하늘의 확정급여제도 적용이 포괄손익계산서의 당기순이익과 기타포괄이익에 미치는 영향은 각각 얼마인가?

	당기순이익에 미치는 영향	기타포괄이익에 미치는 영향
①	₩108,000 감소	₩48,000 감소
②	₩108,000 감소	₩48,000 증가
③	₩108,000 감소	₩12,000 감소
④	₩78,000 감소	₩12,000 증가
⑤	₩73,500 감소	₩16,500 감소

23 ㈜포도의 20×1년도 희석주당이익은 얼마인가? (단, 전환우선주 전환 이외의 보통주식수 변동은 없으며, 유통보통주식수 계산 시 월할 계산한다. 또한 계산결과는 가장 근사치를 선택한다)

- 20×1년도 당기순이익: ₩1,049,000
- 기초유통보통주식수: 20,000주(주당 액면금액 ₩1,000)
- 기초유통우선주식수: 5,000주(전환우선주, 주당 액면금액 ₩1,000, 전환비율 1:1)
- 전환우선주: 회계연도 말까지 미전환된 부분에 대해서 액면금액의 8% 배당(전년도에는 배당가능이익이 부족하여 배당금을 지급하지 못하였으나, 20×1년도에는 전년도 배당금까지 포함하여 지급할 예정)
- 20×1년 5월 1일: 전환우선주 900주가 보통주로 전환되고 나머지는 기말까지 미전환

① ₩30　　　② ₩32　　　③ ₩35　　　④ ₩37　　　⑤ ₩42

24 ㈜당근은 20×1년 초에 부여일로부터 3년의 지속적인 용역제공을 조건으로 직원 100명에게 주식선택권을 1인당 10개씩 부여하였다. 20×1년 초 주식선택권의 단위당 공정가치는 ₩150이며, 주식선택권은 20×4년 초부터 행사할 수 있다. ㈜당근의 연도별 실제 퇴직자 수 및 추가퇴직 예상자 수는 다음과 같다.

구분	실제 퇴직자 수	추가퇴직 예상자 수
20×1년 말	5명	15명
20×2년 말	8명	17명

㈜당근은 20×1년 말에 주식선택권의 행사가격을 높이는 조건변경을 하였으며, 이러한 조건변경으로 주식선택권의 단위당 공정가치가 ₩30 감소하였다. 20×2년도에 인식할 보상비용은 얼마인가?

① ₩16,000　　② ₩30,000　　③ ₩40,000　　④ ₩56,000　　⑤ ₩70,000

25 충당부채, 우발부채 및 우발자산에 관한 설명으로 옳지 않은 것은?
① 충당부채는 현재의무이고 이를 이행하기 위하여 경제적 효익이 있는 자원을 유출할 가능성이 높고 해당 금액을 신뢰성 있게 추정할 수 있으므로 부채로 인식한다.
② 제품보증이나 이와 비슷한 계약 등 비슷한 의무가 다수 있는 경우에 의무이행에 필요한 자원의 유출가능성은 해당 의무 전체를 고려하여 판단한다.
③ 재무제표는 미래시점의 예상 재무상태가 아니라 보고기간 말의 재무상태를 표시하는 것이므로, 미래 영업에서 생길 원가는 충당부채로 인식한다.
④ 손실부담계약은 계약상 의무의 이행에 필요한 회피불가능원가가 그 계약에서 받을 것으로 예상되는 경제적 효익을 초과하는 계약을 말한다.
⑤ 우발자산은 과거사건으로 생겼으나, 기업이 전적으로 통제할 수는 없는 하나 이상의 불확실한 미래 사건의 발생 여부로만 그 존재 유무를 확인할 수 있는 잠재적 자산을 말한다.

정답

01 ②	02 ①	03 ②	04 ②	05 ⑤	06 ②	07 ②	08 ①	09 ②	10 ④
11 ④	12 ②	13 ④	14 ②	15 ①	16 ⑤	17 ①	18 ③	19 ③	20 ⑤
21 ①	22 ⑤	23 ③	24 ②	25 ③					

해설

01 ② 고객과의 계약에서 식별되는 수행의무는 계약에 분명히 기재한 재화나 용역에만 한정되지 않을 수 있다. 고객에게 이전할 것이라는 정당한 기대를 하도록 한다면, 이러한 약속도 고객과의 계약에 포함될 수 있다.

02 ① 20×2년 수익: $30,000 \times 2,000/(2,000 + 1,000) \times 6/12 = 10,000$
* 계약을 개시한 후의 개별 판매가격 변동을 반영하기 위하여 거래가격을 다시 배분하지는 않는다.

03 ②

20×2년 12월 31일	차)	현금	1,440,000	대) 기계판매수익	1,000,000
				예비부품판매수익	200,000
				선수보관용역수익	240,000
20×3년 12월 31일	차)	선수보관용역수익[1]	120,000	대) 보관용역수익	120,000

[1] $240,000 \times 12/24 = 120,000$

04 ② 사업모형은 개별 상품에 대한 경영진의 의도와는 무관하므로 금융상품별 분류접근법이 아니며 더 높은 수준으로 통합하여 결정하여야 한다. 그러나 하나의 기업은 금융상품을 관리하는 둘 이상의 사업모형을 가질 수 있다. 따라서 분류가 보고실체(기업 전체) 수준에서 결정될 필요는 없다.

05 ⑤

고객으로부터 수취한 현금(A + C)		400,000
1) 매출활동 관련 손익(A)		a - 3,000
(1) 매출액	a	
(2) 손상차손	(-)3,000	
(3) 매출채권 처분손익	-	
(4) 환율변동손익(매출채권 관련)	-	
2) 매출활동 관련 자산·부채 증감(C)		(-)52,000
(1) 매출채권 증감	(-)50,000	
(2) 손실충당금 증감	(-)2,000	
(3) 선수금 증감	-	

○ 매출액 $a - 3,000 - 52,000 = 400,000$, $a = 455,000$

06 ②

유형자산 투자활동현금흐름(A + C)		(-)67,000
1) 투자활동 관련 손익(A)		(-)7,000
(1) 감가상각비	(-)5,000	
(2) 유형자산처분손익	(-)2,000	
(3) 유형자산손상차손 등	-	
2) 투자활동 관련 자산 · 부채 증감(C)		(-)60,000
(1) 자산의 증감	(-)50,000	
(2) 부채의 증감	(-)10,000	
(3) 재평가잉여금		

○ 순현금유출액: (-)67,000 = 현금유입액(18,000 = 20,000 - 2,000) - 현금유출액(역산)
○ 현금유출액: (-)85,000

07 ②

당기순이익(A + B)	157,000
영업활동과 관련이 없는 손익 차감(-B)	
- 감가상각비	5,000
- 사채상환손실	15,000
이자수익, 배당금관련 손익 차감(-B)	
- 이자비용	10,000
- 법인세비용	8,000
영업활동 관련 자산 · 부채의 증감(+C)	
- 매출채권 증가	(-)20,000
- 재고자산 감소	10,000
- 매입채무	15,000
영업에서 창출된 현금(A + C)	**200,000**
이자수령 · 지급	(-)10,000
배당금 수령 · 납부	
법인세지급	(-)8,000
영업활동순현금흐름	**182,000**

08 ①

처분손익: 21,000 - (41,000 - 23,000) = 3,000

09 ②

개발비 취득원가: 65,000
1) 개발단계에서 지출액: (30,000 + 40,000 + 50,000) × 3/6 = 60,000
2) 개발단계(자산인식요건 충족)의 설비자산의 감가상각비: 100,000 × 0.2 × 3/12 = 5,000

10 ④

계획단계는 연구단계와 유사하여 발생시점에 비용으로 처리한다.

11 ④

차환하거나 연장할 것으로 기대하고 있고, 그런 재량권이 있다면 비유동부채로 분류한다.

12 ②

근본적 질적 특성을 적용하는 데 가장 효율적이고 효과적인 절차는 일반적으로 아래와 같다.
1) 보고기업의 재무정보이용자에게 유용할 수 있는 경제적 현상을 식별
2) 이용가능하고 충실히 표현될 수 있다면 가장 목적적합하게 될 그 현상에 대한 정보의 유형을 식별
3) 해당 정보가 이용가능하고 충실하게 표현될 수 있는지 결정

13 ④

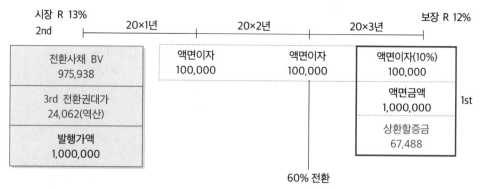

시장 R 13%
2nd

보장 R 12%

	20×1년	20×2년	20×3년

전환사채 BV
975,938

3rd 전환권대가
24,062(역산)

발행가액
1,000,000

액면이자
100,000

액면이자
100,000

액면이자(10%)
100,000

액면금액
1,000,000

상환할증금
67,488

1st

60% 전환

1) 전환사채
- 전환 시 회계처리(100% 전환 가정)

차) 전환사채	전환일의 BV 1,167,488 / 1.13	대) 자본금	행사주식수 × 액면가 1,000,000 / 10,000 × 5,000
전환권대가	발행 시 BV 24,062	주식발행초과금	대차차액 557,237

❍ 60% 전환 시 주식발행초과금 증가액: 557,237 × 60% = 334,342

2) 신주인수권부사채
- 행사 시 회계처리(100% 행사 가정)

차) 현금	행사주식수 × 행사가격 1,000,000 / 10,000 × 8,000	대) 자본금	행사주식수 × 액면가 1,000,000 / 10,000 × 5,000
신주인수권부사채	PV(상환할증금) 67,488 / 1.13		
신주인수권대가	발행 시 BV 24,062	주식발행초과금	대차차액 383,786

❍ 60% 행사 시 주식발행초과금 증가액: 383,786 × 60% = 230,272

14 ② [수정분개]

차) 매출원가[1]	11,000	대) 재고자산	17,000
이월이익잉여금[2]	6,000		

[1] 매출원가: 74,000 - 63,000 = 11,000
[2] 이월이익잉여금: (38,000 + 47,000) - (34,000 + 45,000) = 6,000

15 ①

장부상 순자산 공정가치	₩10,000
고객정보	₩1,500
연구개발프로젝트	₩1,000
우발부채	₩(-)450
대리변제자산	₩300
식별가능한 순자산 공정가치	₩12,350

16 ⑤

차)	자산	900,000	대)	부채	650,000
	영업권	50,000		자본금	150,000
				주식발행초과금	150,000
차)	주식발행초과금	1,000	대)	현금	6,000
	기타비용	5,000			

17 ①

1) 순자산: [46,000 + 50,000 × (1 + 20%) + 78,000 × (1 + 40%)] - 92,000 = 123,200
2) 영업권: 200,000 - 123,200 = 76,800

* 합병 관련 자문수수료는 이전대가가 아니므로 당기비용으로 인식한다.

18 ③

1) 순자산 FV: 3,000,000 - 1,500,000 - 100,000 = 1,400,000
2) 영업권: 1,500,000 + 150,000 - 1,400,000 = 250,000

19 ③

기말재고자산: 1,000,000 + 100,000 × (1 - 40%) + (200,000 - 130,000) = 1,130,000

20 ⑤

B/S			
취득	100,000		
DEP	(-)20,000		
상각후원가	80,000		
재평가잉여금	8,000	재평가잉여금	8,000
FV	88,000		
DEP	(-)22,000		
상각후원가	66,000		
재평가잉여금	(-)8,000	재평가잉여금	(-)8,000
손상차손	(-)10,000		
회수가능액	48,000		

- 당기순이익에 미친 영향: (22,000) + (10,000) = (-)32,000
- 기타포괄손익에 미친 영향: (-)8,000

21 ①

1) 20×1년 말 총장부금액: 951,963 × 1.12 - 100,000 = 966,199
2) 20×2년 당기순이익에 미친 영향: 980,000 - 966,199 = 13,801

22 ⑤

	확정급여채무			
지급액	68,000	기초	700,000	
		근무원가(당기 + 과거) A	73,000	
		이자비용(기초 × 기초 R) B	35,000	
기말 I	770,000	재측정요소 ①	30,000	

1) B/S계정
 순확정급여채무
  ❍ I - II: 100,000

2) I/S계정
 (1) 퇴직급여(N/I)
  ❍ A + B - C: 73,500
 (2) 재측정요소변동(OCI)
  ❍ ② - ①: (-)16,500

	사외적립자산		
기초	600,000	지급액	68,000
기여금	90,000		
이자수익 C[1]	34,500		
재측정요소 ②	13,500	기말 II	670,000

[1] 이자수익: (600,000 + 90,000) × 5% = 34,500

23 ③

1) 보통주귀속당기순이익: 1,049,000 - (5,000 - 900)주 × 1,000 × 8% = 721,000
2) 가중평균유통보통주식수: (20,000 × 12 + 900 × 8)/12 = 20,600주
3) 기본 EPS: 721,000/20,600 = 35
4) 잠재적보통주: 4,100 × 12/12 + 900 × 4/12 = 4,400주
5) 전환우선주 희석효과: 328,000/4,400 = 75
 ❍ 희석효과 없으므로 희석 EPS는 기본 EPS와 같은 35

24 ②

구분	P	Q			누적(B/S)	당기(I/S)
	공정가치	인원	부여수량	적수	보상원가	당기원가
20 ×1년	① 150	× ② (100 - 20)	× ③ 10	× ④ 1/3	= A 40,000	A 40,000
20 ×2년	① 150	× ② - 1 (100 - 30)	× ③ 10	× ④ 2/3	= B 70,000	B - A 30,000

* 불리한 조건의 변경은 인식하지 않는다.

25 ③

재무제표는 미래시점의 예상 재무상태가 아니라 보고기간 말의 재무상태를 표시하는 것이므로, 미래 영업에서 생길 원가는 충당부채로 인식하지 않는다.

제 6 회 | FINAL 모의고사

01 다음은 한국채택국제회계기준서 제1002호 '재고자산'의 단위원가 결정을 위한 원가흐름의 가정에 대한 설명이다. 기준서의 내용과 일치하지 않는 설명은 무엇인가?

① 통상적으로 상호 교환될 수 없는 재고자산 항목의 원가와 특정 프로젝트별로 생산되고 분리되는 재화 또는 용역의 원가는 개별법을 사용하여 결정한다.

② 개별법을 적용할 수 없는 재고자산의 단위원가는 선입선출법, 가중평균법을 사용하여 결정한다.

③ 성격과 용도 면에서 유사한 재고자산에는 동일한 단위원가 결정방법을 적용하여야 하며, 성격이나 용도 면에서 차이가 있는 재고자산에는 서로 다른 단위원가 결정방법을 적용할 수 있다.

④ 동일한 재고자산이 동일한 기업 내에서 영업부문에 따라 서로 다른 용도로 사용되는 경우에도 서로 다른 단위원가 결정방법을 적용할 수 없다.

⑤ 재고자산의 지역별 위치나 과세방식이 다르다는 이유만으로 동일한 재고자산에 다른 단위원가 결정방법을 적용하는 것이 정당화될 수 없다.

02 상품매매기업인 ㈜도도의 정상영업주기는 상품 매입시점부터 판매대금 회수시점까지 기간으로 정의된다. 20×1년 정상영업주기는 42일이며, 매출이 ₩1,000,000, 평균매출채권이 ₩50,000, 매출원가가 ₩60,000이라면 ㈜도도의 20×1년 평균재고자산은 얼마인가? (단, 매출은 전액 외상매출이고, 1년은 360일로 가정한다)

① ₩8,000   ② ₩7,000   ③ ₩6,000
④ ₩5,000   ⑤ ₩4,000

03 ㈜대한은 퇴직급여제도로 확정급여제도를 채택하고 있다. 20×1년 초 확정급여채무의 장부금액은 ₩15,000이며, 사외적립자산의 공정가치는 ₩12,000이다. 20×1년의 확정급여제도와 관련하여 발생한 재측정요소는 확정급여채무 재측정손실 ₩2,500, 사외적립자산 재측정이익 ₩600이다. 다음의 자료를 이용할 때, 20×1년 말 순확정급여부채는 얼마인가? (단, 자산인식상한은 고려하지 않는다)

> • 20×1년 순확정급여부채 계산 시 적용되는 할인율은 연 10%이다.
> • 20×1년 당기근무원가는 ₩4,000이다.
> • 20×1년 말 퇴직종업원에게 ₩3,000의 현금이 사외적립자산에서 지급되었다.
> • 20×1년 말 사외적립자산에 ₩5,000을 현금으로 출연하였다.

① ₩4,200
② ₩4,400
③ ₩4,600
④ ₩4,800
⑤ ₩4,950

04 ㈜한국은 20×1년 1월 1일부터 적격자산인 공장건물을 신축하기 시작하였으며, 20×2년 10월 31일 완공하였다. 공사대금 지출 및 신축공사와 관련된 차입금의 자료는 다음과 같다.

구분	지출일·차입일	금액	상환일	연 이자율
공사대금 지출액	20×1년 1월 1일	₩100,000	-	-
특정목적 차입금	20×1년 1월 1일	₩80,000	20×1년 12월 31일	5%
일반목적 차입금	20×1년 1월 1일	₩200,000	20×2년 12월 31일	10%

㈜한국이 20×1년 공장건물 신축과 관련하여 자본화한 차입원가는 얼마인가? (단, 이자비용은 월할 계산한다)

① ₩4,000
② ₩6,000
③ ₩20,000
④ ₩24,000
⑤ ₩34,000

05 다음은 ㈜한국이 2015년 12월 31일에 지출한 연구 및 개발활동 내역이다. ㈜한국이 2015년에 비용으로 인식할 총금액은 얼마인가? (단, 개발활동으로 분류되는 항목에 대해서는 지출금액의 50%가 자산인식요건을 충족했다고 가정한다)

- 새로운 지식을 얻고자 하는 활동: ₩100,000
- 생산이나 사용 전의 시제품과 모형을 제작하는 활동: ₩250,000
- 상업적 생산목적으로 실현가능한 경제적 규모가 아닌 시험공장을 건설하는 활동: ₩150,000
- 연구결과나 기타 지식을 탐색, 평가, 응용하는 활동: ₩300,000
- 재료, 장치, 제품, 공정, 시스템이나 용역에 대한 여러 가지 대체안을 탐색하는 활동: ₩50,000

① ₩450,000
② ₩550,000
③ ₩650,000
④ ₩700,000
⑤ ₩720,000

06 ㈜한국은 대형 옥외전광판을 단위당 ₩30,000,000에 판매하고, 옥외전광판에 대한 연간 유지서비스를 단위당 ₩20,000,000에 제공하고 있다. 옥외전광판의 매출원가는 단위당 ₩20,000,000이며, 연간 유지서비스 원가는 단위당 ₩10,000,000이 발생한다. ㈜한국은 20×1년 7월 1일에 옥외전광판 1단위와 이에 대한 1년간 유지서비스를 묶어서 ₩40,000,000에 판매하고 설치 완료하였다. 이와 관련된 설명으로 옳지 않은 것은? (단, 기간은 월할 계산한다)

① 20×1년 7월 1일에 인식한 매출액은 ₩24,000,000이다.
② 20×1년의 매출액은 ₩32,000,000이다.
③ 20×1년의 매출총이익은 ₩7,000,000이다.
④ 20×2년의 매출총이익은 ₩6,000,000이다.
⑤ 20×1년의 매출원가는 ₩20,000,000이다.

07 ㈜한국은 20×1년 4월 1일에 건물을 임대하고, 3년분 임대료 ₩360,000을 현금으로 수취하였다. 세법상 임대료의 귀속시기는 현금기준이며, ㈜한국은 임대료에 대해 발생기준을 적용하여 인식한다. 세율이 20×1년 30%, 20×2년 25%, 20×3년 이후는 20%라면, 20×1년 말 재무상태표에 보고될 이연법인세자산(부채)은 얼마인가? (단, 다른 일시적 차이는 없고, 임대료는 월할 계산한다)

① 이연법인세자산 ₩60,000
② 이연법인세부채 ₩60,000
③ 이연법인세자산 ₩81,000
④ 이연법인세부채 ₩81,000
⑤ 이연법인세부채 ₩91,000

08 ㈜뚠뚠이는 20×1년 중 신제품을 출시하면서 판매한 제품에 하자가 발생하는 경우 판매일로부터 1년간 무상으로 수리해주는 정책을 채택하였다. ㈜뚠뚠이는 보증비용으로 매출액의 4%가 발생하는 것으로 추정하였으며, 20×1년과 20×2년의 매출액과 실제 발생한 보증수리비용은 다음과 같다. 무상수리보증이 ㈜뚠뚠이의 20×2년도 당기손익에 미친 영향은 얼마인가?

회계연도	매출액	실제보증비용	
		20×1년 분	20×2년 분
20×1년	₩400,000	₩6,000	–
20×2년	₩900,000	₩8,000	₩15,000

① ₩15,000
② ₩19,000
③ ₩21,000
④ ₩34,000
⑤ ₩36,000

09 12월 말 결산법인인 ㈜포도는 20×1년 1월 1일 ㈜사과가 발행한 3년 만기 액면금액 ₩100,000의 사채를 ₩95,198에 취득하고 FVPL금융자산으로 분류하였다. ㈜사과 사채의 표시이자율은 연 10%로 매년 말 지급하며, 취득시점의 유효이자율은 연 12%이다. ㈜포도는 20×1년 중 사업모형이 변경되어 ㈜사과 사채를 상각후원가측정범주로 재분류하기로 하였다. 20×1년 말 ㈜사과 사채의 공정가치는 ₩98,287로 동 일자의 시장이자율은 11%이다. 20×2년 말 현재 ㈜사과 사채의 공정가치가 ₩100,000이라고 할 경우 ㈜사과 사채가 ㈜포도의 20×1년과 20×2년의 당기순익에 미친 영향은 각각 얼마인가? (단, 직전 보고기간 말의 공정가치는 다음 보고기간 초의 공정가치와 일치하며, 기대신용손실은 없는 것으로 가정한다)

	20×1년	20×2년
①	₩13,089	₩10,812
②	₩3,089	₩10,812
③	₩13,089	₩11,713
④	₩3,089	₩11,713
⑤	₩13,089	₩11,595

10 ㈜포도는 20×1년 초 지분상품을 거래원가 ₩2,000을 포함하여 ₩52,000에 구입하였고, 이 지분상품의 20×1년 말 공정가치는 ₩49,000이다. ㈜포도는 20×2년 4월 초 공정가치인 ₩51,000에 지분상품을 처분하였다. 이 지분상품을 (A) 당기손익-공정가치측정금융자산으로 인식했을 때와 (B) 기타포괄손익-공정가치측정금융자산으로 최초 선택하여 인식했을 때 처분으로 인한 당기손익은 얼마인가? (단, 처분 시 거래원가는 발생하지 않았다)

	(A)	(B)
①	₩0	₩1,000 손실
②	₩0	₩0
③	₩0	₩2,000 이익
④	₩2,000 이익	₩0
⑤	₩2,000 이익	₩1,000 이익

11 ㈜태티서는 20×1년 초에 다음과 같은 조건으로 복합금융상품을 액면발행하였으며 ㈜제시카는 동 복합금융상품을 액면가액에 인수하였다(단 권리행사 시 자본요소는 주식발행초과금으로 대체하며, 만기 상환 시 자본요소의 소멸과 관련된 별도의 회계처리는 수행하지 않는다).

> (1) 발행가액은 액면 ₩1,000,000이며, 표시이자율은 연 5%로 매년 말 후급조건이다. 상환기일인 만기는 20×3년 말이다. 복합금융상품의 보장수익률은 10%이며, 만기 현금 상환 시에는 보장이자와 표시이자의 차이를 상환할증금으로 일시에 지급한다.
> (2) 행사가격은 사채액면 ₩20,000당 보통주 1주(액면가액 ₩5,000)로 행사가능하다.
> (3) 복합금융상품 발행 당시 회사의 일반사채에 적용되는 시장이자율은 연 12%이며, 12% 3연도 현가계수는 0.71178, 연금현가계수는 2.40183이다.

20×3년 초에 동 복합금융상품의 60%만 권리가 행사되었을 때 신주인수권부사채와 전환사채를 가정하여 20×3년 ㈜태티서의 이자비용은 각각 얼마인가?

	신주인수권부사채 이자비용	전환사채 이자비용
①	₩62,092	₩120,592
②	₩120,592	₩62,092
③	₩119,592	₩52,092
④	₩52,092	₩119,592
⑤	₩52,092	₩115,592

12 전기제품소매상을 영위하는 ㈜샤프는 항공사와 연계한 고객충성제도를 운영하고 있다. 관련 자료는 다음과 같다.

> (1) 고객이 전기제품을 구입하면 판매대가에 1%의 항공여행 포인트를 부여하고 고객은 포인트를 사용하여 항공여행권을 받을 수 있다. 상품과 포인트의 개별 판매금액을 관측한 결과 보상점수 1포인트에 배분된 판매금액은 ₩1으로 추정되고, ㈜샤프는 포인트 제공시점에 지정 항공사에게 포인트 단위당 ₩0.9을 지급한다(거래가격을 개별 판매가격 기준으로 배분한 후의 금액).
> (2) 20×1년에 ₩2,000,000의 전기제품을 현금판매하였으며, 항공사에 전달하는 금액은 20×2년에 지급할 예정이다.

고객충성제도와 관련하여 20×1년 ㈜샤프가 항공사를 대신하여 대가를 회수하는 경우와 자기의 계산으로 대가를 회수하는 경우 인식할 수익은 각각 얼마인가?

	항공사를 대신하여 대가를 회수하는 경우	자기의 계산으로 대가를 회수하는 경우
①	₩20,000	₩20,000
②	₩1,980,000	₩1,982,000
③	₩1,982,000	₩2,000,000
④	₩1,998,000	₩1,980,000
⑤	₩2,000,000	₩2,000,000

13 12월 말 결산법인인 A회사는 20×1년 5월 1일에 B사로부터 도로건설을 수주하였다. 공사계약기간은 20×1년 7월 1일부터 20×3년 6월 30일까지이고, 공사계약금액은 ₩1,800,000이다. 진행기준 적용 시 진행률은 총추정원가 대비 현재까지 발생한 누적원가의 비율을 사용한다.

구분	20×1년	20×2년	20×3년
당기발생 계약원가	₩260,000	₩892,000	₩288,000
완성 시까지 추가 계약원가 예상액	₩1,040,000	₩288,000	–
계약대금 청구액	₩400,000	₩900,000	₩500,000
계약대금 회수액	₩300,000	₩900,000	₩600,000

20×1년의 자료는 위에 제시된 자료와 동일하다. 20×2년 1월 1일부터 B회사의 재무상태 악화로 인하여 20×2년의 계약대금은 회수하지 못하였으며, 미회수 계약대금 중 회수가능성이 높은 금액은 20×2년 12월 31일 현재 ₩50,000이다. 20×2년 발생원가는 ₩892,000이고, 건설자재 가격의 변동이 심하여 공사에 추가적으로 소요되는 금액을 20×2년 12월 31일 현재 신뢰성 있게 추정할 수 없다. 20×2년도에 A사가 인식할 계약수익은 얼마인가?

① ₩(−)542,000 ② ₩(−)892,000 ③ ₩(−)350,000
④ ₩(−)902,000 ⑤ ₩0

14 A사는 20×1년 중 B에게 개당 원가 ₩70,000의 제품 10개를 발송하고 운임으로 ₩10,000을 지급하였다. B는 20×1년 말 현재 제품 4개는 보유하고 있으며, 제품 6개는 개당 ₩100,000에 판매하였다. B는 해당 제품을 통제하고 있으며, 고객에게 제품이 판매되는 경우에만 판매된 제품 1개당 ₩90,000을 A사에게 지급한다. A사가 20×1년에 인식할 매출과 B사가 20×1년에 수익으로 인식할 금액은 얼마인가?

	A사가 20×1년에 인식할 매출	B사가 20×1년에 수익으로 인식할 금액
①	₩1,000,000	₩600,000
②	₩900,000	₩1,000,000
③	₩1,000,000	₩1,000,000
④	₩900,000	₩600,000
⑤	₩1,000,000	₩500,000

15 ㈜대한은 주가가 행사가격(단위당 ₩1,000)을 초과할 경우 차액을 현금으로 지급하는 주가차액보상권을 20×2년 1월 1일 임직원 10명에게 각각 200개씩 부여하였다. 이 주가차액보상권은 20×2년 말에 모두 가득되었고, 20×4년 말에 실제로 1,000개의 주가차액보상권이 행사되었다. 매 회계연도 말 보통주와 현금결제형 주가차액보상권의 단위당 공정가치가 다음과 같은 경우, 주가차액보상권과 관련하여 20×4년도에 ㈜대한이 인식할 주식보상비용(또는 주식보상비용환입)과 현금지급액은 얼마인가?

구분	20×2년 말	20×3년 말	20×4년 말
보통주의 공정가치	₩1,800	₩1,700	₩1,900
주가차액보상권의 공정가치	₩1,400	₩1,300	₩1,500

	주식보상비용		현금지급액
①	주식보상비용	₩200,000	₩800,000
②	주식보상비용환입	₩200,000	₩900,000
③	주식보상비용	₩200,000	₩900,000
④	주식보상비용환입	₩200,000	₩500,000
⑤	주식보상비용	₩200,000	₩500,000

16 20×1년 1월 1일에 액면금액은 ₩10,000,000이며, 사채의 기한은 5년, 액면이자율이 연 10%, 이자지급일은 매년 12월 31일인 사채를 ₩9,279,000으로 발행하였는데 이 발행금액은 투자자에게 발행가 대비 연 12%의 만기수익률을 보장하는 조건으로 결정된 것이다. 20×2년 1월 1일에 시장이자율이 연 14%로 상승하였는데, 이 시점에 기존의 사채를 전부 상환하였다. 사채의 상환에 따른 사채상환손익은 얼마인가? (단, 이자율 14%에서 현재가치계수는 다음과 같다)

기간	원금현가	연금현가
4기간	0.592	2.914
5기간	0.519	3.433

① ₩0   ② ₩185,580 손실   ③ ₩207,220 이익
④ ₩558,480 이익   ⑤ ₩769,480 이익

17 C사는 20×1년 초 기계장치를 ₩1,000에 취득하고 원가모형으로 측정하기로 하였다. (내용연수 5년, 잔존가치 '0', 정액법 사용) C사는 20×1년 7월 1일에 기계장치를 매각예정으로 분류하기로 하였으나 20×2년 7월 1일에 매각계획을 철회하고 계속 사용하기로 하였다. 각 일자의 자료들이 아래와 같을 때 동 거래가 20×1년과 20×2년 C사의 당기손익에 미치는 영향은 얼마인가?

구분	20×1. 7. 1.	20×1년 말	20×2. 7. 1.
순FV	₩400	₩600	₩800
사용가치	₩950	₩900	₩900

	20×1년 당기손익에 미치는 영향	20×2년 당기손익에 미치는 영향
①	₩(−)400	₩0
②	₩(−)600	₩100
③	₩(−)500	₩(−)100
④	₩(−)100	₩0
⑤	₩0	₩200

18 다음은 ㈜송광의 재무상태표와 포괄손익계산서의 일부이다.

<table>
<tr><td colspan="3" align="center">부분 재무상태표</td></tr>
<tr><td></td><td align="center">20×1년 말</td><td align="center">20×2년 말</td></tr>
<tr><td>유형자산</td><td align="center">₩245,000</td><td align="center">₩270,000</td></tr>
<tr><td>감가상각누계액</td><td align="center">₩(-)167,000</td><td align="center">₩(-)178,000</td></tr>
<tr><td>미지급금</td><td align="center">₩34,000</td><td align="center">₩54,000</td></tr>
<tr><td>이익잉여금</td><td align="center">₩100,000</td><td align="center">₩119,000</td></tr>
<tr><td colspan="3" align="center">부분 포괄손익계산서
(20×2. 1. 1. ~ 20×2. 12. 31.)</td></tr>
<tr><td>감가상각비</td><td></td><td align="center">₩32,000</td></tr>
<tr><td>유형자산처분이익</td><td></td><td align="center">₩13,000</td></tr>
<tr><td>당기순이익</td><td></td><td align="center">₩28,000</td></tr>
</table>

[추가정보]
(1) 20×2년 3월 1일 원가 ₩45,000의 유형자산을 현금을 받고 처분하였다. 또한 20×2년 8월 중 새로운 유형자산의 구입이 있었으며, 구입대금 중 현금지급하지 못한 ₩20,000은 미지급금으로 계상되었다.
(2) 이익잉여금의 변동은 당기순이익과 현금배당의 선언에 의해서만 영향을 받았다.

20×2년도의 현금흐름표에 보고되어야 할 투자활동순현금흐름과 재무활동순현금흐름은 얼마인가? (단, 배당금지급은 재무활동으로 분류한다고 가정한다)

	투자활동순현금흐름	재무활동순현금흐름
①	₩25,000 유입	₩13,000 유출
②	₩45,000 유입	₩13,000 유출
③	₩9,000 유출	₩9,000 유출
④	₩13,000 유출	₩13,000 유출
⑤	₩13,000 유출	₩9,000 유출

19 다음은 주식기준보상거래와 관련된 기업회계기준의 내용이다. 올바른 것은?

① 주식결제형 주식기준보상거래의 경우 보상원가는 주식선택권(옵션)의 공정가치가 변동될 때마다 수정한다.

② 주식결제형 주식기준보상거래에서 시장성과조건인 경우에는 시장성과조건이 달성될 때 보상원가를 인식한다.

③ 주식결제형 주식기준보상거래의 경우 부여한 지분상품을 가득기간 중에 회사가 취소하거나 중도 청산할 때, 지급액이 당해 지분상품에 대하여 인식된 자본조정(주식선택권)을 초과하는 경우에는 그 초과액을 주식보상비용으로 처리한다.

④ 회사가 결제방식을 선택할 수 있는 선택형 주식기준보상거래의 경우 복합금융상품의 부채요소와 자본요소의 공정가치를 측정한 후 부채요소에 대해서는 현금결제형 주식기준보상거래로 회계처리하고 자본요소에 대해서는 주식결제형 주식기준보상거래로 회계처리한다.

⑤ 회사가 이미 부여한 지분상품의 조건을 변경하는 경우 주식기준보상약정의 총공정가치를 증가시키거나 종업원에게 유리하게 이루어지는 경우에는 조건변경효과를 인식하여야 한다.

20 ㈜백두는 20×1년 1월 1일에 액면금액 ₩1,000,000, 액면이자율 연 6%, 만기 4년, 상환할증금 ₩90,169, 매년 말 이자지급조건으로 비분리형 신주인수권부사채를 액면발행하였다. 발행일의 시장이자율은 연 10%로 이를 적용할 경우, 발행일 현재 ㈜백두가 발행한 신주인수권부사채의 현재가치는 ₩934,779이다. 신주인수권의 행사가격은 ₩25,000이며 행사비율은 100%로, 각 신주인수권은 액면금액이 ₩5,000인 보통주 1주를 매입할 수 있다. 동 신주인수권부사채의 25%가 20×2년 1월 1일 행사되었다면, 행사 직후 신주인수권대가는 얼마인가? (단, 아래의 현가요소를 사용하고 소수점 첫째 자리에서 반올림하며, 신주인수권대가는 신주인수권 행사 시 주식발행초과금으로 대체한다)

3년 기준	6%	10%
단일금액 ₩1의 현가요소	0.8396	0.7513
정상연금 ₩1의 현가요소	2.6730	2.4869

① ₩155,390   ② ₩90,169   ③ ₩65,221

④ ₩48,916   ⑤ ₩16,305

21 다음은 유통업을 영위하고 있는 ㈜갑의 회계감사인이 20×1년도 재무제표에 대한 감사과정에서 발견한 사항이다. ㈜갑의 회계변경은 타당한 것으로 간주하고, 회계정책의 적용효과가 중요하며, 오류가 발견된 경우 중요한 오류로 본다. 차입원가를 자본화할 적격자산은 없고, 법인세효과는 고려하지 않는다. 또한 계산결과 단수차이로 인해 답안과 오차가 있는 경우 근사치를 선택한다.

- ㈜갑은 20×0년 1월 1일에 액면금액이 ₩10,000이고, 이자율이 연 10%인 3년 만기의 사채를 ₩9,520에 발행하였다. 이자지급일은 매년 말이고, 유효이자율법으로 사채할인발행차금을 상각하며, 사채발행시점의 유효이자율은 연 12%이다. ㈜갑은 20×0년도와 20×1년도의 포괄손익계산서에 위 사채와 관련된 이자비용을 각각 ₩1,000씩 인식하였다.
- ㈜갑은 20×1년 초에 재고자산 단위원가 결정방법을 선입선출법에서 가중평균법으로 변경하였다. ㈜갑은 기초와 기말재고자산금액으로 각각 ₩1,500과 ₩1,100을 적용하여 20×1년의 매출원가를 계상하였다. 선입선출법과 가중평균법에 의한 재고자산금액은 다음과 같다.

구분	20×0년 초	20×0년 말	20×1년 말
선입선출법	₩1,000	₩1,500	₩1,400
가중평균법	₩900	₩1,700	₩1,100

위의 사항이 재무제표에 적정하게 반영될 경우 비교표시되는 20×0년 말 ㈜갑의 재무상태표에 계상될 이익잉여금에 미치는 영향은 얼마인가?

① ₩342 감소　　　　② ₩101 감소　　　　③ ₩42 감소
④ ₩58 증가　　　　⑤ ₩200 증가

22 다음은 포괄손익계산서 작성을 위한 일반사항에 대한 설명이다. 한국채택국제회계기준 제1001호의 규정과 다른 설명은 무엇인가?

① 인식한 모든 수익과 비용 항목은 단일 포괄손익계산서나 두 개의 보고서(당기순손익의 구성요소를 표시하는 별개의 손익계산서와 당기순손익에서 시작하여 기타포괄손익의 구성요소를 표시하는 보고서인 포괄손익계산서)로 공시할 수 있다.

② 수익과 비용 중에서 비경상적이며 비반복적으로 발생하는 항목에 대하여는 특별손익의 항목으로 별도 표시하여 포괄손익계산서의 예측능력을 제고하여야 한다.

③ 기타포괄손익에 대한 법인세효과는 관련 법인세효과를 차감한 순액으로 표시할 수도 있으며, 각 항목들에 관련된 법인세효과를 단일 금액으로 합산하여 차감하는 형식으로 보고할 수도 있다.

④ 비용을 표시하는 방법은 비용의 성격별 또는 기능별 분류방법 중에서 신뢰성 있고 더욱 목적적합한 정보를 제공할 수 있는 방법으로 표시한다.

⑤ 비용의 성격에 대한 정보가 미래현금흐름을 예측하는 데 유용하기 때문에, 비용을 기능별로 분류한 경우에는 감가상각비, 기타 상각비와 종업원급여비용을 포함하여 비용의 성격에 대한 추가 정보를 공시한다.

23 다음은 부채의 유동성 분류에 대한 내용이다. 한국채택국제회계기준 제1001호의 규정과 다른 설명은 무엇인가?

① 매입채무 그리고 종업원 그 밖의 영업원가에 대한 미지급비용과 같은 유동부채는 보고기간 후 12개월 후에 결제일이 도래한다 하더라도 정상영업주기 내에 사용되는 운전자본의 일부이므로 유동부채로 분류한다.

② 보고기간 후 12개월 이내에 결제일이 도래하는 경우에도 보고기간 후 재무제표 발행승인일 전에 장기로 차환하는 약정 또는 지급기일을 장기로 재조정하는 약정이 체결된 경우에는 한국채택국 제회계기준 제1010호 '보고기간후사건'에 따라 이를 비유동부채로 분류한다.

③ 기업이 기존의 대출계약조건에 따라 보고기간 후 적어도 12개월 이상 부채를 차환하거나 연장할 것으로 기대하고 있고, 그런 재량권이 있다면, 보고기간 후 12개월 이내에 만기가 도래한다 하더 라도 비유동부채로 분류한다.

④ 보고기간 말 이전에 장기차입약정을 위반했을 때 대여자가 즉시 상환을 요구할 수 있는 채무는 보고기간 후 재무제표 발행승인일 전에 채권자가 약정위반을 이유로 상환을 요구하지 않기로 합 의하더라도 유동부채로 분류한다.

⑤ 대여자가 보고기간 말 이전에 보고기간 후 적어도 12개월 이상의 유예기간을 주는 데 합의하여 그 유예기간 내에 기업이 위반사항을 해소할 수 있고, 또 그 유예기간 동안에는 대여자가 즉시 상환을 요구할 수 없다면 그 부채는 비유동으로 분류한다.

24 중간재무보고에 관한 설명으로 옳지 않은 것은?

① 직전 연차재무보고서를 연결기준으로 작성하였다면 중간재무보고서도 연결기준으로 작성해야 한 다. 연차보고기간 말에 연결재무제표를 작성할 때에 자세하게 조정되는 일부 내부거래 잔액은 중간보고기간 말에 연결재무제표를 작성할 때는 덜 자세하게 조정될 수 있다.

② 중간재무보고서는 당해 중간보고기간 말과 직전 연차보고기간 말을 비교하는 형식으로 작성한 재무상태표, 당해 중간기간과 당해 회계연도 누적기간을 직전 회계연도의 동일기간과 비교하는 형식으로 작성한 포괄손익계산서, 당해 회계연도 누적기간을 직전 회계연도의 동일기간과 비교 하는 형식으로 작성한 자본변동표와 당해 회계연도 누적기간을 직전 회계연도의 동일기간과 비 교하는 형식으로 작성한 현금흐름표를 포함한다.

③ 계절적, 주기적 또는 일시적으로 발생하는 수익은 연차보고기간 말에 미리 예측하여 인식하거나 이연하는 것이 적절하지 않은 경우 중간보고기간 말에도 미리 예측하여 인식하거나 이연하여서 는 안된다. 배당수익, 로열티수익 및 정부보조금 등이 예이다.

④ 중간재무보고서를 작성할 때 인식, 측정, 분류 및 공시와 관련된 중요성의 판단은 연차재무보고 서의 재무자료에 근거하여 이루어져야 한다. 중요성을 평가하는 과정에서 중간기간의 측정은 연 차재무자료의 측정에 비하여 추정에 의존하는 정도가 크다는 점을 고려하여야 한다.

⑤ 중간기간의 법인세비용은 기대총연간이익에 적용될 수 있는 법인세율, 즉 추정평균연간유효법인 세율을 중간기간의 세전 이익에 적용하여 계산한다. 세무상결손금의 소급공제 혜택은 관련 세무 상결손금이 발생한 중간기간에 반영한다.

25 20×1년 1월 1일 ㈜대한은 ㈜민국의 의결권 있는 보통주 30주(총 발행주식의 30%)를 ₩435,000에 취득하여 유의적인 영향력을 행사하게 되었다. 취득일 현재 ㈜민국의 순자산 장부금액은 ₩1,300,000 이다.

> • 주식취득일 현재 공정가치와 장부금액이 다른 자산은 다음과 같다.
>
> | 구분 | 재고자산 | 건물(순액) |
> |---|---|---|
> | 공정가치 | ₩150,000 | ₩300,000 |
> | 장부금액 | ₩100,000 | ₩200,000 |
>
> • 재고자산은 20×1년 중에 전액 외부로 판매되었다.
> • 20×1년 초 건물의 잔존내용연수는 5년, 잔존가치 ₩0, 정액법으로 감가상각한다.
> • ㈜민국은 20×1년 5월 말에 총 ₩20,000의 현금배당을 실시하였으며, 20×1년 당기순 이익으로 ₩150,000을 보고하였다.

㈜대한이 20×1년 지분법이익으로 인식할 금액은 얼마인가?

① ₩59,000   ② ₩53,000   ③ ₩45,000

④ ₩30,000   ⑤ ₩24,000

정답 및 해설

정답

01 ④	02 ⑤	03 ①	04 ②	05 ③	06 ④	07 ①	08 ④	09 ①	10 ④
11 ③	12 ③	13 ⑤	14 ④	15 ②	16 ④	17 ①	18 ⑤	19 ⑤	20 ④
21 ④	22 ②	23 ②	24 ④	25 ⑤					

해설

01 ④ 동일한 재고자산이 동일한 기업 내에서 영업부문에 따라 서로 다른 용도로 사용되는 경우에는 서로 다른 단위원가 결정방법을 적용할 수 있다.

02 ⑤ 1) 매출채권회전율: 1,000,000/50,000 = 20일 = 360/매출채권보유기간, 매출채권보유기간: 18
2) 재고자산회전율: 360/(42 - 18) = 60,000/평균재고, 평균재고: 4,000

03 ①

확정급여채무

지급액	3,000	기초	15,000	
		근무원가(당기 + 과거) A	4,000	
		이자비용(기초 × 기초 R) B	1,500	
기말 I	20,000	재측정요소 ①	2,500	

사외적립자산

기초	12,000	지급액	3,000
기여금	5,000		
이자수익 C	1,200		
재측정요소 ②	600	기말 II	15,800

1) B/S계정
　순확정급여채무
　❍ I - II: 4,200

2) I/S계정
　(1) 퇴직급여(N/I)
　❍ A + B - C: 4,300
　(2) 재측정요소변동(OCI)
　❍ ② - ①: (-)1,900

04 ②

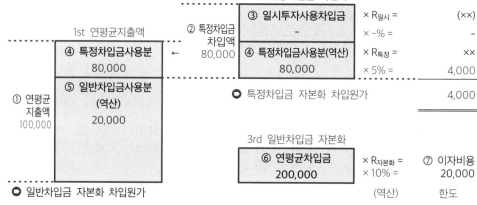

○ 20×1년 공장건물 신축과 관련하여 자본화한 차입원가: 6,000

05 ③ 20×5년 비용: 100,000 + 300,000 + 50,000 + 400,000 × 0.5 = 650,000
1) 연구활동
(1) 새로운 지식을 얻고자 하는 활동: 100,000
(2) 연구결과나 기타 지식을 탐색, 평가, 응용하는 활동: 300,000
(3) 재료, 장치, 제품, 공정, 시스템이나 용역에 대한 여러 가지 대체안을 탐색하는 활동: 50,000
2) 개발활동
나머지 개발활동: (250,000 + 150,000) × 0.5 = 200,000

06 ④ 1) 20×1년 7월 1일 회계처리

차) 현금	40,000,000	대) 매출[1]	24,000,000
		계약부채	16,000,000
차) 매출원가	20,000,000	대) 재고자산	20,000,000

[1] 40,000,000 × 24,000,000/(24,000,000 + 16,000,000) = 24,000,000

2) 20×1년 12월 31일 회계처리

차) 계약부채	8,000,000	대) 매출[1]	8,000,000
차) 유지서비스원가[2]	5,000,000	대) 현금	5,000,000

[1] 16,000,000 × 6/12 = 8,000,000
[2] 10,000,000 × 6/12 = 5,000,000

07 ①

구분	20×1년	20×2년	20×3년	20×4년
TAX	360,000	–	–	–
GAAP	90,000[1]	120,000	120,000	30,000
차이	270,000	-120,000	-120,000	-30,000
× 세율		× 25%	× 20%	× 20%
이연법인세자산		-30,000	-24,000	-6,000

[1] 360,000/3 × 9/12 = 90,000

08 ④　1) 20×1년 말 제품보증충당부채: 400,000 × 4% - 6,000 = 10,000

　　　2) 20×2년 말 제품보증충당부채: 900,000 × 4% - 15,000 = 21,000

　　　3) 20×2년 당기손익에 미치는 영향: (1) + (2) = (-)34,000

　　　　(1) 실제보증비용지출액: (8,000) + (15,000) = (-)23,000

　　　　(2) 충당부채 증감액: (21,000) - (10,000) = (-)11,000

09 ①　1) 20×1년 당기손익에 미친 영향: (1) + (2) = 13,089

　　　　(1) 이자수익(액면이자): 100,000 × 10% = 10,000

　　　　(2) 평가손익: 98,287 - 95,198 = 3,089

　　　2) 20×2년 당기손익에 미친 영향

　　　　이자수익: 98,287 × 11% = 10,812

10 ④　1) FVPL금융자산처분손익: 51,000 - 49,000 = 2,000 이익

　　　2) FVOCI금융자산처분손익: 재분류조정이 허용되지 않으므로 처분이익으로 계상할 금액은 없다.

11 ③　1) 상환할증금: 1,000,000 × (10% - 5%) × $(1.1^2 + 1.1 + 1)$ = 165,500

　　　2) 전환사채의 20×3년 이자비용: (1,000,000 + 50,000 + 165,500)/1.12 × 12% × (1 - 60%) = 52,092

　　　3) 신주인수권부사채의 20×3년 이자비용: [1,000,000 + 50,000 + 165,500 × (1 - 60%)]/1.12 × 12% = 119,592

12 ③　1) 항공사를 대신하여 대가를 회수하는 경우(순액)

순수한 제품판매대가: ₩2,000,000 - ₩2,000,000 × 1% × ₩1 =	₩1,980,000
수수료수익: ₩20,000 - ₩18,000 =	₩2,000
계	₩1,982,000

　　　2) 자기의 계산으로 대가를 회수하는 경우(총액)

순수한 제품판매대가: ₩2,000,000 - ₩2,000,000 × 1% × ₩1 =	₩1,980,000
포인트 판매수익	₩20,000
계	₩2,000,000

13 ⑤　1) 계약손익

구분	20×1년	20×2년
계약수익	360,000	20×2년까지의 누적수익 인식액이 Min[(300,000 + 50,000), (260,000 + 892,000)] = 350,000이므로 계약수익은 '0'
손상차손	-	350,000 - 360,000 = (-)10,000
계약원가	(-)260,000	(-)892,000
계약손익	100,000	(-)892,000

　　　2) 20×2년 회계처리

원가투입 시	차)	미성공사	892,000	대)	현금	892,000
기말결산 시	차)	계약자산	0	대)	계약수익	0
	차)	손상차손	10,000	대)	손실충당금	10,000
	차)	계약원가	892,000	대)	미성공사	892,000

14 ④   A사의 매출액: 10개 × @90,000 = 900,000
B사의 수익: 6개 × @100,000 = 600,000

* B사는 제품을 통제하고 있으므로 A사는 제품에 대한 통제를 할 수 없다. 따라서 제품 10개를 모두 판매한 것으로 보아 전액을 수익으로 인식한다.

15 ②   20×4년에 인식할 주식보상비용: 400,000 - 600,000 = (-)200,000 환입
1) 재측정: (1,500 - 1,300) × 10명 × 200개 = 400,000
2) 행사: (900 - 1,500) × 1,000개 = (-)600,000

      * 20×4년 말 내재가치: 1,900 - 1,000 = 900

16 ④   1) 20×2년 초 사채의 공정가치: 10,000,000 × 0.592 + 1,000,000 × 2.914 = 8,834,000
2) 20×2년 초 사채의 장부금액: 9,279,000 × 1.12 - 1,000,000 = 9,392,480
3) 사채상환 시 회계처리

차) 사채	9,392,480	대) 현금	8,834,000
		사채상환이익	558,480

17 ①   ● 20×1년 N/I영향: (-)400
1) 감가상각비: 1,000/5 × 6/12 = (-)100
2) 손상차손: 400 - (1,000 - 100) = (-)500
3) 손상차손환입: 600 - 400 = 200
● 20×2년 N/I영향: 0
1) 손상차손환입: Min[700, 900*] - 600 = 100

      * 회수가능액: Max[800, 900] = 900

2) 감가상각비: 1,000/5 × 6/12 = (-)100

18 ⑤   1) 투자활동순현금흐름

20×2. 3. 1.	차) 현금	37,000	대) 유형자산	45,000
	감가상각누계액	21,000*	유형자산처분이익	13,000

* (167,000 + 32,000) - 178,000 = 21,000

20×2. 8월 중	차) 유형자산	70,000*	대) 현금	50,000
			미지급금	20,000

* 270,000 - (245,000 - 45,000) = 70,000

20×2. 12. 31.	차) 감가상각비	32,000	대) 감가상각누계액	32,000

● 투자활동순현금흐름: 37,000 - 50,000 = (-)13,000 유출
2) 재무활동순현금흐름

20×2. 주주총회 시	차) 이익잉여금	9,000*	대) 미지급배당금	9,000

* 100,000 + 28,000 - 119,000 = 9,000

20×2. 배당지급 시	차) 미지급배당금	9,000	대) 현금	9,000
20×2. 12. 31.	차) 집합손익	28,000	대) 이익잉여금	28,000

● 재무활동순현금흐름: (-)9,000 유출

19 ⑤ ① 주식결제형 주식기준보상거래에서는 주식선택권(옵션)의 공정가치를 권리부여일에 한 번만 측정한다.

② 주식결제형 주식기준보상거래의 경우 시장성과조건인 경우에는 그러한 시장성과조건이 달성되는지 여부와 관계없이 다른 모든 가득조건이 충족되면 보상원가를 인식한다.

③ 주식결제형 주식기준보상거래의 경우 부여한 지분상품을 가득기간 중에 회사가 취소하거나 중도청산할 때, 지급액이 당해 지분상품에 대하여 인식된 자본조정(주식선택권)을 초과하는 경우에는 그 초과액을 자기주식처분이익(주식기준보상거래와 관련하여 인식된 것에 한함)에서 우선적으로 차감하고 잔액은 자기주식처분손실로 처리한다.

④ 거래상대방이 결제방식을 선택할 수 있는 선택형 주식기준보상거래의 경우 복합금융상품의 부채요소와 자본요소의 공정가치를 측정한 후 부채요소에 대해서는 현금결제형 주식기준보상거래로 회계처리하고 자본요소에 대해서는 주식결제형 주식기준보상거래로 회계처리한다. 그리고 회사가 결제방식을 선택할 수 있는 선택형 주식기준보상거래의 경우 현금을 지급해야 하는 현재의무가 있는 경우에는 현금결제형 주식기준보상거래로 회계처리하고, 현금을 지급해야 하는 현재의무가 없는 경우에는 주식결제형 주식기준보상거래로 보아 회계처리한다.

20 ④ 1) 신주인수권대가: 1,000,000 - 934,779 = 65,221

2) 신주인수권 행사 직후의 신주인수권대가: 65,221 × (1 - 25%) = 48,916

21 ④ 1) 20×0년 사채 이자비용 과소: 9,520 × 12% - 1,000 = 142

2) 20×1년 사채 이자비용 과소: (9,520 + 142) × 12% - 1,000 = 159

3) 20×0년 말 재고자산 회계변경 누적효과: 1,700 - 1,500 = 200(증가)

4) 20×0년 말 이익잉여금 증가: 200 - 142 = 58

22 ② 수익과 비용 중에서 비경상적이며 비반복적으로 발생하는 항목에 대하여는 특별손익의 항목으로 별도 포괄손익계산서나 주석에 기재할 수 없다.

23 ② 보고기간 후 12개월 이내에 결제일이 도래하는 경우에도 보고기간 후 재무제표 발행승인일 전에 장기로 차환하는 약정 또는 지급기일을 장기로 재조정하는 약정이 체결된 경우에는 한국채택국제회계기준 제1010호 '보고기간후사건'에 따라 이를 유동부채로 분류한다.

24 ④ 중간재무보고서를 작성할 때 인식, 측정, 분류 및 공시와 관련된 중요성의 판단은 해당 중간기간의 재무자료에 근거하여 이루어져야 한다. 중요성을 평가하는 과정에서 중간기간의 측정은 연차재무자료의 측정에 비하여 추정에 의존하는 정도가 크다는 점을 고려하여야 한다.

25 ⑤ 1) 수정 후 ㈜민국의 N/I: [150,000 - (150,000 - 100,000) - (300,000 - 200,000)/5] = 80,000

2) 20×1년 지분법이익: 80,000 × 30% = 24,000

제 7 회 │ FINAL 모의고사

01 ㈜사과는 20×1년 1월 1일 보통주(액면금액 ₩5,000) 1,000주를 주당 ₩6,000에 발행하여 회사를 설립하고, 20×1년 7월 1일 보통주(액면금액 ₩5,000) 1,000주를 주당 ₩7,000에 발행하는 유상증자를 실시하였다. 설립과 유상증자과정에서 주식발행이 없었다면 회피할 수 있고 해당 거래와 직접적으로 관련된 원가 ₩500,000과 간접적으로 관련된 원가 ₩200,000이 발생하였다. ㈜사과의 20×1년 12월 31일 재무상태표에 보고할 주식발행초과금은 얼마인가?

① ₩2,000,000   ② ₩2,300,000   ③ ₩2,500,000
④ ₩2,800,000   ⑤ ₩3,000,000

02 ㈜사과는 20×1년 2월에 자기주식 200주를 주당 ₩4,000에 취득하였고, 4월에 자기주식 50주를 주당 ₩5,000에 매도하였다. 20×1년 9월에는 보유하고 있던 자기주식 중 50주를 주당 ₩3,500에 매도하였다. 20×1년 말 ㈜사과 주식의 주당 공정가치는 ₩5,000이다. 주어진 거래만 고려할 경우 ㈜사과의 20×1년 자본총액변동은 얼마인가? (단, 자기주식은 원가법으로 회계처리하며, 20×1년 초 자기주식과 자기주식처분손익은 없다고 가정한다)

① ₩325,000 감소   ② ₩375,000 감소   ③ ₩375,000 증가
④ ₩425,000 감소   ⑤ ₩425,000 증가

03 A사의 재고자산 관련자료는 다음과 같다.

구분	원가	매가
기초재고액	₩1,400,000	₩2,100,000
당기매입액	₩6,000,000	₩9,800,000
매입운임	₩200,000	
매입할인	₩400,000	
당기매출액		₩10,000,000
종업원할인		₩500,000
순인상액		₩200,000
순인하액		₩100,000

A사가 선입선출법에 의한 저가기준 소매재고법을 이용하여 재고자산을 평가하고 있을 때 매출원가는 얼마인가?

① ₩6,300,000   ② ₩6,307,500   ③ ₩6,321,150
④ ₩6,330,000   ⑤ ₩6,337,500

04 재고자산에 관한 설명으로 옳지 않은 것은?

① 재고자산은 취득원가와 순실현가능가치 중 낮은 금액으로 측정한다.

② 재고자산의 취득원가는 매입원가, 전환원가 및 재고자산을 현재의 장소에 현재의 상태로 이르게 하는 데 발생한 기타원가 모두를 포함한다.

③ 재료원가, 노무원가 및 기타제조원가 중 비정상적으로 낭비된 부분은 재고자산의 취득원가에 포함할 수 없으며 발생기간의 비용으로 인식하여야 한다.

④ 표준원가법에 의한 원가측정방법은 그러한 방법으로 평가한 결과가 실제원가와 유사한 경우에도 사용할 수 없다.

⑤ 매입할인, 리베이트 및 기타 유사한 항목은 재고자산의 매입원가를 결정할 때 차감한다.

05 ㈜도도의 20×1년 총매출액은 ₩450,000, 매출에누리는 ₩50,000, 기초재고원가는 ₩150,000, 총매입액은 ₩250,000, 매입에누리는 ₩30,000이다. 20×1년 매출총이익률이 25%라면 ㈜도도가 20×1년 12월 31일 재무상태표에 보고할 재고자산금액은 얼마인가?

① ₩50,000　　　　　② ₩70,000　　　　　③ ₩90,000

④ ₩100,000　　　　 ⑤ ₩270,000

06 무상증자, 주식배당, 주식분할 및 주식병합 간의 비교로 옳지 않은 것은?

① 무상증자, 주식배당 및 주식병합의 경우 총자본은 변하지 않지만 주식분할의 경우 총자본은 증가한다.

② 무상증자와 주식배당의 경우 자본금은 증가한다.

③ 주식배당과 주식분할의 경우 자본잉여금은 변하지 않는다.

④ 주식배당의 경우 이익잉여금이 감소하지만 주식분할의 경우 이익잉여금은 변하지 않는다.

⑤ 무상증자, 주식배당 및 주식분할의 경우 발행주식수가 증가하지만 주식병합의 경우 발행주식수가 감소한다.

07 재무제표 표시에 관한 설명으로 옳은 것은?

① 기업은 재무제표, 연차보고서, 감독기구 제출서류 또는 다른 문서에 표시되는 그 밖의 정보 등 외부에 공시되는 모든 재무적 및 비재무적 정보에 한국채택국제회계기준을 적용하여야 한다.

② 투자자산 및 영업용자산을 포함한 비유동자산의 처분손익은 처분대가에서 그 자산의 장부금액과 관련 처분비용을 차감하여 상계표시한다.

③ 경영진이 기업을 청산하거나 경영활동을 중단할 의도를 가지고 있거나 청산 또는 경영활동의 중단의도가 있을 경우에도 계속기업을 전제로 재무제표를 작성한다.

④ 한국채택국제회계기준의 요구사항을 모두 충족하지 않더라도 일부만 준수하여 재무제표를 작성한 기업은 그러한 준수 사실을 주석에 명시적이고 제한 없이 기재한다.

⑤ 변경된 표시방법의 지속가능성이 낮아 비교가능성을 저해하더라도 재무제표이용자에게 신뢰성 있고 더욱 목적적합한 정보를 제공한다고 판단할 때에는 재무제표의 표시방법을 변경한다.

08 유용한 재무정보의 질적 특성에 관한 설명으로 옳지 않은 것은?

① 목적적합성과 표현충실성이 없는 재무정보가 더 비교가능하거나, 검증가능하거나, 적시성이 있거나, 이해가능하다면 유용한 정보이다.

② 보고기업에 대한 정보는 다른 기업에 대한 유사한 정보 및 해당 기업에 대한 다른 기간이나 다른 일자의 유사한 정보와 비교할 수 있다면 더욱 유용하다.

③ 재무정보가 예측가치를 갖기 위해서 그 자체가 예측치 또는 예상치일 필요는 없으며, 예측가치를 갖는 재무정보는 정보이용자가 예측하는 데 사용된다.

④ 정보가 누락되거나 잘못 기재된 경우 특정 보고기업의 재무정보에 근거한 정보이용자의 의사결정에 영향을 줄 수 있다면 그 정보는 중요한 것이다.

⑤ 목적적합하고 충실하게 표현된 재무정보는 보강적 질적 특성이 없더라도 유용할 수 있다.

09 ㈜포도는 20×1년 초 채무상품(액면금액 ₩100,000, 표시이자율 연 15%, 매년 말 이자지급, 5년 만기)을 ₩110,812에 구입하여 기타포괄손익-공정가치측정금융자산으로 분류하였다. 취득 당시 유효이자율은 연 12%이고, 20×1년 말 동 채무상품의 공정가치가 ₩95,000이다. 20×1년 ㈜포도가 이 금융자산과 관련하여 인식할 기타포괄손실은 얼마인가? (단, 화폐금액은 소수점 첫째 자리에서 반올림한다)

① ₩10,812 ② ₩14,109 ③ ₩15,812
④ ₩17,434 ⑤ ₩17,515

10 ㈜대한은 20×1년 1월 1일에 ㈜한국의 지분 30%를 ₩30,600에 취득하여 유의적인 영향력을 행사하게 되었다. 20×1년 1월 1일 ㈜한국의 장부상 순자산가액은 ₩100,000이며, 장부금액과 공정가치가 다른 항목은 다음과 같다.

구분	장부금액	공정가치	비고
상각자산	₩9,000	₩10,000	정액법 상각, 잔여내용연수 5년, 잔존가치 ₩0
재고자산	₩3,000	₩4,000	20×1년 중 모두 ㈜A에 판매

㈜한국의 20×1년 당기순이익이 ₩2,200일 때, ㈜대한이 20×1년 인식할 지분법평가이익은 얼마인가?

① ₩60 ② ₩300 ③ ₩600
④ ₩660 ⑤ ₩680

11 일반목적재무보고의 목적에 관한 설명으로 옳지 않은 것은?

① 현재 및 잠재적 투자자, 대여자 및 기타 채권자가 필요로 하는 모든 정보를 제공하여야 한다.

② 보고기업의 재무상태에 관한 정보, 즉 기업의 경제적 자원과 보고기업에 대한 청구권에 관한 정보를 제공한다.

③ 경영진의 책임 이행에 대한 정보는 경영진의 행동에 대해 의결권을 가지거나 다른 방법으로 영향력을 행사하는 현재 투자자, 대여자 및 기타 채권자의 의사결정에 유용하다.

④ 경영진은 그들이 필요로 하는 재무정보를 내부에서 구할 수 있기 때문에 일반목적재무보고서에 의존할 필요가 없다.

⑤ 현재 및 잠재적 투자자, 대여자 및 기타 채권자가 기업에 자원을 제공하는 것에 대한 의사결정을 할 때 유용한 보고기업 재무정보를 제공한다.

12 ㈜포도의 20×1년 자료가 다음과 같을 때, 재무자본유지개념 하에서 불변구매력단위를 이용하여 측정한 당기순이익은 얼마인가? (단, 주어진 자료 외 다른 거래는 없다)

- 20×1년 초 현금 ₩100,000으로 영업을 개시하였다.
- 20×1년 초 재고자산 15개를 단위당 ₩5,000에 현금구입하였다.
- 20×1년 기중에 재고자산 15개를 단위당 ₩8,000에 현금판매하였다.
- 20×1년 초 물가지수가 100이라고 할 때, 20×1년 말 물가지수는 125이다.
- 20×1년 말 재고자산의 단위당 구입가격은 ₩6,500으로 인상되었다.
- 20×1년 말 현금보유액은 ₩145,000이다.

① ₩0 ② ₩15,000 ③ ₩20,000
④ ₩30,000 ⑤ ₩45,000

13 ㈜도도는 20×1년 1월 1일 만기 3년, 표시이자와 상환할증금이 없는 액면금액 ₩1,000,000의 전환사채를 액면발행하였다. 발행시점에 유사한 조건의 일반사채 시장이자율은 연 5%이며, 사채발행비용은 발생하지 않았다. 이 전환사채는 액면금액 ₩10,000당 ㈜도도의 보통주 1주로 전환할 수 있으며, 보통주 1주당 액면금액은 ₩5,000이다. 20×3년 1월 1일 전환사채의 60%가 보통주로 전환되었다. ㈜도도의 전환사채의 전환으로 인한 20×3년 1월 1일 자본 증가액은 얼마인가? (단, 3기간, 5%, 단일금액 ₩1의 현재가치는 0.86638이고 계산 시 화폐금액은 소수점 첫째 자리에서 반올림한다)

① ₩218,280 ② ₩353,214 ③ ₩489,684
④ ₩544,194 ⑤ ₩571,429

14 상각후원가로 후속측정하는 일반사채에 관한 설명으로 옳지 않은 것은?

① 사채를 할인발행하고 중도상환 없이 만기까지 보유한 경우, 발행자가 사채발행시점부터 사채만기까지 포괄손익계산서에 인식한 이자비용의 총합은 발행시점의 사채할인발행차금과 연간 액면이자 합계를 모두 더한 값과 일치한다.

② 사채발행비가 존재하는 경우, 발행시점의 발행자의 유효이자율은 발행시점의 시장이자율보다 낮다.

③ 사채를 할증발행한 경우, 중도상환이 없다면 발행자가 포괄손익계산서에 인식하는 사채 관련 이자비용은 매년 감소한다.

④ 사채를 할인발행한 경우, 중도상환이 없다면 발행자가 재무상태표에 인식하는 사채의 장부금액은 매년 체증적으로 증가한다.

⑤ 사채를 중도상환할 때 거래비용이 없고 시장가격이 사채의 내재가치를 반영하는 경우, 중도상환시점의 시장이자율이 사채발행시점의 유효이자율보다 크다면 사채발행자 입장에서 사채상환이익이 발생한다.

15 '고객과의 계약에서 생기는 수익'에서 언급하고 있는 수익인식의 5단계 순서로 옳은 것은?

> ㄱ. 고객과의 계약식별
> ㄴ. 수행의무의 식별
> ㄷ. 거래가격 산정
> ㄹ. 거래가격을 계약 내 수행의무에 배분
> ㅁ. 수행의무 충족 시 수익인식

① ㄱ→ㄴ→ㄷ→ㄹ→ㅁ   ② ㄱ→ㄷ→ㄴ→ㄹ→ㅁ
③ ㄴ→ㄱ→ㄷ→ㄹ→ㅁ   ④ ㄴ→ㄷ→ㄱ→ㄹ→ㅁ
⑤ ㄷ→ㄱ→ㄴ→ㄹ→ㅁ

16 20×0년 초 영업을 개시한 ㈜포도의 20×1년도 법인세차감전순이익은 ₩1,000,000이다. ㈜포도의 20×1년 세무조정항목은 두 가지만 존재한다. 첫째는 20×0년 발생한 재고자산평가감(가산조정, 일시적 차이) ₩50,000이 20×1년에 반대조정으로 소멸되었으며, 둘째는 20×1년 감가상각비 한도초과액(가산조정, 일시적 차이)이 ₩130,000 발생하였다. ㈜포도가 20×1년 포괄손익계산서에 인식할 법인세비용은 얼마인가? (단, 이연법인세자산의 실현가능성은 높으며, 법인세율은 단일세율로 20%이고, 20×0년 이후 세율변동이 없다고 가정한다)

① ₩174,000   ② ₩184,000   ③ ₩200,000
④ ₩216,000   ⑤ ₩226,000

17 ㈜포도는 20×1년 초 최고경영자 갑에게 주식선택권(개당 ₩1,000에 ㈜포도의 보통주 1주를 취득할 수 있는 권리)을 부여하고, 2년의 용역제공조건과 동시에 제품의 판매증가율과 연관된 성과조건을 다음과 같이 부과하였다. 20×1년 초 현재 주식선택권의 개당 공정가치는 ₩600으로 추정되었다. 증가율은 12%이다. 따라서 ㈜포도는 갑이 주식선택권 100개를 가득할 것으로 예상하고 20×1년의 주식보상비용을 인식하였다. 하지만 20×2년 ㈜포도의 2년 평균 판매증가율은 22%가 되어 20×2년 말 갑은 주식선택권 300개를 가득하였다. ㈜포도가 주식선택권과 관련하여 20×2년 포괄손익계산서에 인식할 주식보상비용은 얼마인가?

2년 평균 판매증가율	용역제공조건 경과 후 가득되는 주식선택권 수량
10% 미만	없음
10% 이상 ~ 20% 미만	100개
20% 이상	300개

① ₩30,000 ② ₩60,000 ③ ₩90,000
④ ₩150,000 ⑤ ₩180,000

18 ㈜도도는 다음과 같은 조건의 3년 만기 일반사채를 발행하고, 동 사채를 상각후원가로 후속측정하는 금융부채로 분류하였다.

- 액면금액: ₩1,000,000(사채발행비는 발생하지 않음)
- 표시이자율: 연 5%(표시이자는 매년 12월 31일 연간 1회 지급)
- 권면상 발행일: 20×1년 1월 1일(권면상 발행일의 시장이자율: 연 10%)
- 실제 발행일: 20×1년 7월 1일(실제 발행일의 시장이자율: 연 8%)

사채의 현재가치 계산은 아래의 표를 이용한다(단, 이자 및 상각액은 월할 계산하며, 화폐금액은 소수점 첫째 자리에서 반올림한다).

기간	단일금액 ₩1의 현재가치		정상연금 ₩1의 현재가치	
	8%	10%	8%	10%
3	0.7938	0.7513	2.5771	2.4868

동 사채발행으로 인해 20×1년 7월 1일에 증가한 ㈜도도의 부채금액은 얼마인가?

① ₩875,640 ② ₩913,204 ③ ₩922,655
④ ₩934,561 ⑤ ₩959,561

19 생물자산 및 수확물 등 농림어업의 회계기준 적용에 관한 설명으로 옳지 않은 것은?

① 당해 자산에 대한 자금 조달, 세금 또는 수확 후 생물자산의 복구 관련 현금흐름(예 수확 후 조림지에 나무를 다시 심는 원가)을 포함해야 한다.

② 수확물로 수확하기 위해 재배하는 식물(예 목재로 사용하기 위해 재배하는 나무)은 생산용 식물이 아니다.

③ 생물자산에서 수확된 수확물은 수확시점에 순공정가치로 측정하여야 한다.

④ 생물자산을 최초 인식시점에 순공정가치로 인식하여 발생하는 평가손익과 생물자산의 순공정가치 변동으로 발생하는 평가손익은 발생한 기간의 당기손익에 반영한다.

⑤ 순공정가치로 측정하는 생물자산과 관련된 정부보조금에 부수되는 조건이 있는 경우에는 그 조건을 충족하는 시점에 당기손익으로 인식한다.

20 ㈜포도는 20×1년 초 기계장치를 취득(취득원가 ₩1,000,000, 내용연수 5년, 잔존가치 ₩0, 정액법 상각)하였으며, 재평가모형을 적용함과 동시에 손상징후가 있을 경우 자산손상 기준을 적용하고 있다. 공정가치와 회수가능액이 다음과 같을 때, 20×3년 말 감가상각액을 제외한 당기이익은 얼마인가? (단, 처분부대비용은 무시할 수 없을 정도이며, 재평가잉여금은 이익잉여금으로 대체하지 않는다)

구분	20×1년 말	20×2년 말	20×3년 말
공정가치	₩900,000	₩650,000	₩460,000
회수가능액	₩900,000	₩510,000	₩450,000

① ₩10,000 ② ₩45,000 ③ ₩55,000
④ ₩65,000 ⑤ ₩110,000

21 ㈜하늘은 20×1년 초 내용연수 종료시점에 복구조건이 있는 구축물을 취득(취득원가 ₩1,000,000, 잔존가치 ₩0, 내용연수 5년, 정액법 상각)하였다. 내용연수 종료시점의 복구비용은 ₩200,000으로 추정되었으나, 실제 복구비용은 ₩230,000이 지출되었다. 복구비용에 적용되는 할인율은 연 8%(5기간 단일금액 ₩1의 미래가치 1.4693, 현재가치 0.6806)이며, 이 할인율은 변동되지 않는다. 동 구축물의 복구비용은 충당부채 인식요건을 충족하고 원가모형을 적용하였을 경우, 다음 중 옳은 것은?

① 20×1년 초 복구충당부채는 ₩156,538이다.

② 20×1년 초 취득원가는 ₩863,880이다.

③ 20×1년 말 감가상각비는 ₩227,224이다.

④ 20×1년 말 복구충당부채에 대한 차입원가(이자비용)는 ₩23,509이다.

⑤ 내용연수 종료시점에 복구공사손익은 발생되지 않는다.

22 ㈜포도의 20×1년 당기순이익은 ₩500이다. 다음 자료를 반영하여 계산한 영업활동현금흐름은 얼마인가?

- 매출채권의 증가: ₩1,500
- 매입채무의 감소: ₩900
- 감가상각비: ₩200
- 기계장치 취득: ₩700
- 재고자산의 감소: ₩2,500
- 회사채발행: ₩1,000
- 토지처분이익: ₩100

① ₩300
② ₩600
③ ₩700
④ ₩1,000
⑤ ₩1,200

23 ㈜하늘은 20×1년 1월 1일 U사의 의결권이 있는 보통주 중 80%를 ₩452,000에 취득하여 지배력을 획득하였다. 취득일 현재 U사의 자산과 부채는 아래의 자산을 제외하고는 장부금액과 공정가치가 일치하였다.

구분	장부금액	공정가치	비고
재고자산	₩50,000	₩30,000	20×1년 중 모두 판매됨
토지	₩150,000	₩160,000	현재 계속 보유 중임
건물	₩110,000	₩140,000	잔존내용연수 10년, 잔존가치 ₩0, 정액법으로 상각

취득 당시 U사의 순자산 장부금액은 ₩500,000이었다. U사의 20×1년도 당기순이익은 ₩200,000이다. 20×1년의 비지배지분순이익과 20×1년 말 현재 연결재무상태표상 비지배지분은 각각 얼마인가? (단, 비지배지분에 대한 영업권은 인식하지 않는다)

	비지배지분순이익	비지배지분
①	₩33,400	₩140,000
②	₩35,400	₩140,000
③	₩35,400	₩145,400
④	₩43,400	₩145,400
⑤	₩43,400	₩147,400

24 ㈜한국은 20×1년 초에 자가사용목적으로 건물을 ₩10,000,000에 취득하여 원가모형을 적용하고 있다. 이 건물의 잔존가치는 ₩0, 내용연수는 10년이며 정액법으로 감가상각한다. ㈜한국은 20×2년 초에 동 건물을 ㈜한강에게 임대하였다.

각 연도 말 건물의 공정가치는 다음과 같다.

구분	20×2년 초	20×2년 말
공정가치	₩9,600,000	₩10,200,000

아래의 각 상황별 ㈜한국의 20×2년 당기손익에 미치는 영향은 얼마인가?

〈상황 1〉 ㈜한국이 투자부동산에 대해서 원가모형을 적용하기로 한 경우
〈상황 2〉 ㈜한국이 투자부동산에 대해서 공정가치모형을 적용하기로 한 경우

	〈상황 1〉	〈상황 2〉
①	₩1,000,000 감소	₩1,200,000 증가
②	₩400,000 감소	₩1,200,000 증가
③	₩1,000,000 감소	₩600,000 증가
④	₩400,000 감소	₩600,000 증가
⑤	₩400,000 감소	₩1,600,000 증가

25 A사는 20×1년 1월 1일 액면금액 ₩100의 보통주식 1,000주를 ₩180에 발행하여 설립되었다. 회사는 20×1년 중에 다음과 같은 자기주식거래를 하였다.

(1) 3월 10일에 자기주식 100주를 주당 ₩160에 취득하였으며, 4월 15일에 자기주식 10주를 주당 ₩180에 처분하였다.
(2) 6월 3일에 자기주식 10주를 주당 ₩90에 처분하였으며, 10월 25일에 자기주식 10주를 주당 ₩170에 처분하였다.

위 거래가 20×1년 A사의 자본조정에 미친 영향은 얼마인가?

① ₩11,600 감소
② ₩12,600 감소
③ ₩17,000 감소
④ ₩17,500 감소
⑤ ₩18,600 감소

정답 및 해설

정답

01 ③	02 ②	03 ④	04 ④	05 ②	06 ①	07 ②	08 ①	09 ②	10 ②
11 ①	12 ③	13 ⑤	14 ②	15 ①	16 ③	17 ④	18 ⑤	19 ①	20 ④
21 ③	22 ③	23 ⑤	24 ③	25 ①					

해설

01 ③ 20×1년 말 주식발행초과금: 1,000,000 + 2,000,000 + (500,000) = 2,500,000

차)	현금	6,000,000	대)	자본금	5,000,000
				주식발행초과금	1,000,000
차)	현금	7,000,000	대)	자본금	5,000,000
				주식발행초과금	2,000,000
차)	주식발행초과금	500,000	대)	현금	500,000
차)	비용	200,000	대)	현금	200,000

02 ② 자본총액변동: -200주 × 4,000 + 50주 × 5,000 + 50주 × 3,500 = (-)375,000

03 ④ 1) 판매가능상품원가: 1,400,000 + 6,000,000 + 200,000 - 400,000 = 7,200,000
2) 판매가능상품매가: 2,100,000 + 9,800,000 + 200,000 - 100,000 = 12,000,000
3) 기말재고매가: 12,000,000 - 10,000,000 - 500,000 = 1,500,000
4) 원가율: (7,200,000 - 1,400,000) ÷ (12,000,000 - 2,100,000 + 100,000) = 58%
5) 기말재고원가: 1,500,000 × 58% = 870,000
6) 매출원가: 7,200,000 - 870,000 = 6,330,000

04 ④ 표준원가법에 의한 원가측정방법은 그러한 방법으로 평가한 결과가 실제원가와 유사한 경우에도 사용할 수 있다.

05 ② 1) 매출원가: (450,000 - 50,000) × (1 - 25%) = 300,000
2) 기말재고자산: 150,000 + (250,000 - 30,000) - 300,000 = 70,000

06 ① 무상증자, 주식배당, 주식분할 및 주식병합 모두 총자본은 변동하지 않는다.

07 ② ① 한국채택국제회계기준은 재무제표만을 그 적용범위로 한다.
③ 경영진이 기업을 청산하거나 경영활동을 중단할 의도를 가지고 있거나 청산 또는 경영활동의 중단의도
가 있을 경우에는 청산기업 가정에 따라 재무제표를 작성한다.
④ 한국채택국제회계기준의 요구사항을 모두 충족하지 않더라도 일부만 준수하여 재무제표를 작성한 기업
은 그러한 준수 사실을 기재할 수 없다.
⑤ 변경된 표시방법의 지속가능성이 낮아 비교가능성을 저해하더라도 재무제표이용자에게 신뢰성 있고 더
욱 목적적합한 정보를 제공한다고 판단되더라도 재무제표의 표시방법을 변경할 수 없다.

08 ① 목적적합성과 표현충실성이 없는 재무정보는 더 비교가능하거나, 검증가능하거나, 적시성이 있거나, 이해가
능하더라도 유용한 정보가 아니다.

09 ② 기타포괄손실: 95,000 - (110,812 × 1.12 - 15,000) = (-)14,109

10 ② 1) 조정 후 당기순이익: 2,200 - (10,000 - 9,000)/5 - (4,000 - 3,000) = 1,000
2) 지분법평가이익: 1,000 × 30% = 300

11 ① 현재 및 잠재적 투자자, 대여자 및 기타 채권자가 필요로 하는 모든 정보를 제공할 수도 없고 제공할 필요
도 없다.

12 ③ 불변구매력단위 당기순이익: 145,000 - 100,000 × 125/100 = 20,000

13 ⑤ 자본 증가액: 1,000,000/1.05 × 60% = 571,429(단수차이)

14 ② 사채발행비가 존재하는 경우, 발행시점의 발행자의 유효이자율은 발행시점의 시장이자율보다 높다.

15 ① 고객과의 계약식별 → 수행의무의 식별 → 거래가격 산정 → 거래가격을 수행의무에 배분 → 수익인식

16 ③ 1) 기초이연법인세자산: 50,000 × 20% = 10,000
2) 기말이연법인세자산: 130,000 × 20% = 26,000
3) 당기법인세부채: (1,000,000 - 50,000 + 130,000) × 20% = 216,000
4) 당기법인세비용

차) 기말이연법인세자산	26,000	대) 당기법인세부채	216,000
법인세비용	200,000	기초이연법인세자산	10,000

17 ④ 1) 20×1년 말 주식선택권: 600 × 1명 × 100개 × 1/2 = 30,000
2) 20×2년 말 주식선택권: 600 × 1명 × 300개 × 2/2 = 180,000
3) 20×2년 주식보상비용: 180,000 - 30,000 = 150,000

18 ⑤　1) 20×1년 초의 PV: 1,000,000 × 0.7938 + 50,000 × 2.5771 = 922,655

　2) 20×1년 초 ~ 7월 1일의 유효이자: 922,655 × 8% × 6/12 = 36,906

　3) 부채 증가액: 1) + 2) = 959,561

19 ①　당해 자산에 대한 자금 조달, 세금 또는 수확 후 생물자산의 복구 관련 현금흐름(예 수확 후 조림지에 나무를 다시 심는 원가)은 제외한다.

20 ④　1) 20×2년 손상차손: (900,000 - 225,000) - 510,000 - (900,000 - 800,000) = 65,000

　2) 20×3년 손상차손환입: Min[65,000, 450,000 - (510,000 - 170,000)] = 65,000

21 ③　1) 20×1년 초 복구충당부채: 200,000 × 0.6806 = 136,120

　2) 20×1년 초 취득원가: 1,000,000 + 136,120 = 1,136,120

　3) 20×1년 말 감가상각비: (1,136,120 - 0)/5년 = (-)227,224

　4) 20×1년 말 차입원가: 136,120 × 8% = 10,890

　5) 내용연수 종료시점 복구공사손실: 200,000 - 230,000 = (-)30,000

22 ③　영업활동현금흐름: 500 + 200 - 100 - 1,500 + 2,500 - 900 = 700

23 ⑤　1) 연결 조정 후 당기순이익

구분	㈜하늘	U사
조정 전 N/I	××	200,000
(FV - BV) 상각		
- 재고자산(매출원가)		20,000
- 건물(감가상각비)[1]		(-)3,000
내부거래제거	-	-
조정 후 N/I	××	217,000

[1] (140,000 - 110,000)/10년 = 3,000

　● 20×1년 비지배분순이익: 217,000 × (1 - 80%) = 43,400

　2) 비지배지분

[1] (30,000 + 160,000 + 140,000) - (50,000 + 150,000 + 110,000) = 20,000

　● 20×1년 말 비지배지분: (500,000 + 20,000 + 217,000) × 20% = 147,400

24 ③ <상황 1>

20×2년 초	차)	감가상각누계액	1,000,000	대)	유형자산	10,000,000
		투자부동산	9,000,000			
20×2년 말	차)	감가상각비*	1,000,000	대)	감가상각누계액	1,000,000

* (9,000,000 - 0) ÷ (10 - 1)년 = 1,000,000

<상황 2>

20×2년 초	차)	감가상각누계액	1,000,000	대)	유형자산	10,000,000
		투자부동산	9,600,000		재평가잉여금	600,000
20×2년 말	차)	투자부동산*	600,000	대)	투자부동산평가이익	600,000

* 10,200,000 - 9,600,000 = 600,000

25 ① 자본조정에 미친 영향: 11,600 감소

* (16,000) + 1,600 + 1,600 + (500) + 1,600 + 100

20×1. 3. 10.	차)	자기주식	16,000	대)	현금	16,000
20×1. 4. 15.	차)	현금	1,800	대)	자기주식	1,600
					자기주식처분이익	200
20×1. 6. 3.	차)	현금	900	대)	자기주식	1,600
		자기주식처분이익	200			
		자기주식처분손실	500			
20×1. 10. 25.	차)	현금	1,700	대)	자기주식	1,600
					자기주식처분손실	100

01 재무보고를 위한 개념체계에 관한 설명으로 옳지 않은 것은?

① 이해가능성은 합리적인 판단력이 있고 독립적인 서로 다른 관찰자가 어떤 서술이 충실하게 표현되었다는 데 대체로 의견이 일치할 수 있다는 것을 의미한다.

② 근본적 질적 특성은 목적적합성과 표현충실성이다.

③ 비교가능성, 검증가능성, 적시성 및 이해가능성은 목적적합하고 충실하게 표현된 정보의 유용성을 보강시키는 질적 특성이다.

④ 목적적합한 재무정보는 정보이용자의 의사결정에 차이가 나도록 할 수 있다.

⑤ 적시성은 의사결정에 영향을 미칠 수 있도록 의사결정자가 정보를 제때에 이용가능하게 하는 것을 의미한다.

02 포괄손익계산서와 재무상태표에 관한 설명으로 옳지 않은 것은?

① 수익과 비용의 어느 항목도 당기손익과 기타포괄손익을 표시하는 보고서 또는 주석에 특별손익 항목으로 표시할 수 없다.

② 비용의 성격별 분류방법은 기능별 분류방법보다 자의적인 배분과 상당한 정도의 판단이 더 개입될 수 있다.

③ 해당 기간에 인식한 모든 수익과 비용의 항목은 단일 포괄손익계산서 또는 두 개의 보고서(당기손익 부분을 표시하는 별개의 손익계산서와 포괄손익을 표시하는 보고서) 중 한 가지 방법으로 표시한다.

④ 영업주기는 영업활동을 위한 자산의 취득시점부터 그 자산이 현금이나 현금성자산으로 실현되는 시점까지 소요되는 기간이다.

⑤ 기업의 정상영업주기가 명확하게 식별되지 않는 경우 그 주기는 12개월인 것으로 가정한다.

03 자본유지개념과 이익의 결정에 관한 설명으로 옳지 않은 것은?

① 재무자본유지개념을 사용하기 위해서는 현행원가기준에 따라 측정해야 한다.

② 자본유지개념은 기업의 자본에 대한 투자수익과 투자회수를 구분하기 위한 필수요건이다.

③ 자본유지개념 중 재무자본유지는 명목화폐단위 또는 불변구매력단위를 이용하여 측정할 수 있다.

④ 재무자본유지개념과 실물자본유지개념의 주된 차이는 기업의 자산과 부채에 대한 가격 변동 영향의 처리방법에 있다.

⑤ 자본유지개념은 이익이 측정되는 준거기준을 제공함으로써 자본개념과 이익개념 사이의 연결고리를 제공한다.

04 무형자산에 관한 설명으로 옳지 않은 것은?

① 무형자산을 최초로 인식할 때에는 원가로 측정한다.

② 최초에 비용으로 인식한 무형항목에 대한 지출은 그 이후에 무형자산의 원가로 인식할 수 있다.

③ 무형자산에 대한 대금지급기간이 일반적 신용기간보다 긴 경우 무형자산의 원가는 현금가격상당액이 된다.

④ 제조과정에서 무형자산을 사용하면 수익을 증가시킬 수도 있지만 제조원가를 감소시킬 수도 있다.

⑤ 특정 소프트웨어가 없으면 기계장치의 가동이 불가능한 경우 그 소프트웨어는 기계장치의 일부로 회계처리한다.

05 우발부채 및 우발자산에 관한 설명으로 옳지 않은 것은?

① 우발부채와 우발자산은 재무상태표에 자산이나 부채로 인식하지 않는다.

② 제3자와 연대하여 의무를 지는 경우, 이행할 전체 의무 중 제3자가 이행할 것으로 예상되는 부분에 대해서는 우발부채로 처리한다.

③ 과거에 우발부채로 처리한 항목에 대해서는, 미래경제적효익의 유출가능성이 높아지고 해당 금액을 신뢰성 있게 추정할 수 있는 경우라 하더라도, 재무제표에 충당부채로 인식할 수 없다.

④ 우발자산이란 과거사건으로 생겼으나, 기업이 전적으로 통제할 수는 없는 하나 이상의 불확실한 미래 사건의 발생 여부로만 그 존재 유무를 확인할 수 있는 잠재적 자산을 말한다.

⑤ 기업은 관련 상황의 변화가 적절하게 재무제표에 반영될 수 있도록 우발자산을 지속적으로 평가하여야 한다.

06 ㈜하늘이 20×1년 말 재무상태표에 계상하여야 할 충당부채는 얼마인가? (단, 아래에서 제시된 금액은 모두 신뢰성 있게 측정되었다)

사건	비고
20×1년 9월 25일에 구조조정계획이 수립되었으며 예상 비용은 ₩300,000으로 추정된다.	20×1년 말까지는 구조조정계획의 이행에 착수하지 않았다.
20×1년 말 현재 소송이 제기되어 있으며, 동 소송에서 패소 시 배상하여야 할 손해배상금액은 ₩200,000으로 추정된다.	㈜하늘의 자문 법무법인에 의하면 손해 발생가능성은 높지 않다.
미래의 예상 영업손실이 ₩450,000으로 추정된다.	
회사가 사용 중인 공장 구축물 철거 시, 구축물이 정착되어 있던 토지는 원상복구의무가 있다. 원상복구원가는 ₩200,000으로 추정되며 그 현재가치는 ₩120,000이다.	
판매한 제품에서 제조상 결함이 발견되어 보증비용 ₩350,000이 예상되며, 그 지출가능성이 높다. 동 보증은 확신유형보증에 해당한다.	예상 비용을 보험사에 청구하여 50%만큼 변제받기로 하였다.

① ₩295,000　　　　② ₩470,000　　　　③ ₩550,000

④ ₩670,000　　　　⑤ ₩680,000

07 ㈜당근은 20×1년 초 업무용 건물을 ₩2,000,000에 취득하였다. 구입 당시에 동 건물의 내용연수는 5년이고 잔존가치는 ₩200,000으로 추정되었다. ㈜당근은 감가상각방법으로 연수합계법을 사용하여 왔으나 20×3년 초에 정액법으로 변경하고, 동일 시점에 잔존가치를 ₩20,000으로 변경하였다. 20×3년도 포괄손익계산서상 감가상각비는 얼마인가?

① ₩144,000　　　　　② ₩300,000　　　　　③ ₩360,000

④ ₩396,000　　　　　⑤ ₩400,000

08 전자제품의 제조 및 판매를 목적으로 20×0년에 설립된 ㈜포도는 20×0년과 20×1년에 각각 ₩200,000과 ₩300,000의 매출액(3년간 무상수리 조건이다)을 인식하였다. ㈜포도는 매출액의 5%를 품질보증비용으로 추정하고 있다. ㈜포도가 판매한 제품의 품질보증(무상수리)을 위해 20×0년과 20×1년에 각각 ₩3,000과 ₩6,000을 지출하였을 때, 제품매출과 관련하여 ㈜포도가 20×1년에 인식할 품질보증비용은 얼마인가? (단, 상기 품질보증은 확신유형의 보증으로서 보증활동 자체가 제품판매와 구분되는 수익창출활동은 아니다. 또한 충당부채의 측정 시 화폐의 시간가치는 고려하지 않는다)

① ₩6,000　　　　　② ₩11,000　　　　　③ ₩15,000

④ ₩16,000　　　　　⑤ ₩17,000

09 12월 1일 화재로 인하여 창고에 남아있던 ㈜관세의 재고자산이 전부 소실되었다. ㈜관세는 모든 매입과 매출을 외상으로 하고 있으며 이용가능한 자료는 다음과 같다. 매출총이익률이 30%라고 가정할 때 화재로 인한 추정재고손실액은 얼마인가?

(1) 기초재고자산: ₩1,000

(2) 기초매출채권: ₩3,000

　　12월 1일 매출채권: ₩2,000

(3) 기초부터 12월 1일까지 거래
　　• 매입액: ₩80,000
　　　(FOB 선적지인도조건으로 매입하여 12월 1일 현재 운송 중인 상품 ₩100 포함)
　　• 매출채권 현금회수액: ₩100,000
　　• 매출할인: ₩200

① ₩11,600　　　　　② ₩12,600　　　　　③ ₩13,600

④ ₩51,200　　　　　⑤ ₩61,200

10 기업회계기준서 제1109호 '금융상품'에 관한 다음 설명 중 옳지 않은 것은?

① 금융자산을 재분류하는 경우 재분류일은 금융자산의 재분류를 초래하는 사업모형의 변경 후 첫 번째 보고기간의 첫 번째 날을 의미하며, 재분류는 재분류일부터 전진적으로 적용한다.

② 사업모형은 특정 사업목적을 이루기 위해 금융자산의 집합을 함께 관리하는 방식을 반영하는 수준에서 결정한다.

③ 계약상 현금흐름의 수취와 금융자산의 매도 둘 다를 통해 목적을 이루는 사업모형은 계약상 현금흐름 수취와 금융자산의 매도 둘 다가 사업모형의 목적을 이루는 데에 필수적이기 때문에 이러한 사업모형에서 일어나야만 하는 매도의 빈도나 금액에 대한 기준은 있다.

④ 기본대여계약과 관련 없는 계약상 현금흐름의 위험이나 변동성에 노출시키는 계약조건은 원리금 지급만으로 구성되는 계약상 현금흐름이 생기지 않는다.

⑤ 금융자산을 당기손익–공정가치측정금융자산에서 기타포괄손익–공정가치측정금융자산으로 재분류하는 경우 계속 공정가치로 측정한다. 이 경우 유효이자율은 재분류일의 공정가치와 추정미래 현금흐름의 현재가치를 일치시키는 이자율로 재분류일의 현행 시장이자율과 동일하다.

11 A사는 20×1년 중에 장기 미회수 매출채권을 손상처리(₩1,000)하였으며, 손상처리한 채권이 회수된 금액은 없다. 매출과 관련하여 재무제표에서 일부 발췌한 자료들이 다음과 같다고 할 경우 A사의 20×1년 고객으로부터 유입된 현금은 얼마인가?

	계정과목	20×0년 말	20×1년 말
재무상태표	매출채권(총액)	₩30,000	₩40,000
	손실충당금	₩2,000	₩4,000
포괄손익계산서	매출		₩230,000
	외환손실(매출채권 관련)		₩1,000

① ₩198,000   ② ₩210,000   ③ ₩218,000

④ ₩220,000   ⑤ ₩222,000

12 ㈜재훈은 차량 A를 ㈜석준의 차량 B와 교환하였으며, 추가로 현금 ₩20,000을 지급하였다. 교환 당시 차량 A와 차량 B의 장부금액 및 공정가치는 다음과 같다.

구분	차량 A	차량 B
취득원가	₩500,000	₩1,000,000
감가상각누계액	₩200,000	₩150,000
공정가치	₩?	₩270,000

동 거래가 상업적 실질이 있는 교환거래에 해당될 경우 ㈜재훈의 차량 취득원가와 유형자산처분손익은 각각 얼마인가? (단, ㈜재훈의 차량 A의 공정가치를 신뢰성 있게 측정할 수 없다)

	취득원가	유형자산처분손익
①	₩250,000	₩(-)50,000
②	₩270,000	₩50,000
③	₩280,000	₩0
④	₩270,000	₩(-)50,000
⑤	₩250,000	₩50,000

13 A사는 재고자산을 실지재고조사법에 의하여 수량을 결정하고 있으나, 감모손실 파악을 위해 입출고 수량을 별도로 확인하고 있다. 기말재고자산 실사결과 수량은 90개였고, 장부수량과 실사수량의 차이 중 30%는 정상적인 감모이며, 70%는 비정상적인 감모이다. A사는 기말재고자산의 단가결정방법으로 총평균법을 채택하고 있다. 기말재고자산의 단위당 순실현가능가치는 ₩12,000이다. 아래의 자료를 활용할 경우 A사의 포괄손익계산서에 표시될 매출원가는 얼마인가? (단, A사는 재고자산평가손실과 정상감모손실을 전액 매출원가로 인식한다)

구분	장부수량	취득원가
기초재고	50개	₩580,000
당기매입	450개	₩5,670,000
기말재고	120개	

① ₩4,750,000 ② ₩4,795,000 ③ ₩4,907,500
④ ₩5,057,500 ⑤ ₩5,170,000

14 A사의 20×1년 상품과 관련된 내용은 다음과 같다.

구분	기초재고	당기매입	순인상	순인하
원가	₩28,000	₩102,000		
판매가	₩30,000	₩150,000	₩40,000	₩20,000

20×1년도 A사의 매출은 ₩148,000이고, 20×1년 말 상품의 순실현가능가치는 ₩30,000이다. A사는 상품의 원가측정방법으로 소매재고법을 선택하였다. 원가흐름에 대한 가정으로 전통적소매재고법을 적용하는 경우와 선입선출법하의 저가기준소매재고법을 적용하는 경우 각각의 평가방법에 따른 상품평가손실액의 차이는 얼마인가? (단, 평가손실충당금의 기초잔액은 없는 것으로 하고, 소수점 셋째 자리에서 반올림한다)

① ₩0   ② ₩430   ③ ₩680   ④ ₩1,240   ⑤ ₩1,920

15 20×1년 초에 설립된 A사는 사옥건설을 위하여 현금 ₩95,000을 지급하고 건물(공정가치 ₩10,000)이 있는 토지(공정가치 ₩90,000)를 구입하였다. 건물을 철거하면서 철거비용 ₩16,000을 지불하였고 이 과정에서 폐자재 매각수익으로 ₩2,000이 발생하였다. 또한 사옥건설을 위하여 영구적으로 사용이 가능한 배수로 설치비용으로 ₩4,000을 지출하였다. 20×1년 말과 20×2년 말 토지의 공정가치는 각각 ₩120,000과 ₩85,000이고, 재평가모형을 적용하고 있다. 동 거래가 20×2년 A사의 당기손익에 미치는 영향은 얼마인가?

① ₩(−)12,500   ② ₩(−)14,500   ③ ₩(−)24,000

④ ₩(−)28,000   ⑤ ₩(−)35,000

16 A사는 20×1년 1월 1일에 액면금액이 ₩40,000, 3년 만기 사채를 ₩36,962에 할인발행하였다. 사채발행 시 유효이자율은 연 9%이고, 이자는 매년 말 후급한다. 20×2년 1월 1일 현재 사채의 장부금액이 ₩37,889라고 하면 사채의 표시이자율은 얼마인가? (단, 화폐금액은 소수점 첫째 자리에서 반올림한다)

① 5.8%   ② 6.0%   ③ 6.2%

④ 6.5%   ⑤ 7.0%

17 A사는 20×4년 초에 B사의 발행주식 30%를 ₩1,600,000에 취득하여 유의적인 영향력을 획득하였다. 취득 당시 B사의 순자산가액은 ₩4,000,000이었는데, 건물이 공정가치보다 ₩250,000만큼 과소평가되었고 나머지 차액은 영업권대가로 지급된 것이다. B사의 최근 2년간 당기순이익과 현금배당금은 다음과 같다.

항목	20×4년	20×5년
당기순이익	₩100,000	₩200,000
현금배당금	-	₩100,000

건물을 4년간 정액법으로 상각한다고 가정할 때 A사의 20×5년 말 개별 재무제표에 계상될 관계기업투자주식(B사)의 장부금액은 얼마인가? (단, 영업권에 대한 손상차손은 발생하지 않았다)

① ₩1,660,000 ② ₩1,622,500 ③ ₩1,585,000
④ ₩1,554,000 ⑤ ₩1,297,500

18 A사는 20×6년 10월 1일 전환사채권자의 전환권 행사로 1,000주의 보통주를 발행하였다. 전환사채는 20×6년 4월 1일에 발행되었다. 20×6년 말 주당이익 관련 자료가 다음과 같을 때 20×6년도 희석주당이익은 얼마인가? (단, 유통보통주식수 계산 시 월할 계산하며 전환간주일 개념은 적용하지 않고 소수점 첫째 자리에서 반올림한다)

• 기초유통보통주식수: 8,000주
• 당기순이익: ₩198,000
• 보통주 1주당 액면금액: ₩1,000
• 전환사채 액면금액은 ₩1,000,000이며 전환가격은 1주당 ₩500
• 포괄손익계산서상 전환사채의 이자비용: ₩15,000(상환할증금으로 인한 이자비용 ₩5,000)
• 법인세율: 20%

① ₩11 ② ₩14 ③ ₩16
④ ₩19 ⑤ ₩22

19 매각예정비유동자산과 중단영업에 관한 설명으로 옳은 것은?

① 처분자산집단에 대하여 인식한 손상차손은 우선 영업권을 감소시키고 나머지 금액은 유동자산에 배분한다.

② 매각예정으로 분류된 처분자산집단에 포함되는 자산이나 부채는 다른 자산이나 부채와 별도로 재무상태표에 표시한다. 해당 자산과 부채는 상계하여 단일금액으로 표시할 수 있다.

③ 매각예정으로 분류된 비유동자산은 순공정가치와 장부금액 중 큰 금액으로 측정한다. 이때 1년 이후에 매각될 것으로 예상된다면 매각부대원가는 현재가치로 측정하고 기간 경과에 따라 발생하는 매각부대원가의 현재가치의 증가분은 당기손익으로 회계처리한다.

④ 비유동자산(또는 처분자산집단)의 장부금액이 계속사용이 아닌 매각거래를 통하여 주로 회수될 것이라면 이를 매각예정으로 분류한다.

⑤ 기업의 구분단위를 매각예정으로 더 이상 분류할 수 없는 경우 중단영업으로 표시하였던 당해 구분단위의 영업성과를 비교표시되는 모든 회계기간에 재분류하여 계속영업손익에 포함하고 과거기간에 해당하는 금액이 재분류되었음을 주석으로 기재한다. 또한 과거 재무상태표에 매각예정으로 분류된 비유동자산 또는 처분자산집단에 포함된 자산과 부채의 금액도 최근 재무상태표의 분류를 반영하기 위하여 재분류한다.

20 다음은 '재무보고를 위한 개념체계' 중 측정과 관련된 내용들이다. 옳지 않은 것은?

① 부채의 이행가치는 기업이 부채를 이행할 때 이전해야 하는 현금이나 그 밖의 경제적 자원의 현재가치이다.

② 자산의 역사적 원가는 자산의 취득 또는 창출에 발생한 원가의 가치로서, 자산을 취득 또는 창출하기 위하여 지급한 대가와 거래원가를 포함한다.

③ 자산의 현행원가는 측정일 현재 동등한 자산의 원가로서 측정일에 지급할 대가와 그 날에 발생할 거래원가를 포함한다.

④ 부채의 현행원가는 측정일 현재 동등한 부채에 대해 수취할 수 있는 대가에서 그 날에 발생할 거래원가를 차감한다.

⑤ 자산의 사용가치는 기업이 자산의 사용과 궁극적인 처분으로 얻을 것으로 기대하는 현금흐름 또는 그 밖의 경제적 효익의 현재가치로 거래원가를 포함한다.

21 다음 중 충당부채에 대한 설명으로 옳지 않은 것은?

① 발생가능한 추정금액 대부분이 발생확률이 가장 높은 추정금액보다 더 큰 경우에는 발생확률이 가장 높은 추정금액보다 더 큰 추정금액이 최선의 추정치가 될 수 있다.

② 충당부채의 명목가액과 현재가치의 차이가 중요한 경우에는 의무를 이행하기 위하여 예상되는 지출액의 현재가치로 평가한다.

③ 충당부채는 최초의 인식시점에서 의도한 목적과 용도에만 사용해야 하며, 재무상태표일마다 그 잔액을 검토하고, 재무상태표일 현재 최선의 추정치를 반영하여 증감조정한다.

④ 상황변동으로 인하여 더 이상 충당부채의 인식요건을 충족하지 아니하게 되면, 관련 충당부채는 환입하여 당기손익에 포함한다.

⑤ 어떤 의무에 대하여 제3자와 연대하여 보증의무를 지는 경우에는 이행할 의무는 모두 충당부채로 처리한다.

22 ㈜종열은 20×1년 1월 1일에 액면금액 ₩100,000, 액면이자율 10%, 만기 3년, 보장수익률 12%, 매년 말 이자지급조건으로 비분리형 신주인수권부사채를 액면발행하였다. 발행일의 시장이자율은 13%이다. 신주인수권의 행사가격은 ₩7,000으로 사채액면금액 ₩10,000당 보통주 1주(액면금액 ₩5,000)를 매입할 수 있다. ㈜종열은 신주인수권부사채를 20×1년 말에 액면금액의 40% 행사하였다. 다음 중 옳지 않은 것은? (단, 아래의 현가계수를 사용하고 소수점 첫째 자리에서 반올림한다. 신주인수권 행사 시 신수인수권대가는 주식발행초과금으로 대체한다)

3년 기준	12%	13%
단일금액 ₩1의 현가계수	0.71178	0.69305
정상연금 ₩1의 현가계수	2.40183	2.36115

① 20×1년 1월 1일 신주인수권부사채와 관련하여 ㈜종열이 자본으로 인식할 금액은 ₩2,406이다.

② 20×1년에 신주인수권부사채와 관련하여 계상할 이자비용은 ₩12,687이다.

③ 20×2년에 신주인수권부사채와 관련하여 계상할 이자비용은 ₩13,036이다.

④ 20×1년 말 전환 시 자본총계에 미치는 영향은 ₩30,114이다.

⑤ 20×2년 말 신주인수권부사채의 장부가액은 ₩100,929이다.

23 다음 자료는 ㈜현금의 20×0년 말과 20×1년 말 재무상태표와 20×1년 포괄손익계산서 및 현금흐름표에서 발췌한 회계자료의 일부이다. ㈜현금은 이자의 지급을 영업활동으로 분류하고 있다. 다음의 자료만을 이용할 때 20×1년도 '법인세비용차감전순이익' 및 '영업에서 창출된 현금'을 계산하면 각각 얼마인가?

(1) 감가상각비	₩50,000
(2) FVOCI금융자산처분손실	₩30,000
(3) 이자비용	₩20,000
(4) 법인세비용	₩35,000
(5) 미지급법인세의 감소액	₩7,000
(6) 이연법인세부채의 증가액	₩12,000
(7) 미지급이자 감소	₩10,000
(8) 매출채권의 증가액	₩10,000
(9) 손실충당금의 증가액	₩2,000
(10) 재고자산의 증가액	₩5,000
(11) 매입채무의 증가액	₩3,000
(12) 영업활동순현금흐름	₩300,000

	법인세비용차감전순이익	영업에서 창출된 현금
①	₩325,000	₩300,000
②	₩330,000	₩330,000
③	₩300,000	₩360,000
④	₩270,000	₩360,000
⑤	₩270,000	₩300,000

24 ㈜대한은 20×1년 1월 1일에 ㈜민국의 발행주식 총수의 40%에 해당하는 100주를 총 ₩5,000에 취득하여, 유의적인 영향력을 행사하게 되어 지분법을 적용하기로 하였다. 취득일 현재 ㈜민국의 장부상 순자산가액은 ₩10,000이었고, ㈜민국의 장부상 순자산가액과 공정가치가 일치하지 않는 이유는 재고자산과 건물의 공정가치가 장부금액보다 각각 ₩2,000과 ₩400이 많았기 때문이다. 그런데 재고자산은 모두 20×1년 중에 외부에 판매되었으며, 20×1년 1월 1일 기준 건물의 잔존내용연수는 4년이고 잔존가치는 ₩0이며, 정액법으로 상각한다. ㈜민국은 20×1년 당기순이익 ₩30,000과 기타포괄이익 ₩10,000을 보고하였으며, 주식 50주(주당 액면 ₩50)를 교부하는 주식배당과 ₩5,000의 현금배당을 결의하고 즉시 지급하였다. ㈜대한이 20×1년도 재무제표에 보고해야 할 관계기업투자주식과 지분법손익은 얼마인가?

① 관계기업투자주식 ₩17,160 지분법이익 ₩11,160
② 관계기업투자주식 ₩17,160 지분법이익 ₩15,160
③ 관계기업투자주식 ₩18,160 지분법이익 ₩11,160
④ 관계기업투자주식 ₩18,160 지분법이익 ₩15,160
⑤ 관계기업투자주식 ₩20,160 지분법이익 ₩15,160

25 ㈜세무는 20×1년 초에 ㈜한국의 주식 25%를 ₩1,000,000에 취득하면서 유의적인 영향력을 행사할 수 있게 되었다. 취득일 현재 ㈜한국의 순자산 장부금액은 ₩4,000,000이며, 자산 및 부채의 장부금액은 공정가치와 동일하다. ㈜한국은 20×1년 총포괄이익 ₩900,000(기타포괄이익 ₩100,000 포함)을 보고하였다. ㈜세무가 20×1년 중에 ㈜한국으로부터 중간배당금 ₩60,000을 수취하였다면, ㈜세무가 20×1년도 당기손익으로 인식할 지분법이익은 얼마인가?

① ₩60,000　　　② ₩165,000　　　③ ₩200,000

④ ₩225,000　　　⑤ ₩260,000

정답

01 ①	02 ②	03 ①	04 ②	05 ③	06 ②	07 ②	08 ③	09 ①	10 ③
11 ③	12 ④	13 ③	14 ③	15 ④	16 ②	17 ②	18 ⑤	19 ④	20 ⑤
21 ⑤	22 ③	23 ④	24 ③	25 ③					

해설

01 ① 검증가능성은 합리적인 판단력이 있고 독립적인 서로 다른 관찰자가 어떤 서술이 충실하게 표현되었다는 데 대체로 의견이 일치할 수 있다는 것을 의미한다.

02 ② 비용의 기능별 분류방법은 성격별 분류방법보다 자의적인 배분과 상당한 정도의 판단이 더 개입될 수 있다.

03 ① 재무자본유지개념은 자산의 측정기준을 제한하고 있지 않다.

04 ② 최초에 비용으로 인식한 무형항목에 대한 지출은 그 이후에 무형자산의 원가로 인식할 수 없다.

05 ③ 과거에 우발부채로 처리한 항목에 대해서는, 미래경제적효익의 유출가능성이 높아지고 해당 금액을 신뢰성 있게 추정할 수 있는 경우라면, 재무제표에 충당부채로 인식할 수 있다.

06 ② 충당부채: 120,000 + 350,000 = 470,000

07 ② 1) 20×3년 초 장부금액: 2,000,000 - (2,000,000 - 200,000) × (5 + 4)/(5 + 4 + 3 + 2 + 1) = 920,000
2) 20×3년 감가상각비: (920,000 - 20,000)/(5 - 2)년 = 300,000

08 ③ 1) 20×0년 충당부채: 200,000 × 5% - 3,000 = 7,000
2) 20×1년 충당부채: (200,000 + 300,000) × 5% - (3,000 + 6,000) = 16,000
3) 20×1년 품질보증비용: 6,000 + (16,000 - 7,000) = 15,000

09 ① 1) 당기매출액: 3,000 + 매출 = 100,000 + 2,000, 매출: 99,000(매출채권 계정상에는 매출할인이 이미 반영되어 있음)
2) 추정재고자산: 1,000 + 80,000 - 99,000 × (1 - 30%) = 11,700
3) 추정손실액: 11,700 - 100(운송 중인 자산) = 11,600

10 ③ 계약상 현금흐름의 수취와 금융자산의 매도 둘 다를 통해 목적을 이루는 사업모형은 계약상 현금흐름 수취와 금융자산의 매도 둘 다가 사업모형의 목적을 이루는 데에 필수적이기 때문에 이러한 사업모형에서 일어나야만 하는 매도의 빈도나 금액에 대한 기준은 없다.

11 ③

고객으로부터 수취한 현금(A + C)	218,000
1) 매출활동 관련 손익(A)	226,000
(1) 매출액	230,000
(2) 손상차손*	(-)3,000*
(3) 매출채권 처분손익	-
(4) 환율변동손실	(-)1,000
2) 매출활동 관련 자산·부채 증감(C)	(-)8,000
(1) 매출채권 증감	(-)10,000
(2) 손실충당금 증감	2,000
(3) 선수금 증감	-

기초손실충당금 2,000 + 손실충당금설정액 = 손상확정액 1,000 + 기말손실충당금 4,000
❺ 손실충당금설정액(손상차손): 3,000

12 ④

구분		취득원가	처분손익
상업적 실질 ○	제공한 자산 FV가 명확	제공한 자산 FV + 현금지급 - 현금수령	제공한 자산 FV - BV
	취득한 자산 FV가 명확	취득한 자산 FV 270,000	취득한 자산 FV - BV - 현금지급 + 현금수령 270,000 - 300,000 - 20,000 = (-)50,000
상업적 실질 ×		제공한 자산 BV + 현금지급 - 현금수령	-
FV를 측정할 수 없는 경우		제공한 자산 BV + 현금지급 - 현금수령	-

13 ③
1) 단위당 취득원가: (580,000 + 5,670,000)/(50개 + 450개) = @12,500
2) 비정상감모손실: (120 - 90) × 70% × 12,500 = 262,500
3) B/S상 기말재고: 90 × Min[12,500, 12,000] = 1,080,000
4) 매출원가: 580,000 + 5,670,000 - 262,500 - 1,080,000 = 4,907,500

14 ③
1) I: 28,000 + 102,000 = 130,000
2) II: 30,000 + 150,000 + 40,000 - 20,000 = 200,000
3) 전통적소매재고법 원가율: (I)/(II + 20,000) = 59%
4) 선입선출법하의 저가기준소매재고법 원가율: (I - 28,000)/(II - 30,000 + 20,000) = 54%
5) 전통적소매재고법 기말재고(원가): (200,000 - 148,000) × 59% = 30,680
6) 선입선출법하의 저가기준소매재고법 기말재고(원가): (200,000 - 148,000) × 54% = 28,080
7) 전통적소매재고법하의 평가손실: 30,680 - 30,000 = 680
8) 선입선출법 + 저가기준소매재고법하의 평가손실: 기말재고 장부가액이 순실현가능가치보다 작으므로 평가손실은 발생하지 않는다.
❺ 평가손실액의 차이: 680 - 0 = 680

15 ④ 1) 토지의 취득원가: 95,000 + 16,000 - 2,000 + 4,000 = 113,000
2) 20×2년 당기손익에 미치는 영향(토지 재평가손실): 85,000 - 113,000 = (-)28,000

16 ② 1) 20×2년 초 사채의 장부금액 37,889 = 36,962 × (1 + 9%) - 액면이자, 액면이자 = 2,400
2) 표시이자율(R): 40,000 × R = 2,400, R = 6%

17 ② 1) 20×5년 말 B회사 순자산 공정가치: (4,200,000 + 125,000) × 30% = 1,297,500
(1) 20×5년 말 B회사 순자산 장부금액
4,000,000 + 100,000 + 200,000 - 100,000 = 4,200,000
(2) 20×5년 말 투자평가차액 제거
유형자산: ₩250,000 × 2년/4년 = 125,000
2) 영업권: 1,600,000 - (4,000,000 + 250,000) × 30% = 325,000
○ 20×5년 말 관계기업투자주식: 1) + 2) = 1,622,500

18 ⑤ 희석 EPS: [198,000 + 15,000 × (1 - 20%)]/(8,250 + 1,250) = 22
* 가중평균유통보통주식수: 8,000 + 1,000 × 3/12 = 8,250
* 잠재적보통주: 1,000 × 6/12 + 1,000 × 9/12 = 1,250(전환사채의 발행일이 4월 1일부터이므로 4월 1일부터 계상)

19 ④ ① 유동자산 중 하나인 재고자산에는 배분하지 않고 비유동자산(금융자산 제외)의 장부금액에 비례하여 배분한다.
② 해당 자산과 부채는 상계하여 단일금액으로 표시할 수 없다.
③ 순공정가치와 장부금액 중 작은 금액으로 한다.
⑤ 과거 재무상태표에 매각예정으로 분류된 비유동자산 또는 처분자산집단에 포함된 자산과 부채의 금액은 최근 재무상태표의 분류를 반영하기 위하여 재분류하거나 재작성하지 아니한다.

20 ⑤ 사용가치와 이행가치는 미래현금흐름에 기초하기 때문에 자산을 취득하거나 부채를 인수할 때 발생하는 거래원가는 포함하지 않는다. 그러나 사용가치와 이행가치에는 기업이 자산을 궁극적으로 처분하거나 부채를 이행할 때 발생할 것으로 기대되는 거래원가의 현재가치가 포함된다.

21 ⑤ 어떤 의무에 대하여 제3자와 연대하여 의무를 지는 경우, 이행하여야 하는 전체 의무 중에서 제3자가 이행할 것으로 기대되는 부분에 한하여 우발부채로 처리한다.

22 ③ 1) 상환할증금: 100,000 × (12% - 10%) × (1.12^2 + 1.12 + 1) = 6,749
2) 신주인수권대가(= 신주인수권 발행 시 자본으로 계상할 금액)
: 100,000 - (10,000 × 2.36115 + 106,749 × 0.69305) = 2,406
3) 20×1년 이자비용: 97,594 × 13% = 12,687
4) 20×2년 이자비용: (10,000/1.13 + 114,049/1.13^2) × 13% = 12,762
* (100,000 + 10,000 + 6,749 × 60%) = 114,049
5) 전환 시 자본총계에 미치는 영향: 100,000/10,000 × 7,000 × 40% + 6,749 × 40%/1.13^2 = 30,114
6) 20×2년 말 신수인수권부사채의 장부가액: (100,000 + 10,000 + 6,749 × 60%)/1.13 = 100,929

23 ④

법인세비용차감전손익	270,000
감가상각비	50,000
FVOCI금융자산처분손실	30,000
이자비용	20,000
순매출채권 증가	(-)8,000
재고자산 증가	(-)5,000
매입채무 증가	3,000
영업에서 창출된 현금	**360,000**
이자지급액[1]	(-)30,000
법인세납부액[2]	(-)30,000
영업활동순현금흐름	**300,000**

[1] 이자비용 (20,000) - 미지급이자 감소 10,000 = (-)30,000
[2] 법인세비용 (35,000) - 미지급법인세 감소 7,000 + 이연법인세부채 증가 12,000 = (-)30,000

24 ③

1) 지분법이익: 27,900 × 40% = 11,160

구분	20×1년
조정 전 ㈜미래의 N/I	₩30,000
매출원가 조정	₩(-)2,000
감가상각비 조정	₩(-)100
내부거래 미실현이익	-
내부거래 이익 실현	-
조정 후 ㈜미래의 N/I	₩27,900

2) 관계기업투자주식: 5,000 + 11,160 + 10,000 × 40% - 5,000 × 40% = 18,160

25 ③

지분법이익: (900,000 - 100,000) × 25% = 200,000

01 '재무보고를 위한 개념체계'에 따르면 부채는 과거사건의 결과로 기업이 경제적 자원을 이전해야 하는 현재의무이다. 부채와 관련된 다음의 설명 중 틀린 것은?

① 의무란 기업이 회피할 수 있는 실제 능력이 없는 책무나 책임을 말한다. 의무는 항상 다른 당사자(또는 당사자들)에게 이행해야 하므로 의무를 이행할 대상인 당사자(또는 당사자들)의 신원을 알아야만 하는 것은 아니다.

② 많은 의무가 계약, 법률 또는 이와 유사한 수단에 의해 성립되며, 당사자(또는 당사자들)가 채무자에게 법적으로 집행할 수 있도록 한다. 그러나 기업이 실무 관행, 공개한 경영방침, 특정 성명(서)과 상충되는 방식으로 행동할 실제 능력이 없는 경우, 기업의 그러한 실무 관행, 경영방침이나 성명(서)에서 의무가 발생할 수도 있다.

③ 의무에는 기업이 경제적 자원을 다른 당사자(또는 당사자들)에게 이전하도록 요구받게 될 잠재력이 있어야 한다. 그러한 잠재력이 존재하기 위해서는, 기업이 경제적 자원의 이전을 요구받을 것이 확실하거나 그 가능성이 높아야 한다.

④ 현재의무는 기업이 이미 경제적 효익을 얻었거나 조치를 취했고, 그 결과로 기업이 이전하지 않아도 되었을 경제적 자원을 이전해야 하거나 이전하게 될 수 있는 경우에만 과거사건의 결과로 존재한다.

⑤ 미래의 특정 시점까지 경제적 자원의 이전이 집행될 수 없더라도 현재의무는 존재할 수 있다.

02 다음은 ㈜한국의 상품에 관련된 자료이다.

(1) 모든 매입·매출거래는 현금거래이다.
(2) 상품의 단위당 판매가격은 ₩1,500이고, 20×1년 상품의 매입·매출에 관한 자료는 다음과 같다.

일자	구분	수량(개)	단위원가	금액
1월 1일	기초상품	200	₩1,100	₩220,000
2월 28일	매입	2,400	₩1,230	₩2,952,000
3월 5일	매출	2,100		
3월 6일	매출환입	100		
8월 20일	매입	2,600	₩1,300	₩3,380,000
12월 25일	매출	1,500		
12월 31일	기말상품	1,700		

(3) 상품의 원가흐름에 대한 가정으로 가중평균법을 적용하고 있다.
(4) 20×1년 12월 31일 상품에 대한 실사수량은 1,700개이다.

상품에 대한 회계처리로 실지재고조사법을 적용하는 경우, 20×1년에 ㈜한국이 인식할 매출원가는 얼마인가?

① ₩3,001,500 ② ₩3,927,500 ③ ₩4,410,000
④ ₩4,830,000 ⑤ ₩5,280,000

03 다음 중 '재무보고를 위한 개념체계'의 내용과 다른 것은?

① 회계단위는 인식기준과 측정개념이 적용되는 권리나 권리의 집합, 의무나 의무의 집합 또는 권리와 의무의 집합이다.

② 일반적으로 자산, 부채, 수익과 비용의 인식 및 측정에 관련된 원가는 회계단위의 크기가 작아짐에 따라 증가한다.

③ 미이행계약은 경제적 자원을 교환할 권리와 의무가 결합되어 성립된다. 그러한 권리와 의무는 상호 의존적이어서 분리될 수 있다. 따라서 결합된 권리와 의무는 단일 자산 또는 단일 부채를 구성한다. 교환조건이 현재 유리할 경우 기업은 자산을 보유하며, 교환조건이 현재 불리한 경우 부채를 보유한다.

④ 당사자 일방이 계약상 의무를 이행하면 그 계약은 더 이상 미이행계약이 아니다. 보고기업이 계약에 따라 먼저 수행한다면, 그렇게 수행하는 것은 보고기업의 경제적 자원을 교환할 권리와 의무를 경제적 자원을 수취할 권리로 변경하는 사건이 된다. 그 권리는 자산이다.

⑤ 계약의 모든 조건(명시적 또는 암묵적)은 실질이 없지 않는 한 고려되어야 한다.

04 다음은 '재무보고를 위한 개념체계' 중 측정과 관련된 내용들이다. 옳지 않은 것은?

① 역사적 원가 측정치는 적어도 부분적으로 자산, 부채 및 관련 수익과 비용을 발생시키는 거래나 그 밖의 사건의 가격에서 도출된 정보를 사용하여 자산, 부채 및 관련 수익과 비용에 관한 화폐적 정보를 제공한다. 현행가치와 달리 역사적 원가는 자산의 손상이나 손실부담에 따른 부채와 관련되는 변동을 제외하고는 가치의 변동을 반영하지 않는다.

② 역사적 원가 측정치는 측정일의 조건을 반영하기 위해 갱신된 정보를 사용하여 자산, 부채 및 관련 수익과 비용의 화폐적 정보를 제공한다. 이러한 갱신에 따라 자산과 부채의 현행가치는 이전 측정일 이후의 변동, 즉 현행가치에 반영되는 현금흐름과 그 밖의 요소의 추정치의 변동을 반영한다.

③ 공정가치는 기업이 접근할 수 있는 시장의 참여자 관점을 반영한다. 시장참여자가 경제적으로 최선의 행동을 한다면 자산이나 부채의 가격을 결정할 때 사용할 가정과 동일한 가정을 사용하여 그 자산이나 부채를 측정한다.

④ 공정가치는 자산이나 부채를 발생시킨 거래나 그 밖의 사건의 가격으로부터 부분적이라도 도출되지 않기 때문에, 공정가치는 자산을 취득할 때 발생한 거래원가로 인해 증가하지 않으며 부채를 발생시키거나 인수할 때 발생한 거래원가로 인해 감소하지 않는다.

⑤ 사용가치와 이행가치는 직접 관측될 수 없으며, 공정가치에 대해 기술한 것과 동일한 요소를 반영하지만 시장참여자의 관점보다는 기업 특유의 관점을 반영한다.

05 ㈜한국은 선입선출법에 의한 원가기준 소매재고법을 사용하고 있다. 기말재고액(원가)은 ₩1,600이고, 당기매입원가율이 80%인 경우 순인상액과 종업원할인은 얼마인가?

구분	원가	매가
기초재고	₩2,000	₩4,000
당기매입액	₩16,000	₩18,000
매출액		₩20,000
순인상액		㉠
순인하액		₩1,000
종업원할인		㉡

	순인상액(㉠)	종업원할인(㉡)
①	₩1,500	₩1,500
②	₩1,500	₩2,000
③	₩3,000	₩1,500
④	₩3,000	₩2,000
⑤	₩3,000	₩3,000

06 ㈜대한은 20×1년 1월 1일에 기계장치 1대를 ₩600,000에 취득하고 해당 기계장치에 대해 재평가모형을 적용하기로 하였다. 동 기계장치의 내용연수는 5년, 잔존가치는 ₩50,000이며 정액법을 사용하여 감가상각한다. ㈜대한은 동 기계장치에 대해 매년 말 감가상각 후 재평가를 실시하고 있다. 동 기계장치의 20×1년 말 공정가치는 ₩520,000이며, 20×2년 말 공정가치는 ₩355,000이다. 동 기계장치와 관련된 ㈜대한의 20×1년도 및 20×2년도 자본의 연도별 증감액은 각각 얼마인가? (단, 재평가잉여금을 이익잉여금으로 대체하지 않으며, 손상차손은 고려하지 않는다. 또한 재평가모형을 선택하여 장부금액을 조정하는 경우 기존의 감가상각누계액 전부를 제거하는 방법을 적용한다)

	20×1년	20×2년
①	₩20,000 증가	₩20,000 감소
②	₩20,000 증가	₩30,000 감소
③	₩90,000 증가	₩125,000 감소
④	₩80,000 감소	₩125,000 감소
⑤	₩80,000 감소	₩165,000 감소

07 기업회계기준서 제1109호 '금융상품' 중 계약상 현금흐름 특성 조건을 충족하는 금융자산으로서 사업모형을 변경하는 경우의 재분류 및 금융자산의 제거에 대한 다음 설명 중 옳은 것은?

① 금융자산을 기타포괄손익-공정가치측정범주에서 상각후원가측정범주로 재분류하는 경우에는 최초 인식시점부터 상각후원가로 측정했었던 것처럼 재분류일에 금융자산을 측정한다.

② 양도자가 발생가능성이 높은 신용손실의 보상을 양수자에게 보증하면서 단기 수취채권을 매도한 것은 양도자가 소유에 따른 위험과 보상의 대부분을 이전하는 경우의 예이다.

③ 금융자산을 기타포괄손익-공정가치측정범주에서 당기손익-공정가치측정범주로 재분류하는 경우에 계속 공정가치로 측정하며, 재분류 전에 인식한 기타포괄손익누계액은 자본에서 당기손익으로 재분류하지 않는다.

④ 양도자가 매도한 금융자산을 재매입시점의 공정가치로 재매입할 수 있는 권리를 보유하고 있는 것은 양도자가 소유에 따른 위험과 보상의 대부분을 보유하는 경우의 예이다.

⑤ 양도자가 매도 후에 미리 정한 가격으로 또는 매도가격에 양도자에게 금전을 대여하였더라면 그 대가로 받았을 이자수익을 더한 금액으로 양도자산을 재매입하는 거래는 양도자가 소유에 따른 위험과 보상의 대부분을 이전하는 경우의 예이다.

08 다음은 상품매매 기업인 ㈜한국의 재무비율을 산정하기 위한 자료이다.

• 매출	₩4,500,000	• 매출원가	₩4,000,000
• 기초매출채권	₩150,000	• 기말매출채권	₩450,000
• 기초재고자산	₩240,000	• 기말재고자산	₩160,000

㈜한국은 매출이 전액 외상으로 이루어지며, 재고자산회전율 계산 시 매출원가를 사용할 경우, 매출채권회전율과 재고자산평균처리기간은? (단, 1년은 360일, 회전율 계산 시 기초와 기말의 평균값을 이용한다)

	매출채권회전율(회)	재고자산평균처리기간(일)
①	15	18
②	15	36
③	30	18
④	30	36
⑤	32	36

09 다음은 ㈜대한의 20×1년과 20×2년의 수취채권, 계약자산, 계약부채에 대한 거래이다.

- ㈜대한은 고객에게 제품을 이전하기로 한 약속을 수행의무로 식별하고, 제품을 고객에게 이전할 때 각 수행의무에 대한 수익을 인식한다.
- ㈜대한은 20×2년 1월 31일에 ㈜민국에게 제품 A를 이전하는 취소 불가능 계약을 20×1년 10월 1일에 체결하였다. 계약에 따라 ㈜민국은 20×1년 11월 30일에 대가 ₩1,000 전액을 미리 지급하여야 하나 ₩300만 지급하였고, 20×2년 1월 15일에 잔액 ₩700을 지급하였다. ㈜대한은 20×2년 1월 31일에 제품 A를 ㈜민국에게 이전하였다.
- ㈜대한은 ㈜만세에게 제품 B와 제품 C를 이전하고 그 대가로 ₩1,000을 받기로 20×1년 10월 1일에 계약을 체결하였다. 계약에서는 제품 B를 먼저 인도하도록 요구하고, 제품 B의 인도대가는 제품 C의 인도를 조건으로 한다고 기재되어 있다. ㈜대한은 제품의 상대적 개별 판매가격에 기초하여 제품 B에 대한 수행의무에 ₩400을, 제품 C에 대한 수행의무에 ₩600을 배분한다. ㈜대한은 ㈜만세에게 20×1년 11월 30일에 제품 B를, 20×2년 1월 31일에 제품 C를 각각 이전하였다.

상기 거래에 대하여, 20×1년 12월 31일 현재 ㈜대한의 수취채권, 계약자산, 계약부채금액은 각각 얼마인가? (단, 기초잔액은 없는 것으로 가정한다)

	수취채권	계약자산	계약부채
①	₩0	₩400	₩0
②	₩400	₩0	₩0
③	₩700	₩400	₩1,000
④	₩1,000	₩400	₩1,000
⑤	₩1,100	₩0	₩1,000

10 ㈜세무는 20×1년 1월 1일에 영업활동에 사용할 목적으로 건물을 구입하였다. 동 건물의 취득원가는 ₩5,000,000이며, 내용연수는 10년, 잔존가치는 ₩0이다. ㈜세무는 건물의 감가상각방법으로 정액법을 적용하고 있으며, 재평가모형을 적용하여 측정하고 있다. ㈜세무는 재평가모형을 적용하여 장부금액을 조정할 때 총장부금액에서 기존의 감가상각누계액을 제거하여 자산의 순장부금액이 재평가금액이 되도록 하는 방법을 사용한다. 또한 ㈜세무는 자산의 사용에 따라 자본에 계상된 재평가잉여금을 이익잉여금으로 대체하지 않지만, 자산이 제거될 경우에는 재평가잉여금을 이익잉여금으로 대체한다. 구입한 건물의 각 보고기간 말 현재 공정가치는 다음과 같다.

구분	20×1년 말	20×2년 말	20×3년 말
공정가치	₩5,400,000	₩5,600,000	₩3,100,000

다음의 각 물음은 독립적이며, 법인세효과는 고려하지 않는다. 또한 ㈜세무는 매 보고기간 말 장부금액과 공정가치의 차이가 중요하다고 판단하였다. 위 건물과 관련하여 ㈜세무의 20×3년도 포괄손익계산서의 당기손익에 미치는 영향은 얼마인가?

① ₩(-)700,000
② ₩(-)750,000
③ ₩(-)800,000
④ ₩(-)1,400,000
⑤ ₩(-)50,000

11 20×1년 초에 설립된 K회사의 20×2년 12월 31일로 종료되는 회계연도의 재무제표를 감사하는 과정에서 다음과 같은 사실이 발견되었다. 20×1년 1월 1일 소백회사는 3년 만기, 액면 ₩1,000,000의 전환사채를 액면발행하였다. 표시이자율은 연 10%이며, 이자는 매년 말 지급조건이다. 이 사채는 만기 시 원금의 106.749%(보장수익률 연 12%)를 지급하며, 이와 동일한 현금흐름을 갖는 일반사채의 가치는 ₩975,939(유효이자율 연 13%)이었다. 기말 현재까지 전환청구된 사채는 없으며, 회사는 지금까지 표시이자액만을 이자비용으로 회계처리하였다. 20×2년의 장부가 마감되지 않았다고 가정하고 한국채택국제회계기준에 따라 상기 오류를 수정할 경우, 20×2년에 수행할 올바른 오류수정 회계처리는 무엇인가?

①	차) 이자비용	30,365	대) 전환권조정		30,365
②	차) 이익잉여금	30,365	대) 전환권조정		30,365
③	차) 이자비용	30,365	대) 전환권조정		57,237
	이익잉여금	26,872			
④	차) 이자비용	26,872	대) 전환권조정		57,237
	이익잉여금	30,365			
⑤	차) 전환권조정	30,365	대) 이자비용		57,237
	이익잉여금	26,872			

12 12월 말 결산법인인 A사는 20×1년 초에 B사의 3년 만기 회사채(표시이자율 6%, 매년 말 이자지급, 유효이자율 8%, 액면금액 ₩100,000)를 ₩94,846에 취득하였다. A사의 회계담당자는 동 회사채를 당기손익-공정가치측정범주, 기타포괄손익-공정가치측정범주, 상각후원가측정범주 중 어느 것으로 분류해야 할지에 대해 고민하고 있다. 자금담당 임원의 예측에 따르면 20×1년 말 이자율이 전반적으로 하락하여 B사 회사채의 시장이자율이 6%로 낮아질 것으로 예상된다. 더하여 20×1년 말에 신용위험으로 인한 기대신용손실은 ₩5,000으로 예상된다. A사가 B사채의 분류에 따라 A사의 20×1년 당기손익에 미치는 영향의 크기를 옳게 나타낸 것은?

① FVPL금융자산 < FVOCI금융자산 = AC금융자산
② FVPL금융자산 < FVOCI금융자산 < AC금융자산
③ FVPL금융자산 > FVOCI금융자산 > AC금융자산
④ FVPL금융자산 = FVOCI금융자산 < AC금융자산
⑤ FVPL금융자산 > FVOCI금융자산 = AC금융자산

13 A사는 20×1년 초에 기계장치를 아래와 같은 조건으로 리스계약을 체결하였다.

> (1) 리스기간: 20×1년 1월 1일부터 20×3년 12월 31일까지
> (2) 리스료: 연간 고정리스료 ₩100,000 매년 12월 31일 지급
> (3) 할인율: 내재이자율 연 5%
>   (3년 5% 현가계수: 0.86384, 3년 5% 연금현가계수: 2.72325)
> (4) 기계장치의 내용연수: 5년(잔존가치 ₩0)
> (5) 리스기간 종료 시 기계장치를 리스제공자에게 반환하며, 반환 시 실제 잔존가치가 ₩300,000에 미달할 경우 그 미달한 금액을 보증하기로 함

동 리스계약이 20×1년 A사의 당기손익에 미치는 영향은 얼마인가? (단, 리스개시일 현재 잔존가치 보증으로 인하여 리스기간 종료 시 지급할 것으로 예상되는 금액은 없다고 추정하였다)

① ₩(-)104,391   ② ₩(-)124,391   ③ ₩(-)133,391
④ ₩(-)154,391   ⑤ ₩(-)174,391

14 다음 설명 중 옳은 것을 모두 고른 것은?

> ㄱ. 특정 유형자산을 재평가할 때, 해당 자산이 포함되는 유형자산 분류 전체를 재평가한다.
>
> ㄴ. 자가사용부동산을 공정가치로 평가하는 투자부동산으로 대체하는 시점까지 그 부동산을 감가상각하고, 발생한 손상차손을 인식한다.
>
> ㄷ. 무형자산으로 인식되기 위해서는 식별가능성, 자원에 대한 통제 및 미래경제적효익의 존재 중 최소 하나 이상의 조건을 충족하여야 한다.
>
> ㄹ. 무형자산을 창출하기 위한 내부프로젝트를 연구단계와 개발단계로 구분할 수 없는 경우에는 그 프로젝트에서 발생한 지출은 모두 개발단계에서 발생한 것으로 본다.

① ㄱ, ㄴ   ② ㄱ, ㄷ   ③ ㄴ, ㄹ
④ ㄷ, ㄹ   ⑤ ㄱ, ㄴ, ㄷ

15 A사는 리스이용자로 사무실용 건물을 20×1년 초부터 4년간 리스하는 계약(연간리스료 매년 말 ₩90,000 지급, 지수와 연동되는 조건)을 체결하였다. A사는 리스개시일인 20×1년 초에 리스부채로 ₩311,859을 인식하였다. 한편, 2년이 경과된 20×3년 초의 지수의 변동으로 A사는 리스회사와 매년 말 연간리스료 ₩60,000을 지급하기로 합의하였다. 20×3년 초 리스변경을 반영한 후 A사의 리스부채의 장부금액은 얼마인가? (단, 리스의 내재이자율은 쉽게 산정할 수 없으나, 리스개시일과 20×3년 초 리스이용자인 A사의 증분차입이자율은 각각 연 6%와 연 8%이다)

기간	정상연금 ₩1의 현재가치	
	6%	8%
1	0.9434	0.9259
2	1.8334	1.7833
3	2.6730	2.5771
4	3.4651	3.3121

① ₩110,004   ② ₩128,338   ③ ₩159,456
④ ₩231,847   ⑤ ₩242,557

16 내부적으로 창출된 무형자산과 관련하여 개발단계는 선정된 대체안에 대하여 상업화를 결정하고 관련 시제품과 모형을 설계, 제작, 시험하는 활동이 수행되는 단계이다. 개발단계에서 발생한 지출은 특정 조건을 충족하는 경우에만 자산으로 인식하고, 그 외에는 발생시점에 비용처리한다. 이러한 특정 조건에 해당하지 않는 것은?

① 무형자산을 사용하거나 판매하기 위해 그 자산을 완성할 수 있는 기술적 실현가능성이 있어야한다.

② 무형자산을 완성하여 사용하거나 판매하려는 기업의 의도와 판매할 수 있는 기업의 능력이 있어야한다.

③ 무형자산이 미래경제적효익을 창출하는 방법, 그 중에서도 특히 무형자산의 산출물이나 무형자산 자체를 거래하는 시장이 존재함을 제시할 수 있거나 또는 무형자산을 내부적으로 사용할 것이라면 그 유용성을 제시할 수 있다.

④ 무형자산의 개발을 완료하고 그것을 판매하거나 사용하는 데 필요한 기술적·재정적 자원 등의 입수가능성이 있어야 한다.

⑤ 시제품과 같은 물리적 형체가 있는 자산이 만들어질 수 있어야 한다.

17 ㈜하늘은 20×4년 초 ₩5,000,000(잔존가치 ₩1,000,000, 내용연수 5년, 정액법 감가상각)에 건물을 취득하였다. ㈜하늘은 20×4년 말 건물을 공정가치 ₩6,300,000으로 재평가하고, 자산의 장부금액이 재평가금액과 일치하도록 감가상각누계액과 총장부금액을 비례적으로 수정하였다. ㈜하늘이 20×4년 말 재무상태표에 보고할 건물의 감가상각누계액은 얼마인가?

① ₩600,000   ② ₩800,000   ③ ₩1,200,000

④ ₩1,325,000   ⑤ ₩2,100,000

18 ㈜대한은 다음의 사채를 사채권면에 표시된 발행일(20×1년 1월 1일)이 아닌 20×1년 4월 1일에 실제 발행하였다.

> • 만기일: 20×3년 12월 31일
> • 액면금액: ₩100,000
> • 표시이자율: 연 10%
> • 이자는 매년 말에 지급한다.

20×1년 4월 1일 ㈜대한의 시장이자율이 연 12%일 경우, 20×1년 4월 1일의 사채발행이 동 시점의 ㈜대한의 부채총액에 미치는 영향은 얼마인가? (단, 현가계수는 아래의 표를 이용하며, 이자는 월할 계산한다. 단수차이로 인한 오차가 있으면 가장 근사치를 선택한다)

3년 기준	10%	12%
단일금액 ₩1의 현가계수	0.7513	0.7118
정상연금 ₩1의 현가계수	2.4868	2.4018

① ₩95,554 증가 ② ₩97,698 증가 ③ ₩98,054 증가
④ ₩100,000 증가 ⑤ ₩102,500 증가

19 ㈜서울은 20×1년 12월 1일에 창고의 화재로 인하여 재고자산 전부와 회계장부의 일부가 소실되었다. 기초재고자산 ₩360,000, 당기순매입액 ₩900,000, 당기순매출액 ₩1,200,000이고, 과거 3년간 평균매출총이익률이 30%라면 화재 직전 창고에 남아 있었던 재고자산은 얼마인가?

① ₩370,000 ② ₩378,000 ③ ₩420,000
④ ₩470,000 ⑤ ₩490,000

20 ㈜포도는 재고자산평가방법으로 원가기준 선입선출 소매재고법을 사용하고 있다. 20×1년도 재고자산과 관련된 자료가 다음과 같다면, 당기매입원가율은 얼마인가? (단, 원가율(%) 계산 시 소수점 셋째 자리에서 반올림한다)

구분	원가	매가
기초재고	₩36,000	₩60,000
당기총매입액	₩600,000	₩924,000
매입할인	₩9,000	-
순인상	-	₩12,000
순인하	-	₩4,800
매출액	-	₩885,000

① 62.95% ② 63.26% ③ 63.47%
④ 64.43% ⑤ 64.94%

21 다음은 ㈜한국의 확정급여제도와 관련된 자료이다. 당기에 사외적립자산에 대한 기여금 및 퇴직금 지급은 없으며, 확정급여채무의 할인율은 5%이다. 당기 말 순확정급여부채는 얼마인가?

• 전기 말 확정급여채무 장부금액	₩10,500
• 전기 말 사외적립자산 공정가치	₩9,600
• 당기근무원가	₩900
• 확정급여채무의 보험수리적이익	₩60
• 사외적립자산의 실제 수익	₩600

① ₩1,665 ② ₩1,850 ③ ₩2,755
④ ₩2,841 ⑤ ₩2,655

22 다음 중 재무제표 표시와 관련된 다음의 설명으로 옳지 않은 것은?

① 부적절한 회계정책은 이에 대하여 공시나 주석 또는 보충자료를 통해 설명하더라도 정당화될 수 없다.

② 극히 드문 상황으로 한국채택국제회계기준의 요구사항을 준수하는 것이 오히려 '개념체계'에서 정하고 있는 재무제표의 목적과 상충되어 재무제표이용자의 오해를 유발할 수 있는 경우에는 관련 감독체계가 이러한 요구사항으로부터의 일탈을 의무화하거나 금지하지 않는다면, 요구사항을 달리 적용한다.

③ 재고자산에 대한 재고자산평가충당금과 매출채권에 대한 손실충당금과 같은 평가충당금을 차감하여 관련 자산을 순액으로 측정하는 것은 상계표시에 해당하지 아니한다.

④ 회계정책을 소급하여 적용하거나, 재무제표 항목을 소급하여 재작성 또는 재분류하고 이러한 소급적용, 소급재작성 또는 소급재분류가 전기 기초 재무상태표의 정보에 중요한 영향을 미치는 경우에는 세 개의 재무상태표를 표시한다. 이 경우 각 시점에 세 개의 재무상태표를 표시하고 전기 기초의 개시 재무상태표에 관련된 주석도 표시하여야 한다.

⑤ 보고기간 말 이전에 장기차입약정을 위반했을 때, 대여자가 즉시 상환을 요구할 수 있는 채무라 하더라도 채권자가 보고기간 말 이전에 보고기간 후 적어도 12개월 이상의 유예기간을 주는 데 합의하여, 그 유예기간 내에 기업이 위반사항을 해소할 수 있고, 또 그 유예기간 동안에는 채권자가 즉시 상환을 요구할 수 없다면, 그 부채는 비유동부채로 분류한다.

23 20×1년 1월 1일 A사는 장부상 순자산가액이 ₩460,000인 B사의 보통주 60%를 현금 ₩440,000에 취득하였다. 취득일 현재 B사의 자산 및 부채에 관한 장부금액과 공정가치는 건물을 제외하고 모두 일치하였다. 건물의 장부금액과 공정가치는 각각 ₩70,000과 ₩150,000이고 잔여내용연수는 10년, 잔존가치는 없고 정액법으로 상각한다. B사는 20×1년도 당기순이익으로 ₩120,000을 보고하였으며, 이를 제외하면 20×1년 자본의 변동은 없다. 20×1년 말 연결재무제표에 기록될 비지배지분은 얼마인가? (단, 비지배지분은 종속기업의 식별가능한 순자산의 공정가치에 비례하여 측정한다)

① ₩33,600   ② ₩138,000   ③ ₩162,000
④ ₩260,800   ⑤ ₩195,600

24 다음은 기업회계기준서 제 1001호 '재무제표 표시'에 규정된 내용들이다. 올바른 설명은 어느 것인가?

① 기업들은 기업회계기준서 제1001호 '재무제표 표시'에서 규정하고 있는 재무제표의 명칭만을 사용하여야 한다.

② 당기순손익의 구성요소를 단일 포괄손익계산서의 일부로 표시하거나 별개의 손익계산서에 표시할 수 있으며, 별개의 손익계산서를 작성하는 경우 별개의 손익계산서는 포괄손익계산서의 바로 앞에 표시한다.

③ 각각의 재무제표 중 재무상태표를 가장 중요한 비중으로 표시한다.

④ 총포괄손익은 거래나 그 밖의 사건으로 인한 기간 중 자본의 변동을 말한다.

⑤ 경영진의 재무검토보고서, 환경보고서 및 부가가치보고서 등 재무제표 이외의 보고서도 한국채택국제회계기준의 적용범위에 해당한다.

25 다음 중 회계정책, 회계추정치의 변경 및 오류에 관한 설명으로 옳지 않은 것은?

① 측정기준의 변경은 회계추정치의 변경이 아니라 회계정책의 변경에 해당한다.

② 회계추정치의 변경효과를 전진적으로 인식하는 것은 추정의 변경을 그것이 발생한 시점 이후로부터 거래, 기타 사건 및 상황에 적용하는 것을 말한다.

③ 당기 중에 발견한 당기의 잠재적 오류는 재무제표의 발행승인일 전에 수정한다. 또한 중요한 오류를 후속기간에 발견한 경우에는 해당 후속기간의 재무제표에 비교표시된 재무정보를 재작성하여 수정한다.

④ 기업이 회계변경을 하기로 결정한 실제 시점에 관계없이 회계변경은 회계변경을 한 회계연도의 기초시점에 이루어진 것으로 간주한다.

⑤ 회계정책의 변경과 회계추정치의 변경을 구분하는 것이 어려운 경우에는 이를 회계정책의 변경으로 본다.

정답 및 해설

정답

01 ③	02 ③	03 ③	04 ②	05 ④	06 ⑤	07 ①	08 ①	09 ③	10 ③
11 ③	12 ⑤	13 ①	14 ①	15 ①	16 ⑤	17 ④	18 ③	19 ③	20 ③
21 ①	22 ④	23 ④	24 ②	25 ⑤					

해설

01 ③ 의무에는 기업이 경제적 자원을 다른 당사자(또는 당사자들)에게 이전하도록 요구받게 될 잠재력이 있어야 한다. 그러한 잠재력이 존재하기 위해서는, 기업이 경제적 자원의 이전을 요구받을 것이 확실하거나 그 가능성이 높아야 하는 것은 아니다.

02 ③ 1) 평균단가: (220,000 + 2,952,000 + 3,380,000) ÷ (200 + 2,400 + 2,600) = @1,260
2) 매출원가: (2,100 - 100 + 1,500) × @1,260 = 4,410,000

03 ③ 미이행계약은 경제적 자원을 교환할 권리와 의무가 결합되어 성립된다. 그러한 권리와 의무는 상호 의존적이어서 분리될 수 없다. 따라서 결합된 권리와 의무는 단일 자산 또는 단일 부채를 구성한다. 교환조건이 현재 유리할 경우 기업은 자산을 보유하며, 교환조건이 현재 불리한 경우 부채를 보유한다.

04 ② 현행가치측정치에 대한 설명이다.

05 ④

재고자산(원가)					재고자산(매가)			
기초	2,000	매출원가	③ 3,200		기초	4,000	매출	20,000
매입	16,000				매입	18,000	정상파손	-
					순인상	⊙	종업원할인	ⓒ
					(순인하)	-1,000		
(비정상파손)	-	기말	② 1,600		(비정상파손)	-	기말(역산)	① 2,000
	18,000							

× 0.8

원가율(선입선출): 0.8 = 16,000 ÷ (18,000 + ⊙ - 1,000), ⊙: 3,000
종업원할인: 4,000 + 18,000 + 3,000 - 1,000 = 20,000 + ⓒ + 2,000, ⓒ: 2,000

06 ⑤ 1) 20×1년 자본 증가액: 520,000 - 600,000 = (-)80,000 감소
2) 20×2년 자본 증가액: 355,000 - 520,000 = (-)165,000 감소

해커스 세무사 IFRS 정윤돈 재무회계 1차 FINAL 제9회 PART 2 FINAL 모의고사

07 ① ② 양도자가 발생가능성이 높은 신용손실의 보상을 양수자에게 보증하면서 단기 수취채권을 매도한 것은 양도자가 소유에 따른 위험과 보상의 대부분을 이전하지 않는다.

③ 금융자산을 기타포괄손익 - 공정가치측정범주에서 당기손익 - 공정가치측정범주로 재분류하는 경우에 계속 공정가치로 측정하며, 재분류 전에 인식한 기타포괄손익누계액은 자본에서 당기손익으로 재분류한다.

④ 양도자가 매도한 금융자산을 재매입시점의 공정가치로 재매입할 수 있는 권리를 보유하고 있는 것은 양수자가 소유에 따른 위험과 보상의 대부분을 보유하는 경우의 예이다.

⑤ 양도자가 매도 후에 미리 정한 가격으로 또는 매도가격에 양도자에게 금전을 대여하였더라면 그 대가로 받았을 이자수익을 더한 금액으로 양도자산을 재매입하는 거래는 양수자가 소유에 따른 위험과 보상의 대부분을 이전하는 경우의 예이다.

08 ① 1) 매출채권회전율: 4,500,000 ÷ (150,000 + 450,000)/2 = 15
2) 재고자산회전율: 4,000,000 ÷ (240,000 + 160,000)/2 = 360 ÷ 재고자산평균처리기간 = 20
   ◉ 재고자산평균처리기간: 18

09 ③ 1) 제품 A - 회계처리

×1년 11월 30일	차)	현금	300	대)	계약부채	300
	차)	수취채권	700	대)	계약부채	700
×2년 1월 15일	차)	현금	700	대)	수취채권	700
×2년 1월 31일	차)	계약부채	1,000	대)	계약수익	1,000

2) 제품 B - 회계처리

×1년 11월 30일	차)	계약자산	400	대)	계약수익	400
×2년 1월 31일	차)	수취채권	600	대)	계약수익	600
	차)	수취채권	400	대)	계약자산	400

20×1년 말 수취채권: 700, 20×1년 말 계약자산: 400, 20×1년 말 계약부채: 1,000

10 ③ 1) 감가상각비: 5,600,000 ÷ 8년 = 700,000
2) 재평가손실

공정가치	3,100,000
장부금액: 5,600,000 - 5,600,000 ÷ 8년 =	(-)4,900,000
재평가감소액	(-)1,800,000
재평가잉여금	1,700,000
재평가손실	(-)100,000

3) 당기손익의 영향: 감가상각비 (700,000) + 재평가손실 (100,000) = (-)800,000

11 ③ 1) 오류수정 산정

구분	회사	오류수정	GAAP
20×2년 말 전환사채 BV	975,939	57,237	1,033,176[1]
20×2년 이자비용	100,000	30,365	130,365[2]

[1] (975,939 × 1.13 - 100,000) × 1.13 - 100,000 = 1,033,176
[2] (975,939 × 1.13 - 100,000) × 13% = 130,365

2) 오류수정 분개

차)	이자비용	30,365	대)	전환권조정	57,237
	이익잉여금	26,872			

12 ⑤ ● FVPL금융자산 > FVOCI금융자산 = AC금융자산

1) 당기손익에 미친 영향: FVOCI금융자산 = AC금융자산
   * FVOCI금융자산과 AC금융자산은 유효이자율법과 기대신용손실모형을 적용하므로 당기손익에 미치는 영향이 같다.

2) AC금융자산 분류 시 당기손익에 미치는 영향: 2,588
   (1) 이자수익: 94,846 × 8% = 7,588
   (2) 손상차손: (-)5,000

3) FVPL금융자산 분류 시 당기손익에 미치는 영향: 11,154
   (1) 이자수익: 100,000 × 6% = 6,000
   (2) 평가이익: 100,000 - 94,846 = 5,154
      * 기말시점 시장이자율이 표시이자율과 같은 6%이므로 기말공정가치는 액면금액과 동일하다.
      * FVPL금융자산의 손상을 인식하지 않는다.

13 ① 20×1년 A사의 당기손익에 미치는 영향: (-)104,391

1) 리스부채: 100,000 × 2.72325 = 272,325
   * 리스개시일 현재 잔존가치 보증으로 인하여 리스기간 종료 시 지급할 것으로 예상되는 금액은 없다고 추정하였으므로 리스료에 포함되지 않는다.

2) 20×1년 당기손익에 미치는 영향: (1) + (2) = (-)104,391
   (1) 이자비용: (272,325) × 5% = (-)13,616
   (2) 감가상각비: (272,325 - 0) ÷ 3년 = (-)90,775
      * 보증잔존가치를 리스기간 종료 시 지급할 것으로 예상하지 않으므로 감가상각 시에도 보증잔존가치를 고려하지 않는다.

14 ① ㄷ. 무형자산으로 인식되기 위해서는 식별가능성, 자원에 대한 통제 및 미래경제적효익의 존재 모두를 충족하여야 한다.
ㄹ. 무형자산을 창출하기 위한 내부프로젝트를 연구단계와 개발단계로 구분할 수 없는 경우에는 그 프로젝트에서 발생한 지출은 모두 연구단계에서 발생한 것으로 본다.

15 ① 20×3년 초 리스부채: 60,000 × 1.8334 = 110,004

16 ⑤ 물리적 실체와 무형자산의 인식요건과는 관련이 없다.

17 ④ 20×4년 말 감가상각누계액: (6,300,000 - 1,000,000)/4 × 1 = 1,325,000

18 ③ 1) 20×1년 사채의 PV: 100,000 × 0.7118 + 10,000 × 2.4018 = 95,198
2) 20×1년 ~ 4/1 유효이자: 95,198 × 12% × 3/12 = 2,856
3) 부채 증가액: 1) + 2) = 98,054

19 ③

재고자산			
기초	360,000	④ 매출원가	840,000
① 매입(순)	900,000	⑤ 기말(손실액)	대차차액
			420,000
② 판매가능상품원가			

← ③ 매출(순) 1,200,000

* 매출원가: 1,200,000 × (1 - 30%) = 840,000

20 ③ 원가율: (600,000 - 9,000)/(924,000 + 12,000 - 4,800) = 63.47%

21 ① 기말순확정급여부채: 10,500 + 10,500 × 5% - 60 + 900 - 9,600 - 600 = 1,665

22 ④ 전기 기초의 개시 재무상태표에 관련된 주석을 표시할 필요는 없다.

23 ④ 20×1년 말 비지배지분: (460,000 + 80,000 + 112,000) × 40% = 260,800

*B사의 조정 후 N/I: 120,000 - (150,000 - 70,000)/10 = 112,000

24 ② ① 다른 명칭을 사용할 수 있다.
③ 각각의 재무제표는 전체 재무제표에서 동등한 비중으로 표시한다.
④ 소유주와의 거래로 인한 자본의 변동은 총포괄손익에서 제외된다.
⑤ 한국채택국제회계기준은 재무제표에만 적용된다.

25 ⑤ 회계정책의 변경과 회계추정치의 변경을 구분하는 것이 어려운 경우에는 이를 회계추정치의 변경으로
본다.

01 다음 중 '재무보고를 위한 개념체계'의 내용과 다른 것은?

① 경제적 자원은 경제적 효익을 창출할 잠재력을 지닌 권리이다. 경제적 자원이 잠재력을 가지기 위해 권리가 경제적 효익을 창출할 것이라고 확신하거나 그 가능성이 높아야 하는 것은 아니다.

② 자산, 부채, 수익과 비용의 인식 및 측정에 관련된 원가는 회계단위의 크기가 작아짐에 따라 증가한다.

③ 미이행계약은 경제적 자원을 교환할 권리와 의무가 결합되어 확정된다. 그러한 권리와 의무는 상호 의존적이어서 분리될 수 없다. 따라서 결합된 권리와 의무는 단일 자산 또는 단일 부채를 구성한다. 교환조건이 현재 유리할 경우, 기업은 부채를 부담한다.

④ 자산을 취득하거나 창출할 때의 역사적 원가는 자산의 취득 또는 창출에 소요되는 원가의 가치로서, 자산을 취득 또는 창출하기 위하여 지급한 대가와 거래원가를 포함한다. 부채가 발생하거나 인수할 때의 역사적 원가는 발생시키거나 인수하면서 수취한 대가에서 거래원가를 차감한 가치이다.

⑤ 현행원가는 역사적 원가와 달리 측정일의 조건을 반영한다.

02 재무제표 표시와 관련된 다음의 설명으로 옳지 않은 것은?

① 매입채무 그리고 종업원 및 그 밖의 영업원가에 대한 미지급비용과 같은 유동부채는 기업의 정상 영업주기 내에 사용되는 운전자본의 일부이기 때문에 이러한 항목은 보고기간 후 12개월 후에 결제일이 도래한다 하더라도 유동부채로 분류한다.

② 재고자산에 대한 재고자산평가충당금과 매출채권에 대한 손실충당금과 같은 평가충당금을 차감하여 관련 자산을 순액으로 측정하는 것은 상계표시에 해당하지 아니한다.

③ 보고기간 말 이전에 장기차입약정을 위반했을 때, 대여자가 즉시 상환을 요구할 수 있는 채무는 채권자가 보고기간 후 재무제표 발행승인일 전에 채권자가 약정위반을 이유로 상환을 요구하지 않기로 합의한 경우에도 유동부채로 분류한다.

④ 단일의 포괄손익계산서에 두 부분으로 나누어 표시할 경우 당기손익 부분을 먼저 표시하고 바로 이어서 기타포괄손익 부분을 함께 표시하고 별개의 손익계산서에 표시할 경우 별개의 손익계산서는 포괄손익을 표시하는 보고서 바로 앞에 위치한다.

⑤ 영업이익 산정에 포함된 항목 이외에도 기업의 고유 영업환경을 반영하는 그 밖의 수익 또는 비용 항목은 영업이익에 추가하여 별도의 영업성과 측정치를 산정하여 조정영업이익으로 포괄손익계산서에 공시할 수 있다.

03 다음은 한국채택국제회계기준을 적용하고 있는 A사의 재고자산과 관련된 자료이다. A사의 회계기간은 20×1년 1월 1일부터 12월 31일까지이다.

> (1) 상품(기초): ₩500,000, 재고자산평가충당금(기초): ₩0
> (2) 당기총매입: ₩4,100,000, 매입에누리와 환출: ₩80,000, 매입할인: ₩20,000
> (3) 기말상품의 장부재고액과 실지재고액 및 기타 자료는 다음과 같다. 재고자산감모손실 중 30%는 원가성이 있는 것으로 판명되었으며 종목별로 저가법을 적용한다.
>
> | 상품 | 장부재고 | 실지재고 | 단위원가 | 판매단가 | 추정판매비 |
> |------|---------|---------|---------|---------|-----------|
> | A | 1,000개 | 900개 | ₩100 | ₩150 | ₩40 |
> | B | 400개 | 350개 | ₩200 | ₩240 | ₩60 |
> | C | 500개 | 500개 | ₩250 | ₩300 | ₩80 |
>
> (4) A사는 재고자산과 관련하여 평가손실 및 원가성이 있는 감모는 매출원가에 포함하고, 원가성이 없는 감모는 기타비용으로 처리한다.

다음 중 옳지 않은 것은?

① A사의 20×1년 말 재무상태표에 계상할 재고자산의 장부금액은 ₩263,000이다(단, 장부금액은 취득원가에서 재고자산평가충당금을 차감한 후의 금액이다)

② A사의 20×1년 포괄손익계산서에 계상해야 할 매출원가는 ₩4,223,000이다.

③ 위의 제시된 금액과 다르게 기초재고자산에 대한 재고자산평가충당금이 ₩15,000만큼 계상되었을 경우 A사의 20×1년 포괄손익계산서에 계상해야 할 매출원가는 ₩4,208,000이다.

④ 위의 제시된 금액과 다르게 기초재고자산에 대한 재고자산평가충당금이 ₩15,000만큼 계상되었을 경우 A사의 20×1년 말 재무상태표에 계상할 재고자산평가충당금의 장부금액은 ₩22,000이다.

⑤ 위의 제시된 금액과 다르게 기초재고자산에 대한 재고자산평가충당금이 ₩15,000만큼 계상되었을 경우 A사의 20×1년 매출원가에 가산되는 평가손실은 ₩22,000이다.

04 다음은 A사의 20×9년도 상반기의 매입과 매출에 관한 자료이며, 재고자산의 평가방법으로 가중평균법을 적용하고 있다.

일자	적요	수량	단가
1월 1일	기초재고	50개	₩310
2월 3일	매입	200개	₩330
3월 12일	매출	(-)100개	₩?
4월 7일	매입	90개	₩350
5월 23일	매출	(-)150개	₩?
6월 30일	매입	60개	₩370

A사가 실지재고조사법을 적용한 경우 A사의 20×9년도 상반기의 매출총이익은 ₩55,500이다. A사가 동 재고자산에 대해 계속기록법을 적용할 경우 A사가 20×9년도 상반기에 인식할 매출총이익은 얼마인가? (단, 장부상 재고와 실지재고는 일치한다)

① ₩58,450
② ₩57,150
③ ₩56,450
④ ₩55,500
⑤ ₩52,150

05 석탄을 이용하여 전력을 생산하는 ㈜한국은 신규 화력발전시설을 취득하였다. 환경법에서는 석탄을 이용한 화력발전시설의 경우 탄소저감장치의 설치를 의무화하고 있다. ㈜한국이 동 화력발전시설을 취득하는 데 발생된 항목과 금액이 다음과 같을 때, 신규 화력발전시설의 취득원가는 얼마인가?

항목	금액	항목	금액
화력발전기	₩2,000,000	탄소저감장치	₩1,000,000
화력발전기 운송료	₩1,000,000	탄소저감장치 운송료	₩500,000
화력발전기 설치비	₩100,000	탄소저감장치 설치비	₩50,000
직원교육훈련비*	₩70,000	시운전용 석탄사용료	₩30,000
가동손실**	₩40,000	전기생산용 석탄구입액	₩150,000

* 직원교육비는 동 화력발전시설을 직접 운영하는 직원에 대한 교육비임
** 가동손실은 화력발전기 설치 후 가동 수준이 완전조업도에 미치지 못하여 발생된 금액임

① ₩3,130,000
② ₩4,650,000
③ ₩4,680,000
④ ₩4,720,000
⑤ ₩4,750,000

06 ㈜한성은 차량 A를 ㈜도도의 차량 B와 교환하였으며, 추가로 현금 ₩20,000을 지급하였다. 교환 당시 차량 A와 차량 B의 장부금액 및 공정가치는 다음과 같다.

구분	차량 A	차량 B
취득원가	₩500,000	₩1,000,000
감가상각누계액	₩200,000	₩150,000
공정가치	₩250,000	₩270,000

다음 중 옳지 않은 것은?

① 동 거래가 상업적 실질이 있는 교환거래에 해당하고 ㈜한성은 차량 A의 공정가치를 신뢰성 있게 측정할 수 있는 경우, ㈜한성이 인식할 차량 B의 취득원가는 ₩270,000이다.

② 동 거래가 상업적 실질이 있는 교환거래에 해당하고 ㈜한성은 차량 A의 공정가치를 신뢰성 있게 측정할 수 없는 경우, ㈜한성은 유형자산처분손실로 ₩50,000을 인식한다.

③ 동 거래가 상업적 실질이 있는 교환거래에 해당하고 ㈜한성은 차량 A와 B의 공정가치를 신뢰성 있게 측정할 수 없는 경우, ㈜한성은 유형자산처분손실로 ₩50,000을 인식한다.

④ 동 거래가 상업적 실질이 없는 교환거래에 해당하는 경우, ㈜한성이 인식할 차량 B의 취득원가는 ₩320,000이다.

⑤ 동 거래가 상업적 실질이 없는 교환거래에 해당하고, ㈜도도가 교환시점에 차량 B에 손상이 발생하였음을 발견한 경우 ㈜도도의 차량 취득원가는 ₩240,000이다. (단, ㈜도도가 차량 B를 처분하기 위한 처분부대원가는 ₩10,000, 사용가치는 ₩250,000으로 예상된다)

07 차량운반구에 대해 재평가모형을 적용하고 있는 ㈜대한은 20×1년 1월 1일에 영업용으로 사용할 차량운반구를 ₩2,000,000(잔존가치: ₩200,000, 내용연수: 5년, 정액법 상각)에 취득하였다. 동 차량운반구의 20×1년 말 공정가치와 회수가능액은 각각 ₩1,800,000으로 동일하였으나, 20×2년 말 공정가치는 ₩1,300,000이고 회수가능액은 ₩1,100,000으로 자산손상이 발생하였다. 동 차량운반구와 관련하여 ㈜대한의 20×2년 포괄손익계산서에 계상될 손상차손은 얼마인가? (단, 차량운반구의 사용기간 동안 재평가잉여금을 이익잉여금으로 대체한다)

① ₩160,000   ② ₩180,000   ③ ₩200,000
④ ₩240,000   ⑤ ₩260,000

08 ㈜한국은 20×1년 초 ₩720,000에 구축물을 취득(내용연수 5년, 잔존가치 ₩20,000, 정액법 상각)하였으며, 내용연수 종료시점에 이를 해체하여 원상복구해야 할 의무가 있다. 20×1년 초 복구비용의 현재가치는 ₩124,180으로 추정되며 이는 충당부채의 요건을 충족한다. 복구비용의 현재가치 계산에 적용한 할인율이 10%일 때 옳지 않은 것은? (단, 소수점 발생 시 소수점 아래 첫째 자리에서 반올림한다)

① 20×1년 초 구축물의 취득원가는 ₩844,180이다.
② 20×1년 말 복구충당부채전입액(또는 이자비용)은 ₩12,418이다.
③ 20×1년 말 복구충당부채는 ₩136,598이다.
④ 20×1년 말 인식할 비용 총액은 ₩156,418이다.
⑤ 20×2년 말 인식할 복구충당부채전입액은 ₩13,660이다.

09 무형자산의 회계처리에 관한 설명으로 옳지 않은 것은?

① 사업결합 과정에서 피취득자가 진행하고 있는 연구·개발 프로젝트가 무형자산의 정의를 충족한다면 사업결합 전에 그 자산을 피취득자가 인식하였는지 여부에 관계없이, 취득자는 취득일에 피취득자의 무형자산을 영업권과 분리하여 인식한다.
② 무형자산의 인식기준을 충족하지 못하여 비용으로 인식한 지출은 그 이후에 무형자산의 원가로 인식할 수 없다.
③ 내용연수가 비한정인 무형자산을 유한 내용연수로 재평가하는 것은 그 자산의 손상을 시사하는 징후에 해당하지 않으므로 손상차손을 인식하지 않는다.
④ 상각하지 않는 무형자산에 대하여 사건과 상황이 그 자산의 내용연수가 비한정이라는 평가를 계속하여 정당화하는지를 매 회계기간에 검토하며, 사건과 상황이 그러한 평가를 정당화하지 않는 경우에 비한정 내용연수를 유한 내용연수로 변경하는 것은 회계추정치의 변경으로 회계처리한다.
⑤ 내부적으로 창출한 브랜드, 제호, 출판표제, 고객목록과 이와 실질이 유사한 항목은 무형자산으로 인식하지 않는다.

10 B사는 20×5년 초에 공장건물을 신축하기 시작하여 20×6년 6월 30일에 완공하였으며, 20×6년 7월 1일부터 사용하기 시작하였다. 건물의 내용연수는 20년이고, 잔존가치 없이 정액법으로 감가상각하며 기중 취득자산의 경우 월할 계산한다. 총건설비(자본화 대상 차입원가 제외)는 ₩100,000,000이며, 건설을 위하여 직접 차입한 자금은 없으나 일반차입금을 건설자금으로 사용하였다. 다음은 건설과 관련된 자료이다. 20×6년 건설비 평균지출액에는 과년도 지출액도 포함된 상태이다.

구분	20×5년	20×6년
건설비 평균지출액	₩5,000,000	₩10,000,000
일반차입금 이자비용	₩600,000	₩700,000
일반차입금 자본화이자율	7%	8%

B사의 회계담당자는 20×6년 말까지 B사가 동 차입원가를 공장건물에 자본화하지 않은 것을 알게 되었다. B사는 20×6년 말에 동 차입원가가 가산되지 않은 건물의 취득원가를 기준으로 감가상각을 수행하였다. 만약, B사의 회계담당자가 해당 오류를 수정할 경우 20×6년도에 증가할 감가상각비는 얼마인가? (단, 20×6년의 평균지출액에 20×5년의 자본화된 차입원가를 포함시키지 않는다)

① ₩17,500   ② ₩26,250   ③ ₩35,000

④ ₩45,250   ⑤ ₩52,500

11 12월 말 결산법인인 ㈜하늘은 20×1년 1월 1일 건물을 ₩10,000에 취득하였다. 건물의 경제적 내용연수는 10년, 잔존가치는 없으며 감가상각방법은 정액법이다. 각 보고기간 말 현재 건물의 공정가치는 다음과 같다.

20×1년 말	20×2년 말
₩9,180	₩7,200

㈜하늘은 동 건물을 임대목적으로 취득하여 공정가치모형을 적용하였으나 20×2년 7월 초 건물의 사용목적을 자가사용목적으로 변경하였다. 20×2년 7월 초 동 건물의 공정가치는 ₩10,500이다. 또한 20×2년 7월 초 현재 건물의 잔여내용연수를 10년으로 추정하였으며 잔존가치는 없이 정액법으로 감가상각하기로 하였다. ㈜하늘이 동 건물에 대해서 원가모형과 재평가모형을 적용하는 경우를 구분하여 동 거래가 20×2년 ㈜하늘의 당기손익에 미친 영향은 얼마인가? (단, 동 건물을 자가사용부동산으로 분류하여 재평가모형을 적용하는 경우에는 사용 중에 재평가잉여금을 이익잉여금으로 대체하지 않고, 회계처리는 감가상각누계액을 우선적으로 상계하는 방법을 사용한다)

	원가모형을 적용할 경우 20×2년 당기손익에 미친 영향	재평가모형을 적용할 경우 20×2년 당기손익에 미친 영향
①	₩795	₩795
②	₩795	₩1,320
③	₩795	₩(−)1,980
④	₩(−)2,775	₩(−)2,775
⑤	₩(−)1,980	₩795

12 충당부채, 우발부채, 우발자산과 관련된 내용으로 옳지 않은 것은?

① 재무제표는 미래 영업에서 생길 원가는 충당부채로 인식한다.

② 기업의 미래 행위(미래 사업행위)와 관계없이 존재하는 과거사건에서 생긴 의무만을 충당부채로 인식한다.

③ 입법 예고된 법률의 세부사항이 아직 확정되지 않은 경우에는 해당 법안대로 제정될 것이 거의 확실한 때에만 의무가 생긴 것으로 본다.

④ 제품보증 또는 이와 유사한 계약 등 다수의 유사한 의무가 있는 경우 의무이행에 필요한 자원의 유출가능성은 당해 유사한 의무 전체를 고려하여 결정한다.

⑤ 과거에 우발부채로 처리하였더라도 미래경제적효익의 유출가능성이 높아진 경우에는 신뢰성 있게 추정할 수 없는 극히 드문 경우를 제외하고는 그러한 가능성 변화가 생긴 기간의 재무제표에 충당부채로 인식한다.

13 ㈜대한은 ㈜민국이 20×1년 1월 1일에 발행한 액면금액 ₩50,000(만기 5년(일시상환), 표시이자율 연 10%, 매년 말 이자지급)인 사채를 동 일자에 액면금액으로 취득하고, 기타포괄손익으로 측정하는 금융자산(FVOCI금융자산)으로 분류하여 회계처리하였다. 그러나 ㈜대한은 20×2년 중 사업모형의 변경으로 동 사채를 당기손익-공정가치로 측정하는 금융자산(FVPL금융자산)으로 재분류하였다. 20×2년 말 현재 동 사채와 관련하여 인식한 기대신용손실은 ₩3,000이다. 동 사채의 20×3년 초와 20×3년 말의 공정가치는 각각 ₩45,000과 ₩46,000이다. 동 사채가 ㈜대한의 20×3년 포괄손익계산서상 당기순이익에 미치는 영향은 얼마인가? (단, 동 사채의 20×3년 말 공정가치는 이자수령 후 금액이다)

① ₩2,000 감소 　② ₩1,000 감소 　③ ₩4,000 증가

④ ₩5,000 증가 　⑤ ₩6,000 증가

14 현금및현금성자산을 제외한 금융자산은 사업모형과 현금흐름의 특성을 기준으로 당기손익-공정가치 측정금융자산과 기타포괄손익-공정가치측정금융자산, 상각후원가측정금융자산 세 가지로 분류하여 인식과 측정을 한다. 이에 대한 설명으로 기준서 제1109호 '금융상품'에서 규정하고 있는 내용과 다른 것은 무엇인가?

① 금융자산의 계약조건에 따라 특정일에 원리금 지급만으로 구성되어 있는 현금흐름이 발생하며, 계약상 현금흐름의 수취와 금융자산의 매도 둘 다를 통해 목적을 이루는 사업모형하에서 금융자산을 보유하는 경우 이를 기타포괄손익-공정가치측정금융자산으로 분류한다.

② 금융자산의 계약조건에 따라 특정일에 원리금 지급만으로 구성되어 있는 현금흐름이 발생하며, 계약상 현금흐름을 수취하기 위해 보유하는 것이 목적인 사업모형하에서 금융자산을 보유하는 경우에는 상각후원가측정금융자산으로 분류한다.

③ 금융자산은 상각후원가로 측정하거나 기타포괄손익-공정가치로 측정하는 경우가 아니라면, 당기손익-공정가치로 측정한다.

④ 당기손익-공정가치로 측정되는 채무상품에 대한 특정 투자에 대하여는 후속적인 공정가치 변동을 기타포괄손익으로 표시하도록 최초 인식시점에 선택할 수도 있다. 다만 한 번 선택하면 이를 취소할 수 없다.

⑤ 서로 다른 기준에 따라 자산이나 부채를 측정하거나 그에 따른 손익을 인식하는 경우에 측정이나 인식의 불일치가 발생할 수 있다. 이 경우 최초 인식시점에 해당 금융자산을 당기손익-공정가치 측정항목으로 지정할 수 있다. 다만 한 번 지정하면 이를 취소할 수 없다.

15 12월 말 결산법인인 A사는 20×1년 1월 1일 액면금액 ₩100,000의 B사 사채를 ₩93,660에 취득하였다. 사채의 표시이자율은 8%로 이자지급일은 매년 말이며, 취득 시의 유효이자율은 10%이다. 사채 만기일은 20×4년 12월 31일이다.

> (1) 20×1년 12월 31일 B사 사채의 공정가치는 ₩92,000이며, 신용위험은 유의적으로 증가하지 않았다. B사 사채의 12개월 기대신용손실과 전체기간 기대신용손실은 각각 ₩2,000과 ₩3,000이다.
>
> (2) 20×2년 중 B사 사채는 신용손실이 발생하였으며 20×2년 12월 31일 현재 추정미래 현금흐름은 다음과 같이 추정된다. 20×2년 말 현재 유사한 금융자산의 현행시장이자율은 14%이며, 20×2년 말에 수령할 표시이자는 정상적으로 회수하였다.
>
> | 구분 | 20×3년 말 | 20×4년 말 |
> |---|---|---|
> | 액면금액 | – | ₩60,000 |
> | 표시이자 | ₩4,000 | ₩4,000 |
>
> (3) 20×3년 12월 31일 B사 사채의 추정미래현금흐름은 다음과 같이 추정되었으며, 이들 현금흐름의 회복은 신용손실이 회복된 사건과 관련되어 있다. 20×3년 말 현재 유사한 금융자산의 현행 시장이자율은 12%이며, 20×3년 말에 수령할 것으로 추정된 표시이자 ₩4,000은 정상적으로 회수하였다.
>
> | 구분 | 20×4년 말 |
> |---|---|
> | 액면금액 | ₩80,000 |
> | 표시이자 | ₩7,000 |

A사가 동 금융자산을 FVOCI금융자산으로 분류한 경우, 20×2년에 인식할 손상차손과 20×3년에 인식할 손상차손환입은 얼마인가?

	20×2년에 인식할 손상차손	20×3년에 인식할 손상차손환입
①	₩40,000	₩20,909
②	₩38,000	₩20,909
③	₩41,774	₩19,497
④	₩40,000	₩19,497
⑤	₩41,774	₩20,909

16 A사는 20×1년 4월 1일에 다음과 같은 조건의 사채를 B사에 발행하였으며 A사의 보고기간은 매년 1월 1일부터 12월 31일까지이다. 동 사채의 액면금액은 ₩100,000이고 액면이자율은 연 8%, 이자 지급일은 매년 12월 31일에 연 1회 지급하고 액면상 발행일은 20×1년 초이며 만기는 20×3년 말이다. 동 사채의 20×1년 4월 1일 시장이자율은 15%이다. 다음 중 옳지 않은 것은? (단, 이자율 15% 3기간 ₩1의 현가계수와 연금현가계수는 각각 0.65752, 2.283230이다)

① 동 사채의 발행 시 A사가 수령한 현금은 ₩87,169이다.
② 동 사채로 인한 A사가 인식할 20×1년 이자비용은 ₩9,452이다.
③ 동 사채의 20×1년 사채할인발행차금 상각액은 ₩4,603이다.
④ 동 사채의 20×1년 말 사채할인발행차금 장부금액은 ₩11,379이다.
⑤ 동 사채로 A사가 인식할 총이자비용은 ₩36,831이다.

17 기업회계기준서 제1115호 '고객과의 계약에서 생기는 수익'의 측정에 대한 다음 설명 중 옳지 않은 것은?

① 고객과의 계약이 계약 개시시점에 계약에 해당하는지에 대한 식별기준을 충족하는 경우에는 사실과 상황에 유의적인 변동 징후가 없는 한 이러한 기준들을 재검토하지 않는다.
② 계약을 이행하기 위해 수행하여야 하지만 고객에게 재화나 용역을 이전하는 활동이 아니라면 그 활동은 수행의무에 포함되지 않는다.
③ 각 보고기간 말의 상황과 보고기간의 상황 변동을 충실하게 표현하기 위하여 보고기간 말마다 추정 거래가격을 새로 수정한다. 거래가격의 후속변동은 변동시점 기준으로 계약상 수행의무에 배분한다.
④ 기업이 고객에게 재화나 용역을 이전할 때 고객이 그 재화나 용역의 대가를 현금으로 결제한다면 지급할 가격으로 약속한 대가의 명목금액을 할인하는 이자율을 식별하여 그 할인율로 산정할 수 있다. 계약 개시 후에는 이자율이나 그 밖의 상황이 달라져도 그 할인율을 새로 수정하지 않는다.
⑤ 거래가격을 상대적 개별 판매가격에 기초하여 각 수행의무에 배분하기 위하여 계약 개시시점에 계약상 각 수행의무의 대상인 구별되는 재화나 용역의 개별 판매가격을 산정하고 이 개별 판매가격에 비례하여 거래가격을 배분한다.

18 다음은 유통업을 영위하고 있는 ㈜대한의 20×1년 거래를 보여준다. ㈜대한이 20×1년에 인식할 수익은 얼마인가?

> (1) ㈜대한은 20×1년 11월 1일에 고객 A와 재고자산 200개를 개당 ₩120에 판매하기로 계약을 체결하고 재고자산을 현금으로 판매하였다. 계약에 따르면, 고객 A는 20×2년 2월 1일에 해당 재고자산을 개당 ₩200의 행사가격으로 재매입을 요구할 수 있는 풋옵션을 보유하고 있다. 재매입시점에 예상되는 시장가격은 개당 ₩190이다.
>
> (2) ㈜대한은 20×1년 11월 26일에 고객 B와 계약을 체결하고 재고자산 100개를 개당 ₩100에 현금으로 판매하였다. 고객 B는 계약 개시시점에 제품을 통제한다. 판매계약상 고객 B는 20일 이내에 사용하지 않은 제품을 반품할 수 있으며, 반품 시 전액을 환불받을 수 있다. 동 재고자산의 원가는 개당 ₩80이다. ㈜대한은 기댓값 방법을 사용하여 80개의 재고자산이 반품되지 않을 것이라고 추정하였다. 반품에 ㈜대한의 영향력이 미치지 못하지만, ㈜대한은 이 제품과 고객층의 반품 추정에는 경험이 상당히 있다고 판단한다. 그리고 불확실성은 단기간(20일 반품기간)에 해소될 것이며, 불확실성이 해소될 때 수익으로 인식한 금액 중 유의적인 부분은 되돌리지 않을 가능성이 매우 높다고 판단하였다(단, ㈜대한은 제품의 회수원가가 중요하지 않다고 추정하였으며, 반품된 제품은 다시 판매하여 이익을 남길 수 있다고 예상하였다. 20×1년 말까지 반품된 재고자산은 없다).

① ₩20,000 ② ₩9,000 ③ ₩8,000
④ ₩19,000 ⑤ ₩0

19 ㈜대한은 고객과의 계약에 따라 구매금액 ₩10당 고객충성포인트 1점을 고객에게 보상하는 고객충성제도를 운영한다. 각 포인트는 고객이 ㈜대한의 제품을 미래에 구매할 때 ₩1의 할인과 교환될 수 있다. 20×1년 중 고객은 제품을 ₩200,000에 구매하고 미래 구매 시 교환할 수 있는 40,000포인트를 얻었다. 대가는 고정금액이고 구매한 제품의 개별 판매가격은 ₩200,000이다. 고객은 제품구매시점에 제품을 통제한다. ㈜대한은 36,000포인트가 교환될 것으로 예상하며, 동 예상은 20×1년 말까지 지속된다. ㈜대한은 포인트가 교환될 가능성에 기초하여 포인트당 개별 판매가격을 ₩0.9(합계 ₩36,000)으로 추정한다. 20×1년 중에 교환된 포인트는 없다. 20×2년 중 20,000포인트가 교환되었고, 전체적으로 36,000포인트가 교환될 것이라고 20×2년 말까지 계속 예상하고 있다. ㈜대한은 고객에게 포인트를 제공하는 약속을 수행의무라고 판단한다. 상기 외 다른 거래가 없을 때, 20×1년과 20×2년에 ㈜대한이 인식할 수익은 각각 얼마인가? (단, 단수차이로 인해 오차가 있다면 가장 근사치를 선택한다)

	20×1년	20×2년
①	₩200,000	₩10,000
②	₩182,000	₩9,000
③	₩169,492	₩15,254
④	₩183,486	₩8,257
⑤	₩169,492	₩16,949

20 A회사는 20×1년 초 액면가액 ₩1,000,000의 3년 만기 전환사채를 액면발행하였다.

> (1) 전환권이 행사되면 사채액면 ₩20,000당 액면 ₩5,000의 보통주 1주를 교부하여, 권리가 행사되지 않은 부분에 대하여는 액면가액의 115%를 만기금액으로 지급한다.
> (2) 표시이자율은 연 4%로 매년 말 후급조건이며, 사채발행일 현재 동종 일반사채의 시장이자율은 10%이다(단, 3기간 10% 현가계수와 연금현가계수는 각각 0.75131과 2.48685이다).

20×2년 말까지 전환권이 행사되지 않았고 A회사는 20×3년 초에 모든 전환사채를 현금 ₩1,150,000으로 조기상환하였으며 이 과정에서 거래원가가 ₩20,000 발생하였다. 동 전환사채의 조기상환이 A사의 20×3년 당기손익에 미치는 영향은 얼마인가? (단, 상환시점의 시장이자율은 8%이다)

① ₩(-)42,197   ② ₩(-)39,197   ③ ₩(-)20,034
④ ₩(-)19,163   ⑤ ₩(-)17,197

21 A사(판매자-리스이용자)는 20×1년 1월 1일 장부금액 ₩1,000,000인 건물을 B리스(구매자-리스제공자)에게 ₩1,700,000에 판매하고 18년간 매년 말 ₩120,000씩의 리스료를 지급하는 건물 사용권 계약을 체결하였다. 거래의 조건에 따르면, 건물 이전은 판매에 해당한다.

> (1) 판매일 현재 건물의 공정가치는 ₩1,800,000이다. 리스의 내재이자율은 연 4.5%로 A사는 쉽게 산정할 수 있으며, 연간 리스료는 ₩120,000이고 연간 리스료의 내재이자율로 할인한 현재가치는 ₩1,459,200이다.
> (2) A사는 리스기간 종료시점에 기초자산을 반환하기로 하였고 반환시점에 A사가 보증하기로 한 금액은 없다.
> (3) B리스는 건물리스를 운용리스로 분류하며, 내용연수는 20년, 내용연수 종료시점에 잔존가치는 없다. B리스와 A사는 건물과 사용권자산을 정액법으로 감가상각한다.

동 거래로 A사가 인식할 처분손익은 얼마인가?

① ₩240,355   ② ₩185,355   ③ ₩151,467
④ ₩131,022   ⑤ ₩107,022

22 ㈜한국은 20×1년 초 기계장치를 ₩10,000(정액법 상각, 내용연수 4년, 잔존가치 ₩2,000, 원가모형 적용)에 취득하였다. 기계장치 관련 자료가 다음과 같을 때 옳은 것은?

> - 20×2년 중 최초로 기계장치에 대해 재평가모형으로 변경하였으며, 재평가 시 기존의 감가상각누계액은 전액 제거한 후 공정가치로 평가한다(상각방법, 내용연수, 잔존가치의 변동은 없다).
> - 20×2년 말 기계장치의 공정가치는 ₩12,000이다.
> - 20×3년 말 기계장치를 현금 ₩8,000을 받고 처분하였다.

① 20×1년 감가상각비는 ₩2,500이다.
② 20×2년 재평가잉여금은 ₩4,000이다.
③ 20×3년 감가상각비는 ₩5,000이다.
④ 20×3년 기계장치 처분이익은 ₩2,000이다.
⑤ 20×2년 초에 이월이익잉여금은 변동된다.

23 12월 말 결산법인인 A사는 20×1년 초 현재 순확정급여자산 ₩60,000을 보고하였으며, 확정급여채무의 측정에 사용한 이자율은 10%이다. A사는 20×1년 초 퇴직급여제도를 개정하였으며, 이로 인하여 과거근무원가 ₩300,000이 발생하였고 20×1년 말 인식할 당기근무원가는 ₩160,000이다. 20×1년 말 종업원이 퇴직하여 지급한 퇴직금은 ₩400,000으로 동 금액은 전액 사외적립자산에서 지급되었으며, 동 일자에 사외적립자산으로 추가 출연한 금액은 ₩500,000이다. 20×1년 말 확정급여채무의 현재가치로 재측정한 금액은 ₩880,000으로 측정에 사용한 이자율은 12%, 보험수리적손실은 ₩20,000이 발생하였다. 20×1년 초 자산인식상한효과는 ₩50,000이다. 20×1년 사외적립자산에서 발생한 재측정이익은 ₩10,000이고 20×1년 말 현재 자산인식상한은 ₩80,000이다. 20×1년 기초사외적립자산은 얼마인가?

① ₩560,000
② ₩600,000
③ ₩680,000
④ ₩720,000
⑤ ₩810,000

24 다음은 ㈜한영의 20×1년 기본주당이익계산에 필요한 자료이다. ㈜한영의 보고기간은 1월 1일부터 12월 31일까지이다.

> (1) 기초자본금: 보통주자본금 (액면 ₩5,000) 9,000주
> (2) 당기 중 자본금변동내역
>   1) 7월 1일: 보통주 유상증자 (액면 ₩5,000) 2,000주
>   2) 7월 1일의 유상증자는 주주우선배정 신주발행에 해당되며, 유상증자(권리행사) 전일의 보통주식의 시가는 ₩20,000, 유상증자 시 발행금액은 ₩10,000이다.
>   3) 10월 1일: 주식선택권 행사 500주

㈜한영의 20×1년 기본주당이익을 산정하기 위한 유통보통주식수는 얼마인가? (단, 월할 계산할 것)

① 10,575주
② 12,000주
③ 12,875주
④ 13,125주
⑤ 13,975주

25 다음은 A사의 사채 및 사채할인발행차금에 관한 자료이다.

> (1) 재무상태표의 일부
>
> | 구분 | 기초 | 기말 |
> |---|---|---|
> | 사채 | ₩500,000 | ₩400,000 |
> | 사채할인발행차금 | ₩(-)50,000 | ₩(-)25,000 |
>
> (2) A사의 포괄손익계산서상 이자비용은 ₩100,000이며, 당기에 액면금액 ₩200,000 (장부금액 ₩180,000)의 사채를 ₩200,000에 상환하였다.
> (3) 사채할인발행차금의 상각으로 인한 이자비용은 ₩20,000이다.

A사의 당기 사채의 발행으로 인하여 유입된 현금은 얼마인가?

① ₩110,000
② ₩105,000
③ ₩85,000
④ ₩65,000
⑤ ₩60,000

정답 및 해설

정답

01 ③	02 ⑤	03 ⑤	04 ②	05 ③	06 ③	07 ②	08 ④	09 ③	10 ②
11 ③	12 ①	13 ③	14 ④	15 ②	16 ③	17 ③	18 ③	19 ⑤	20 ②
21 ⑤	22 ③	23 ⑤	24 ①	25 ③					

해설

01 ③ 미이행계약은 경제적 자원을 교환할 권리와 의무가 결합되어 확정된다. 그러한 권리와 의무는 상호 의존적이어서 분리될 수 없다. 따라서 결합된 권리와 의무는 단일 자산 또는 단일 부채를 구성한다. 교환조건이 현재 유리할 경우, 기업은 자산을 보유한다.

02 ⑤ 영업이익 산정에 포함된 항목 이외에도 기업의 고유 영업환경을 반영하는 그 밖의 수익 또는 비용 항목은 영업이익에 추가하여 별도의 영업성과 측정치를 산정하여 조정영업이익으로 주석에 공시할 수 있다.

03 ⑤ ① 20×1년 말 재무상태표에 계상할 재고자산의 장부금액: 263,000

A: 900개 × Min[100, (150 - 40)] = 90,000

B: 350개 × Min[200, (240 - 60)] = 63,000

C: 500개 × Min[250, (300 - 80)] = 110,000

합계: 263,000

② 매출원가: 4,223,000

1) 20×1년 원가성이 없는 감모: (10,000 + 10,000) × (1 - 30%) = 14,000

A: (1,000 - 900)개 × 100 = 10,000

B: (400 - 350)개 × 200 = 10,000

C: 감모수량 없음

2) 매출원가: 500,000 + (4,100,000 - 80,000 - 20,000) - 263,000 - 14,000 = 4,223,000

❍ T계정을 이용한 풀이

재고자산

기초상품	500,000	매출원가(판매 + 평가손실 + 정상감모)	4,223,000
당기매입	4,000,000	비정상감모손실	14,000
		기말상품(순액)	263,000

③ 매출원가: 4,208,000

1) 매출원가: (500,000 - 15,000) + (4,100,000 - 80,000 - 20,000) - 263,000 - 14,000 = 4,208,000

● T계정을 이용한 풀이

	재고자산		
기초상품	500,000 - 15,000	매출원가(판매 + 평가손실 + 정상감모)	4,208,000
당기매입	4,000,000	비정상감모손실	14,000
		기말상품(순액)	263,000

④ 기말재고자산평가충당금: 22,000

A: 단위원가가 순실현가능가치보다 작으므로 저가법 적용대상 아님

B: 350개 × [200 - (240 - 60)] = 7,000

C: 500개 × [250 - (300 - 80)] = 15,000

⑤ 매출원가에 가산되는 평가손실: 7,000

[재고자산평가충당금 회계처리]

차) 매출원가	7,000	대) 재고자산평가충당금	7,000

* 재고자산평가충당금 변동: 22,000 - 15,000 = 7,000

04 ② 1) 실지재고조사법 적용 시 20×9년 6월 30일 현재 재고자산금액: 150개 × @338 = 50,700

(1) 20×9년 6월 30일 현재 재고수량: 50 + 200 - 100 + 90 - 150 + 60 = 150개

(2) 평균단가: (50개 × 310 + 200개 × 330 + 90개 × 350 + 60개 × 370) ÷ (50 + 200 + 90 + 60)개 = @338

2) 계속기록법 적용 시 20×9년 6월 30일 현재 재고자산금액: 150개 × @349 = 52,350

(1) 2월 3일 평균단가: (50개 × 310 + 200개 × 330) ÷ (50 + 200)개 = @326

(2) 4월 7일 평균단가: (150개 × 326 + 90개 × 350) ÷ (150 + 90)개 = @335

(3) 6월 30일 평균단가: (90개 × 335 + 60개 × 370) ÷ (90 + 60)개 = @349

3) 계속기록법 적용 시 매출총이익: 55,500 + (52,350 - 50,700) = 57,150

05 ③ 취득원가: 2,000,000 + 1,000,000 + 100,000 + 1,000,000 + 500,000 + 50,000 + 30,000 = 4,680,000

[참고]

안전 또는 환경상의 이유로 취득한 유형자산은 그 자체로는 직접적인 미래 경제적 효익을 얻을 수 없지만, 당해 유형자산을 취득하지 않았을 경우보다 관련 자산으로부터 미래 경제적 효익을 더 많이 얻을 수 있기 때문에 자산으로 인식할 수 있다.

06 ③ ① 취득원가: 250,000 + 20,000 = 270,000

처분손실: 50,000

[1st 처분손익]			
차) 자산(신규취득자산)	제공한 자산 FV 250,000	대) 자산(기존 보유자산)	BV 300,000
처분손실	제공한 자산 FV - BV 50,000		
[2nd 현금수령액]			
차) 자산(신규취득자산)	현금지급액 20,000	대) 현금	20,000

② 취득원가: 270,000

처분손실: 50,000

[처분손익 & 현금수령액 동시 고려]				
차) 자산(신규취득자산)	1st 취득한 자산 FV 270,000	대) 자산(기존 보유자산)	2nd BV 300,000	
처분손실	대차차액 50,000	현금	3rd 현금지급액 20,000	

③④ 취득원가: 320,000

처분손실: 0

차) 자산(신규취득자산)	제공한 자산 BV 300,000	대) 자산(기존 보유자산)	BV 300,000	
차) 자산(신규취득자산)	20,000	대) 현금	20,000	

⑤ 취득원가: 260,000* − 20,000 = 240,000

처분손익: −

* Max(270,000 − 10,000, 250,000) = 260,000

　❍ 손상차손을 인식한 후에 교환거래에 대한 회계처리를 수행한다.

07 ②
1) 20×1년 말 재평가잉여금: 1,800,000 − [2,000,000 − (2,000,000 − 200,000)/5] = 160,000
2) 20×2년 감가상각비: (1,800,000 − 200,000)/4 = 400,000
3) 20×2년 사용기간에 따른 재평가잉여금이 이익잉여금으로 대체된 금액: 160,000/4 = 40,000
4) 20×2년 손상차손: (1,800,000 − 400,000) − 1,100,000 − (160,000 − 40,000) = 180,000

08 ④
① 20×1년 초 구축물의 취득원가: 720,000 + 124,180 = 844,180
② 20×1년 말 이자비용: 124,180 × 10% = 12,418
③ 20×1년 말 복구충당부채: 124,180 × 1.1 = 136,598
④ 20×1년 말 인식할 비용 총액: 177,254
　1) 이자비용: 124,180 × 10% = 12,418
　2) 감가상각비: (844,180 − 20,000) ÷ 5년 = 164,836
⑤ 20×2년 말 이자비용: 136,598 × 10% = 13,660

09 ③ 비한정 내용연수를 유한 내용연수로 재평가하는 것은 그 자산의 손상을 시사하는 하나의 징후가 된다. 따라서 회수가능액과 장부금액을 비교하여 그 자산에 대한 손상검사를 하고, 회수가능액을 초과하는 장부금액을 손상차손으로 인식한다.

10 ②
1) 차입원가 자본화 금액
　(1) 20×5년: Min[350,000(= 5,000,000 × 7%), 600,000] = 350,000
　(2) 20×6년: Min[800,000(= 10,000,000 × 8%), 700,000] = 700,000
2) 20×6년 말 변동사항
　(1) 취득가액: 1,050,000 증가
　(2) 감가상각비: (350,000 + 700,000) × 1/20 × 6/12 = 26,250 증가

11 ③
1) 원가모형 적용 시 20×2년 당기손익에 미친 영향: 795
　(1) 투자부동산평가이익: 10,500 − 9,180 = 1,320
　(2) 감가상각비: (10,500 − 0)/10년 × 6/12 = (−)525
2) 재평가모형 적용 시 20×2년 당기손익에 미친 영향: (−)1,980
　(1) 투자부동산평가이익: 10,500 − 9,180 = 1,320
　(2) 감가상각비: (−)525
　(3) 재평가손실: 7,200 − (10,500 − 525) = (−)2,775

12 ① 재무제표는 미래 시점의 예상 재무상태표가 아니라 보고기간 말의 재무상태를 표시하는 것이므로, 미래 영업에서 생길 원가는 충당부채로 인식하지 아니한다.

13 ③ 1) 20×2년 말 FVOCI금융자산평가손실: 45,000 - 50,000 + 3,000 = (-)2,000
   2) 20×3년 초 회계처리

차)	FVOCI금융자산	45,000	대)	FVOCI금융자산	45,000
	재분류손실(N/I)	2,000		평가손실(OCI)	2,000

   3) 20×3년 말 회계처리

차)	FVPL금융자산	1,000	대)	평가이익(N/I)	1,000
	현금	5,000		이자수익	5,000

   ○ 20×3년 당기손익에 미치는 영향: (-)2,000 + 1,000 + 5,000 = 4,000 증가

14 ④ 당기손익-공정가치로 측정되는 지분상품에 대한 특정 투자에 대하여는 후속적인 공정가치 변동을 기타포괄손익으로 표시하도록 최초 인식시점에 선택할 수도 있다. 다만 한 번 선택하면 이를 취소할 수 없다.

15 ② 1) 20×2년 손상차손: (1) - (2) = 38,000
      (1) 손상 전 상각후원가: 95,026 × 1.1 - 8,000 - 2,000 = 94,529
      (2) 손상 후 상각후원가: 4,000/1.1 + 64,000/1.1² = 56,529
   2) 20×3년 손상차손환입: 87,000/1.1 - 64,000/1.1 = 20,909

16 ③ 1) 20×1년 4월 1일 사채발행 시 현금수령액: (1) + (2) = 87,169
   2) 20×1년 4월 1일 사채발행 시 장부금액: (1) + (2) - (3) = 85,169
      (1) 20×1년 초 사채의 현재가치: 100,000 × 0.65752 + 8,000 × 2.28323 = 84,018
      (2) 20×1년 초 ~ 4/1까지 유효이자: 84,018 × 15% × 3/12 = 3,151
      (3) 20×1년 초 ~ 4/1까지 미수이자: 8,000 × 3/12 = 2,000
   3) 20×1년 말 B/S상 사채할인발행차금: 100,000 - (84,018 × 1.15 - 8,000) = 11,379
   4) 20×1년의 이자비용: 84,018 × 15% × 9/12 = (-)9,452
   5) 20×1년 사채할인발행차금 상각액: 88,621* - 85,169 = 3,452
      * 20×1년 말 사채 BV: 84,018 × 1.15 - 8,000 = 88,621
   6) 총이자비용: (100,000 + 8,000 × 3년) - 87,169 = (-)36,831

17 ③ 각 보고기간 말의 상황과 보고기간의 상황 변동을 충실하게 표현하기 위하여 보고기간 말마다 추정 거래가격을 새로 수정한다. 거래가격의 후속변동은 계약 개시시점과 같은 기준으로 계약상 수행의무에 배분한다.

18 ③ 1) 11월 1일 거래: 금융약정거래로 수익으로 인식할 금액은 없다.
   2) 11월 26일 거래: 80개 × 100 = 8,000

19 ⑤ 1) 판매시점의 회계처리

차)	현금	200,000	대)	계약부채[1]	30,508
				매출	169,492

   [1] 200,000 × 36,000/(36,000+200,000) = 30,508
   ○ 20×1년 수익인식액: 169,492
   2) 20×2년 수익인식액: 30,508 × 20,000/36,000 - 0 = 16,949

20 ② A사의 20×3년에 당기손익에 미치는 영향: (20,034) + (19,163) = (-)39,197

[20×3년 초 회계처리]

차)	전환사채	1,000,000	대)	전환권조정	68,182
	상환할증금	150,000		현금	1,101,852
	전환사채상환손실	20,034			
차)	전환권대가	36,519	대)	현금	48,148
	전환권대가 재매입손실(자본)	11,629			
차)	전환사채상환손실[1]	19,163	대)	현금	20,000
	전환권대가 재매입손실(자본)[2]	837			

[1] 20,000 × 1,101,852/1,150,000 = 19,163
[2] 20,000 × 48,148/1,150,000 = 837

21 ⑤

차)	현금 ①	판매가 1,700,000	대)	기초자산 ②	BV 1,000,000
	사용권자산[2] ④ BV × (리스부채 + 선급리스료[1])/FV	866,222		리스부채 ③	PV(리스료) 1,459,200
				기초자산처분이익(N/I) ⑤	대차차액 107,022

[1] 선급리스료: 공정가치 1,800,000 - 판매금액 1,700,000 = 100,000
[2] 사용권자산 인식금액: 1,000,000 × (1,459,200 + 100,000)/1,800,000 = 866,222

22 ③
① 20×1년 감가상각비: (10,000 - 2,000) ÷ 4년 = 2,000
② 20×2년 재평가잉여금: 12,000 - (10,000 - 2,000 - 2,000) = 6,000
③ 20×3년 감가상각비: (12,000 - 2,000) ÷ (4 - 2)년 = 5,000
④ 20×3년 기계장치 처분이익: 8,000 - (12,000 - 5,000) = 1,000
⑤ 재평가모형 최초 적용 시 전진법을 적용하므로 기초이월이익잉여금은 수정되지 않는다.

23 ⑤
1) 기초확정급여채무 A = 700,000
　A + 근무원가 460,000 + 이자수익(A + 300,000) × 10% + 보험수리적손실 20,000
　= 지급액 400,000 + 기말확정급여채무 880,000
2) 기초사외적립자산: 810,000

부분재무상태표

B사	20×1년 1월 1일 현재	
순확정급여자산		
사외적립자산	①	810,000(역산)
확정급여채무	②	(-)700,000
자산인식상한효과	③	(-)50,000
	④	60,000

24 ① 1) 주주우선배정 FV미만 신주발행

　　1st FV기준 발행가능 유상증자주식수: 10,000 × 2,000주 ÷ 20,000 = 1,000주

　　2nd 무상증자주식수: 2,000주 - 1,000주 = 1,000주

　　3rd 무상증자비율: 1,000주 ÷ (9,000 + 1,000)주 = 10%

　　2) 가중평균유통보통주식수 산정

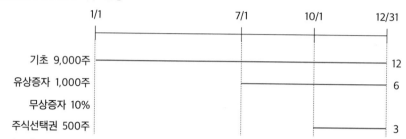

　　● 가중평균유통보통주식수: 10,575주

　　　(9,000 × 1.1 × 12 + 1,000 × 1.1 × 6 + 500 × 3)/12 = 10,575

25 ③ [사채의 약식분개]

차)	사채	100,000	대)	사채할인발행차금	25,000
	이자비용(사채상각액)	20,000		현금(상환으로 인한 유출)	200,000
	사채상환손실*	20,000			
	현금(역산, 발행으로 인한 유입)	85,000			

* 사채상환손실: -200,000(상환대가) + 180,000(상환하는 사채의 장부금액) = (-)20,000

제11회 | FINAL 모의고사

01 부채의 정의에 대한 설명으로 옳은 것은?

① 의무는 항상 다른 당사자(또는 당사자들)에게 이행해야 하며, 다른 당사자(또는 당사자들)는 사람이나 또 다른 기업, 사람들 또는 기업들의 집단, 사회 전반이 될 수 있는데, 의무를 이행할 대상인 당사자(또는 당사자들)의 신원을 반드시 알아야 한다.

② 기업이 실무 관행, 공개한 경영방침, 특정 성명(서)과 상충되는 방식으로 행동할 실제 능력이 없는 경우, 기업의 그러한 실무 관행, 경영방침이나 성명(서)에서 의무가 발생할 수도 있다.

③ 의무에는 기업이 경제적 자원을 다른 당사자(또는 당사자들)에게 이전하도록 요구받게 될 잠재력이 있어야 하며, 그러한 잠재력이 존재하기 위해서는, 기업이 경제적 자원의 이전을 요구받을 것이 확실하거나 그 가능성이 높아야 한다.

④ 새로운 법률이 제정되는 경우에는 법률제정 그 자체만으로 기업에 현재의무를 부여하기에 충분하다.

⑤ 경제적 자원의 이전 가능성이 낮다면 부채의 정의를 충족할 수 없다.

02 「재무보고를 위한 개념체계」에서 서술하고 있는 일반목적재무보고의 근본적 질적 특성에 대한 설명으로 옳지 않은 것을 모두 고른 것은?

> A. 중요성은 기업 특유의 목적적합성을 의미하므로 미리 획일적인 계량 임계치를 정할 수 없다.
> B. 중립적 서술은 불확실한 상황에서 판단할 때 주의를 기울이는 신중성으로 뒷받침된다.
> C. 기업의 재무정보는 다른 기업에 대한 유사한 정보와 비교될 수 있을 때 유용하다.
> D. 재무정보는 오류가 없이 서술되어야 하므로 추정치에 포함된 측정 불확실성은 정보의 유용성을 저해한다.

① A, B
② B, C
③ A, B, C
④ A, B, D
⑤ C, D

03 재무제표 표시에 대한 설명으로 옳지 않은 것은?

① 상이한 성격이나 기능을 가진 항목은 구분하여 표시하며, 다만 중요하지 않은 항목은 성격이나 기능이 유사한 항목과 통합하여 표시할 수 있다.

② 재무제표의 표시통화를 천 단위나 백만 단위로 표시할 때 중립성이 제고될 수 있으며, 이러한 표시는 금액 단위를 공시하고 중요한 정보가 누락되지 않는 경우에 허용될 수 있다.

③ 전체 재무제표(비교정보를 포함)는 적어도 1년마다 작성하며, 보고기간종료일을 변경하여 재무제표의 보고기간이 1년을 초과하거나 미달하는 경우 재무제표 해당 기간 뿐만 아니라 보고기간이 1년을 초과하거나 미달하게 된 이유와 재무제표에 표시된 금액이 완전하게 비교가능하지는 않다는 사실을 추가로 공시한다.

④ 재무제표 항목의 표시나 분류를 변경하는 경우 실무적으로 적용할 수 없는 것이 아니라면 비교금액도 재분류해야 하며, 비교금액을 재분류할 때 재분류의 성격, 재분류된 개별 항목이나 항목군의 금액, 재분류의 이유를 공시한다(전기 기초 포함).

⑤ 당기 재무제표를 이해하는 데 목적적합하다면 서술형 정보의 경우에도 비교정보를 포함한다.

04 다음은 유통업을 영위하는 ㈜서울의 20×1년 재고자산에 대한 자료이다. ㈜서울은 재고자산의 원가흐름의 가정으로 선입선출법을 적용하며, 저가법으로 평가한다. ㈜서울은 20×1년 말 재고자산의 단위당 순실현가능가치를 ₩80으로 추정하였고 재고실사를 통해 감모손실 ₩1,000을 인식하였다. ㈜서울이 20×1년 재고자산과 관련하여 인식할 평가손실은 얼마인가? (단, 20×1년 초의 재고자산평가충당금은 ₩200이다)

일자	내역	수량	단위당 취득원가
1월 1일	기초 재고	20개	₩200
3월 1일	매입	20개	₩100
4월 1일	매출	30개	?
5월 1일	매입	40개	₩100

① ₩1,000

② ₩800

③ ₩600

④ ₩400

⑤ ₩200

05 ㈜한국은 가중평균법에 의한 원가기준 소매재고법을 사용하고 있다. 기말재고액(원가)은 ₩1,600이고, 당기매입원가율이 80 %인 경우 순인상액과 종업원할인은?

구분	원가	매가
기초재고	₩2,000	₩4,000
당기매입액	₩16,000	₩18,000
매출액		₩20,000
순인상액		㉠
순인하액		₩1,000
종업원할인		㉡

	순인상액(㉠)	종업원할인(㉡)
①	₩1,500	₩1,500
②	₩1,500	₩500
③	₩3,000	₩1,500
④	₩3,000	₩500
⑤	₩3,200	₩2,500

06 ㈜한국은 20×1년 초에 비품을 ₩3,200,000에 구입하였으며, 동 비품의 감가상각 관련 자료는 다음과 같다.

- 내용연수: 4년
- 잔존가치: ₩200,000
- 감가상각방법: 정액법

해당 비품을 2년간 사용한 후 20×3년 초에 다음과 같이 회계변경하였다.
- 잔존내용연수: 3년
- 잔존가치: ₩50,000
- 감가상각방법: 연수합계법

회계변경이 ㈜한국의 재무제표에 미치는 영향으로 옳은 것은?

① 20×3년도 재무제표에서 전기이월이익잉여금은 ₩300,000이 감소한다.
② 20×4년도 감가상각비는 ₩850,000이다.
③ 20×3년도 감가상각비는 ₩550,000이다.
④ 20×3년도 감가상각비는 ₩825,000이다.
⑤ 20×3년도 말 비품의 장부금액은 ₩875,000이다.

07 ㈜대한과 ㈜민국은 사용하고 있는 기계장치를 서로 교환하였으며 이 교환은 상업적 실질이 있다. 교환 시점에서 기계장치와 관련된 자료는 다음과 같다.

구분	㈜대한	㈜민국
취득가액	₩700,000	₩600,000
장부가액	₩550,000	₩350,000

기계장치의 교환 시점에서 ㈜대한의 공정가치가 ㈜민국의 공정가치보다 더 명백하다. 이 교환거래로 ㈜대한은 ₩100,000의 손실을, ㈜민국은 ₩50,000의 손실을 인식하였다. 동 교환거래는 공정가치 차이만큼 현금을 수수하는 조건이다. ㈜대한이 ㈜민국으로부터 현금을 수령하였다고 가정할 경우, ㈜대한이 수령한 현금액은? (단, 교환거래로 발생한 손익은 제시된 손익 이외에는 없다)

① ₩100,000
② ₩150,000
③ ₩400,000
④ ₩450,000
⑤ ₩460,000

08 ㈜세무는 20×1년 1월 1일 기계장치를 취득하고(취득원가 ₩1,200,000, 내용연수 5년, 잔존가치 ₩0, 정액법 감가상각), 매년 말 재평가모형을 적용한다. 동 기계장치의 기말 장부금액은 기존의 감가상각누계액을 전액 제거하는 방법으로 조정하며, 재평가잉여금이 발생 할 경우 자산을 사용하는 기간 중에 이익잉여금으로 대체하지 않는다. 또한, 동 기계장치에 대하여 손상 징후를 검토하고 손상징후가 발견되면 이를 반영하는데, 처분부대원가는 무시할 수 없을 정도로 판단한다. 재평가와 자산손상을 적용하기 위한 연도별 자료는 다음과 같다.

구분	20×1년 말	20×2년 말	20×3년 말
공정가치	₩1,050,000	₩730,000	₩490,000
사용가치	₩1,090,000	₩680,000	₩470,000
순공정가치	₩1,020,000	₩690,000	₩480,000

㈜세무가 20×3년에 계상할 손상차손환입과 20×3년 말 재무상태표에 계상될 기타포괄손익을 구하시오.

	손상차손환입	기타포괄손익
①	₩7,500	₩22,500
②	₩7,500	₩12,500
③	₩7,000	₩22,500
④	₩7,000	₩12,500
⑤	₩6,000	₩12,500

09 ㈜대한(보고기간 말 12월 31일)은 20×1년 1월 1일에 10층 건물을 ₩200,000에 취득하였다. 건물의 내용연수는 20년이며, 잔존가치는 없다. ㈜대한은 모든 유형자산을 정액법으로 상각하고 있다. 20×1년 12월 31일 현재 10층 건물의 공정가치는 ₩195,000이다. ㈜대한이 20×2년 초에 10층 빌딩을 ₩198,000에 매각하였을 때 임대 목적으로 취득했을 경우(공정가치모형 적용)의 처분손익과 자가사용 목적으로 취득했을 경우(재평가모형 적용)의 처분손익을 각각 계산하시오.

	임대 목적으로 취득한 경우 처분손익	자가사용 목적으로 취득한 경우 처분손익
①	₩3,000	₩0
②	₩8,000	₩3,000
③	₩5,000	₩5,000
④	₩3,000	₩3,000
⑤	₩8,000	₩8,000

10 ㈜민국은 바이오신약 개발프로젝트 X와 Y를 진행 중에 있다. 프로젝트 X는 20×1년 6월 1일 임상승인을 받아 무형자산의 인식기준을 충족하였으며, 이후 발생한 지출은 모두 자산화 요건을 충족한다. 프로젝트 Y는 20×1년 중 임상에 실패하여 개발을 중단하였다. 프로젝트X, Y와 관련된 지출액은 다음과 같으며, 프로젝트 X의 20×1년 지출액 중 6월 1일 이후에 지출한 금액은 ₩500,000이다.

구분	20×1년	20×2년
프로젝트 X	₩800,000	₩100,000[1]
프로젝트 Y	₩700,000	-

[1] 20×2년 1월 2일 지출금액임

20×2년 1월 3일 프로젝트 X의 개발이 종료되고 바로 제품에 대한 생산이 시작되었다. 개발비의 내용연수는 3년이고 잔존가치는 ₩0이며 연수합계법에 따라 상각한다. 상각은 월할 계산을 원칙으로 한다. ㈜민국은 개발비에 대해서는 원가모형을 적용한다. 20×2년 말과 20×3년 말 개발비의 회수가능액은 다음과 같다.

구분	개발비 회수가능액
20×2년 말	₩150,000
20×3년 말	₩200,000

㈜민국이 개발비와 관련하여 20×2년에 인식할 손상차손과 20×3년에 인식할 손상차손환입을 계산하시오. (단, 회수가능액이 장부금액보다 낮으면 손상징후가 있는 것으로 가정하며, 회수가능액이 장부금액보다 증가하는 것은 해당 자산의 용역잠재력 증가를 반영한 것으로 본다)

	20×2년에 인식할 손상차손	20×3년에 인식할 손상차손환입
①	₩107,500	₩120,500
②	₩170,500	₩120,500
③	₩150,000	₩50,000
④	₩150,000	₩150,000
⑤	₩200,000	₩180,000

11 무형자산에 대한 설명으로 옳지 않은 것은?

① 내용연수가 유한한 무형자산은 정액법으로만 상각한다.

② 내부적으로 창출한 영업권은 무형자산으로 인식하지 않는다.

③ 최초에 비용으로 인식한 무형 항목에 대한 지출은 그 이후에 무형자산의 원가로 인식할 수 없다.

④ 무형자산도 유형자산과 마찬가지로 재평가모형을 선택할 수 있다.

⑤ 비한정 내용연수를 유한 내용연수로 재추정하는 것은 그 자산의 손상을 시사하는 하나의 징후에 해당한다.

12 ㈜하늘이 20×1년 말 재무상태표에 계상하여야 할 충당부채는? (단, 아래에서 제시된 금액은 모두 신뢰성 있게 측정되었다)

사건	비고
20×1년 9월 20일에 구조조정 계획이 수립되었으며 예상 비용은 ₩200,000으로 추정된다.	20×1년 말까지는 구조조정계획의 이행에 착수하지 않았다.
20×1년 말 현재 소송이 제기되어 있으며, 동 소송에서 패소 시 배상하여야 할 손해배상금액은 ₩200,000으로 추정된다.	㈜하늘의 자문 법무법인에 의하면 손해 발생가능성은 높지 않다.
미래의 예상 영업손실이 ₩350,000으로 추정된다.	
회사가 사용 중인 공장 구축물 철거 시, 구축물이 정착되어 있던 토지는 원상복구의무가 있다. 원상복구원가는 ₩200,000으로 추정되며 그 현재가치는 ₩120,000이다.	
판매한 제품에서 제조상 결함이 발견되어 보증비용 ₩350,000이 예상되며, 그 지출가능성이 높다. 동 보증은 확신유형보증에 해당한다.	예상 비용을 보험사에 청구하여 70%만큼 변제받기로 하였다.

① ₩295,000

② ₩470,000

③ ₩550,000

④ ₩670,000

⑤ ₩700,000

13 ㈜한국은 20×1년 1월 1일에 다음과 같은 조건으로 3년 만기 사채를 발행하였다.

> • 발행일: 20×1년 1월 1일
> • 액면금액: ₩100,000
> • 이자 지급: 매년 12월 31일에 액면금액의 연 8% 이자 지급
> • 발행가액: ₩105,344

㈜한국은 동 사채를 유효이자율법에 따라 이자를 인식하고 이자는 매년 12월 31일에 지급한다. 연도별 상각액은 20×1년도 ₩1,679, 20×2년도 ₩1,780, 20×3년도 ₩1,885이며, 상각액 합계액은 ₩5,344이다. 다음 중 옳지 않은 것은? (단, 사채발행비는 발생하지 않았다)

① 동 사채의 20×1년 이자비용은 ₩6,321이다.
② 동 사채에서 발생하는 총이자비용은 ₩18,656이다.
③ 동 사채의 20×2년 말 장부금액은 ₩101,885이다.
④ 동 사채의 발행시점에 적용되는 유효이자율은 8%이다.
⑤ 동 사채의 장부금액은 매년 감소한다.

14 ㈜한국의 20×1년 초 자본잉여금은 ₩1,000,000이다. 당기에 다음과 같은 거래가 발생하였을 때, 20×1년 말 자본잉여금은? (단, 다음 거래를 수행하는 데 충분한 계정 금액을 보유하고 있으며, 자기주식에 대하여 원가법을 적용한다)

> • 2월에 1주당 액면금액이 ₩2,000인 보통주 500주를 1주당 ₩3,000에 발행하였다.
> • 3월에 주주총회에서 총액 ₩200,000의 배당을 결의하였다.
> • 4월에 자기주식 100주를 1주당 ₩2,500에 취득하였다.
> • 3월에 결의한 배당금을 4월에 현금으로 지급하였다.
> • 4월에 취득한 자기주식 40주를 9월에 1주당 ₩4,000에 처분하였다.

① ₩1,000,000
② ₩1,110,000
③ ₩1,510,000
④ ₩1,560,000
⑤ ₩1,600,000

15 ㈜한국은 20×1년 중에 지분증권을 ₩6,000에 현금으로 취득하였으며, 이 가격은 취득 시점의 공정가치와 동일하다. 지분증권 취득 시 매매수수료 ₩100을 추가로 지급하였다. 동 지분증권의 20×1년 말 공정가치는 ₩7,000이며, ㈜한국은 20×2년 초에 지분증권 전부를 ₩7,200에 처분하였고 처분 시 거래원가 ₩100이 발생하였다. 다음 중 옳지 않은 것은?

① ㈜한국이 동 금융자산을 FVPL금융자산으로 분류하였을 때, 동 금융자산이 20×1년 당기순이익에 미친 영향은 ₩900이다.

② ㈜한국이 동 금융자산을 FVOCI금융자산으로 분류하였을 때, 동 금융자산이 20×1년 기타포괄이익에 미친 영향은 ₩900이다.

③ ㈜한국이 동 금융자산을 FVPL금융자산으로 분류하였을 때, 동 금융자산이 20×2년 당기순이익에 미친 영향은 ₩100이다.

④ ㈜한국이 동 금융자산을 FVOCI금융자산으로 분류하였을 때, 동 금융자산이 20×2년 당기순이익에 미친 영향은 ₩0이다.

⑤ ㈜한국이 동 금융자산을 FVOCI금융자산으로 분류하였을 때, 동 금융자산이 20×2년 기타포괄이익에 미친 영향은 ₩200이다.

16 12월 말 결산법인인 A사는 20×1년 1월 1일 액면금액 ₩100,000, 만기 3년의 회사채를 취득하였다. 다음은 이와 관련된 자료들이다.

> (1) 회사채의 발행일은 20×1년 1월 1일, 만기일은 20×3년 말이며, 표시이자율은 4%로 매년 말 지급한다.
>
> (2) 취득일 현재 시장이자율은 10%이며, 거래원가를 고려하는 경우 유효이자율은 연 9% 이다.
>
> (3) 회사채의 20×1년 말 현재 공정가치는 ₩90,000이며, 신용위험은 유의적으로 증가하지 않았다. 20×1년 말 현재 12개월 기대신용손실과 전체기간 기대신용손실은 각각 ₩3,000과 ₩7,000으로 추정하였다.

기간	9%		10%	
	현가계수	연금현가계수	현가계수	연금현가계수
1	0.9174	0.9174	0.9091	0.9091
2	0.8417	1.7591	0.8265	1.7356
3	0.7722	2.5313	0.7513	2.4869

다음 중 옳지 않은 것을 고르시오.

① A사가 동 금융자산을 AC금융자산으로 분류하였을 때, 동 금융자산이 20×1년 당기순이익에 미친 영향은 ₩4,861이다.

② A사가 동 금융자산을 FVOCI금융자산으로 분류하였을 때, 동 금융자산이 20×1년 당기순이익에 미친 영향은 ₩4,861이다.

③ A사가 동 금융자산을 FVOCI금융자산으로 분류하였을 때, 동 금융자산이 20×1년 기타포괄이익에 미친 영향은 ₩1,794이다.

④ A사가 동 금융자산을 FVPL금융자산으로 분류하였을 때, 동 금융자산이 20×1년 당기순이익에 미친 영향은 ₩5,450다.

⑤ A사가 동 금융자산 취득 시 발생한 거래원가는 ₩2,268이다.

17 ㈜한영은 20×1년 초에 복합금융상품을 발행하였다. ㈜한영의 결산일은 매년 12월 31일이며, 관련 자료는 다음과 같다.

> (1) 복합금융상품은 액면 ₩1,000,000, 표시이자율 10%, 만기 3년, 이자는 매년 말 1회 지급조건이다.
>
> (2) 복합금융상품의 발행가액은 ₩1,000,000이고, 보장수익률은 12%이고 상환할증률은 106.7488%이다. 사채발행 당시의 시장이자율은 연 13%이다. (단, 13%, 3년의 연금 현가요소는 2.36115이고 13%, 3년 현가요소는 0.69305이다)

20×3년 초에 동 복합금융상품의 40%만이 권리가 행사되었다. ㈜한영이 동 복합금융상품을 전환사채로 분류하였을 경우 20×3년 ㈜한영의 포괄손익계산서에 계상될 이자비용과 신주인수권부사채로 분류하였을 경우 20×3년 ㈜한영의 포괄손익계산서에 계상될 이자비용의 차이를 구하시오.

① ₩0

② ₩50,619

③ ₩62,819

④ ₩126,548

⑤ ₩103,548

18 고객과의 계약에서 생기는 수익에 관한 설명으로 옳지 않은 것은?

① 거래가격을 산정하기 위해서는 계약 조건과 기업의 사업 관행을 참고하며, 거래가격에는 제3자를 대신해서 회수한 금액은 제외한다.

② 고객과의 계약에서 약속한 대가는 고정금액, 변동금액 또는 둘 다를 포함할 수 있다.

③ 변동대가의 추정이 가능한 경우, 계약에서 가능한 결과치가 두 가지뿐일 경우에는 기댓값이 변동대가의 적절한 추정치가 될 수 있다.

④ 기업이 받을 권리를 갖게 될 변동대가(금액)에 미치는 불확실성의 영향을 추정할 때에는 그 계약 전체에 하나의 방법을 일관되게 적용한다.

⑤ 환불부채는 보고기간 말마다 상황의 변동을 반영하여 새로 수정한다.

19 ㈜민국은 다음의 제품들을 생산하여 고객에게 판매한다. 20×1년 각 제품과 관련된 거래는 다음과 같다.

- ㈜민국은 20×1년 6월 1일 제품 A와 제품 B를 이전하기로 약속하였다.
- 제품 A는 계약 개시시점에 고객에게 이전하고, 제품 B는 20×2년 2월 1일에 이전한다.
- 고객이 약속한 대가는 고정대가 ₩300,000과 ₩50,000으로 추정되는 변동대가를 포함하며, 대금은 제품 B가 이전되는 시점에 받기로 하였다. 변동대가 추정액은 변동대가 추정치의 제약이 고려된 후의 금액이며, 변동대가는 제품 A와 제품 B에 모두 배분한다.
- ㈜민국은 20×1년 12월 31일 변동대가 추정치 및 추정치의 제약을 재검토한 결과 변동대가를 ₩60,000으로 추정하였다.
- 제품 A와 제품 B의 날짜별 개별 판매가격은 다음과 같다.

구분	20×1년 6월 1일	20×1년 12월 31일
제품 A	₩300,000	₩280,000
제품 B	₩100,000	₩120,000

㈜민국이 각 제품의 판매로 20×1년 인식해야 할 수익을 계산하시오.

① ₩40,000

② ₩200,000

③ ₩250,000

④ ₩270,000

⑤ ₩321,429

20 20×1년 1월 1일에 설립된 ㈜대한은 20×1년 말에 확정급여제도를 도입하였으며, 이와 관련된 <자료>는 다음과 같다. (단, 20×1년도 확정급여채무 계산 시 적용한 할인율은 연 10%이며, 20×1년 이후 할인율의 변동은 없다)

〈20×1년〉
(1) 20×1년 말 확정급여채무 장부금액은 ₩80,000이다.
(2) 20×1년 말에 사외적립자산에 ₩79,000을 현금으로 출연하였다.

〈20×2년〉
(1) 20×2년 6월 30일에 퇴직종업원에게 ₩1,000의 현금이 사외적립자산에서 지급되었다.
(2) 20×2년 11월 1일에 사외적립자산에 ₩81,000을 현금으로 출연하였다.
(3) 당기근무원가는 ₩75,000이다.
(4) 20×2년 말 현재 사외적립자산의 공정가치는 ₩171,700이며, 보험수리적 가정의 변동을 반영한 확정급여채무는 ₩165,000이다.
(5) 자산인식상한은 ₩5,000이다.

㈜대한의 확정급여제도와 관련하여 20×2년도 포괄손익계산서상 기타포괄이익에 미치는 영향 및 당기순이익에 미치는 영향을 각각 구하시오.

	기타포괄이익에 미치는 영향	당기순이익에 미치는 영향
①	₩(-)6,000	₩(-)82,950
②	₩(-)3,050	₩(-)73,730
③	₩(-)1,250	₩(-)73,730
④	₩(-)1,250	₩(-)82,950
⑤	₩(-)3,050	₩(-)62,750

㈜세무는 20×1년 1월 1일 종업원 100명에게 앞으로 3년간 근무할 것을 조건으로 각각 현금결제형 주가차액보상권을 10개씩 부여하였다. 다음은 각 회계연도의 실제 퇴사 종업원 수와 각 회계연도 말 추정 퇴사 종업원 수에 대한 자료이다.

구분	실제 퇴사 종업원 수	회계연도 말 추정 퇴사 종업원 수
20×1년	3명	20×2년과 20×3년에 7명이 퇴사할 것으로 추정
20×2년	4명	20×3년에 3명이 퇴사할 것으로 추정
20×3년	3명	-

20×3년 말 계속 근무자 90명은 부여받았던 주가차액보상권을 모두 가득하였으며, 각 회계연도 말 주가차액보상권을 행사한 종업원 수에 대한 자료는 다음과 같다.

구분	주가차액보상권 행사 종업원 수
20×3년	30명
20×4년	30명
20×5년	30명

㈜세무가 매 회계연도 말에 추정한 주가차액보상권의 공정가치와 주가차액보상권의 내재 가치(현금지급액)에 대한 자료는 다음과 같다.

연도	공정가치	내재가치(현금지급액)
20×1년	₩144	
20×2년	₩155	
20×3년	₩182	₩150
20×4년	₩214	₩200
20×5년	₩250	₩250

㈜세무가 20×4년도에 인식할 비용을 구하시오.

① ₩15,000 ② ₩19,200 ③ ₩23,400
④ ₩27,000 ⑤ ₩30,000

22 다음은 ㈜대한의 20×1년 법인세 관련 자료이다.

> - 20×1년 법인세비용차감전순이익은 ₩520,000이다.
> - 20×1년 말 접대비 한도초과액은 ₩20,000이며, 20×1년 말 재고자산평가손실의 세법상 부인액은 ₩30,000이다.
> - 20×1년 4월 1일에 ₩30,000에 취득한 자기주식을 20×1년 10월 1일에 ₩20,000에 처분하였다.
> - 20×1년 말 기타포괄손익-공정가치(FVOCI)로 측정하는 금융자산(채무상품) 평가이익 ₩30,000을 기타포괄손익으로 인식하였다.
> - 연도별 법인세율은 20%로 일정하다.
> - 일시적 차이에 사용될 수 있는 과세소득의 발생가능성은 높으며, 전기이월 일시적차이는 없다.

㈜대한이 20×1년 포괄손익계산서에 당기비용으로 인식할 법인세비용은 얼마인가?

① ₩96,000   ② ₩100,000   ③ ₩104,000
④ ₩106,000   ⑤ ₩108,000

23 ㈜한국의 20×1년 토지와 단기차입금 자료가 다음과 같을 때, 20×1년의 투자 및 재무 현금흐름에 대한 설명으로 옳은 것은? (단, 모든 거래는 현금거래이다)

구분	기초	기말
토지(유형자산)	₩150,000	₩250,000
단기차입금	₩100,000	₩180,000

[추가자료]
- 토지는 취득원가로 기록하며, 2016년에 손상차손은 없었다.
- 20×1년 중에 토지(장부금액 ₩50,000)를 ₩75,000에 매각하였다.
- 20×1년 중에 단기차입금 ₩100,000을 차입하였다.

① 토지 취득으로 인한 현금유출은 ₩100,000이다.
② 토지의 취득과 매각으로 인한 투자활동 순현금유출은 ₩75,000이다.
③ 단기차입금 상환으로 인한 현금유출은 ₩80,000이다.
④ 단기차입금의 상환 및 차입으로 인한 재무활동 순현금유입은 ₩100,000이다.
⑤ 토지 처분으로 인한 현금유입액은 ₩40,000이다.

24 ㈜대한은 20×3년 말 장부 마감 전에 과거 3년간의 회계장부를 검토한 결과 다음과 같은 오류사항을 발견하였으며, 이는 모두 중요한 오류에 해당한다.

- 기말재고자산은 20×1년에 ₩20,000 과소계상, 20×2년에 ₩30,000 과대계상, 20×3년에 ₩35,000 과대계상되었다.
- 20×2년에 보험료로 비용 처리한 금액 중 ₩15,000은 20×3년 보험료의 선납분이다.
- 20×1년 초 ㈜대한은 잔존가치없이 정액법으로 감가상각하고 있던 기계장치에 대해 ₩50,000의 지출을 하였다. 동 지출은 기계장치의 장부금액에 포함하여 인식 및 감가상각하여야 하나, ㈜대한은 이를 지출 시점에 즉시 비용(수선비)으로 처리하였다. 20×3년 말 현재 동 기계장치의 잔존내용연수는 2년이며, ㈜대한은 모든 유형자산에 대하여 원가모형을 적용하고 있다.

위 오류사항에 대한 수정효과가 ㈜대한의 20×3년 전기이월이익잉여금과 당기순이익에 미치는 영향은 각각 얼마인가?

	전기이월이익잉여금	당기순이익
①	₩15,000 감소	₩15,000 감소
②	₩15,000 증가	₩15,000 감소
③	₩15,000 감소	₩30,000 감소
④	₩15,000 증가	₩30,000 감소
⑤	₩0	₩0

25 ㈜대한의 다음 <자료>를 이용하여 물음에 답하시오.

〈자료〉
(1) 20×1년 1월 1일 ㈜대한의 유통주식수는 다음과 같다.
- 유통보통주식수: 5,000주(액면가 ₩1,000)
- 유통우선주식수: 1,000주(액면가 ₩1,000)

(2) 20×1년 4월 1일 보통주에 대해 10%의 주식배당을 실시하였다.

(3) 우선주는 누적적, 비참가적 전환우선주로 배당률은 연 7%이다. ㈜대한은 기말에 미전환된 우선주에 대해서만 우선주배당금을 지급한다. 우선주 전환 시 1주당 보통주 1.2주로 전환 가능하며, 20×1년 5월 1일 우선주 300주가 보통주로 전환되었다.

(4) 20×1년 7월 1일 자기주식 500주를 취득하고 이 중 100주를 소각하였다.

(5) ㈜대한의 20×1년도 당기순이익은 ₩500,000이고, ㈜대한은 가중평균 유통보통주식수 산정 시 월할 계산한다.

㈜대한의 20×1년도 기본주당이익을 구하시오. (소수점 아래 자리는 반올림한다)

① ₩78 ② ₩82 ③ ₩85
④ ₩92 ⑤ ₩100

정답

01 ②	02 ⑤	03 ②	04 ③	05 ②	06 ④	07 ②	08 ①	09 ④	10 ③
11 ①	12 ②	13 ④	14 ④	15 ④	16 ④	17 ②	18 ③	19 ④	20 ③
21 ①	22 ⑤	23 ②	24 ④	25 ②					

해설

01 ② ① 의무는 항상 다른 당사자(또는 당사자들)에게 이행해야 하며, 다른 당사자(또는 당사자들)는 사람이나 또 다른 기업, 사람들 또는 기업들의 집단, 사회 전반이 될 수 있는데, 의무를 이행할 대상인 당사자(또는 당사자들)의 신원을 반드시 알아야 할 필요는 없다.
③ 의무에는 기업이 경제적 자원을 다른 당사자(또는 당사자들)에게 이전하도록 요구받게 될 잠재력이 있어야 하며, 그러한 잠재력이 존재하기 위해서는, 기업이 경제적 자원의 이전을 요구받을 것이 확실하거나 그 가능성이 높아야 하는 것은 아니다.
④ 새로운 법률이 제정되는 경우에는 법률제정 그 자체만으로 기업에 현재의무를 부여하기에 충분하지 않을 수 있다.
⑤ 경제적 자원의 이전 가능성이 낮더라도 의무가 부채의 정의를 충족할 수 있다.

02 ⑤ C. 비교가능성은 보강적 질적 특성이다.
D. 화폐금액을 직접 관측할 수 없는 경우에는 추정이 필요하고, 추정에는 측정불확실성이 발생한다. 이 경우 합리적인 추정치의 사용은 재무정보의 작성에 필수적인 부분이며, 추정이 명확하고 정확하게 기술되고 설명되는 한 정보의 유용성을 저해하지 않는다.

03 ② 재무제표의 표시통화를 천 단위나 백만 단위로 표시할 때 이해가능성이 제고될 수 있으며, 이러한 표시는 금액 단위를 공시하고 중요한 정보가 누락되지 않는 경우에 허용될 수 있다.

04 ③ 1) 기말 장부상 재고자산(평가충당금과 감모손실차감전): (20 + 20 - 30 + 40)개 × @100 = 5,000
2) 감모손실: 1,000 = (50개 - 실제수량) × @100 = 1,000, 실제수량: 40개
3) 20×1년 말 재고자산평가충당금: 40개 × @(100 - 80) = 800
4) 20×1년 재고자산평가손실: 800 - 200 = 600

05 ②

재고자산(원가)				재고자산(매가)			
기초	2,000	매출원가	③ 3,200	기초	4,000	매출	20,000
매입	16,000			매입	18,000	정상파손	-
				순인상	㉠	종업원할인	㉡
				(순인하)	-1,000		
(비정상파손)	-	기말	② 1,600	(비정상파손)	-	기말(역산)	① 2,000
|	18,000		⇧	||			⇩

× 0.8

원가율(선입선출): 0.8 = (2,000 + 16,000) ÷ (4,000 + 18,000 + ㉠ - 1,000), ㉠: 1,500

종업원할인: 4,000 + 18,000 + 1,500 - 1,000 = 20,000 + ㉡ + 2,000, ㉡: 500

06 ④ 재무제표에 미치는 영향

1) 20×3년 당기손익: (-)825,000

  * 20×3년 Dep: $825,000 = (1,700,000 - 50,000) \times \dfrac{3}{3+2+1}$

2) 20×4년 당기손익: (-)550,000

  * 20×4년 Dep: $550,000 = (1,700,000 - 50,000) \times \dfrac{2}{3+2+1}$

3) 20×4년 전기이월이익잉여금: 영향 없음

  * 회계추정치의 변경: 전진법 ⇒ 전기이월이익잉여금에 영향 ×

[별해: 감가상각비의 계산 도식 적용]

1) ×1년 취득원가(비품): 3,200,000

2) 정액법 Dep: 750,000 = (3,200,000 - 200,000) × 1/4

3) ×2년 말 BV: 1,700,000 = 3,200,000 - (750,000 × 2)

4) ×3년 Dep: $825,000 = (1,700,000 - 50,000) \times \dfrac{3}{3+2+1}$

5) ×3년 말 BV: 875,000 = 1,700,000 - 825,000

6) ×4년 Dep: $550,000 = (1,700,000 - 50,000) \times \dfrac{2}{3+2+1}$

7) ×4년 말 BV: 325,000 = 875,000 - 550,000

07 ②

1) ㈜대한의 회계처리

차)	신자산	450,000	대)	구자산	550,000
	처분손실	100,000			

  * 처분손익: 450,000 - 550,000 = (-)100,000

차)	현금	150,000	대)	신자산	150,000

2) ㈜민국의 회계처리

차)	신자산	450,000	대)	구자산	350,000
	처분손실	50,000		현금	150,000

  * 처분손익: 450,000 - (350,000 + 150,000) = (-)50,000
  * 현금: 350,000 - (450,000 + 50,000) = (-)150,000

08 ① 1) ×1년 회계처리

차) 감가상각비[1]	240,000	대) 감가상각누계액	240,000
차) 감가상각누계액	240,000	대) 재평가잉여금[2]	90,000
		기계장치	150,000

[1] (1,200,000 − 0)/5년 = 240,000
[2] 1,050,000 − (1,200,000 − 240,000) = 90,000

※ 사용가치가 공정가치와 상각후원가보다 크므로 손상차손으로 인식할 금액은 없다.

2) ×2년 회계처리

차) 감가상각비[1]	262,500	대) 감가상각누계액	262,500
차) 감가상각누계액	262,500	대) 기계장치	320,000
재평가잉여금[2]	57,500		
차) 재평가잉여금[3]	32,500	대) 손상차손누계액[4]	40,000
손상차손	7,500		

[1] (1,050,000 − 0)/4년 = 262,500
[2] 730,000 − (1,050,000 − 262,500) = 57,500
[3] 90,000 − 57,500 = 32,500
[4] 730,000 − Max[680,000, 690,000] = 40,000

3) ×3년 회계처리

차) 감가상각비[1]	230,000	대) 감가상각누계액	230,000
차) 손상차손누계액	20,000	대) 손상차손환입[2]	7,500
		재평가잉여금[3]	12,500
차) 감가상각누계액	230,000	대) 재평가잉여금[4]	10,000
손상차손누계액	20,000	기계장치	240,000

[1] (690,000 − 0)/3년 = 230,000
[2] 전기손상차손인식액(재평가모형은 손상차손환입에 한도가 없다)
[3] Max[470,000, 480,000] − (690,000 − 230,000) − 7,500 = 12,500
[4] 490,000 − Max[470,000, 480,000] = 10,000

09 ④ 1) 투자부동산 처분이익: 198,000 − 195,000 = 3,000
2) 유형자산 처분이익: 198,000 − 195,000 = 3,000

* 유형자산 건물과 관련된 재평가잉여금 ₩5,000은 당기손익으로 재분류되지 않는다.

10 ③ 1) 프로젝트 X
(1) 20×1년 비용: 800,000 − 500,000 = 300,000
(2) 20×1년 말 개발비: 500,000
2) 프로젝트 Y
20×1년 전액비용처리: 700,000
3) 20×2년
(1) 20×2년 초 개발비: 500,000 + 100,000 = 600,000
(2) 20×2년 말 손상 전 상각후원가: 600,000 − 600,000 × 3 ÷ (3 + 2 + 1) = 300,000
(3) 20×2년 손상차손: 150,000 − 300,000 = (−)150,000
4) 20×3년
(1) 20×3년 말 환입 전 상각후원가: 150,000 − 150,00 × 2 ÷ (2 + 1) = 50,000
(2) 20×3년 말 손상되지 않았을 경우 상각후원가: 600,000 − 600,000 × (3 + 2) ÷ 6 = 100,000
(3) 20×3년 손상차손환입: Min[100,000, 200,000] − 50,000 = 50,000

11 ① 무형자산의 상각방법은 자산의 경제적효익이 소비될 것으로 예상되는 형태를 반영한 방법이어야 하며, 이 러한 상각방법에는 정액법, 체감잔액법과 생산량비례법이 있다.

12 ② 충당부채: 120,000 + 350,000 = 470,000

13 ④ 1) 20×1년 이자비용: 100,000 × 8% - 1,679 = 6,321
2) 총이자비용: (100,000 + 8,000 × 3년) - 105,344 = 18,656
3) 20×2년 말 장부금액: 100,000 + 1,885 = 101,885
4) 1,679 × (1 + 유효이자율) = 1,780, 유효이자율: 6%
5) 할증발행이므로 사채의 장부금액은 매년 감소한다.

14 ④ ×1년 말의 자본잉여금: 1,560,000 = 기초 자본잉여금 1,000,000 + 증가분 560,000
1) 자본(기초): 1,000,000
2) 2월(유상증자): (+)500,000 = 500주 × @(3,000 - 2,000)
3) 3월(배당결의): 자본잉여금과 관련 없음
4) 4월(자기주식의 취득): 자본잉여금과 관련 없음
5) 3월(배당지급): 자본잉여금과 관련 없음
6) 4월(자기주식의 처분): (+)60,000 = 40주 × @(4,000 - 2,500)
[참고사항: 거래별 회계처리]
1) 2월(유상증자)의 회계처리

차) 현금	1,500,000	대) 자본금	1,000,000
		주식발행초과금	500,000

* 현금: 500주 × @3,000 = 1,500,000
* 자본금: 500주 × @2,000 = 1,000,000

2) 3월(배당결의)의 회계처리

[현금배당의 결의 관련 회계처리]

차) 미처분이익잉여금	200,000	대) 미지급배당	200,000

[주식배당의 결의 관련 회계처리]

차) 미처분이익잉여금	200,000	대) 미교부주식배당	200,000

3) 4월(자기주식의 취득)의 회계처리

차) 자기주식	250,000	대) 현금	250,000

* 자기주식: 100주 × @2,500 = 250,000

4) 4월(배당지급)의 회계처리

[현금배당의 지급 관련 회계처리]

차) 미지급배당	200,000	대) 현금	200,000

[주식배당의 지급 관련 회계처리]

차) 미교부주식배당	200,000	대) 자본금	200,000

5) 4월(자기주식의 처분)의 회계처리

차) 현금	160,000	대) 자기주식	100,000
		자기주식처분이익	60,000

* 현금: 40주 × @4,000 = 160,000
* 자기주식: 40주 × @2,500 = 100,000

15 ④ 1) FVPL금융자산 분류

    (1) 20×1년 당기순이익에 미친 영향: (-)100 수수료 + 1,000 평가이익 = 900

    (2) 20×2년 당기순이익에 미친 영향: (7,200 - 100) - 7,000 = 100 처분이익

  2) FVOCI금융자산 분류

    (1) 20×1년 기타포괄손익에 미친 영향: 7,000 - (6,000 + 100) = 900

    (2) 20×2년 당기손익에 미친 영향: (-)100 처분 시 거래원가

    (3) 20×2년 기타포괄손익에 미친 영향: 7,200 - 7,000 = 200 평가이익

16 ④ 1) 거래원가: 2,268

    • 100,000 × 0.7513 + 4,000 × 2.4868 + 거래원가 = 100,000 × 0.7722 + 4,000 × 2.5313

  2) AC금융자산 분류 시

  당기손익에 미친 영향: 4,861

  총포괄손익에 미친 영향: 4,861 + 0 = 4,861

B/S			×1년 초
AC금융자산	총장부금액① × (1 + R) - 액면이자		
	87,345		
(손실충당금)	(-)		
	상각후원가 87,345		

B/S			×1년 초
AC금융자산	총장부금액① × (1 + R) - 액면이자		
	87,345 × 1.09 - 4,000 = 91,206		
(손실충당금)	(-)3,000		
	상각후원가 88,206		

I/S	

  N/I 영향: 이자수익 = 기초총장부금액 × 유효 R × 보유기간/12

                    = 87,345 × 9% = 7,861

       손상차손 = 기말 B/S상 손실충당금 - 기초 B/S상 손실충당금

               = (3,000) - 0 = (-)3,000

  OCI변동: -

  3) FVOCI금융자산 분류 시

  당기손익에 미친 영향: 4,861

  총포괄손익에 미친 영향: 4,861 + 1,794 = 6,655

B/S			×1년 초
FVOCI금융자산	기말 FV		
	87,345		
		평가손익(FV)	기말FV-총장부금액
			-
		평가손익	기말 기대신용손실 누계액
		(손실충당금)	-

	B/S		×1년 초
FVOCI금융자산	기말 FV 90,000		
		평가손익(FV)	기말FV-총장부금액 90,000 - 91,206 = (-)1,206
		평가손익 (손실충당금)	기말 기대신용손실 누계액 3,000

I/S		

N/I 영향: 이자수익 = 기초총장부금액 × 유효 R × 보유기간/12

$\qquad$ = 87,345 × 9% = 7,861

$\quad$ 손상차손 = 기말 기대손실누계액 - 기초 기대손실누계액

$\qquad$ = (3,000) - 0 = (-)3,000

OCI변동: 금융자산평가이익 = 기말 B/S상 OCI - 기초 B/S상 OCI

$\qquad$ = 1,794 - 0 = 1,794

4) FVPL금융자산 분류 시

$\quad$ 당기손익에 미친 영향: 6,655

$\quad$ 총포괄손익에 미친 영향: 6,655 + 0 = 6,655

	B/S		×1년 말
FVOCI금융자산	FV 85,077		

* 취득 시 거래원가 2,268은 비용처리

	B/S		×1년 말
FVOCI금융자산	FV 90,000		

I/S		

N/I 영향: 이자수익 = 액면이자

$\qquad$ = 4,000

N/I 영향: 평가손익 = 기말 FV - 기초 FV

N/I 영향: 손상차손 = 90,000 - 85,077 = 4,923

$\quad$: 취득 시 수수료비용: (-)2,268

OCI변동: -

17 ② 이자비용의 차이: 131,207 − 80,588 = 50,619

* 별해: 1,100,000/1.13 × 13% × 40% = 50,619

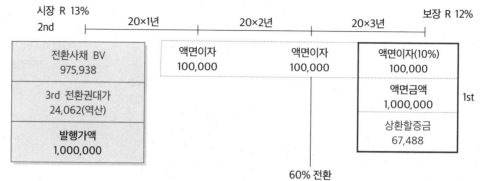

구분	전환사채	신주인수권부사채
만기 지급액	(액면금액 + 상환할증금) × 60% (1,067,488) × 60%	액면금액 + 상환할증금 × 60% 1,000,000 + 67,488 × 60%
사채 BV	PV(액면금액, 액면이자, 상환할증금) × 60% (1,167,488)/1.13 × 60%	PV(액면금액, 액면이자, 상환할증금 × 60%) (1,100,000 + 67,488 × 60%)/1.13
이자비용	PV(액면금액, 액면이자, 상환할증금) × 60% × R (1,167,488)/1.13 × 60% × 13% = 80,588	PV(액면금액, 액면이자, 상환할증금 × 60%) × R (1,100,000 + 67,488 × 60%)/1.13 × 13% = 131,207

18 ③ 변동대가의 추정이 가능한 경우, 계약에서 가능한 결과치가 두 가지뿐일 경우에는 둘 중 가능성이 더 높은 경우가 적절한 추정치가 될 수 있다.

19 ④ 1) 제품 A

제품 A의 수익인식액: (300,000 + 60,000) × 300,000/(300,000 + 100,000) = 270,000

* 거래가격의 변동 시 계약 개시시점과 동일한 기준으로 배분한다.

2) 제품 B는 수행의무를 이행하지 않았으므로 수익으로 인식할 금액은 없다.

20 ③

확정급여채무			
지급액	1,000	기초	80,000
		근무원가(당기 + 과거)	A 75,000
		이자비용(기초 × 기초R)[1]	B 7,950
기말	I 165,000	재측정요소(보험수리적손익)	① 3,050

1) B/S계정

순확정급여자산

○ II - I - III

○ 5,000

2) I/S계정

사외적립자산			
기초	79,000	지급액	1,000
기여금	81,000		
이자수익[2]	C 9,200		
재측정요소	② 3,500	기말	II 171,700

(1) 퇴직급여(N/I)

○ A + B - C + D

○ 73,730

(2) 재측정요소변동(OCI)

○ ② - ① - ③

○ (-)1,250

자산인식상한효과			
		기초	
		이자비용	D -
기말[3]	III 1,700	재측정요소	③ 1,700

1) 80,000 × 10% - 1,000 × 10% × 6/12 = 7,950
2) 79,000 × 10% + 81,000 × 10% × 2/12 - 1,000 × 10% × 6/12 = 9,200
3) 171,700 - (165,000 + 5,000) = 1,700

21 ①

20×4년도에 인식할 비용: a + b = 15,000

a. 평가 관련 주식보상비용: @(214 - 182) × 60명 × 10개 = 19,200

b. 행사 관련 주식보상비용: @(200 - 214) × 30명 × 10개 = (-)4,200

22 ⑤

법인세비용: (520,000 + 20,000) × 20% = 108,000

* 세율이 일정하면 법인세차감전순이익과 영구적차이만을 고려하면 법인세비용을 쉽게 계산할 수 있다.

23 ②

1) 토지 증감 분석

구분	기초	감소(처분)	증가(취득)	기말
토지	150,000	50,000	X = 150,000	250,000

• 토지 처분 시

차) 현금	75,000	대) 토지	50,000
		처분이익	25,000

• 토지 취득 시

차) 토지	150,000	대) 현금	150,000

2) 단기차입금 증감 분석

구분	기초	감소(상환)	증가(차입)	기말
단기차입금	100,000	20,000	100,000	180,000

• 단기차입금 차입 시

차) 현금	100,000	대) 단기차입금	100,000

• 단기차입금 상환 시

차) 단기차입금	20,000	대) 현금	20,000

3) 토지의 투자활동 순현금유출액은 75,000이다.
- 현금유입액: 75,000
- 현금유출액: 150,000

24 ④

구분	20×1년	20×2년	20×3년
20×1년 재고자산 과소계상	20,000	(-)20,000	
20×2년 재고자산 과대계상		(-)30,000	30,000
20×2년 재고자산 과대계상			(-)35,000
보험료 선납		15,000	(-)15,000
기계장치 비용처리	50,000		
감가상각비	(-)10,000	(-)10,000	(-)10,000
당기순이익에 미치는 영향	60,000	(-)45,000	(-)30,000

- ❍ 20×3년 당기순이익에 미치는 영향: 30,000 감소
- ❍ 20×3년 전기이월이익잉여금에 미치는 영향: 60,000 - 45,000 = 15,000 증가

25 ②
1) 우선주 배당금: 700주(기말 미전환분) × 1,000 × 7% = 49,000
2) 보통주 순이익: 500,000 - 49,000 = 451,000
3) 가중평균 유통보통주식수: (5,000 × 1.1 × 12 + 300 × 1.2 × 8 - 500 × 6)/12 = 5,490주
4) 기본주당이익: 451,000 ÷ 5,490 = 82.1

01 측정기준에 관한 설명으로 옳지 않은 것은?

① 현행가치는 자산의 손상이나 손실부담에 따른 부채와 관련되는 변동을 제외하고는 가치의 변동을 반영하지 않는다.

② 부채의 현행원가는 측정일 현재 동등한 부채에 대해 수취할 수 있는 대가에서 그 날에 발생할 거래원가를 차감한다.

③ 사용가치와 이행가치는 미래현금흐름에 기초하기 때문에 자산을 취득하거나 부채를 인수할 때 발생하는 거래원가는 포함하지 않는다.

④ 자산의 현행원가는 측정일 현재 동등한 자산의 원가로서 측정일에 지급할 대가와 그 날에 발생할 거래원가를 포함하여 측정한다.

⑤ 사용가치와 이행가치에는 기업이 자산을 궁극적으로 처분하거나 부채를 이행할 때 발생할 것으로 기대되는 거래원가의 현재가치가 포함된다.

02 재무제표 표시에 관한 설명으로 옳은 것은?

① 각각의 재무제표는 전체 재무제표에서 동등한 비중으로 표시한다.

② 한국채택국제회계기준을 준수하여 작성된 재무제표는 국제회계기준을 준수하여 작성된 재무제표임을 주석으로 공시할 수 없다.

③ 환경 요인이 유의적인 산업에 속해 있는 기업이 제공하는 환경보고서는 한국채택국제회계기준의 적용범위에 해당한다.

④ 부적절한 회계정책이라도 공시나 주석 또는 보충 자료를 통해 설명하면 정당화될 수 있다.

⑤ 보고기간 종료일을 변경하여 재무제표의 보고기간이 1년을 초과하거나 미달하여 공시할 수는 없다.

03 다음은 ㈜하늘의 재무제표의 일부이며, 여기에 다음과 같은 오류가 포함되어 있다. 정확한 제 21기(당기)의 매출총이익은 얼마인가?

(1) 부분 재무상태표	제 21기(당기) 말	제 20기(전기) 말
재고자산	₩150,000	₩100,000

(2) 부분 포괄손익계산서

	제 21기(당기)
매출액	₩3,000,000
매출원가	₩2,000,000

(3) 오류 내용

① 제 20기(전기) 말 재고자산에는 위탁판매를 위해 발송한 적송품 ₩10,000이 누락되어 있다.

② 제 21기(당기) 말 재고자산에는 선적지인도조건으로 매입한 미착상품 ₩20,000에 대해 매입기록은 하였으나, 재고자산에는 포함하지 아니하였다.

① ₩920,000
② ₩990,000
③ ₩1,000,000
④ ₩1,010,000
⑤ ₩1,030,000

04 ㈜한국의 6월 중 재고자산 거래가 다음과 같을 때 이에 대한 설명으로 옳지 않은 것은?

일자	적요	수량	단가
6월 1일	월초 재고	100개	₩10
6월 9일	매입	300개	₩15
6월 16일	매출	200개	₩25
6월 20일	매입	100개	₩20
6월 28일	매출	200개	₩30

① ㈜한국이 총평균법을 사용할 경우 매출원가는 ₩6,000이다.

② ㈜한국이 선입선출법을 사용할 경우 6월 말 재고자산금액은 ₩2,000이다.

③ 총평균법을 사용할 경우보다 이동평균법을 사용할 경우에 순이익이 더 크다.

④ 계속기록법과 선입선출법을 사용할 경우보다 실지재고조사법과 선입선출법을 사용할 경우에 매출원가가 더 크다.

⑤ 법인세효과를 고려하지 않는다면 선입선출법과 이동평균법을 사용할 경우 ㈜한국의 현금흐름은 동일하다.

05 다음은 ㈜하늘의 부분 재무상태표이다. ㈜하늘은 전기 말에 본사 건물을 취득하였으며(내용연수는 ? 년, 정액법으로 상각, 잔존가치 0), 정부보조금을 수령하였다. 또한 유형자산과 관련된 회계처리는 올바르게 되었다고 가정한다. 다음을 고려한 당기 본사 건물의 장부금액과, 당기 감가상각비 계상액은 얼마인가? (회사는 당기 초부터 건물을 사용하였다)

구분	당기	전기
취득원가	₩1,000,000	₩1,000,000
정부보조금	₩(-)360,000	₩(-)400,000
감가상각누계액	(?)	(-)
건물의 장부금액	?	₩600,000

	건물의 장부금액	감가상각비
①	₩540,000	₩100,000
②	₩540,000	₩80,000
③	₩540,000	₩60,000
④	₩560,000	₩60,000
⑤	₩560,000	₩100,000

06 A사는 천안시 소유의 토지에 5년간 방사선폐기물 매립장을 설치하고 이를 이용하는 계약을 체결하였다. 동 계약에 따르면 5년의 계약기간 종료 후 A사는 토지를 원상회복해야 할 의무를 부담하기로 되어 있다. 방사선폐기물 매입장은 20×1년 1월 1일 ₩3,000,000에 설치가 완료되어 사용하기 시작하였으며, 동 일자로 추정한 원상회복을 위한 지출액은 ₩500,000으로 추정하였다. 그러나 20×1년 12월 31일에 기술발전의 결과로서 미래 복구비용이 ₩400,000으로 감소할 것으로 추정하였다. 방사선폐기물 매립장의 잔존가치는 없으며 정액법으로 상각한다.

부채의 특유위험과 화폐의 시간가치에 대한 현행시장의 평가를 반영한 세전이자율은 20×1년 1월 1일, 20×1년 12월 31일에 각각 10%, 12%이다. 현가계수는 다음과 같다.

구분	1년	2년	3년	4년	5년
10%	0.90909	0.82645	0.75131	0.68301	0.62092
12%	0.89286	0.79719	0.71178	0.63552	0.56743

A사는 방사선폐기물 매립장에 대해 원가모형을 적용하고 있을 때, 동 거래가 A사의 20×2년 당기손익에 미치는 영향을 구하시오.

① ₩662,092 감소 ② ₩670,773 감소 ③ ₩693,138 감소
④ ₩696,243 감소 ⑤ ₩701,773 감소

07 ㈜하늘은 보유 중인 토지에 사옥을 건설하기 위해 20×1년 1월 1일에 ㈜포도건설과 계약을 체결하였다. 건설공사는 20×2년 7월 1일에 완공될 예정이다.

> (1) 20×1년의 공사비 지출내역은 다음과 같다.
>
> | 일자 | 지출액 |
> | --- | --- |
> | 20×1년 1월 1일 | ₩100,000 |
> | 20×1년 7월 1일 | ₩60,000 |
> | 20×1년 9월 1일 | ₩90,000 |
>
> (2) 차입금 관련내역은 다음과 같다.
>
> | 차입금 | 차입일자 | 차입금액 | 상환일자 | 연 이자율 | 이자지급조건 |
> | --- | --- | --- | --- | --- | --- |
> | A | 20×1년 1월 1일 | 50,000 | 20×2년 6월 30일 | 10% | 연말지급 |
> | B | 20×0년 1월 1일 | 450,000 | 20×2년 12월 31일 | 12% | 연말지급 |
> | C | 20×0년 1월 1일 | 700,000 | 20×3년 12월 31일 | 10% | 연말지급 |
>
> (3) 차입금 A는 사옥을 건설하기 위한 목적으로 차입되었으며, 이 중에서 ₩10,000은 20×1년 1월 1일부터 20×1년 9월 30일까지 은행에 예치하여 ₩500의 이자수익이 발생하였다. 차입금 B, C는 일반목적으로 차입되었다.
> (4) 자본화이자율을 적용하는 적격자산에 대한 지출액은 연평균으로 계산하며, 연평균지출액을 계산할 때에는 이미 자본화된 차입원가를 포함한다. (단, 금융비용과 평균지출액은 월할 계산하고, 금액(₩)은 소수점 첫째 자리에서 반올림하며, 자본화이자율은 소수점 셋째 자리에서 반올림한다)

건설 중인 동 사옥에 대해 20×1년에 자본화할 차입원가를 구하시오.

① ₩169,500 　② ₩20,487 　③ ₩19,487
④ ₩17,167 　⑤ ₩12,667

08 감가상각과 관련된 다음 설명 중 「한국채택국제회계기준」의 규정과 일치하는 설명은?
① 유형자산의 감가상각대상금액은 내용연수에 걸쳐 정액법으로 상각하는 것을 원칙으로 하되, 정액법을 적용할 수 없는 상황에서는 다른 상각방법을 적용하여 상각할 수 있다.
② 유형자산의 잔존가치와 내용연수는 적어도 매 회계연도 말에 재검토하며, 재검토 결과 추정치가 종전의 추정치와 다르다면 그 차이는 회계정책의 변경으로 회계처리한다.
③ 유형자산이 가동되지 않거나 운휴상태가 되면, 관련 수익이 발생하지 아니하므로 감가상각을 중단한다.
④ 유형자산의 소비 형태를 반영하기 위하여 매 회계연도 말에 감가상각방법을 변경할 수 있으며, 이를 회계추정치의 변경으로 회계처리한다.
⑤ 건물이 위치한 토지의 가치가 증가하면 건물의 감가상각대상금액에도 영향을 미친다.

09 ㈜한국은 20×1년 초 건물을 ₩1,000,000에 취득하고 그 건물을 유형자산 또는 투자부동산으로 분류하고자 한다. 유형자산은 재평가모형을 적용하며 내용연수 10년, 잔존가치 ₩0, 정액법 상각하고, 투자부동산은 공정가치모형을 적용한다. 20×1년과 20×2년 기말 공정가치가 각각 ₩990,000, ₩750,000일 경우, 다음 설명 중 옳지 않은 것은? (단, 건물은 유형자산 또는 투자부동산의 분류요건을 충족하며, 내용연수동안 재평가잉여금의 이익잉여금 대체는 없는 것으로 가정한다)

① 건물을 유형자산으로 분류한다면, 동 거래가 20×1년 기타포괄손익에 미친 영향은 ₩90,000이다.

② 건물을 유형자산으로 분류한다면, 동 거래가 20×2년 당기손익에 미친 영향은 ₩(-)40,000이다.

③ 건물을 투자부동산으로 분류한다면, 동 거래가 20×1년 기타포괄손익에 미친 영향은 ₩(-)10,000이다.

④ 건물을 투자부동산으로 분류한다면, 20×2년 당기손익에 미친 영향은 ₩(-)240,000이다.

⑤ 건물을 유형자산으로 분류하던, 투자부동산으로 분류하던 20×1년 총포괄손익에 미치는 영향은 동일하다.

10 무형자산의 회계처리에 관한 설명으로 옳은 것을 모두 고른 것은?

> ㄱ. 내용연수가 비한정적인 무형자산은 상각하지 않고, 무형자산의 손상을 시사하는 징후가 있을 경우에 한하여 손상 검사를 수행해야 한다.
>
> ㄴ. 무형자산을 창출하기 위한 내부 프로젝트를 연구단계와 개발단계로 구분할 수 없는 경우에는 그 프로젝트에서 발생한 지출은 모두 연구단계에서 발생한 것으로 본다.
>
> ㄷ. 브랜드, 제호, 출판표제, 고객목록 및 이와 실질이 유사한 항목은 그것을 외부에서 취득하였는지 또는 내부적으로 창출하였는지에 관계없이 취득이나 완성 후의 지출은 발생 시점에 무형자산의 원가로 인식한다.
>
> ㄹ. 내용연수가 유한한 무형자산의 잔존가치는 적어도 매 회계연도 말에는 검토하고, 잔존가치의 변동은 회계추정치의 변경으로 처리한다.
>
> ㅁ. 무형자산은 처분하는 때 또는 사용이나 처분으로부터 미래경제적효익이 기대되지 않을 때 재무상태표에서 제거한다.

① ㄱ, ㄷ, ㄹ   ② ㄱ, ㄹ, ㅁ   ③ ㄴ, ㄷ, ㅁ

④ ㄴ, ㄹ, ㅁ   ⑤ ㄹ, ㅁ

11 ㈜YNS는 전자제품을 판매한 후 1년간 결함에 대하여 무상으로 수리를 해주고 있다. 제품보증비용은 매출액의 10%만큼 발생할 것으로 예상한다. 각 회계연도의 매출액과 제품보증비 발생액이 다음과 같을 때, 20×2년에 인식할 제품보증충당부채와 20×2년 포괄손익계산서에 인식할 제품보증비는 각각 얼마인가?

구분		20×1년	20×2년
매출액		₩10,000	₩15,000
제품보증비 발생액	20×1년	₩200	₩700
	20×2년		₩200

	제품보증충당부채	제품보증비용
①	₩1,200	₩1,200
②	₩1,200	₩1,400
③	₩1,300	₩1,400
④	₩1,500	₩1,500
⑤	₩1,600	₩1,500

12 A사는 20×1년 초에 사채의 액면금액은 ₩100,000이고 액면이자율은 연 8%, 이자지급일은 매년 12월 31일에 연 1회 지급하고 만기는 20×3년 말인 조건으로 사채를 발행하려 하였다. 그러나 A사는 동 사채를 사채 액면의 발행일인 20×1년 초가 아닌 20×1년 4월 1일에 실제 발행하였을 경우, 다음 중 옳지 않은 것은? (단, 실제 발행일인 4월 1일의 시장이자율은 15%이다. 이자율 15% 3기간 ₩1의 현가계수와 연금현가계수는 각각 0.65752, 2.28323이다)

① 20×1년 4월 1일의 사채 발행금액은 ₩87,169이다.
② 20×1년 말 사채할인발행차금의 장부금액은 ₩11,379이다.
③ 20×1년의 사채 이자비용은 ₩9,452이다.
④ 20×1년 사채할인발행차금 상각액은 ₩3,452이다.
⑤ 동 사채로 A사가 인식할 총이자비용은 ₩38,831이다.

13 중간재무보고에 대한 설명으로 옳지 않은 것은?

① 중간재무보고는 6개월, 3개월 등으로 보고기간을 설정할 수 있다.

② 직전 연차재무보고서를 연결기준으로 작성하였다면 중간재무보고서도 연결기준으로 작성해야 한다.

③ 중간재무보고서는 당해 회계연도 누적기간을 직전 연차보고기간 말과 비교하는 형식으로 작성한 재무상태표를 포함하여야 한다.

④ 중간재무보고서는 당해 회계연도 누적기간을 직전 회계연도의 동일기간과 비교하는 형식으로 작성한 현금흐름표를 포함하여야 한다.

⑤ 중간재무제표는 연차재무제표에 적용되는 회계정책과 동일한 회계정책을 적용하여 작성한다.

14 ㈜대한의 20×3년 중에 발생한 거래는 다음과 같다. 동 거래로 인하여 20×3년에 ㈜대한의 자본총계에 영향을 미친 금액을 구하시오. (㈜대한의 자본금은 설립 이후 20×3년 초까지 변화가 없었으며, 보통주와 우선주의 1주당 액면금액은 각각 ₩1,000과 ₩2,000이다)

> (1) ㈜대한은 20×2년 경영성과에 대해 20×3년 3월 25일 주주총회에서 현금배당 ₩1,050,000을 원안대로 승인하고 지급하였으며, 이익준비금은 상법 규정에 따라 최소 금액만을 적립하기로 결의하였다.
>
> (2) ㈜대한은 20×3년 4월 1일 보통주 5,000주를 1주당 ₩950에 현금 발행하였다.
>
> (3) ㈜대한은 20×3년 5월 1일 주가 안정화를 위해 현재 유통 중인 보통주 1,000주를 1주당 ₩900에 취득하였으며, 자본조정으로 분류한 자기주식의 취득은 원가법으로 회계처리하였다.
>
> (4) ㈜대한은 20×3년 7월 1일 자본잉여금 ₩1,000,000과 이익준비금 ₩500,000을 재원으로 하여 보통주에 대한 무상증자를 실시하였다.
>
> (5) ㈜대한은 20×3년 10월 1일 보유 중인 자기주식 500주를 1주당 ₩1,300에 재발행하였다.
>
> (6) ㈜대한의 20×3년도 당기순이익은 ₩1,200,000이다.

① ₩2,750,000

② ₩3,000,000

③ ₩3,150,000

④ ₩4,650,000

⑤ ₩4,750,000

15 금융자산의 재분류에 대한 설명으로 옳지 않은 것은?

① 당기손익-공정가치 측정 금융자산에서 상각후원가 측정 금융자산으로 재분류할 경우 재분류일의 공정가치가 새로운 총장부금액이 되며, 재분류일은 상각후원가 측정 금융자산의 최초 인식일로 본다.

② 기타포괄손익-공정가치 측정 금융자산에서 당기손익-공정가치 측정 금융자산으로 재분류할 경우 계속 공정가치로 측정하고 누적된 기타포괄손익누계액은 재분류일에 재분류조정을 통해 자본에서 당기손익으로 재분류한다.

③ 상각후원가 측정 금융자산에서 당기손익-공정가치 측정 금융자산으로 재분류할 경우 재분류일의 공정가치로 측정하고 재분류 전의 상각후원가와 공정가치의 차이에 따른 손익은 당기손익으로 인식한다.

④ 상각후원가 측정 금융자산에서 기타포괄손익-공정가치 측정 금융자산으로 재분류할 경우 재분류일의 공정가치로 측정하고 재분류 전의 상각후원가와 공정가치의 차이에 따른 손익은 당기손익으로 인식한다.

⑤ 당기손익-공정가치 측정 금융자산에서 상각후원가 측정 금융자산으로 재분류할 경우 재분류일의 시장이자율을 이용하여 유효이자율을 재산정한다.

16 A회사는 20×1년 1월 1일에 C회사가 발행한 액면금액 ₩500,000인 사채를 공정가치로 취득하였으며, 취득시점의 유효이자율은 연 8%이었다. 사채의 발행일은 20×1년 1월 1일, 표시이자율은 연 6%, 이자지급은 매년 12월 31일이며, 만기는 20×4년 12월 31일로 만기일에 액면금액을 일시에 상환하는 조건이다.

---

(1) 20×1년 말 C회사에서 신용위험이 발생하였으나, 유의적이지는 않은 것으로 판단된다. 이로 인한 12개월 기준 기대신용손실은 ₩40,000이며, 전체기간 기준 기대신용손실은 ₩68,000으로 예상된다. 20×1년 말 사채의 공정가치는 ₩480,000이다.

(2) 한편, 20×2년 말 이자 ₩30,000을 정상적으로 수취한 후 C회사의 재무상태 악화로 신용이 손상되었으며, 20×3년부터 이자는 매년 말 ₩10,000씩, 그리고 만기에 원금 ₩300,000이 회수될 것으로 추정하였다. 20×2년 말 현행시장이자율은 연 12%이다.

(3) 현재가치 계산이 필요한 경우 반드시 다음의 현가계수를 이용하고 금액은 소수점 첫째 자리에서 반올림한다.

기간	단일금액 ₩1의 현가계수		정상연금 ₩1의 현가계수	
	8%	12%	8%	12%
1	0.92593	0.89286	0.92593	0.89286
2	0.85734	0.79719	1.78327	1.69005
3	0.79383	0.71178	2.57710	2.40183
4	0.73503	0.63552	3.31213	3.03735

A회사가 C회사의 사채를 기타포괄손익-공정가치 측정 금융자산으로 분류하는 경우 20×2년에 인식할 손상차손을 구하시오.

① ₩133,567

② ₩167,133

③ ₩174,600

④ ₩186,111

⑤ ₩207,133

17 A사는 20×1년 1월 1일에 다음과 같은 조건의 전환사채를 액면발행하였다.

> (1) 액면금액: ₩1,000,000
> (2) 이자지급: 매년 말에 지급으로 연3%
> (3) 사채기간: 20×1년 초부터 20×3년 말까지
> (4) 전환조건: 발행일로부터 6개월 경과 후 만기상환1개월 전까지 전환사채 액면금액 ₩2,000당 보통주 1주(액면금액 ₩500)로 전환가능
> (5) 전환권이 행사되지 않은 전환사채에 대하여 액면금액의 105%로 상환
> (6) 전환사채의 발행일 현재 일반사채 시장이자율은 연 6%이다.
>   (3기간, 6% 연금현가계수: 2.6730, 3기간, 6% 현가계수: 0.8396)

A사는 20×2년 1월 1일에 전환사채 전부를 동 일자의 공정가치 ₩1,020,000에 조기상환하였다. 동 조기 상환으로 인해 A사의 당기손익에 미친 영향을 구하시오. (단, 20×2년 초 현재 일반사채 시장이자율은 연 7%이다)

① ₩33,567 증가
② ₩20,345 감소
③ ₩18,125 감소
④ ₩20,345 증가
⑤ ₩18,125 증가

18 ㈜한국은 20×1년 제품 A, B, C를 인도하고 거래가격 ₩1,000의 대가를 받는 계약을 체결하였고, 고객과의 계약에서 생기는 수익을 인식하기 위한 모든 조건을 충족하였다. 제품 A와 제품 B는 20×1년 11월 1일에 인도하였고, 제품 C는 20×2년 2월 1일에 인도하였다. 20×1년 말에 제품의 개별 판매가격이 변동하여 거래가격도 ₩900으로 변경되었다. 개별 판매가격의 자료가 다음과 같을 때, ㈜한국이 20×1년에 인식할 수익은 얼마인가?

구분	제품 A	제품 B	제품 C
20×1년 계약 개시 시점의 개별 판매가격	₩360	₩240	₩600
20×1년 말의 개별 판매가격	₩350	₩200	₩450

① ₩450
② ₩495
③ ₩500
④ ₩550
⑤ ₩600

19 회계기준에 제시된 수익의 인식 단계에 대한 설명으로 옳지 않은 것은?

① 핵심 원칙에 따라 수익을 인식하기 위해서는 1단계 '고객과의 계약을 식별'부터 5단계 '수행의무를 이행할 때 수익을 인식'까지의 단계를 적용해야 한다.

② 고객이 재화나 용역 그 자체에서나 쉽게 구할 수 있는 다른 자원과 함께하여 효익을 얻을 수 있고, 그 약속을 계약 내의 다른 약속과 별도로 식별해 낼 수 있다면 재화나 용역은 구별된다.

③ 거래가격은 고객에게 약속한 재화나 용역을 이전하고 그 대가로 기업이 받을 권리를 갖게 될 고정금액이다.

④ 거래가격은 일반적으로 계약에서 약속한 각 구별되는 재화나 용역의 상대적 개별 판매가격을 기준으로 배분한다.

⑤ 고객에게서 받은 대가의 일부나 전부를 고객에게 환불할 것으로 예상하는 경우에는 환불부채를 인식한다.

20 A사는 소유하고 있는 건물(장부금액 ₩1,000,000, 공정가치 ₩1,500,000)을 20×1년 1월 1일에 B리스에게 판매하고, 동 일자로 건물을 10년 동안 리스하였다. 리스료는 매년 12월 31일에 ₩100,000씩 지급하기로 하였다. 리스의 내재이자율은 연 5%(기간 10년, 5% 연금현가계수: 7.72174)이며, A사가 쉽게 산정할 수 있다. 아래의 각 사례별로 A사가 20×1년 초에 인식할 처분이익이 큰순서대로 나열한 것으로 옳은 것은?

> 사례 A: 건물의 판매대가가 ₩1,500,000일 경우
> 사례 B: 건물의 판매대가가 ₩1,700,000일 경우
> 사례 C: 건물의 판매대가가 ₩1,300,000일 경우

① A 〉 B 〉 C
② A 〉 C 〉 B
③ B 〉 A 〉 C
④ B 〉 C 〉 A
⑤ C 〉 A 〉 B

21 20×1년 1월 1일에 설립된 A사는 20×1년 말에 확정급여제도를 도입하였다. 20×1년도 확정급여채무에 적용할 할인율은 연 10%이며, 20×1년 이후 할인율의 변동은 없다. 다음은 20×1과 20×2년의 자료이다.

> (1) 20×1년
>   1) 20×1년 말 확정급여채무 장부금액은 ₩90,000이다.
>   2) 20×1년 말 사외적립자산에 ₩95,000을 현금으로 출연하였다.
>   3) 20×1년 말 자산인식상한효과는 ₩1,000이다.
>   4) 20×1년에는 보험수리적손익과 사외적립자산의 재측정손익은 발생하지 않았다.
> (2) 20×2년
>   1) 당기근무원가는 ₩125,000이다.
>   2) 20×2년 말에 퇴직종업원에게 ₩2,000의 현금이 사외적립자산에서 지급되었다.
>   3) 20×2년 말에 사외적립자산에 ₩130,000을 현금으로 출연하였다.
>   4) 20×2년 말 현재 사외적립자산의 공정가치는 ₩240,000이다.
>   5) 할인율을 제외한 보험수리적 가정의 변동을 반영한 20×2년 말 확정급여채무는 ₩230,000이다.
>   6) 자산인식상한은 ₩8,500이다.

A사의 확정급여제도와 관련하여 20×2년 포괄손익계산서상 기타포괄이익에 미치는 영향과 당기순이익에 미치는 영향을 각각 계산하시오.

	기타포괄이익에 미치는 영향	당기순이익에 미치는 영향
①	₩7,500	₩(−)124,500
②	₩(−)500	₩(−)130,600
③	₩(−)500	₩(−)124,500
④	₩(−)900	₩(−)124,600
⑤	₩(−)900	₩(−)124,500

22 A사는 전기 말 현재 가산할 일시적차이 잔액 ₩100,000이 있었으며, 여기에 대해서 이연법인세부채 ₩25,000을 인식하였다. 다음은 당기 법인세와 관련된 자료이다.

회계이익	₩500,000
세무조정	
일시적차이	₩100,000
일시적차이 이외의 차이	₩50,000
과세소득	₩650,000

당기 세무조정 항목 중 일시적차이 ₩100,000은 전기 말 가산할 일시적차이 ₩100,000의 당기 소멸분이다. 당기 적용세율은 25%이며, 당기 중 세법이 개정되어 차기부터 20%의 세율이 적용된다. A사의 당기 법인세비용은 얼마인가?

① ₩137,500
② ₩142,500
③ ₩162,500
④ ₩174,500
⑤ ₩182,500

23 다음은 ㈜한국의 20×1년도 재무제표에서 발췌한 자료이다. ㈜한국이 배당금의 지급을 재무활동으로 분류할 경우, 20×1년 말 재무상태표에 보고된 현금및현금성자산은 얼마인가? (단, ㈜한국의 자사주 거래는 없었다)

- 기초 현금및현금성자산 ₩500
- 영업활동 순현금유입액 ₩600
- 기초 자본 ₩1,600
- 투자활동 순현금유출액 ₩450
- 기말 자본 ₩1,800
- 당기순이익 ₩500
- 당기 유상증자 금액 ₩250

① ₩350   ② ₩450   ③ ₩550
④ ₩600   ⑤ ₩700

24 다음은 A사의 사채 및 사채할인발행차금에 관한 자료이다.

(1) 재무상태표의 일부

구분	기초	기말
사채	₩500,000	₩400,000
사채할인발행차금	(-)₩50,000	(-)₩25,000

(2) A사의 포괄손익계산서상 이자비용은 ₩100,000이며, 당기에 액면금액 ₩200,000 (장부금액 ₩180,000)의 사채를 ₩200,000에 상환하였다.

(3) 사채할인발행차금의 상각으로 인한 이자비용은 ₩20,000이다.

A사의 당기 사채의 발행으로 인하여 유입된 현금을 구하시오.

① ₩110,000
② ₩105,000
③ ₩85,000
④ ₩65,000
⑤ ₩60,000

25 ㈜한국은 20×1년 초 기계장치를 ₩10,000(정액법 상각, 내용연수 4년, 잔존가치 ₩2,000, 원가모형 적용)에 취득하였다. 기계장치 관련 자료가 다음과 같을 때 옳은 것은?

- 20×2년 중 최초로 기계장치에 대해 재평가모형으로 변경하였으며, 재평가 시 기존의 감가상각누계액은 전액 제거한 후 공정가치로 평가한다. (상각방법, 내용연수, 잔존가치의 변동은 없다)
- 20×1년 말과 20×2년 말 기계장치의 공정가치는 각각 ₩10,000과 ₩12,000이다.
- 20×3년 말 기계장치를 현금 ₩8,000을 받고 처분하였다.

① 20×1년 감가상각비는 ₩2,500이다.
② 20×2년 재평가잉여금은 ₩4,000이다.
③ 20×3년 감가상각비는 ₩5,000이다.
④ 20×3년 기계장치 처분이익은 ₩2,000이다.
⑤ 20×1년 재평가잉여금은 ₩2,000이다.

제12회 | FINAL 모의고사
정답 및 해설

정답

01 ①	02 ①	03 ④	04 ④	05 ③	06 ②	07 ④	08 ④	09 ③	10 ④
11 ③	12 ⑤	13 ③	14 ④	15 ④	16 ②	17 ⑤	18 ①	19 ③	20 ③
21 ④	22 ①	23 ①	24 ③	25 ③					

해설

01 ① 역사적원가에 대한 설명이다.

02 ① ② 한국채택국제회계기준을 준수하여 작성된 재무제표는 국제회계기준을 준수하여 작성된 재무제표임을 주석으로 공시할 수 있다.
③ 환경 요인이 유의적인 산업에 속해 있는 기업이 제공하는 환경보고서는 한국채택국제회계기준의 적용 범위에 해당하지 않는다.
④ 부적절한 회계정책이라도 공시나 주석 또는 보충 자료를 통해 설명하면 정당화될 수 없다.
⑤ 보고기간 종료일을 변경하여 재무제표의 보고기간이 1년을 초과하거나 미달하는 경우 재무제표 해당 기간뿐만 아니라 추가 사항을 공시한다.

03 ④ 1) 21기 매입액: 100,000 + 21기 매입액 = 2,000,000 + 150,000, 21기 매입액: 2,050,000
2) 21기 수정 후 매출원가: (100,000 + 10,000) + 2,050,000 - (150,000 + 20,000) = 1,990,000
3) 21기 매출총이익: 3,000,000 - 1,990,000 = 1,010,000

04 ④ ① 매출원가: 6,000 = 판매 수량 400 × 평균 단위원가 @15
　 1) 판매 수량: 400 = 1차 판매 수량 200개 + 2차 판매 수량 200개
　 2) 평균 단위원가(총평균법): @15 = (1,000 + 4,500 + 2,000) ÷ 500
　　 (1) 기초 재고자산: 1,000 = 기초 수량 100개 × 단위당 취득원가 @10
　　 (2) 3월 4일(1차 구매분): 4,500 = 구매 수량 300개 × 단위당 취득원가 @15
　　 (3) 9월 25일(2차 구매분): 2,000 = 구매 수량 100개 × 단위당 취득원가 @20
② 재고자산금액(선입선출법): 2,000 = 잔여 수량 100개 × 단위당 취득원가 @20
③ 단위당 취득원가를 분석하면 인플레이션하의 상황이라는 것을 알 수 있다. 따라서 옳은 지문이다.
④ 선입선출법의 경우 계속기록법과 실지재고조사법에 따른 매출원가는 동일하다.
⑤ 법인세효과를 고려하지 않는다면 원가흐름의 가정과 관계없이 기업의 현금흐름은 모두 동일하다.

05 ③ 1) 내용연수: 400,000 ÷ 내용연수 = (400,000 - 360,000), 내용연수 10년

    * 회사가 정액법이나 연수합계법을 사용하는 경우, 정부보조금에 상각률을 곱하여 감가상각비와 상계하는 정부보조금을 구할 수 있다.

  2) 당기 말 건물의 장부금액: 600,000 - 600,000/10 = 540,000

    * 회사의 재무상태표의 표기를 보아 자산차감법을 사용한다는 것을 알 수 있다. 회사가 정액법과 자산차감법을 사용하는 경우, 유형자산의 취득원가에서 정부보조금을 차감하여 장부금액을 쉽게 계산할 수 있다.

  3) 당기 감가상각비: 600,000/10 = 60,000

06 ②

20×1년 초	차)	구축물	3,310,460	대)	현금	3,000,000
					복구충당부채[1]	310,460
20×1년 말	차)	감가상각비[2]	662,092	대)	감가상각누계액	662,092
	차)	이자비용[3]	31,046	대)	복구충당부채	31,046
	차)	복구충당부채[4]	87,298	대)	구축물	87,298
20×2년 말	차)	감가상각비[5]	640,268	대)	감가상각누계액	640,268
	차)	이자비용[6]	30,505	대)	복구충당부채	30,505

[1] 500,000 × 0.62092 = 310,460
[2] 3,310,460/5 = 662,092
[3] 310,460 × 10% = 31,046
[4] (310,460 + 31,046) - 400,000 × 0.63552 = 87,298
[5] 2,561,070/4 = 640,268
[6] 254,208 × 12% = 30,505

07 ④ 1) 연평균지출액: (100,000 × 12 + 60,000 × 6 + 90,000 × 4)/12 = 160,000

  2) 특정차입금
    (1) 특정차입금 연평균지출액: 50,000 × 12/12 - 10,000 × 9/12 = 42,500
    (2) 특정차입금 자본화할 차입원가: 50,000 × 12/12 × 10% - 500 = 4,500

  3) 일반차입금
    (1) 연평균차입금 및 이자비용

차입금	차입액	기간	연평균차입액	이자율	차입원가
B	450,000	12/12	450,000	12%	54,000
C	700,000	12/12	700,000	10%	70,000
	1,150,000		1,150,000	10.78%	124,000

    (2) 일반차입금 자본화할 차입원가: Min[(160,000 - 42,500) × 10.78%, 124,000] = 12,667

  4) 20×1년 자본화할 차입원가: 4,500 + 12,667 = 17,167

08 ④ ① 유형자산의 감가상각대상금액은 내용연수에 걸쳐 모든 상각방법을 적용할 수 있다.
  ② 유형자산의 잔존가치와 내용연수는 적어도 매 회계연도 말에 재검토하며, 재검토 결과 추정치가 종전의 추정치와 다르다면 그 차이는 회계추정치의 변경으로 회계처리한다.
  ③ 유형자산이 가동되지 않거나 운휴상태가 되더라도, 감가상각이 완전히 이루어지기 전까지는 감가상각을 중단하지 않는다.
  ⑤ 건물이 위치한 토지의 가치가 증가하더라도 건물의 감가상각대상금액에는 영향을 미치지 않는다.

09 ③   1) 유형자산(재평가모형)으로 분류한 경우
      (1) ×1년 재평가잉여금(OCI): 90,000 = 990,000 - 900,000
      (2) ×2년 우선 상계액(OCI): 90,000 = 880,000 - 790,000
      (3) ×2년 재평가손실(N/I): 40,000 = 790,000 - 750,000
   2) 투자부동산(공정가치모형)으로 분류한 경우
      (1) ×1년 평가손실(N/I): 10,000 = 1,000,000 - 990,000
      (2) ×2년 평가손실(N/I): 240,000 = 990,000 - 750,000

      * 자산의 변동이 동일하므로 총포괄손익도 동일하다.

10 ④   ㄱ. 내용연수가 비한정적인 무형자산은 상각하지 않지만, 무형자산의 손상을 시사하는 징후가 있을 경우에
한하여 손상 검사를 수행하는 것이 아니라, 손상의 징후가 없더라도 매 보고기간 말에 손상 검사를 수
행한다.
     ㄷ. 브랜드, 제호, 출판표제, 고객목록 및 이와 실질이 유사한 항목은 그것을 외부에서 취득하였는지 또는
내부적으로 창출하였는지에 관계없이 발생 시점에 항상 당기손익으로 인식한다. 왜냐하면 그러한 지출
은 사업을 전체적으로 개발하기 위한 지출과 구분할 수 없기 때문이다.

11 ③   20×2년에 인식할 제품보증충당부채: 1,300
20×2년 포괄손익계산서에 인식할 제품보증비: 1,400
   1) 20×1년의 제품보증충당부채: 800 = (10,000 × 10%) - 200
   2) 20×2년의 제품보증충당부채: 1,300 = (15,000 × 10%) - 200
   3) 20×2년의 제품보증비: 1,400 = (700 + 200) + (1,300 - 800)

12 ⑤   1) 20×1년 4월 1일 사채발행 시 현금 수령액: (1) + (2) = 87,169
      (1) 20×1년 초 사채의 현재가치: 100,000 × 0.65752 + 8,000 × 2.28323 = 84,018
      (2) 20×1년 초 ~ 4/1까지 유효이자: 84,018 × 15% × 3/12 = 3,151
      (3) 20×1년 초 ~ 4/1까지 미수이자: 8,000 × 3/12 = 2,000
   2) 20×1년 4월 1일 사채발행 시 장부금액: (1) + (2) - (3) = 85,169
   3) 20×1년 말 B/S상 사채할인발행차금: 100,000 - (84,018 × 1.15 - 8,000) = 11,379
   4) 20×1년의 이자비용: 84,018 × 15% × 9/12 = (-)9,452
   5) 20×1년 사채할인발행차금상각액: 88,621[1] - 85,169 = 3,452
      [1] 20×1년 말 사채 BV: 84,018 × 1.15 - 8,000 = 88,621
   6) 총이자비용: (100,000 + 8,000 × 3년) - 87,169 = (-)36,831

13 ③   중간재무보고서는 당해 중간보고기간 말과 직전 연차보고기간 말을 비교하는 형식으로 작성한 재무상태표
를 포함하여야 한다.
[참고사항: 중간재무제표가 제시되어야 하는 기간]
   1) 당해 중간보고기간 말과 직전 연차보고기간 말을 비교하는 형식으로 작성한 재무상태표
   2) 당해 중간기간과 당해 회계연도 누적기간을 직전 회계연도의 동일기간과 비교하는 형식으로 작성한 포
괄손익계산서
   3) 당해 회계연도 누적기간을 직전 회계연도의 동일기간과 비교하는 형식으로 작성한 자본변동표
   4) 당해 회계연도 누적기간을 직전 회계연도의 동일기간과 비교하는 형식으로 작성한 현금흐름표

14 ④   자본총계에 영향을 미친 금액: 4,650,000
(-)현금배당 1,050,000 + 유상증자 5,000주 × 950 - 자기주식취득 1,000주 × 900 + 자기주식재발행 500
주 × 1,300 + 당기순이익 1,200,000 = 4,650,000

      * 무상증자는 자본총계에 영향을 미치지 않는다.

15 ④ 상각후원가 측정 금융자산에서 기타포괄손익-공정가치 측정 금융자산으로 재분류할 경우 재분류일의 공정가치로 측정하고 재분류 전의 상각후원가와 공정가치의 차이에 따른 손익은 기타포괄손익으로 인식한다.

16 ② 1) 20×2년 말 손상 전 상각후원가: $30,000 \times 1.78327 + 500,000 \times 0.85734 - 40,000 = 442,168$
   2) 20×2년 말 손상 후 상각후원가: $10,000 \times 1.78327 + 300,000 \times 0.85734 = 275,035$
   3) 20×2년에 인식할 손상차손: $275,035 - 442,168 = (-)167,133$

17 ⑤ A사의 당기손익에 미친 영향: 18,125 증가
   1) 20×2년 초 전환사채의 장부금액: $(961,770 \times 1.06 - 30,000) = 989,476$
     * $1,000,000 \times 105\% \times 0.8396 + 30,000 \times 2.6730 = 961,770$
   2) 20×2년 초 전환사채의 공정가치: $30,000/1.07 + 1,080,000/1.07^2 = 971,351$
   3) 전환사채 상환이익: $(-)971,351 + 989,476 = 18,125$

18 ① 20×1년 수익: $900 \times (360 + 240)/(360 + 240 + 600) = 450$

19 ③ 거래가격은 고객에게 약속한 재화나 용역을 이전하고 그 대가로 기업이 받을 권리를 갖게 될 고정금액과 변동금액이다.

20 ③ 1) 사례 A - 20×1년 초 회계처리

차)	현금	1,500,000	대)	건물	1,000,000
	사용권자산[2]	514,783		리스부채[1]	772,174
				처분이익	242,609

   [1] $100,000 \times 7.72174 = 772,174$
   [2] $1,000,000 \times 772,174/1,500,000 = 514,783$

   2) 사례 B - 20×1년 초 회계처리

차)	현금	1,700,000	대)	건물	1,000,000
	사용권자산[3]	381,449		금융부채[1]	200,000
				리스부채[2]	572,174
				처분이익	309,275

   [1] $1,700,000 - 1,500,000 = 200,000$
   [2] $100,000 \times 7.72174 - 200,000 = 572,174$
   [3] $1,000,000 \times 572,174/1,500,000 = 381,449$

   3) 사례 C - 20×1년 초 회계처리

차)	현금	1,300,000	대)	건물	1,000,000
	사용권자산[2]	648,116		리스부채[1]	772,174
				처분이익	175,942

   [1] $100,000 \times 7.72174 = 772,174$
   [2] $1,000,000 \times (200,000 + 772,174)/1,500,000 = 648,116$

   처분이익이 큰 순서: B > A > C

21 ④ 20×2년의 계정별 T계정 정리

확정급여채무

지급액	2,000	기초	90,000
		근무원가(당기 + 과거)A	125,000
		이자비용(기초 × 기초R)B	9,000
기말(I)	230,000	재측정요소 ① (보험수리적손익)	8,000

사외적립자산

기초	95,000	지급액	2,000
기여금	130,000		
이자수익 C	9,500		
재측정요소 ②	7,500	기말 II	240,000

자산인식상한효과

		기초	1,000
		이자비용 D	100
기말 III	1,500	재측정요소 ③	400

* 이자비용: 90,000 × 10% = 9,000
* 이자수익: 95,000 × 10% = 9,500
* 기말 자산인식상한효과: (240,000 - 230,000) - 8,500 = 1,500

1) B/S계정
   순확정급여자산
   ❍ II - I - III = 8,500

2) I/S계정
   (1) 퇴직급여(N/I)
      ❍ A + B - C + D: 124,600

   (2) 재측정요소변동(OCI)
      ❍ ② - ① - ③: (-)900

22 ① 1) 당기법인세부채: 650,000 × 25% = 162,500
2) 회계처리

차) 이연법인세부채	25,000	대) 당기법인세부채	162,500
법인세비용	137,500		

23 ① 1) 재무활동 순현금유출: 유상증자 250 - 배당금지급 550 = (-)300유출

   * 기초자본 1,600 + 유상증자 250 + 당기순이익 500 - 배당금지급 = 기말자본 1,800, 배당금지급: 550

2) 당기 순현금유출: 600 - 450 - 300 = (-)150
3) 기말 현금및현금성자산: 500 - 150 = 350

24 ③ [사채의 약식분개]

차) 사채	100,000	대) 사채할인발행차금	25,000
이자비용(사채상각액)	20,000	현금(상환으로 인한 유출)	200,000
사채상환손실*	20,000		
현금(역산, 발행으로 인한 유입)	85,000		

* 사채상환손실: -200,000(상환대가) + 180,000(상환하는 사채의 장부금액) = (-)20,000

25 ③ ① 20×1년 감가상각비: (10,000 - 2,000) ÷ 4년 = 2,000
② 20×2년 재평가잉여금: 12,000 - (10,000 - 2,000 - 2,000) = 6,000
③ 20×3년 감가상각비: (12,000 - 2,000) ÷ (4 - 2)년 = 5,000
④ 20×3년 기계장치 처분이익: 8,000 - (12,000 - 5,000) = 1,000
⑤ 재평가모형을 최초 적용 시에는 경과규정에 따라 전진법을 적용하므로 20×1년에는 재평가모형을 소급
   적용하지 않는다.

01 기업회계기준서 제1001호 '재무제표 표시'에 대한 다음 설명 중 옳은 것은?

① 한국채택국제회계기준에서 요구하거나 허용하지 않는 한 자산과 부채 그리고 수익과 비용은 상계를 허용한다.

② 계속기업의 가정이 적절한지의 여부를 평가할 때 기업이 상당 기간 계속 사업이익을 보고하였고 보고기간 말 현재 경영에 필요한 재무자원을 확보하고 있는 경우에는 자세한 분석이 없어도 계속기업을 전제로 한 회계처리가 적절하다고 결론을 내릴 수 있다.

③ 기업은 비용의 성격별 또는 기능별 분류방법 중에서 신뢰성 있고 더욱 목적적합한 정보를 제공할 수 있는 방법을 적용하여 당기손익으로 인식한 비용의 분석내용은 표시하지 않는다.

④ 유사한 항목은 중요성 분류에 따라 재무제표에 구분하여 표시하고, 상이한 성격이나 기능을 가진 항목은 구분하여 표시한다. 또한, 중요하지 않은 항목이라도 성격이나 기능이 유사한 항목과 통합하여 표시할 수 없다.

⑤ 재무제표 항목의 표시나 분류를 변경하는 경우에도 비교금액은 재분류하지 않는다.

02 기업회계기준서 제1034호 '중간재무보고'에 대한 다음 설명 중 옳은 것은?

① 중간재무보고서는 최소한 요약재무상태표, 요약된 하나 또는 그 이상의 포괄손익계산서, 요약자본변동표, 요약현금흐름표는 포함하고 선별적 주석은 포함하지 않는다.

② 중간재무보고서에는 직전 연차보고기간 말 이전에 발생한 재무상태와 경영성과의 변동을 이해하는 데 유의적인 거래나 사건에 대한 설명을 포함한다.

③ 특정 중간기간에 보고된 추정금액이 최종 중간기간에 중요하게 변동하였지만 최종 중간기간에 대하여 별도의 재무보고를 하지 않는 경우에는, 추정의 변동 성격과 금액을 해당 회계연도의 연차재무제표에 주석으로 공시하여야 한다.

④ 중간재무보고서를 작성할 때 인식, 측정, 분류 및 공시와 관련된 중요성의 판단은 해당 직전 연차보고기간의 재무자료에 근거하여 이루어져야 한다.

⑤ 중간재무제표는 연차재무제표에 적용하는 회계정책과 동일한 회계정책을 적용하여 작성한다. 그러므로 직전 연차보고기간 말 후에 회계정책을 변경하여 그 후의 연차재무제표에 반영하는 경우에도 변경된 회계정책을 적용하지 않는다.

03 A사가 재고자산을 실사한 결과 20×1년 말 현재 창고에 보관중인 상품의 실사금액은 ₩2,000,000인 것으로 확인되었다. 재고자산 관련된 추가자료는 다음과 같다.

> (1) 선적지인도조건으로 구입한 재고자산 ₩100,000이 결산일 현재 운송중이다. 회사는 송장이 도착하지 않아 매입 회계처리를 하지 않았다.
>
> (2) 도착지인도조건으로 판매한 재고자산이 결산일 현재 운송중이다. 재고자산의 원가는 ₩200,000이다. 회사는 선적시점에 매출로 수익을 인식하였다.
>
> (3) 회사는 20×1년 12월 20일에 원가 ₩50,000의 상품을 판매하고 판매대금을 수수하였다. 고객은 상품에 대한 법적권리가 있으며 통제한다. 하지만, 고객은 20×2년 2월 8일에 동 상품을 인도받기를 원하여 회사의 창고에 보관하고 있으며, 실사금액에 포함되었다.
>
> (4) A사는 20×1년 12월 1일에 원가 ₩800,000의 재고자산을 현금 ₩1,000,000에 판매하기로 고객과 계약을 체결하였다. 계약에는 20×2년 3월 31일 이전에 그 자산을 ₩1,050,000에 다시 살 권리를 기업에 부여하는 콜옵션이 포함되어 있다. A사는 20×2년 3월 31일에 콜옵션을 행사하지 않았다.

위의 추가자료를 반영한 후 A사의 20×1년 말 재무상태표에 표시될 기말상품재고액은 얼마인가? (단, 재고자산감모손실 및 재고자산평가손실은 없다)

① ₩2,250,000   ② ₩3,050,000   ③ ₩3,100,000

④ ₩4,050,000   ⑤ ₩4,150,000

04 ㈜대한의 회계담당자는 자금을 횡령하였다. 거래처에 확인한 결과 매출채권의 기말 잔액은 ₩650,000으로 확인되었다. ㈜대한은 원가대비매출총이익률은 25%이며, 전액을 외상으로 매출을 하고 있었다. 다음의 자료를 활용하여 회계담당자의 횡령액을 계산하면 얼마인가?

• 매출채권의 기초 잔액	₩300,000
• 매출채권의 현금 회수액	₩3,100,000
• 기초 상품	₩200,000
• 당기 상품매입액	₩3,100,000
• 기말 상품	₩300,000

① ₩300,000   ② ₩900,000   ③ ₩1,050,000

④ ₩1,120,000   ⑤ ₩1,200,000

05 다음 중 취득원가에 대한 설명으로 옳지 않은 것은?

① 건물을 신축하기 위해 기존 건물을 철거하는 경우 기존 건물의 잔여 장부금액과 순철거원가는 모두 당기비용으로 인식한다.

② 기존 건물을 외부에서 구입하는 경우 구입가격과 제세공과금 등의 취득 부대비용은 건물의 취득원가가 된다.

③ 유형자산과 관련하여 취득하게 되는 국·공채의 매입가격과 공정가치의 차이를 유형자산의 취득원가에 가산해야 한다.

④ 장기연불조건으로 유형자산을 취득하는 경우 유형자산의 원가는 인식 시점의 현금가격상당액이다.

⑤ 경영진이 의도한 방식으로 유형자산을 가동할 수 있는 장소와 상태에 이르게 하는 동안에 재화가 생산될 수도 있다. 그러한 재화를 판매하여 얻은 매각금액과 그 재화의 원가는 유형자산의 취득원가에서 차감한다.

06 A사는 20×1년 7월 1일 기계장치를 ₩1,000,000에 구입하면서 국가로부터 상환의무가 있는 차입금 ₩1,000,000을 지원받았다.

(1) A사가 금전대차거래에서 부담하여야 할 시장이자율은 10%이지만, 해당 차입금은 3년 만기의 무이자조건이다.

(2) 기계장치의 내용연수는 5년이며, 잔존가치는 ₩50,000, 정률법으로 감가상각하며, 정률법 상각률은 45%이다. 한편 A사는 정부보조금에 대하여 자산차감법에 의하여 인식하고 있다.

(3) 현가계수는 다음과 같다.

구분	10%	
	현가	연금현가
3기	0.75131	2.48685

동 거래로 20×2년에 A사에 발생한 비용의 합계를 구하시오.

① ₩227,366 ② ₩203,666 ③ ₩336,343

④ ₩427,638 ⑤ ₩450,000

07 A사는 20×1년 1월 1일에 건물을 ₩10,000,000에 취득하였다. 건물의 추정 잔존가치는 ₩0, 추정 내용연수는 5년이며 정액법으로 감가상각한다. A사는 건물에 대해 재평가모형을 적용하며 매년 말 주기적으로 재평가를 실시하고 있다.

(1) 건물의 공정가치는 다음과 같다.

구분	공정가치
20×1년 12월 31일	16,000,000
20×2년 12월 31일	9,000,000

(2) 20×1년 말과 20×2년 말 재평가로 인한 내용연수와 잔존가치의 변경은 없다. 재평가잉여금은 건물을 사용함에 따라 일부를 이익잉여금으로 대체하는 방법을 채택하고 있다.

A사의 동 건물에 대한 설명으로 다음 중 옳지 않은 것을 고르시오.

① A사가 누계액제거법을 적용할 경우 20×1년 말에 재무상태표상의 재평가잉여금은 ₩8,000,000이다.
② A사가 비례수정법을 적용할 경우 20×2년에 포괄손익계산서상의 재평가손실은 ₩0이다.
③ A사가 비례수정법을 적용할 경우 20×2년 말에 재무상태표상의 재평가잉여금은 ₩3,000,000 이다.
④ A사가 누계액제거법을 적용할 경우 20×2년 말 재무상태표에 계상될 건물의 취득원가는 ₩9,000,000이다.
⑤ A사가 비례수정법을 적용할 경우 20×2년 말 재무상태표에 계상될 건물의 취득원가는 ₩9,000,000이다.

08 ㈜한국은 20×1년 7월 1일부터 공장건물 신축공사를 시작하여 20×2년 4월 30일에 완공하였다. ㈜한국이 공장건물의 차입원가를 자본화하는 경우 20×1년도 포괄손익계산서상 당기손익으로 인식할 이자비용은? (단, 이자비용은 월할 계산한다)

[공사대금 지출]

20×1. 7. 1.	20×1. 10. 1.
₩50,000	₩40,000

[차입금 현황]

구분	금액	차입일	상환(예정)일	연이자율
특정차입금	₩50,000	20×1. 7. 1.	20×2. 4. 30.	8%
일반차입금	₩25,000	20×1. 1. 1.	20×2. 6. 30.	10%

① ₩1,000   ② ₩1,500   ③ ₩2,000
④ ₩2,500   ⑤ ₩2,750

㈜한국은 20×1년 초에 자가사용 목적으로 건물을 ₩10,000,000에 취득하여 원가모형을 적용하고 있다. 이 건물의 잔존가치는 ₩0, 내용연수는 10년이며 정액법으로 감가상각한다. ㈜한국은 20×2년 초에 동 건물을 ㈜한강에게 임대하였다. 각 연도 말 건물의 공정가치는 다음과 같다.

구분	20×2년 초	20×2년 말
공정가치	₩9,600,000	₩10,200,000

아래의 각 상황별 ㈜한국의 20×2년 당기손익에 미치는 영향을 구하시오.

〈상황 1〉 ㈜한국이 투자부동산에 대해서 원가모형을 적용하기로 한 경우
〈상황 2〉 ㈜한국이 투자부동산에 대해서 공정가치모형을 적용하기로 한 경우

	〈상황 1〉	〈상황 2〉
①	₩1,000,000 감소	₩1,200,000 증가
②	₩400,000 감소	₩1,200,000 증가
③	₩1,000,000 감소	₩600,000 증가
④	₩400,000 감소	₩600,000 증가
⑤	₩400,000 감소	₩1,600,000 증가

10 다음 중 매각예정비유동자산에 대한 설명으로 옳지 않은 것은?

① 매각예정 분류기준이 보고기간 후에 충족된 경우 당해 비유동자산(또는 처분자산집단)은 보고기간 후 발행되는 당해 재무제표에서 매각예정으로 분류할 수 없다. 그러나 보고기간 후 공표될 재무제표의 승인 이전에 충족된다면 그 내용을 주석으로 공시한다.

② 매각예정으로 분류된 비유동자산(또는 처분자산집단)은 순공정가치와 장부금액 중 큰 금액으로 측정한다.

③ 매각예정으로 분류된 자산에 대해서는 감가상각을 하지 않는다. 그러나 매각예정으로 분류된 처분자산집단의 부채와 관련된 이자와 기타비용은 계속해서 인식한다.

④ 더 이상 매각예정으로 분류할 수 없는 비유동자산의 장부금액에 반영하는 조정금액은 매각예정 분류기준이 더 이상 충족되지 않는 기간의 계속영업손익에 포함한다.

⑤ 과거 재무상태표에 매각예정으로 분류된 비유동자산 또는 처분자산집단에 포함된 자산과 부채의 금액은 최근 재무상태표의 분류를 반영하기 위하여 재분류하거나 재작성하지 않는다.

11 ㈜대한은 20×1년 4월 1일에 ㈜민국이 20×1년 1월 1일 발행한 액면금액 ₩1,000,000(만기 3년, 표시이자율 연 4%, 매년 말 이자지급)의 사채를 취득하면서 FVOCI금융자산으로 분류하였다. ㈜대한이 사채 취득 시 적용할 유효이자율은 연 6%이다. 동 사채의 공정가치는 20×1년 말과 20×2년 10월 1일에 각각 ₩960,000, ₩980,000이었다. ㈜민국이 20×2년 10월 1일 사채액면금액의 60%를 ₩610,000(경과이자 포함)에 조기상환 시 ㈜대한이 인식할 처분손익은 얼마인가? (단, 이자는 월할로 계산하며, 단수차이로 인해 오차가 있다면 가장 근사치를 선택한다)

기간 \ 할인율	단일금액 ₩1의 현재가치		정상연금 ₩1의 현재가치	
	4%	6%	4%	6%
1년	0.9615	0.9434	0.9615	0.9434
2년	0.9246	0.8900	1.8861	1.8334
3년	0.8890	0.8396	2.7751	2.6730

① 처분이익 ₩24,004
② 처분이익 ₩5,998
③ ₩0
④ 처분손실 ₩5,998
⑤ 처분손실 ₩24,004

12 ㈜세무는 20×1년 1월 1일 액면금액 ₩1,000,000(표시이자율 연 5%, 매년 말 이자 지급, 만기 3년)인 사채를 발행하였으며, 사채발행비로 ₩46,998을 지출하였다. 사채발행 당시 시장이자율은 연 8%이며, 20×1년 말 동 사채의 장부금액은 ₩913,223이다. ㈜세무는 동 사채의 액면금액 중 ₩600,000을 20×3년 4월 1일에 경과이자를 포함하여 ₩570,000에 조기상환하였다. 동 사채와 관련하여 ㈜세무가 20×3년에 인식할 이자비용을 구하시오. (단, 계산금액은 소수점 이하 첫째자리에서 반올림한다)

기간	단일금액 ₩1의 현재가치		정상연금 ₩1의 현재가치	
	5%	8%	5%	8%
3년	0.8638	0.7938	2.7233	2.5771

① ₩14,318
② ₩15,888
③ ₩38,182
④ ₩52,500
⑤ ₩95,455

㈜대한은 20×1년 1월 1일 액면금액 ₩1,000,000의 전환사채를 다음과 같은 조건으로 액면발행하였다.

- 표시이자율: 연 4%
- 일반사채 시장이자율: 연 8%
- 이자지급일: 매년 말
- 만기일: 20×3년 12월 31일
- 전환조건: 사채액면금액 ₩5,000당 1주의 보통주(1주당 액면금액 ₩3,000)로 전환되며, 후속적으로 변경되지 않는다.
- 만기일까지 전환권을 행사하지 않으면 만기일에 액면금액의 108.6%를 지급
- 적용할 현가계수는 아래의 표와 같다.

기간 \ 할인율	단일금액 ₩1의 현재가치		정상연금 ₩1의 현재가치	
	4%	8%	10%	4%
1년	0.9615	0.9259	0.9091	0.9615
2년	0.9246	0.8573	0.8264	1.8861
3년	0.8890	0.7938	0.7513	2.7751

20×2년 1월 1일 위 전환사채의 액면금액 40%가 전환되었을 때, ㈜대한의 주식발행초과금 증가액은 얼마인가? (단, 단수차이로 인해 오차가 있다면 가장 근사치를 선택한다)

① ₩437,212
② ₩335,888
③ ₩274,888
④ ₩212,985
⑤ ₩174,888

14 20×1년 1월 1일에 설립된 ㈜대한은 20×1년 말에 확정급여제도를 도입하였으며, 이와 관련된 <자료>는 다음과 같다. (단, 20×1년도 확정급여채무 계산 시 적용한 할인율은 연 10%이며, 20×1년 이후 할인율의 변동은 없다)

〈자료〉

〈20×2년〉
(1) 20×2년 말 현재 사외적립자산의 공정가치는 ₩171,700이며, 보험수리적 가정의 변동을 반영한 확정급여채무는 ₩165,000이다.
(2) 20×2년 말 현재 자산인식상한효과는 ₩1,700이다.

〈20×3년〉
(1) 20×3년 말에 퇴직종업원에게 ₩2,000의 현금이 사외적립자산에서 지급되었다.
(2) 20×3년 말에 사외적립자산에 ₩80,000을 현금으로 출연하였다.
(3) 당기근무원가는 ₩110,000이다.
(4) 20×3년 말에 제도 정산이 이루어졌으며, 정산일에 결정되는 확정급여채무의 현재가치는 ₩80,000, 정산가격은 ₩85,000(이전되는 사외적립자산 ₩60,000, 정산 관련 기업 직접 지급액 ₩25,000)이다.
(5) 20×3년 말 제도 정산 직후 사외적립자산의 공정가치는 ₩220,000이며, 보험수리적 가정의 변동을 반영한 확정급여채무는 ₩215,000이다.
(6) 자산인식상한은 ₩3,500이다.

㈜대한의 확정급여제도와 관련하여 20×3년도의 당기순이익에 미치는 영향을 구하시오.

① ₩114,500 감소
② ₩109,500 감소
③ ₩109,330 감소
④ ₩126,500 감소
⑤ ₩174,888 감소

15 20×1년 1월 1일 현재 ㈜대한의 보통주 발행주식수는 7,000주(1주당 액면금액 ₩500)이며, 이 중 600주는 자기주식이고, 전환우선주(누적적) 발행주식수는 900주(1주당 액면금액 ₩200, 연 배당률 20%, 3주당 보통주 1주로 전환 가능)이다.

> • 3월 1일 유상증자를 실시하여 보통주 2,000주가 증가하였다. 유상증자 시 1주당 발행 금액은 ₩2,000이고 유상증자 직전 1주당 공정가치는 ₩2,500이다.
> • 10월 1일 전환우선주 600주가 보통주로 전환되었다.

㈜대한이 20×1년 당기순이익으로 ₩2,334,600을 보고한 경우 20×1년도 희석주당이익은 얼마인가? (단, 기중에 전환된 전환우선주에 대해서는 우선주배당금을 지급하지 않는다. 가중평균유통보통주식수는 월할 계산하되, 잠재적보통주(전환사채, 전환우선주)에 대해서는 실제 전환일을 기준으로 한다. 소수점 첫째자리에서 반올림한다)

① ₩220
② ₩240
③ ₩260
④ ₩277
⑤ ₩300

16 ㈜하늘은 20×1년 초에 부여일로부터 3년의 지속적인 용역제공을 조건으로 직원 100명에게 주식선택권을 1인당 10개씩 부여하였다. 20×1년 초 주식선택권의 단위당 공정가치는 ₩150이며, 주식선택권은 20×4년 초부터 행사할 수 있다. ㈜하늘의 연도별 실제 퇴직자 수 및 추가퇴직 예상자 수는 다음과 같다

구분	실제 퇴직자 수	추가퇴직 예상자 수
20×1년 말	5명	15명
20×2년 말	8명	17명

㈜하늘은 20×1년 말에 주식선택권의 행사가격을 낮추는 조건변경을 하였으며, 이러한 조건변경으로 조건변경일 현재 주식선택권의 단위당 공정가치가 ₩30 증가하였다. 20×2년도 인식할 보상비용은?

① ₩16,000
② ₩30,000
③ ₩40,500
④ ₩56,000
⑤ ₩70,000

㈜대한리스는 ㈜민국과 리스개시일인 20×1년 1월 1일에 운용리스에 해당하는 리스계약(리스기간 3년)을 체결하였으며, 관련 정보는 다음과 같다.

> • ㈜대한리스는 리스개시일인 20×1년 1월 1일에 기초자산인 기계장치를 ₩40,000,000 (잔존가치 ₩0, 내용연수 10년)에 신규 취득하였다. ㈜대한리스는 동 기초자산에 대해 원가모형을 적용하며, 정액법으로 감가상각한다.
> • 정액 기준 외 기초자산의 사용으로 생기는 효익의 감소형태를 보다 잘 나타내는 다른 체계적인 기준은 없다.
> • ㈜대한리스는 리스기간 종료일인 20×3년 12월 31일에 기초자산을 반환받으며, 리스종료일에 리스이용자가 보증한 잔존가치는 없다.
> • ㈜대한리스는 ㈜민국으로부터 각 회계연도 말에 다음과 같은 고정리스료를 받는다.
>
> | 20×1년 말 | 20×2년 말 | 20×3년 말 |
> |---|---|---|
> | ₩6,000,000 | ₩8,000,000 | ₩10,000,000 |
>
> • ㈜대한리스은 20×1년 1월 1일 운용리스 개설과 관련한 직접원가로 ₩600,000을 각각 지출하였다.

동 운용리스거래가 리스제공자인 ㈜대한리스의 20×1년도 포괄손익계산서상 당기순이익에 미치는 영향은 각각 얼마인가? (단, 감가상각비의 자본화는 고려하지 않으며, 단수차이로 인해 오차가 있다면 가장 근사치를 선택한다)

① ₩1,800,000 증가
② ₩5,533,333 감소
③ ₩3,940,000 감소
④ ₩3,940,000 증가
⑤ ₩3,800,000 증가

18 ㈜대한은 기계장치를 제조 및 판매하는 기업이다. 20×1년 1월 1일 ㈜대한은 ㈜민국에게 원가(장부금액) ₩100,000의 재고자산(기초자산)을 아래와 같은 조건으로 판매하였는데, 이 거래는 금융리스에 해당한다.

- 리스개시일은 20×1년 1월 1일이며, 리스개시일 현재 재고자산(기초자산)의 공정가치는 ₩130,000이다.
- ㈜대한은 20×1년부터 20×3년까지 매년 12월 31일에 ㈜민국으로부터 ₩50,000의 고정리스료를 받는다.
- ㈜대한은 동 금융리스 계약의 체결과 관련하여 리스개시일에 ₩1,000의 리스개설직접원가를 지출하였다.
- ㈜민국은 리스기간 종료일인 20×3년 12월 31일에 리스자산을 해당 시점의 공정가치보다 충분히 낮은 금액인 ₩8,000에 매수할 수 있는 선택권을 가지고 있으며, 20×1년 1월 1일 현재 ㈜민국이 이를 행사할 것이 상당히 확실하지는 않다고 판단된다.
- 20×1년 1월 1일에 ㈜대한의 내재이자율은 연 8%이며, 시장이자율은 연 12%이다.
- 적용할 현가계수는 아래의 표와 같다.

기간 \ 할인율	단일금액 ₩1의 현재가치		정상연금 ₩1의 현재가치	
	8%	12%	8%	12%
1년	0.9259	0.8929	0.9259	0.8929
2년	0.8573	0.7972	1.7832	1.6901
3년	0.7938	0.7118	2.5770	2.4019

위 거래가 ㈜대한의 20×1년도 포괄손익계산서상 당기순이익에 미치는 영향은 얼마인가? (단, 단수차이로 인해 오차가 있다면 가장 근사치를 선택한다)

① ₩24,789 증가

② ₩25,789 증가

③ ₩33,506 증가

④ ₩40,884 증가

⑤ ₩42,000 증가

19 기업회계기준서 제1115호 '고객과의 계약에서 생기는 수익'에 대한 다음 설명 중 옳은 것은?

① 일반적으로 고객과의 계약에는 기업이 고객에게 이전하기로 약속하는 재화나 용역을 분명히 기재한다. 그러므로 고객과의 계약에서 식별되는 수행의무는 계약에 분명히 기재한 재화나 용역에만 한정된다.

② 계약을 이행하기 위해 해야 하지만 고객에게 재화나 용역을 이전하는 활동도 수행의무에 포함된다.

③ 고객이 약속한 대가(판매대가) 중 상당한 금액이 변동될 수 있으며 그 대가의 금액과 시기가 고객이나 기업이 실질적으로 통제할 수 없는 미래 사건의 발생 여부에 따라 달라진다면 판매대가에 유의적인 금융요소는 있는 것으로 본다.

④ 적절한 진행률 측정방법에는 산출법과 투입법이 포함된다. 진행률 측정방법을 적용할 때, 고객에게 통제를 이전하지 않은 재화나 용역도 진행률 측정에 포함한다.

⑤ 수익은 한 시점에 이행하는 수행의무 또는 기간에 걸쳐 이행하는 수행의무로 구분한다. 이러한 구분을 위해 먼저 통제 이전 지표에 의해 기간에 걸쳐 이행하는 수행의무인지를 판단하고, 이에 해당하지 않는다면 그 수행의무는 한 시점에 이행되는 것으로 본다.

20 유통업을 영위하고 있는 ㈜대한은 20×1년 1월 1일 제품 A를 생산하는 ㈜민국과 각 제품에 대해 다음과 같은 조건의 판매 계약을 체결하였다.

〈제품 A〉
• ㈜대한은 제품 A에 대해 매년 최소 200개의 판매를 보장하며, 이에 대해서는 재판매 여부에 관계없이 ㈜민국에게 매입대금을 지급한다. 다만, ㈜대한이 200개를 초과하여 제품 A를 판매한 경우 ㈜대한은 판매되지 않은 제품 A를 모두 조건 없이 ㈜민국에게 반환할 수 있다.
• 고객에게 판매할 제품 A의 판매가격은 ㈜대한이 결정한다.
• ㈜민국은 ㈜대한에 제품 A를 1개당 ₩1,350에 인도하며, ㈜대한은 판매수수료 ₩150을 가산하여 1개당 ₩1,500에 고객에게 판매한다.

㈜민국은 위 계약을 체결한 즉시 ㈜대한에게 제품 A 250개를 인도하였다. ㈜대한이 20×1년에 제품 A 150개를 판매하였을 경우 동 거래로 인해 ㈜대한과 ㈜민국이 20×1년도에 인식할 수익은 각각 얼마인가?

	㈜대한	㈜민국
①	₩22,500	₩225,000
②	₩225,000	₩300,000
③	₩225,000	₩270,000
④	₩22,500	₩270,000
⑤	₩300,000	₩300,000

21 다음은 기업회계기준서 제1012호 '법인세'와 관련된 내용이다. 이에 대한 설명으로 옳지 않은 것은?

① 복합금융상품(예: 전환사채)의 발행자가 해당 금융상품의 부채요소와 자본요소를 각각 부채와 자본으로 분류하였다면, 그러한 자본요소의 최초 인식 금액에 대한 법인세효과(이연법인세)는 자본요소의 장부금액에 직접 반영한다.

② 과세대상수익의 수준에 따라 적용되는 세율이 다른 경우에는 일시적차이가 소멸될 것으로 예상되는 기간의 과세소득(세무상결손금)에 적용될 것으로 기대되는 평균세율을 사용하여 이연법인세 자산과 부채를 측정한다.

③ 일시적차이는 포괄손익계산서상 법인세비용차감전순이익과 과세당국이 제정한 법규에 따라 납부할 법인세를 산출하는 대상이 되는 이익 즉, 과세소득 간의 차이를 말한다.

④ 재평가모형을 적용하고 있는 유형자산과 관련된 재평가잉여금은 법인세효과를 차감한 후의 금액으로 기타포괄손익에 표시하고 법인세효과는 이연법인세부채로 인식한다.

⑤ 이연법인세 자산과 부채는 장기성 채권과 채무이기 때문에 각 일시적차이의 소멸시점을 상세히 추정하여 신뢰성 있게 현재가치로 할인하지 않는다.

22 ㈜대한의 회계감사인은 20×2년도 재무제표에 대한 감사과정에서 20×1년 말 재고자산 금액이 ₩10,000만큼 과대계상되어 있음을 발견하였으며, 이는 중요한 오류에 해당한다. 동 재고자산의 과대계상 오류가 수정되지 않은 ㈜대한의 20×1년과 20×2년의 손익은 다음과 같다.

구분	20×1년	20×2년
수익	₩150,000	₩170,000
비용	₩90,000	₩40,000
당기순이익	₩60,000	₩130,000

한편, 20×2년 말 재고자산 금액은 정확하게 계상되어 있으며, ㈜대한의 20×1년 초 이익잉여금은 ₩150,000이다. 상기 재고자산 오류를 수정하여 비교재무제표를 작성할 경우, ㈜대한의 20×1년의 비용과 20×2년 말의 이익잉여금은 각각 얼마인가?

	20×1년의 비용	20×2년 말
①	₩100,000	₩330,000
②	₩100,000	₩340,000
③	₩80,000	₩330,000
④	₩80,000	₩340,000
⑤	₩220,000	₩340,000

23 다음의 자료를 이용하여 ㈜대한의 20×1년도 매출총이익은 얼마인가?

> • ㈜대한의 20×1년도 현금흐름표상 '고객으로부터 유입된 현금'과 '공급자에 대한 현금유출'은 각각 ₩730,000과 ₩580,000이다.
> • ㈜대한의 재무상태표에 표시된 매출채권, 매출채권 관련 손실충당금, 재고자산, 매입채무의 금액은 각각 다음과 같다.
>
> | 구분 | 20×1년 초 | 20×1년 말 |
> |---|---|---|
> | 매출채권 | ₩150,000 | ₩115,000 |
> | (손실충당금) | (-)40,000 | (-)30,000 |
> | 재고자산 | 200,000 | 230,000 |
> | 매입채무 | 90,000 | 110,000 |
>
> • 20×1년도 포괄손익계산서에 매출채권 관련 외환차익과 매입채무 관련 외환차익이 각각 ₩200,000과 ₩300,000으로 계상되어 있다.
> • 20×1년도 포괄손익계산서에 매출채권에 대한 손상차손 ₩20,000과 기타비용(영업외비용)으로 표시된 재고자산감모손실 ₩15,000이 각각 계상되어 있다.

① ₩(-)330,000
② ₩(-)335,000
③ ₩340,000
④ ₩345,000
⑤ ₩(-)410,000

24 ㈜대한은 20×1년 초 ㈜민국의 의결권 있는 주식 20%를 ₩60,000에 취득하여 유의적인 영향력을 행사할 수 있게 되었다. ㈜민국에 대한 추가 정보는 다음과 같다.

> • 20×1년 1월 1일 현재 ㈜민국의 순자산 장부금액은 ₩200,000이며, 자산과 부채는 장부금액과 공정가치가 모두 일치한다.
> • ㈜대한은 20×1년 중 ㈜민국에게 원가 ₩20,000인 제품을 ₩25,000에 판매하였다. ㈜민국은 20×1년 말 현재 ㈜대한으로부터 취득한 제품 ₩25,000 중 ₩10,000을 기말재고로 보유하고 있다.
> • ㈜민국의 20×1년 당기순이익은 ₩28,000이며, 기타포괄이익은 ₩5,000이다.

㈜민국에 대한 지분법적용투자주식과 관련하여 ㈜대한이 20×1년 말 재무상태표에 인식할 지분법적용투자주식의 장부금액은 얼마인가?

① ₩59,000
② ₩61,000
③ ₩65,200
④ ₩66,200
⑤ ₩70,200

25 12월 말 결산법인인 A회사는 20×1년 5월 1일에 B사로부터 도로건설을 수주하였다. 공사계약기간은 20×1년 7월 1일부터 20×3년 6월 30일까지이고, 공사계약금액은 ₩1,800,000이다. 진행기준 적용 시 진행률은 총추정원가 대비 현재까지 발생한 누적원가의 비율을 사용하고, 관련 자료는 아래와 같다.

구분	20×1년	20×2년	20×3년
당기 발생 계약원가	₩260,000	₩892,000	₩288,000
완성시까지 추가 계약원가 예상액	₩1,040,000	₩288,000	-
계약대금 청구액	₩400,000	₩900,000	₩500,000
계약대금 회수액	₩300,000	₩900,000	₩600,000

20×1년의 자료는 위에 제시된 자료와 동일하다. 20×2년 1월 1일부터 B회사의 재무상태 악화로 인하여 20×2년의 계약대금은 회수하지 못하였으며, 미회수 계약대금 중 회수가능성이 높은 금액은 20×2년 12월 31일 현재 ₩50,000이다. 20×2년 발생원가는 ₩892,000이고, 건설자재 가격의 변동이 심하여 공사에 추가적으로 소요되는 금액을 20×2년 12월 31일 현재 신뢰성 있게 추정할 수 없다. 20×2년도에 A사가 인식할 계약손익은 얼마인가?

① ₩(−)542,000

② ₩(−)892,000

③ ₩(−)350,000

④ ₩(−)902,000

⑤ ₩0

정답

01 ②	02 ③	03 ②	04 ①	05 ⑤	06 ③	07 ⑤	08 ②	09 ③	10 ②
11 ②	12 ④	13 ⑤	14 ①	15 ④	16 ③	17 ⑤	18 ③	19 ⑤	20 ③
21 ③	22 ②	23 ①	24 ④	25 ②					

해설

01 ② ① 한국채택국제회계기준에서 요구하거나 허용하지 않는 한 자산과 부채 그리고 수익과 비용은 상계하지 아니한다.

③ 기업은 비용의 성격별 또는 기능별 분류방법 중에서 신뢰성 있고 더욱 목적적합한 정보를 제공할 수 있는 방법을 적용하여 당기손익으로 인식한 비용의 분석내용을 표시한다.

④ 유사한 항목은 중요성 분류에 따라 재무제표에 구분하여 표시하고, 상이한 성격이나 기능을 가진 항목은 구분하여 표시한다. 다만 중요하지 않은 항목은 성격이나 기능이 유사한 항목과 통합하여 표시할 수 있다.

⑤ 재무제표 항목의 표시나 분류를 변경하는 경우 실무적으로 적용할 수 없는 것이 아니라면 비교금액도 재분류해야 한다.

02 ③ ① 중간재무보고서는 최소한 요약재무상태표, 요약된 하나 또는 그 이상의 포괄손익계산서, 요약자본변동표, 요약현금흐름표 그리고 선별적 주석을 포함하여야 한다.

② 중간재무보고서에는 직전 연차보고기간 말 후 발생한 재무상태와 경영성과의 변동을 이해하는 데 유의적인 거래나 사건에 대한 설명을 포함한다.

④ 중간재무보고서를 작성할 때 인식, 측정, 분류 및 공시와 관련된 중요성의 판단은 해당 중간기간의 재무자료에 근거하여 이루어져야 한다.

⑤ 중간재무제표는 연차재무제표에 적용하는 회계정책과 동일한 회계정책을 적용하여 작성한다. 다만 직전 연차보고기간 말 후에 회계정책을 변경하여 그 후의 연차재무제표에 반영하는 경우에는 변경된 회계정책을 적용한다.

03 ② 20×1년 말 재고자산: 3,050,000

❍ 2,000,000(회사 창고상 재고) + 100,000(매입 미착상품) + 200,000(판매 미착품) − 50,000(미인도청구판매) + 800,000(재매입약정) = 3,050,000

＊ 기업이 제품을 물리적으로 점유하고 있더라도 고객이 제품을 통제할 수 있는 경우에는 제품의 미인도청구 판매를 수익으로 인식한다.
＊ 재매입약정판매: 동 거래는 회사가 손해보는 계약으로 행사할 유인이 유의적이므로 금융약정으로 본다.

20×1년 12월 1일	차) 현금	1,000,000	대) 단기차입금	1,000,000

04 ① 회계담당자의 횡령액: 300,000
1) 재고자산의 T계정 분석

재고자산

기초	200,000	매출원가	3,000,000
매입	3,100,000	기말	300,000
	3,300,000		3,300,000

2) 매출액: 3,750,000 = 3,000,000 × (1 + 25%)
3) 매출채권의 T계정 분석

매출채권

기초	300,000	회수	3,400,000
외상	3,750,000	기말	650,000
	4,050,000		4,050,000

4) 횡령액: 300,000 = 3,400,000 - 3,100,000
∴ 회계담당자의 횡령액: 300,000 = 3,400,000 - 3,100,000

05 ⑤ 경영진이 의도한 방식으로 유형자산을 가동할 수 있는 장소와 상태에 이르게 하는 동안에 재화가 생산될 수도 있다. 그러한 재화를 판매하여 얻은 매각금액과 그 재화의 원가는 적용 가능한 기준서에 따라 당기손익으로 인식한다.

06 ③ ❍ 20×2년 비용의 합계: 348,750 - 91,295 + 78,888 = 336,343
회계처리

20×1. 7. 1.	차)	현금	1,000,000	대)	장기차입금	751,310
					정부보조금[1]	248,690
	차)	기계장치	1,000,000	대)	현금	1,000,000
20×1. 12. 31.	차)	감가상각비[2]	225,000	대)	감가상각누계액	225,000
		정부보조금	58,900		감가상각비[3]	58,900
		이자비용[4]	37,566		장기차입금	37,566
20×2. 12. 31.	차)	감가상각비[5]	348,750	대)	감가상각누계액	348,750
		정부보조금	91,295		감가상각비[6]	91,295
		이자비용[7]	78,888		장기차입금	78,888

[1] 1,000,000 - (1,000,000 × 0.75131) = 248,690
[2] (1,000,000 - 0) × 45% × 6/12 = 225,000
[3] 225,000 × 248,690/(1,000,000 - 50,000) = 58,900
[4] 751,310 × 10% × 6/12 = 37,566
[5] (1,000,000 - 225,000) × 45% = 348,750
[6] 348,750 × 248,690/(1,000,000 - 50,000) = 91,295
[7] 751,310 × 10% × 6/12 + 751,310 × 1.1 × 10% × 6/12 = 78,888

07 ⑤ ① 20×1년 말 재평가잉여금: 16,000,000 - [10,000,000 - (10,000,000 × 1/5)] = 8,000,000
② 20×2년 말 재평가잉여금 감소액: 9,000,000 - [16,000,000 - (16,000,000 × 1/4)] = (-)3,000,000
  * 재평가잉여금의 이익잉여금 대체액: 평가 후 감가상각비 4,000,000 - 평가 전 감가상각비 2,000,000 = 2,000,000
③ 20×2년 말 재평가잉여금의 잔액: 기초 8,000,000 - 대체 2,000,000 - 재평가손실 3,000,000 = 3,000,000
④ 누계액제거법은 재평가 시에 감가상각누계액이 제거되므로 건물의 취득원가는 기말의 공정가치가 된다.
⑤ 비례수정법 사용 시 20×2년 말 건물의 취득원가: 9,000,000 + 6,000,000 = 15,000,000
  * 20×2년 말 감가상각누계액: (9,000,000 - 0) ÷ 3년 × 2년 = 6,000,000

08 ② 1) 연평균지출액: $50,000 \times 6/12 + 40,000 \times 3/12 = 35,000$

2) 특정 차입금 이자비용: $50,000 \times 6/12 \times 8\% = 2,000$(전액 자본화)

3) 일반 차입금 이자비용: $25,000 \times 12/12 \times 10\% = 2,500$

4) 일반 차입금의 자본화 대상 차입원가: $(35,000 - 50,000 \times 6/12) \times 10\% = 1,000$

5) 20×1년의 이자비용: $2,500 - 1,000 = 1,500$

09 ③ <상황 1>

20×2년 초	차)	감가상각누계액	1,000,000	대)	유형자산	10,000,000
		투자부동산	9,000,000			
20×2년 말	차)	감가상각비[1]	1,000,000	대)	감가상각누계액	1,000,000

[1] $(9,000,000 - 0) \div (10 - 1)년 = 1,000,000$

<상황 2>

20×2년 초	차)	감가상각누계액	1,000,000	대)	유형자산	10,000,000
		투자부동산	9,600,000		재평가잉여금	600,000
20×2년 말	차)	투자부동산[1]	600,000	대)	투자부동산평가이익	600,000

[1] $10,200,000 - 9,600,000 = 600,000$

10 ② 매각예정으로 분류된 비유동자산(또는 처분자산집단)은 순공정가치와 장부금액 중 작은 금액으로 측정한다.

11 ② 1) 20×1년 말 FVOCI금융자산의 총장부금액: $1,000,000 \times 0.8900 + 40,000 \times 1.8334 = 963,336$

2) 20×2년 초부터 10월 1일까지의 유효이자: $963,336 \times 6\% \times 9/12 = 43,350$

3) 처분손익: $610,000 - (963,336 + 43,350) \times 60\% = 5,998$(단수차이)

    * AC금융자산과 FVOCI금융자산은 당기손익에 미친 영향이 동일하므로 처분손익을 묻는 문제의 경우 AC금융자산과 그 풀이가 동일하다.

12 ④ 1) 20×1년 초 사채의 장부금액: $1,000,000 \times 0.7938 + 50,000 \times 2.5771 - 46,998 = 875,657$

2) 20×1년 말 사채의 장부금액: $875,657 \times (1 + 유효R) - 50,000 = 913,223$, 유효이자율: 10%

3) 20×2년 말 사채의 장부금액: $1,050,000 \div (1 + 10\%) = 954,545$

4) 20×3년 이자비용: $(1) + (2) = 52,500$

   (1) 상환한 부분의 이자비용: $954,545 \times 10\% \times 60\% \times 3/12 = 14,318$

   (2) 미상환한 부분의 이자비용: $954,545 \times 10\% \times 40\% \times 12/12 = 38,182$

13 ⑤ 1) 상환할증금: $1,000,000 \times (108.6\% - 1) = 86,000$

2) 20×1년 초 전환사채의 공정가치: $(1,000,000 + 86,000) \times 0.7938 + 40,000 \times 2.5770 = 965,147$

3) 20×1년 초 전환권대가의 공정가치: $1,000,000 - 965,147 = 34,853$

4) 전환 시 회계처리(100%)가정

차)	전환사채[1]	1,002,359	대) 자본금[2]		600,000
	전환권대가	34,853	주식발행초과금(대차차액)		437,212

[1] $965,147 \times 1.08 - 40,000 = 1,002,359$
[2] $1,000,000/5,000 \times 3,000 = 600,000$

5) 40% 전환 시 주식발행초과금 증가액: $437,212 \times 40\% = 174,885$

14 ① 당기순손실: (-)114,500

확정급여채무			
지급액	2,000	기초	165,000
정산	80,000	근무원가(당기 + 과거)	A 110,000
		이자비용(기초 × 기초R)[1]	B 16,500
기말	Ⅰ 215,000	재측정요소(보험수리적손익)	① 5,500

사외적립자산			
기초	171,700	지급액	2,000
기여금	80,000	정산	60,000
이자수익[2]	C 17,170		
재측정요소	② 13,130	기말	Ⅱ 220,000

자산인식상한효과			
		기초	1,700
		이자비용	D 170
기말[3]	Ⅲ 1,500	재측정요소	③ (-)370

1) 165,000 × 10% = 16,500
2) 171,700 × 10% = 17,170
3) 220,000 - (215,000 + 3,500) = 1,500

1) B/S계정
  순확정급여자산
  ● Ⅱ - Ⅰ - Ⅲ
  ● 3,500
2) I/S계정
  (1) 퇴직급여(N/I)
    ● A + B - C + D + 정산손익
    ● 114,500
  (2) 재측정요소변동(OCI)
    ● ② - ① - ③
    ● 6,750

<정산의 회계처리>

차) 확정급여채무	80,000	대) 사외적립자산	60,000
퇴직급여	5,000	현금	25,000

15 ④
1) 우선주 배당액: (900 - 600)주 × @200 × 20% = 12,000
2) 공정가치 미만 유상증자
   (1) 공정가치로 유상증자한 주식수: 2,000주 × 2,000/2,500 = 1,600
   (2) 무상증자 비율: (2,000 - 1,600)주 ÷ (7,000 - 600 + 1,600) = 5%
3) 가중평균유통보통주식수: 8,170주
   * (7,000 × 1.05 × 12 - 600 × 1.05 × 12 + 1,600 × 1.05 × 10 + 600/3 × 3)/12 = 8,170주
4) 잠재적보통주식수: (300/3 × 12 + 600/3 × 9)/12 = 250주
5) 기본주당이익: (2,334,600 - 12,000) ÷ 8,170주 = 284
6) 희석효과: 12,000 ÷ 250주 = 48(희석효과 있음)
7) 희석주당이익: [(2,334,600 - 12,000) + 12,000] ÷ (8,170 + 250)주 = 277

16 ③
1) 20×1년 말의 주식선택권 장부금액: 150 × (100 - 5 - 15) × 10 × 1/3 = 40,000
2) 20×2년 말의 주식선택권 장부금액: 150 × (100 - 5 - 8 - 17) × 10 × 2/3 + 30 × (100 - 5 - 8 - 17) × 10 × 1/2 = 80,500
3) 20×2년의 주식보상비용: 80,500 - 40,000 = 40,500

17 ⑤ 20×1년 당기순이익에 미치는 영향: 3,800,000 증가
1) 운용리스료수익: (6,000,000 + 8,000,000 + 10,000,000) ÷ 3년 = 8,000,000
2) 감가상각비: (40,000,000 - 0) ÷ 10년 + (600,000) ÷ 3년 = (-)4,200,000

18 ③ 당기순이익에 미치는 영향: 120,095 - 100,000 - 1,000 + 14,411 = 33,506

1) 리스개시일의 회계처리

차)	리스채권	120,095	대)	매출[1]	120,095
차)	매출원가	100,000	대)	재고자산	100,000
차)	수수료비용	1,000	대)	현금	1,000

[1] Min[130,000, 50,000 × 2.4019] = 120,095(매수선택권의 행사가능성이 상당히 확실하지 않으므로 리스료에 포함시키지 않는다)

2) 20×1년 말 회계처리

차)	현금	50,000	대)	이자수익[2]	14,411
				리스채권	35,589

[2] 120,095 × 12% = 14,411

19 ⑤ ① 일반적으로 고객과의 계약에는 기업이 고객에게 이전하기로 약속하는 재화나 용역을 분명히 기재한다. 그러나 고객과의 계약에서 식별되는 수행의무는 계약에 분명히 기재한 재화나 용역에만 한정되지 않을 수 있다.
② 계약을 이행하기 위해 해야 하지만 고객에게 재화나 용역을 이전하는 활동이 아니라면 그 활동은 수행의무에 포함되지 않는다.
③ 고객이 약속한 대가(판매대가) 중 상당한 금액이 변동될 수 있으며 그 대가의 금액과 시기가 고객이나 기업이 실질적으로 통제할 수 없는 미래 사건의 발생 여부에 따라 달라진다면 판매대가에 유의적인 금융요소는 없는 것으로 본다.
④ 적절한 진행률 측정방법에는 산출법과 투입법이 포함된다. 진행률 측정방법을 적용할 때, 고객에게 통제를 이전하지 않은 재화나 용역은 진행률 측정에서 제외하는 반면, 수행의무를 이행할 때 고객에게 통제를 이전하는 재화나 용역은 모두 진행률 측정에 포함한다.

20 ③ 1) ㈜대한이 수익으로 인식할 금액
통제권을 보유한 200개 중 150개 판매에 따른 판매수익: 1,500 × 150개 = 225,000
2) ㈜민국이 수익으로 인식할 금액
통제권을 이전한 200개의 판매수익: 1,350 × 200개 = 270,000

21 ③ 포괄손익계산서상 법인세비용차감전순이익과 과세당국이 제정한 법규에 따라 납부할 법인세를 산출하는 대상이 되는 이익 즉, 과세소득 간의 차이는 일시적차이로 발생할 수도 있고 영구적차이로 발생할 수도 있다.

22 ② 1) 수정 후 20×1년 비용: 90,000 + 10,000(재고과대계상수정하여 매출원가 증가) = 100,000
2) 수정 후 20×2년 말 이익잉여금: 150,000 + 60,000 + 130,000 = 340,000
* 자동조정오류이므로 동 오류가 20×2년 말 이익잉여금에 미치는 영향은 없다.

23 ① 매출총손실: (-)330,000
• 약식분개법

차)	현금	730,000	대)	현금	580,000
	손실충당금	10,000		매출채권	35,000
	재고자산	30,000		매입채무	20,000
	손상차손	20,000		외환차익	500,000
	재고자산감모손실	15,000			

24 ④   1) 미실현손익: (25,000 - 20,000) × 10,000/25,000 = 2,000

         2) 지분법이익: (28,000 - 2,000) × 20% = 5,200

         3) 20×1년 말 지분법적용투자주식의 장부금액: 60,000 + 5,200 + 5,000 × 20% = 66,200

25 ②   1) 계약손익

구분	20×1년	20×2년
계약수익	360,000	20×2년까지의 누적수익 인식액이 Min[(300,000 + 50,000), (260,000 + 892,000)] = 350,000이므로 계약수익은 '0'
대손상각비		350,000 - 360,000 = (-)10,000
계약원가	(-)260,000	(-)892,000
계약손익	100,000	(-)892,000

   2) 20×2년 회계처리

원가투입 시	차)	미성공사	892,000	대)	현금	892,000
기말결산 시	차)	계약자산	0	대)	계약수익	0
	차)	손상차손	10,000	대)	손실충당금	10,000
	차)	계약원가	892,000	대)	미성공사	892,000

01 재무보고를 위한 개념체계에서 측정에 대한 설명으로 옳지 않은 것은?

① 자산을 취득하거나 창출할 때의 역사적 원가는 자산의 취득 또는 창출에 발생한 원가의 가치로서, 자산을 취득 또는 창출하기 위하여 지급한 대가와 거래원가를 포함한다.

② 사용가치와 이행가치는 시장참여자의 가정보다는 기업 특유의 가정을 반영한다.

③ 공정가치는 부채를 발생시키거나 인수할 때 발생한 거래원가로 인해 감소하며, 부채의 이전 또는 결제에서 발생할 거래원가를 반영한다.

④ 자산의 현행원가는 측정일 현재 동등한 자산의 원가로서 측정일에 지급할 대가와 그 날에 발생할 거래원가를 포함한다.

⑤ 사용가치와 이행가치는 미래 현금흐름에 기초하기 때문에 자산을 취득하거나 부채를 인수할 때 발생하는 거래원가는 포함하지 않는다.

02 자본 및 자본유지개념에 관한 설명으로 옳지 않은 것은?

① 자본유지개념은 이익이 측정되는 준거기준을 제공하며, 기업의 자본에 대한 투자수익과 투자회수를 구분하기 위한 필수요건이다.

② 자본을 투자된 화폐액 또는 투자된 구매력으로 보는 재무적개념하에서 자본은 기업의 순자산이나 지분과 동의어로 사용된다.

③ 자본을 불변구매력 단위로 정의한 재무자본유지개념하에서는 일반물가수준에 따른 가격상승을 초과하는 자산가격의 증가 부분만이 이익으로 간주된다.

④ 재무자본유지개념을 사용하기 위해서는 특정한 측정기준의 적용을 요구하지 아니하며, 실물자본유지개념은 현행원가기준의 적용을 요구한다.

⑤ 자본을 실물생산능력으로 정의한 실물자본유지개념하에서 기업의 자산과 부채에 영향을 미치는 모든 가격변동은 이익으로 처리된다.

03 자산별 회계처리에 대한 설명으로 옳지 않은 것은?

① 무형자산의 상각방법은 자산의 경제적효익이 소비될 것으로 예상되는 형태를 반영한 방법이다. 다만, 그 형태를 신뢰성 있게 결정할 수 없는 경우에는 정액법을 사용한다.

② 부동산 보유자가 부동산 사용자에게 부수적인 용역을 제공하는 경우가 있다. 전체 계약에서 그러한 용역의 비중이 경미하다면 부동산 보유자는 당해 부동산을 자가사용부동산으로 분류한다.

③ 정기적인 종합검사과정에서 발생하는 원가가 인식기준을 충족하는 경우에는 유형자산의 일부가 대체되는 것으로 보아 해당 유형자산의 장부금액에 포함하여 인식한다.

④ 재고자산을 순실현가능가치로 감액한 평가손실과 모든 감모손실은 감액이나 감모가 발생한 기간에 비용으로 인식한다.

⑤ 매각예정으로 분류된 비유동자산(또는 처분자산집단)은 순공정가치와 장부금액 중 작은 금액으로 측정한다.

04 ㈜포도의 당해 상품 매매와 관련된 자료는 다음과 같다.

〈자료〉

(1) 재고자산의 물량 흐름

구분	수량	단위원가
기초 상품 재고	650개	@700
1월 20일 매입	1,500개	@800
2월 10일 매출(외상매출)	1,500개	@1,000
5월 25일 매입	750개	@820
7월 10일 매출(외상매출)	1,200개	@1,000
10월 20일 매입	800개	@844
12월 15일 매출(외상매출)	350개	@1,000

(2) ㈜포도는 기말 재고자산 실사 중에 감모 수량이 100개가 발생한 것을 확인하였고 이 중 40개는 원가성이 있는 감모인 것을 확인하였다. 기말 재고자산의 순실현가능가치는 ₩750이다.

(3) ㈜포도는 정상감모손실과 평가손실은 매출원가로 기록하고 있으며, 비정상감모손실은 기타비용으로 기록하고 있다.

(4) 기말 재고 자산 중 250개는 ₩1,200에 판매하기로 확정판매계약을 맺었으며, 이 계약에서만 판매비용으로 ₩200이 발생한다.

㈜포도는 재고자산에 대해 가중평균법을 사용하고 있으며, 재고자산 수량을 실지재고조사법에 따라 기록하는 경우, 매출원가를 계산하시오. (단, 기초에 동 재고자산에 대한 평가충당금은 ₩20,000이 존재한다고 가정한다)

① ₩2,310,440
② ₩2,440,000
③ ₩2,473,440
④ ₩2,453,440
⑤ ₩2,560,440

05 ㈜하늘은 20×2년 1월 1일 화재가 발생하여 20×1년 말 현재 보유하고 있던 재고자산의 상당 부분이 소실되었다. 화재로 인하여 손실을 피한 창고 안에 있었던 재고자산은 현재 ₩200,000으로 확인되었다. 다음의 자료를 이용하여 화재로 인한 재고자산 손실액을 구하시오. (단, 매출원가 대비 매출총이익률은 25%라고 가정한다)

〈자료〉
(1) 20×1년 초 재고자산은 ₩840,000이다.
(2) 20×1년 초 매입채무는 ₩350,000이 존재하였다. 당기 매입채무 현금지급액은 ₩2,150,000이다. 기말 매입채무는 ₩1,000,000이다.
(3) 20×1년 초 매출채권은 ₩950,000이 존재하였다. 당기 매출채권 현금회수액은 ₩3,250,000이며, 당기 매출채권에서 손상이 확정되어 제거한 금액은 ₩300,000이다. 기말 매출채권은 ₩1,200,000이다.
(4) 20×1년에 발생한 매입에누리는 ₩100,000이고, 매출할인은 ₩120,000이다.

① ₩400,000　　　② ₩496,000　　　③ ₩396,000
④ ₩300,000　　　⑤ ₩200,000

06 ㈜한국은 20×1년 10월 1일 기계장치를 ₩80,000(내용연수 5년, 잔존가치 ₩5,000, 연수합계법, 월할 상각)에 취득하였다. 동 기계장치를 20×3년 3월 31일 ₩40,000에 처분할 경우, 처분손익을 구하시오. (단, 기계장치는 원가모형을 적용하고 손상차손은 발생하지 않았다)

① ₩4,500 손실　　　② ₩5,000 손실　　　③ ₩10,000 손실
④ ₩4,500 이익　　　⑤ ₩10,000 이익

07 ㈜한국과 ㈜대한은 기계장치를 교환하였으며, 동 교환과 관련하여 ㈜한국은 ㈜대한으로부터 ₩200,000을 수령하였다. ㈜한국이 보유한 기계장치의 공정가치가 ㈜대한이 보유한 기계장치의 공정가치보다 더 명백한 경우, 동 교환과 관련하여 두 회사가 인식할 처분손익은? (단, 동 거래는 상업적 실질이 존재한다)

구분	㈜한국		㈜대한	
	장부금액	공정가치	장부금액	공정가치
기계장치	₩6,000,000	₩5,400,000	₩5,000,000	₩5,700,000

	㈜한국	㈜대한
①	이익 ₩100,000	손실 ₩600,000
②	이익 ₩600,000	손실 ₩100,000
③	손실 ₩100,000	이익 ₩600,000
④	손실 ₩600,000	이익 ₩200,000
⑤	손실 ₩700,000	이익 ₩200,000

08 ㈜포도는 20×1년 초 투자부동산으로 건물(취득원가 ₩50,000, 잔존가치 ₩0, 내용연수 20년, 정액법 상각)을 취득하여 원가모형을 적용하여 평가해오다가 20×5년 초 평가방법을 공정가치모형으로 변경하였다. 20×5년 말 동 건물의 공정가치는 ₩42,000이다. 20×6년 초 동 건물을 ₩36,000에 처분할 경우 인식할 손익은?

① ₩6,000 손실
② ₩3,200 손실
③ ₩1,500 손실
④ ₩1,500 이익
⑤ ₩4,500 이익

09 충당부채와 우발부채에 관한 설명으로 옳지 않은 것은?

① 충당부채와 관련하여 포괄손익계산서에 인식한 비용은 제삼자의 변제와 관련하여 인식한 금액과 상계하여 표시할 수 있다.
② 예상되는 자산 처분이 충당부채를 생기게 한 사건과 밀접하게 관련된 경우에 예상되는 자산 처분 이익은 충당부채를 측정하는 데에 차감한다.
③ 어떤 의무를 제3자와 연대하여 부담하는 경우에 이행하여야 하는 전체 의무 중에서 제3자가 이행할 것으로 예상되는 정도까지만 우발부채로 처리한다.
④ 충당부채는 과거사건의 결과로 현재의무가 존재하며, 의무 이행에 경제적 효익이 있는 자원의 유출가능성이 높고, 그 금액을 신뢰성있게 추정할 수 있을 때 인식한다.
⑤ 과거에 우발부채로 처리하였더라도 미래경제적효익의 유출가능성이 높아진 경우에는 신뢰성 있게 추정할 수 없는 극히 드문 경우를 제외하고는 그러한 가능성 변화가 생긴 기간의 재무제표에 충당부채로 인식한다.

10 ㈜한국은 20×1년 3월 1일 보유하던 받을 어음을 다음과 같은 조건으로 할인받았다. 어음의 할인일에 ㈜한국이 인식할 매출채권처분손실은 ₩2,180이다. 이 경우 할인율을 구하시오. (단, 이자는 월할 계산한다)

• 어음의 액면금액: ₩200,000 • 표시이자율: 연 6% • 발행일: 20×1년 1월 1일 • 만기일: 20×1년 6월 30일 • 이자 지급시기: 만기일 • 할인율: ?%

① 9% ② 10% ③ 11%
④ 12% ⑤ 8%

11 다음은 ㈜한국이 20×1년과 20×2년에 ㈜대한의 지분상품을 거래한 내용이다.

20×1년			20×2년
취득금액	매입수수료	기말 공정가치	처분금액
₩1,000	₩50	₩1,100	₩1.080

동 지분상품을 당기손익-공정가치 측정 금융자산 또는 기타포괄손익-공정가치 측정 금융자산으로 분류하였을 경우, 옳지 않은 것은?

① 당기손익-공정가치 측정 금융자산으로 분류하였을 경우, 20×1년 당기순이익이 ₩50 증가한다.
② 기타포괄손익-공정가치 측정 금융자산으로 분류할 경우. 20×1년 기타포괄손익누계액이 ₩50 증가한다.
③ 당기손익-공정가치 측정 금융자산으로 분류하였을 경우, 20×2년 당기순이익이 ₩20 감소한다.
④ 기타포괄손익-공정가치 측정 금융자산으로 분류할 경우. 20×2년 기타포괄손익누계액이 ₩30 감소한다.
⑤ 당기손익-공정가치 측정 금융자산으로 분류한 경우와 기타포괄손익-공정가치 측정으로 분류한 경우 20×2년에 인식할 총포괄이익은 동일하다.

12 금융상품에 관한 설명으로 옳지 않은 것은?

① 금융상품이란 거래당사자 어느 한쪽에게는 금융자산이 생기게 하고 거래상대방에게 금융부채나 지분상품이 생기게 하는 모든 계약을 의미한다.
② 잠재적으로 유리한 조건으로 거래상대방과 금융자산이나 금융부채를 교환하기로 한 계약상 권리는 금융자산에 해당한다.
③ 거래상대방에게 현금 등 금융자산을 인도하기로 한 계약상 의무는 금융부채에 해당한다.
④ 금융상품의 발행자는 계약의 실질과 금융부채, 금융자산, 지분상품의 정의에 따라 최초 인식시점에 금융상품이나 금융상품의 구성요소를 금융부채, 금융자산, 지분상품으로 분류해야 한다.
⑤ 기업이 자기지분상품을 재취득하는 경우에는 이러한 지분상품은 금융자산으로 인식한다.

13 20×1년 1월 1일에 설립한 ㈜한국의 자본관련 거래는 다음과 같다.

일자	거래 내역
1월 1일	보통주 1,000주를 주당 ₩120(액면금액 ₩100)에 발행하고, 주식발행과 관련된 직접비용을 ₩700을 현금 지급하였다.
7월 1일	보통주 1,000주를 주당 ₩90(액면금액 ₩100)에 발행하고, 주식발행과 관련된 직접비용은 발생하지 않았다.

이와 관련된 설명으로 옳은 것은?

① 1월 1일 현금 ₩120,000이 증가한다.

② 1월 1일 주식발행과 관련된 직접비용 ₩700을 비용으로 계상한다.

③ 7월 1일 자본금 ₩90,000이 증가한다.

④ 12월 31일 재무상태표에 주식발행초과금으로 표시할 금액은 ₩9,300이다.

⑤ 12월 31일 재무상태표에 주식할인발행차금으로 표시할 금액은 ₩10,000이다.

14 고객과의 계약에서 생기는 수익에서 측정에 대한 설명으로 옳지 않은 것은?

① 기업이 받을 권리를 갖게 될 변동대가에 미치는 불확실성의 영향을 추정할 때에는 그 계약 전체에 하나의 방법을 일관되게 적용한다.

② 거래가격은 고객에게 약속한 재화나 용역을 이전하고 그 대가로 기업이 받을 권리를 갖게 될 것으로 예상하는 금액이며, 제3자를 대신해서 회수한 금액도 포함된다.

③ 거래가격을 산정하기 위하여 기업은 재화나 용역을 현행원가에 따라 약속한 대로 고객에게 이전할 것이고 이 계약은 취소, 갱신, 변경되지 않을 것이라고 가정한다.

④ 계약에서 약속한 대가의 변동금액이 포함된 경우에 고객에게 약속한 재화나 용역을 이전하고 그 대가로 받을 권리를 갖게 될 금액을 추정한다.

⑤ 계약에서 약속한 대가는 고정금액, 변동금액 또는 둘 다를 포함할 수 있다.

15 ㈜하늘은 상업용 로봇을 제작하여 고객에게 판매한다. 20×1년 9월 1일에 ㈜하늘은 청소용역업체인 ㈜사과에게 청소로봇 1대를 ₩600,000에 판매하고, ㈜사과로부터 2개월 간 청소용역을 제공받는 계약을 체결하였다. ㈜하늘은 ㈜사과의 청소용역에 대한 대가로 ₩50,000을 지급하기로 하였다. ㈜하늘은 20×1년 10월 1일 청소로봇 1대를 ㈜민국에게 인도하고 현금 ₩600,000을 수취하였으며, ㈜사과로부터 20×1년 10월 1일부터 2개월 간 청소용역을 제공받고 현금 ₩50,000을 지급하였다. ㈜하늘이 아래의 각 상황별로 20×1년에 인식하게 될 수익을 구하시오.

> **상황**
> (상황 1) ㈜사과가 ㈜하늘에게 제공한 청소용역의 공정가치가 ₩50,000인 경우
> (상황 2) ㈜사과가 ㈜하늘에게 제공한 청소용역의 공정가치가 ₩40,000인 경우
> (상황 3) ㈜사과가 ㈜하늘에게 제공한 청소용역의 공정가치를 합리적으로 추정할 수 없는 경우

	(상황 1)	(상황 2)	(상황 3)
①	₩590,000	₩590,000	₩550,000
②	600,000	550,000	600,000
③	550,000	600,000	600,000
④	590,000	590,000	550,000
⑤	600,000	590,000	550,000

16 ㈜한국은 20×1년 1월 1일 영업을 시작하였으며, 20×2년 말 현재 자본금 계정은 다음과 같다.

> • 보통주(주당액면가액 ₩5,000, 발행주식수 80주) ₩400,000
> • 우선주 A ₩200,000
>   (배당률 10%, 비누적적·비참가적: 주당액면가 ₩5,000, 발행주식수 40주)
> • 우선주 B ₩400,000
>   (배당률 5%, 누적적·완전참가적: 주당액면가 ₩5,000, 발행주식수 80주)

모든 주식은 영업개시와 동시에 발행하였으며, 그 이후 아직 배당을 한 적이 없다. 20×3년 초 ₩100,000의 배당을 선언하였다면 보통주가 최대로 수령하게 될 배당금을 구하시오.

① ₩20,000 ② ₩30,000 ③ ₩40,000
④ ₩50,000 ⑤ ₩60,000

17 다음 자료를 이용하여 ㈜하늘의 20×1년의 기본주당순이익을 계산하면 얼마인가?

- 20×1년의 당기순이익: ₩475,000
- 20×1년 1월 1일 현재 유통보통주식수: 200주
- 20×1년 5월 1일 무상증자 실시: 20×1년 4월 30일 현재 유통보통주식 1주에 대하여 1주의 보통주를 무상으로 지급함
- 20×1년 7월 1일 유상증자 실시: 200주
- 20×1년 10월 1일 자기주식의 취득: 100주
- 보통주 1주당 시장가격: ₩3,000

① ₩400   ② ₩600   ③ ₩800
④ ₩1,000   ⑤ ₩1,200

18 법인세에 관한 설명으로 옳지 않은 것은?

① 과거 회계기간의 당기법인세에 대하여 소급공제가 가능한 세무상결손금과 관련된 혜택은 자산으로 인식한다.

② 자산의 장부금액이 세무기준액보다 크다면 당해 일시적차이는 미래 회계기간에 회수가능한 법인세만큼 이연법인세자산을 발생시킨다.

③ 미래의 과세소득에 가산할 일시적차이로 인하여 미래 회계기간에 법인세를 납부하게 될 의무가 이연법인세부채이다.

④ 이연법인세 자산과 부채는 당해 자산이 실현되거나 부채가 결제될 회계기간에 적용될 것으로 기대되는 세율을 사용하여 측정한다.

⑤ 매 보고기간 말에 재검토를 통하여, 미래 과세소득에 의해 이연법인세자산이 회수될 가능성이 높아진 범위까지 과거 인식되지 않은 이연법인세자산을 인식한다.

19 ㈜대한은 20×1년 1월 1일에 임원 50명에게 각각 주식선택권 10개를 부여하고, 20×3년 12월 31일까지 근무하면 가득하는 조건을 부과하였다. 각 임원이 부여받은 주식선택권은 20×3년 말 ㈜대한의 주가가 ₩1,000 이상으로 상승하면 20×6년 말까지 언제든지 행사할 수 있으나, 20×3년 말 ㈜대한의 주가가 ₩1,000 미만이 될 경우 부여받은 주식선택권을 행사할 수 없다. ㈜대한은 주식선택권의 공정가치를 측정할 때 이항모형을 적용하였으며, 모형 내에서 20×3년 말에 ㈜대한의 주가가 ₩1,000 이상이 될 가능성과 ₩1,000 미만이 될 가능성을 모두 고려하여 부여일 현재 주식선택권의 공정가치를 단위당 ₩300으로 추정하였다.

---

(1) 임원의 연도별 실제 퇴사인원과 연도 말 퇴사 추정인원은 다음과 같다.
- 20×1년도: 실제 퇴사인원 3명, 20×3년 말까지 추가 퇴사 추정인원 2명
- 20×2년도: 실제 퇴사인원 2명, 20×3년 말까지 추가 퇴사 추정인원 25명
- 20×3년도: 실제 퇴사인원 5명

(2) 20×1년 초, 20×1년 말 및 20×2년 말 ㈜대한의 주가는 다음과 같다.

20×1년 1월 1일	20×1년 12월 31일	20×2년 12월 31일
₩700	₩1,050	₩950

㈜대한의 20×3년 말 현재 주가가 ₩1,100일 때, 20×3년에 인식해야 할 연도별 주식보상비용(또는 보상비용환입) 금액을 구하시오.

① ₩(-)40,000   ② ₩80,000   ③ ₩35,000

④ ₩0   ⑤ ₩45,000

㈜민국은 20×1년 1월 1일 보유하던 건물을 ㈜대한에게 매각하고, 같은 날 동 건물을 리스하여 사용하는 계약을 체결하였다. 다음의 <자료>를 이용하여 물음에 답하시오.

<자료>

(1) ㈜민국이 보유하던 건물의 20×1년 1월 1일 매각 전 장부금액은 ₩3,000,000이며, 공정가치는 ₩5,000,000이다.

(2) 20×1년 1월 1일 동 건물의 잔존내용연수는 8년이고 잔존가치는 없다. ㈜민국과 ㈜대한은 감가상각 방법으로 정액법을 사용한다.

(3) 리스개시일은 20×1년 1월 1일이며, 리스료는 리스기간 동안 매년 말 ₩853,617을 수수한다.

(4) 리스기간은 리스개시일로부터 5년이며, 리스 종료일에 소유권이 이전되거나 염가로 매수할 수 있는 매수선택권 및 리스기간 변경 선택권은 없다.

(5) ㈜대한은 해당 리스를 운용리스로 분류한다. 리스계약과 관련하여 지출한 리스개설직접원가는 없다.

(6) 리스의 내재이자율은 연 7%로, ㈜민국이 쉽게 산정할 수 있다.

(7) 현재가치 계산 시 아래의 현가계수를 이용하고, 답안 작성 시 원 이하는 반올림한다.

기간	7%	
	단일금액 ₩1의 현가계수	정상연금 ₩1의 현가계수
1	0.9346	0.9346
2	0.8734	1.8080
3	0.8163	2.6243
4	0.7629	3.3872
5	0.7130	4.1002

20 ㈜민국은 보유하고 있던 건물을 공정가치인 ₩5,000,000에 매각하였으며, 동 거래가 리스이용자인 ㈜민국의 20×1년도 포괄손익계산서상 당기순이익에 미치는 영향을 구하시오.

① ₩(-)420,000   ② ₩(-)65,000   ③ ₩665,000

④ ₩600,000   ⑤ ₩450,000

21 해당 리스거래가 리스제공자인 ㈜대한의 20×1년도 포괄손익계산서상 당기순이익에 미치는 영향을 구하시오.

① ₩853,617

② ₩625,000

③ ₩565,000

④ ₩245,000

⑤ ₩228,617

22 채무자인 A회사는 채권자인 B은행에 대해 아래의 차입채무를 가지고 있으며 A회사는 차입금으로 B은행은 대출채권으로 각각 회계처리 하였다. 차입 이후 회사의 자금사정이 악화되어 20×2년 1월 1일에 채권·채무조정에 합의하였다. (단, 채권·채무조정일 이전에 이미 발생한 이자비용 및 이자수익은 정상적으로 결제된 것으로 가정한다. 제시되는 모든 상황은 각각 독립적이다)

(1) 차입일자는 20×1년 1월 1일이며, 만기는 3년의 대출금액은 ₩10,000,000이다. 이자율은 연 10%로 매년 말에 후급조건으로 결제한다.

(2) 차입시점에서 A회사에 적용되는 시장이자율은 10%이였고, B은행은 채권·채무조정 시점 현재 동 대출채권에 대해 ₩2,000,000의 손실충당금을 설정하고 있다고 가정한다.

기간	5%		10%		20%	
	현가	연금현가	현가	연금현가	현가	연금현가
3	0.86384	2.72325	0.75131	2.48685	0.57870	2.10648
10	0.61391	7.72173	0.38554	6.14457	0.16151	4.19247

(3) 20×2년 1월 1일에 법원은 만기를 향후 10년으로 연장하고, 이자는 매 연도 말 후급조건으로 연 5%로 감소시키는 채권·채무조정을 인가하였다. 또한, A회사는 채무조정수수료로 ₩100,000을 지급하였다. (단, 신용상태가 악화된 A회사에 20×2년 1월 1일 현재 적용되는 시장이자율은 연 20%이다)

채권자인 B은행이 채권·채무의 재조정시점에 인식할 당기손익에 미치는 영향을 구하시오. (단, 채권자의 경우 해당 재조정이 금융자산의 제거요건인 현금흐름에 대한 권리의 소멸을 만족하지는 않는 것으로 가정한다)

① ₩(-)3,500,325

② ₩(-)3,072,315

③ ₩(-)1,072,315

④ ₩(-)5,692,665

⑤ ₩(-)3,692,665

23 확정급여제도를 도입하고 있는 ㈜한국의 20×1년 퇴직급여와 관련된 정보는 다음과 같다.

- 20×1년 초 순확정급여채무의 장부금액: ₩30,000
- 당기 근무원가: ₩50,000
- 20×1년 초 제도변경으로 인한 과거 근무원가: ₩12,000
- 퇴직급여지급액 (사외적립자산에서 연말 지급): ₩90,000
- 당기 사외적립자산에 대한 기여금은 없음
- 퇴직급여관련 기타포괄손실: ₩20,000
- 20×1년 말 보험수리적 가정의 변동을 반영한 순확정급여채무의 현재가치: ₩117,040

위 퇴직급여와 관련하여 20×1년 초 확정급여채무의 현재가치 측정에 적용한 할인율은 얼마인가? (단, 자산인식상한효과는 고려하지 않았다)

① 12% ② 14% ③ 16%
④ 18% ⑤ 20%

24 ㈜하늘은 20×1년 1월 1일 액면금액 ₩5,000,000, 표시이자율 연 10%, 매년 말 이자 지급, 만기 3년, 보장수익률 연 12%인 신주인수권부사채를 ₩4,800,000에 발행하였다. 발행 당시 신주인수권이 없는 일반사채의 유효이자율은 연 15%이다. 동 신주인수권부사채는 사채액면금액 ₩20,000당 보통주 1주(액면금액 ₩5,000)를 ₩10,000에 인수할 수 있는 조건이 부여되어 있다. 20×2년 1월 1일에 신주인수권부사채의 60%(액면금액 기준)에 해당하는 신주인수권이 행사되었다.

3년 기준	₩1의 현재가치	정상연금 ₩1의 현재가치
12%	0.71178	2.40183
15%	0.65752	2.28323

2년 기준	₩1의 현재가치	정상연금 ₩1의 현재가치
12%	0.79719	1.69005
15%	0.75614	1.62571

신주인수권부사채로 인하여 ㈜하늘의 20×2년도에 인식할 이자비용을 구하시오.

① ₩904,342 ② ₩850,742 ③ ₩767,887
④ ₩704,342 ⑤ ₩604,443

25 20×1년 1월 1일 ㈜하늘은 장부상 순자산가액이 ₩460,000인 ㈜대한의 보통주 70%를 현금 ₩440,000에 취득하였다. 취득일 현재 ㈜대한의 자산 및 부채에 관한 장부금액과 공정가치는 건물을 제외하고 모두 일치하였다. 건물의 장부금액과 공정가치는 각각 ₩70,000과 ₩150,000이고 잔여내 용연수는 10년, 잔존가치는 없고 정액법으로 상각한다. ㈜대한은 20×1년도 당기순이익으로 ₩120,000을 보고하였으며, 이를 제외하면 20×1년 자본의 변동은 없다. 20×1년 말 연결재무제표에 기록될 비지배지분은? (단, 비지배지분은 종속기업의 식별가능한 순자산의 공정가치에 비례하여 측정한다)

① ₩33,600

② ₩138,000

③ ₩162,000

④ ₩171,600

⑤ ₩195,600

정답

01 ③	02 ⑤	03 ②	04 ④	05 ①	06 ②	07 ④	08 ①	09 ②	10 ①
11 ④	12 ⑤	13 ④	14 ②	15 ⑤	16 ②	17 ④	18 ②	19 ②	20 ②
21 ⑤	22 ③	23 ①	24 ④	25 ⑤					

해설

01 ③ 공정가치는 거래원가를 반영하여 측정되지 않는다.

02 ⑤ 자본을 실물생산능력으로 정의한 실물자본유지개념하에서 기업의 자산과 부채에 영향을 미치는 모든 가격 변동은 해당 기업의 실물생산능력에 대한 측정치의 변동으로 간주되어 이익이 아니라 자본의 일부로 처리 된다.

03 ② 부동산 보유자가 부동산 사용자에게 부수적인 용역을 제공하는 경우가 있다. 전체 계약에서 그러한 용역의 비중이 경미하다면 부동산 보유자는 당해 부동산을 투자부동산으로 분류한다.

04 ④ 1) 장부상 기말재고수량: 650 + 1,500 - 1,500 + 750 - 1,200 + 800 - 350 = 650개
2) 평균단위원가: (650 × 700 + 1,500 × 800 + 750 × 820 + 800 × 844) ÷ (650 + 1,500 + 750 + 800)
= @796
3) 감모손실
(1) 정상감모손실: 40개 × @796 = 31,840
(2) 비정상감모손실: 60개 × @796 = 47,760
4) 기말 평가충당금: 13,800
(1) 확정판매계약분: 순실현가능가치(1,200 - 200 = 1,000)가 평균단위원가보다 크므로 저가법 대상이 아니다.
(2) 확정판매계약초과분: (650 - 100 - 250)개 × @(796 - 750) = 13,800
➡ 매출원가: 455,000 - 20,000 + 2,490,200 - 47,760 - 437,800 + 13,800 = 2,453,440

재고자산

기초재고	455,000	당기판매	
(기초평가충당금)	(-)20,000	정상감모	
		평가손실	
		비정상감모	47,760
당기매입	2,490,200	기말재고	437,800
		(기말평가충당금)	(-)13,800

05 ① 1) 매입채무 T계정: 350,000 + 당기매입액 = 2,150,000 + 1,000,000

　　　* 당기매입액: 2,800,000(매입에누리는 고려하지 않는다)

　　2) 매출채권 T계정: 950,000 + 외상매출액 = 3,250,000 + 300,000 + 1,200,000

　　　* 외상매출액: 3,800,000(매출할인은 고려하지 않는다)

　　3) 재고자산 T계정: 840,000 + 2,800,000 = 3,800,000/(1 + 25%) + 기말재고자산

　　　* 기말재고자산: 600,000

　　4) 화재로 인한 손실액: 600,000 - 200,000 = 400,000

06 ② 1) 20×3년 3월 31일 감가상각누계액 장부금액: 35,000

　　　* (80,000 - 5,000) × 5/15 + (80,000 - 5,000) × 4/15 × 6/12 = 35,000

　　2) 처분손실: 40,000 - (80,000 - 35,000) = (-)5,000손실

07 ④ 1) 한국의 처분손익: 5,400,000 - 6,000,000 = (-)600,000 손실

　　2) 대한의 처분손익: 5,400,000 - (5,000,000 + 200,000) = 200,000 이익

08 ① 처분손실: 36,000 - 42,000 = (-)6,000

　　* 소급법을 적용하므로 감가상각비는 고려하지 않는다.

09 ② 예상되는 자산 처분이 충당부채를 생기게 한 사건과 밀접하게 관련된 경우에 예상되는 자산 처분이익은 충당부채를 측정하는 데에 차감하지 않는다.

10 ① 1) 현금수령액: 199,820(역산) - (200,000 + 200,000 × 6% × 2/12) = (-)2,180

　　2) 만기수령액: 200,000 + 200,000 × 6% × 6/12 = 206,000

　　3) 할인액: 206,000 - 199,820 = 206,000 × 9%(역산) × 4/12

11 ④ 기타포괄손익-공정가치 측정 금융자산으로 분류할 경우, 20×2년 처분으로 인하여 기타포괄손익은 ₩20 감소한다.

12 ⑤ 자기지분상품을 재취득하는 경우에는 미발행주식으로 자본의 차감계정으로 인식한다.

13 ④

1/1 회계처리	차) 현금	1,000주 × 120 - 700	대) 자본금		100,000
			주식발행초과금		19,300
7/1 회계처리	차) 현금	1,000주 × 90	대) 자본금		100,000
	주식발행초과금	10,000			

14 ② 거래가격은 고객에게 약속한 재화나 용역을 이전하고 그 대가로 기업이 받을 권리를 갖게 될 것으로 예상하는 금액이며, 제3자를 대신해서 회수한 금액도 제외된다.

15 ⑤ 1) (상황 1) 20×1년에 인식하게 될 수익: 600,000

　　2) (상황 2) 20×1년에 인식하게 될 수익: 600,000 - (50,000 - 40,000) = 590,000

　　3) (상황 3) 20×1년에 인식하게 될 수익: 600,000 - 50,000 = 550,000

16 ② 1) 우선주 A 배당금: 20,000
    (1) 누적분: 0
    (2) 당기분: 20,000 = 200,000 × 10%
    * 잔여배당: 20,000 = 100,000 - (20,000 + 20,000 + 20,000 + 20,000)
    (3) 잔여분: 0
  2) 우선주 B 배당금: 50,000
    (1) 누적분: 20,000 = 400,000 × 5%
    (2) 당기분: 20,000 = 400,000 × 5%
    * 잔여배당: 20,000 = 100,000 - (20,000 + 20,000 + 20,000 + 20,000)
    (3) 잔여분: 10,000 = 20,000 × 400,000/(400,000 + 400,000)
  3) 보통주 배당금: 30,000
    (1) 누적분: 0
    (2) 당기분: 20,000 = 400,000 × 5%
    * 잔여배당: 20,000 = 100,000 - (20,000 + 20,000 + 20,000 + 20,000)
    (3) 잔여분: 10,000 = 20,000 - 10,000

17 ④ 1) 가중평균유통보통주식수: 475주 = (200주 × 2) + (200주 × 6/12) - (100주 × 3/12)
  2) 주당순이익: 1,000/주 = 475,000 ÷ 475주

18 ② 자산의 장부금액이 세무기준액보다 크다면 당해 일시적차이는 미래 회계기간에 회수가능한 법인세만큼 이 연법인세부채를 발생시킨다.

19 ② <주식보상비용 계산>

구분	공정가치	인원	부여수량	적수	누적보상비용	비용
20×1년	300	(50-5)	10	1/3	45,000	45,000
20×2년	300	(50-30)	10	2/3	40,000	(-)5,000
20×3년	300	(50-10)	10	3/3	120,000	80,000

* 시장성과조건의 경우 가득조건 달성 여부와 관계없이 주식보상비용을 인식한다.

20 ② 1) 리스료 현재가치: 853,617 × 4.1002 = 3,500,000
  2) 공정가치 중 리스부채 차감 금액: 5,000,000 - 3,500,000 = 1,500,000
  3) 이전하는 자산 전체 판매차익: 5,000,000 - 3,000,000 = 2,000,000
  4) 사용권자산: 3,000,000(이전 자산 장부금액) × 3,500,000/5,000,000 = 2,100,000
  5) 처분이익: 2,000,000(전체 판매차익) × 1,500,000/5,000,000 = 600,000
  <20×1년 초 회계처리>

차) 현금	5,000,000	대) 건물	3,000,000
사용권자산	2,100,000	리스부채	3,500,000
		유형자산처분이익	600,000

  6) 20×1년 사용권자산 감가상각비: 2,100,000 ÷ 5 = 420,000
  7) 20×1년 리스부채 이자비용: 3,500,000 × 7% = 245,000
  8) 20×1년 당기순이익에 미치는 영향: 600,000 - 420,000 - 245,000 = (-)65,000

21 ⑤ 당기순이익에 미치는 영향: 228,617

1) 운용리스자산 감가상각비: 5,000,000 ÷ 8 = 625,000
2) 운용리스수익: 853,617
3) 20×1년 당기순이익 증가: 853,617 - 625,000 = 228,617

22 ③ 당기손익에 미치는 영향: (-)1,072,315

[재조정시점의 회계처리]

차)	손실충당금	2,000,000	대) 대출채권	3,072,315
	변경손실	1,072,315		

1) 조정 후 금융자산의 회수가능액(10%): 10,000,000 × 0.38554 + 500,000 × 6.14457 = 6,927,685
2) 변경손실: 6,927,685 - (10,000,000 - 2,000,000) = (-)1,072,315

23 ①

순확정급여채무

기여금	0	기초	30,000
		근무원가(당기 + 과거) A	62,000
		이자비용(기초 + 과거) × 기초 R	5,040
기말 I	117,040	재측정요소	20,000

● 할인율: (30,000 + 12,000) × R = 5,040, R = 12%

* 과거 근무원가의 제도변경이 연초에 이루어지면 동 금액을 당기 이자비용에 고려한다.

24 ④

1) 상환할증금: 5,000,000 × (12% - 10%) × (1 + 1.12 + 1.12^2) = 337,440
2) 신주인수권 행사에 의한 자본증가액: 1,653,091

* (5,000,000 × 60% ÷ 20,000) × 10,000 + 337,440 × 0.75614 × 60% = 1,653,091

3) 20×2년 이자비용: 704,342

* (500,000 × 1.62571 + 5,000,000 × 0.75614) × 0.15 + 337,440 × 0.75614 × 40% × 0.15 = 704,342

25 ⑤

1) ㈜대한의 20×1년 조정 후 당기순이익: 120,000 - (150,000 - 70,000)/10 = 112,000
2) 20×1년 말의 비지배지분: (460,000 + 80,000 + 112,000) × (1 - 70%) = 195,600

01 재무제표 요소의 측정기준에 관한 설명으로 옳은 것은?

① 공정가치는 측정일 현재 동등한 자산의 원가로서 측정일에 지급할 대가와 그 날에 발생할 거래원가를 포함한다.

② 역사적 원가는 측정일 현재 자산의 취득 또는 창출을 위해 이전해야 하는 현금이나 그 밖의 경제적 자원의 현재가치이다.

③ 사용가치는 기업이 자산의 사용과 궁극적인 처분으로 얻을 것으로 기대하는 현금흐름 또는 그 밖의 경제적 효익의 현재가치이다.

④ 이행가치는 측정일에 시장참여자 사이의 정상거래에서 부채를 이전할 때 지급하게 될 가격이다.

⑤ 현행원가는 자산을 취득 또는 창출할 때 발생한 원가의 가치로서 자산을 취득 또는 창출하기 위하여 지급한 대가의 거래원가를 포함한다.

02 재무제표 요소에 관한 설명으로 옳지 않은 것은?

① 자산은 과거사건의 결과로 기업이 통제하는 현재의 경제적 자원이다.

② 부채는 과거사건의 결과로 기업이 경제적 자원을 이전해야 하는 현재의무이다.

③ 수익은 자본청구권 보유자로부터의 출자를 포함하며, 자본청구권 보유자에 대한 분배는 비용으로 인식한다.

④ 자본청구권은 기업의 자산에서 모든 부채를 차감한 후의 잔여지분에 대한 청구권이다.

⑤ 기업이 발행한 후 재매입하여 보유하고 있는 채무상품이나 지분상품은 기업의 경제적 자원이 아니다.

03 다음 중 재무제표 표시에 대한 설명으로 옳지 않은 것은?

① 재무제표가 한국채택국제회계기준의 요구사항을 모두 충족한 경우가 아니라면 한국채택국제회계기준을 준수하여 작성되었다고 기재하여서는 안 된다. 또한, 부적절한 회계정책은 이에 대하여 공시나 주석 또는 보충자료를 통해 설명하더라도 정당화될 수 없다.

② 극히 드문 상황으로 한국채택국제회계기준의 요구사항을 준수하는 것이 오히려 '개념체계'에서 정하고 있는 재무제표의 목적과 상충되어 재무제표 이용자의 오해를 유발할 수 있는 경우에는 관련 감독체계가 이러한 요구사항으로부터의 일탈을 의무화하거나 금지하지 않는다면, 요구사항을 달리 적용한다.

③ 중요하지 않은 정보일 경우 한국채택국제회계기준에서 요구하는 특정 공시를 제공할 필요는 없다.

④ 기업이 기존의 대출계약조건에 따라 보고기간 후 적어도 12개월 이상 부채를 차환하거나 연장할 것으로 기대하고 있고, 그런 재량권이 있다면 보고기간 후 12개월 이내에 만기가 도래하더라도 유동부채로 분류한다.

⑤ 영업이익 산정에 포함된 항목 이외에도 기업의 고유 영업환경을 반영하는 그 밖의 수익 또는 비용 항목은 영업이익에 추가하여 별도의 영업성과 측정치를 산정하여 조정영업이익으로 주석에 공시할 수 있다.

04 ㈜하늘의 20×1년 기말 재고자산 자료가 다음과 같다.

종목	실사수량	단위당 취득원가	단위당 예상판매가격
상품 A	100개	₩300	₩350
상품 B	100개	200	250
상품 C	200개	100	120

단위당 예상판매비용: ₩30(모든 상품에서 발생)

상품 B의 70%는 확정판매계약(취소불능계약)을 이행하기 위하여 보유하고 있으며, 상품 B의 단위당 확정판매계약가격은 ₩220이다. 재고자산 평가와 관련하여 20×1년 인식할 당기손익은? (단, 재고자산의 감모는 발생하지 않았으며, 기초 재고자산평가충당금은 ₩1,000이다)

① ₩2,700 손실   ② ₩1,700 손실   ③ ₩700 손실

④ ₩1,000 이익   ⑤ ₩1,000 손실

05 다음은 식료품 할인점을 운용하는 ㈜앵두의 상품재고와 관련된 자료이다. ㈜앵두는 소매재고법을 적용하여 기말 재고자산을 배분하고 있다.

구분	원가	매가
기초 상품	₩7,000,000	₩10,000,000
매입액	₩60,000,000	₩85,000,000
매입운임	₩600,000	–
매입환출	₩100,000	₩600,000
매입에누리	₩500,000	–
매출액		₩68,500,000
가격순인상		₩1,500,000
가격순인하		₩2,900,000
정상파손	₩200,000	₩1,000,000
비정상파손	₩900,000	₩1,300,000
종업원할인		₩800,000

㈜앵두가 저가법적용 선입선출법을 사용할 경우, 매출원가를 구하시오. (단, 원가율은 소수점 셋째자리에서 반올림한다)

① ₩54,000,000 ② ₩53,467,980 ③ ₩53,149,960
④ ₩52,587,960 ⑤ ₩51,149,960

06 A사는 B사를 인수하기 위하여 동 회사로부터 다음과 같은 연도 말 재무상태표와 지난 2년 동안의 이익(납세 후)에 관한 간단한 정보를 검토하였다. 또한 세부자료검토결과 지난 2년 동안 계속 여러 가지 회계처리상 오류를 범한 것을 확인하였다.

〈자료 1〉
제1차 연도(20×1년), 제2차 연도(20×2년)의 납세 후 이익은 각각 ₩16,000, ₩9,200 이었다.

〈자료 2〉
(1) 재고자산오류

20×1년	₩9,700 과대	20×2년	₩7,500 과대

(2) 유동자산으로 처리해야 할 선급비용을 당기비용으로 처리

20×1년	₩1,950	20×2년	₩2,100

(3) 판매수수료 미지급분 기록 누락

20×1년	₩2,400	20×2년	₩2,200

(4) 20×1년 1월 1일에 ₩23,000을 지급하고 트럭 1대를 구입한 적이 있으며 구입한 해에 모두 비용 처리하였다. 내용연수는 5년, 잔존가치는 ₩3,000으로 추정되며 정액법으로 감가상각해야 한다.

20×0년 12월 31일의 이익잉여금이 ₩60,000이었고, 위의 오류들은 중요한 오류이기 때문에 오류수정을 소급법으로 회계처리한다고 가정한다. 동 오류를 수정하였을 때 20×2년 말에 재무상태표에 계상될 올바른 이익잉여금을 구하시오.

① ₩98,500　　　　　② ₩96,600　　　　　③ ₩95,000
④ ₩94,500　　　　　⑤ ₩92,600

07 12월 말 결산법인인 ㈜포도는 20×1년 4월 1일에 공장을 건설하기 위하여 신축공사를 개시하여 20×2년 1월 1일에 완료하였다. 20×2년 초부터 동 공장을 사용하기 시작하였고, 공장과 관련된 자료는 다음과 같다.

> (1) 20×1년 중 공장 건설에 따른 지출 내역
>
> > 4월 1일: ₩4,000,000
> > 10월 1일: ₩2,000,000
>
> (2) 지방자치단체로부터 공장 건설과 관련하여 정부보조금을 7월 1일에 ₩3,000,000 수령하였다.
> (3) ㈜포도의 공장 건설과 관련하여 차입금 현황은 다음과 같다.
>
> | 종류 | 차입금액 | 차입기간 | 연 이자율 |
> |---|---|---|---|
> | 차입금 A | ₩1,000,000 | 20×1. 4. 1 ~ 20×1. 12. 31 | 10% |
> | 차입금 B | ₩2,400,000 | 20×1. 1. 1 ~ 20×1. 10. 31 | 6% |
> | 차입금 C | ₩3,000,000 | 20×1. 7. 1 ~ 20×2. 6. 30 | 3% |
>
> * 이들 차입금 중 차입금 A는 사옥 신축을 위하여 개별적으로 차입되었으며, 차입금 B, C는 일반적으로 차입된 것이다.
> (4) ㈜포도는 정부보조금을 관련 자산에서 차감하는 방법으로 회계처리 한다.

20×1년 말 공장 취득원가에 가산할 자본화할 차입원가를 구하시오.

① ₩133,750
② ₩123,350
③ ₩110,750
④ ₩104,500
⑤ ₩102,600

08 12월 말 결산법인인 ㈜포도는 20×1년 4월 1일에 공장을 건설하기 위하여 신축공사를 개시하여 20×2년 1월 1일에 완료하였다. 20×2년 초부터 동 공장을 사용하기 시작하였고, 공장과 관련된 자료는 다음과 같다.

> (1) 공장 취득을 위하여 직접적으로 지출한 금액은 ₩6,150,000이다.
> (2) 지방자치단체로부터 공장 건설과 관련하여 전기에 정부보조금을 ₩3,000,000 수령하였다. ㈜포도는 정부보조금을 관련 자산에서 차감하는 방법으로 회계처리한다.
> (3) 공장의 내용연수는 10년이며, 잔존가치 없이 정액법으로 상각한다. 회사는 유형자산에 대하여 원가모형을 적용하고 있다.
> (4) 공장은 내용연수 경과 후 원상회복 의무를 부담하며, 원상회복에 ₩1,000,000이 소요될 것으로 추정되며, 현재가치 계산 시 적용할 할인율은 연 5%(기간 10년, ₩1의 현가계수는 0.61)이다.

㈜포도가 20×3년 초에 공장 내용연수 경과 후 원상회복 의무와 관련하여, 원상회복에 ₩2,000,000이 소요될 것으로 재추정하였으며, 재측정 시 적용할 할인율은 연 10%(기간 9년, ₩1의 현가계수는 0.42)이다. ㈜포도가 동 공장과 관련하여 20×3년도 재무제표에 표시할 아래의 금액들을 구하시오.

	20×3년 손익계산서상 감가상각비	20×3년 손익계산서상 이자비용
①	₩398,167	₩84,000
②	₩398,167	₩64,050
③	₩698,167	₩64,050
④	₩698,167	₩84,000
⑤	₩376,000	₩61,000

09 충당부채, 우발부채, 우발자산에 관한 설명으로 옳지 않은 것은?
① 충당부채는 부채로 인식하는 반면, 우발부채는 부채로 인식하지 아니한다.
② 충당부채로 인식하는 금액은 현재의무를 보고기간 말에 이행하기 위하여 필요한 지출에 대한 최선의 추정치이어야 한다.
③ 충당부채에 대한 최선의 추정치를 구할 때에는 관련된 여러 사건과 상황에 따르는 불가피한 위험과 불확실성을 고려한다.
④ 충당부채는 충당부채의 법인세효과와 그 변동을 고려하여 세후 금액으로 측정한다.
⑤ 예상되는 자산 처분이익은 충당부채를 생기게 한 사건과 밀접하게 관련되어 있다고 하더라도 충당부채를 측정함에 있어 고려하지 아니한다.

10 다음은 ㈜하늘의 20×1년도 기초와 기말 재무상태표의 금액이다.

구분	20×1년 기초	20×1년 기말
자산 총계	₩5,000	₩7,000
부채 총계	₩2,500	₩3,400

㈜하늘은 20×1년 중에 ₩300의 유상증자와 ₩100의 주식배당을 각각 실시하였으며, 현금배당 ₩200을 지급하였다. 20×1년도 당기에 FVOCI금융자산 관련 평가이익이 ₩80만큼 증가한 경우 ㈜하늘의 20×1년도 포괄손익계산서상 당기순이익은? (단, 기타자본요소의 변동은 없다)

① ₩820
② ₩900
③ ₩920
④ ₩980
⑤ ₩1,000

11 금융자산에 대한 설명으로 옳지 않은 것은?

① 금융자산은 상각후원가로 측정하거나 기타포괄손익－공정가치로 측정하는 경우가 아니라면, 당기손익－공정가치로 측정한다.
② 계약상 현금흐름을 수취하기 위해 보유하는 것이 목적인 사업모형하에서 금융자산을 보유하고, 계약 조건에 따라 특정일에 원금과 원금잔액에 대한 이자 지급만으로 구성되어 있는 현금흐름이 발생한다면 금융자산을 상각후원가로 측정한다.
③ 계약상 현금흐름의 수취와 금융자산의 매도 둘 다를 통해 목적을 이루는 사업모형하에서 금융자산을 보유하고, 계약조건에 따라 특정일에 원리금 지급만으로 구성되어 있는 현금흐름이 발생한다면 금융자산을 기타포괄손익－공정가치로 측정한다.
④ 당기손익－공정가치로 측정되는 지분상품에 대한 특정 투자에 대하여는 후속적인 공정가치 변동을 기타포괄손익으로 표시하도록 최초 인식시점에 선택할 수도 있다. 다만, 한번 선택했더라도 이를 취소할 수 없다.
⑤ 최초 발생시점이나 매입할 때 신용이 손상되어 있는 상각후원가는 측정 금융자산의 이자수익은 최초 인식시점부터 총 장부금액에 유효이자율을 적용하여 계산한다.

12 고객과의 계약에서 생기는 수익에 관한 설명으로 옳지 않은 것은?

① 용역 제공자는 계약을 준비하기 위해 다양한 관리업무를 수행할 필요가 있을 수 있다. 관리업무를 수행하더라도, 그 업무를 수행함에 따라 고객에게 용역이 이전되지는 않는다. 그러므로 그 계약준비활동은 수행의무가 아니다.

② 각 보고기간 말의 상황과 보고기간의 상황 변동을 충실하게 표현하기 위하여 보고기간 말마다 추정 거래가격을 새로 수정한다. 거래가격의 후속변동은 계약 개시시점과 같은 기준으로 계약상 수행의무에 배분한다.

③ 기업이 고객에게 재화나 용역을 이전할 때 고객이 그 재화나 용역의 대가를 현금으로 결제한다면 지급할 가격으로 약속한 대가의 명목금액을 할인하는 이자율을 식별하여 그 할인율로 산정할 수 있다. 계약 개시 후에는 이자율이나 그 밖의 상황이 달라진다면 그 할인율을 새로 수정한다.

④ 수행의무의 진행률을 합리적으로 측정할 수 있는 경우에만, 기간에 걸쳐 이행하는 수행의무에 대한 수익을 인식한다. 만일 수행의무의 진행률을 합리적으로 측정할 수 없는 경우에는 수행의무의 산출물을 합리적으로 측정할 수 있을 때까지 발생원가의 범위에서만 수익을 인식한다.

⑤ 라이선스를 부여하는 약속이 지적재산에 대한 접근권에 해당한다면 라이선스 제공자의 수행의무는 해당 기간에 걸쳐 이행되는 것이므로 라이선스 기간에 걸쳐 수익으로 인식한다.

13 ㈜하늘은 20×1년 1월 1일에 액면금액 ₩500,000(표시이자율 연 10%, 만기 3년, 매년 말 이자 지급)의 사채를 ₩475,982에 취득하고, 당기손익-공정가치 측정 금융자산으로 분류하였다. 동 사채의 취득 당시 유효이자율은 연 12%이며, 20×1년 말 공정가치는 ₩510,000이다. 상기 금융자산(사채) 관련 회계처리가 ㈜하늘의 20×1년도 당기순이익에 미치는 영향은?

① ₩84,018 증가
② ₩70,000 증가
③ ₩34,018 증가
④ ₩10,000 증가
⑤ ₩60,000 증가

14 무형자산의 회계처리에 관한 설명으로 옳지 않은 것은?

① 무형자산의 잔존가치는 해당 자산의 장부금액과 같거나 큰 금액으로 증가할 수도 있다.

② 브랜드, 제호, 출판표제, 고객목록, 그리고 이와 실질이 유사한 항목(외부에서 취득하였는지 또는 내부적으로 창출하였는지에 관계없이)에 대한 취득이나 완성 후의 지출은 발생시점에 항상 당기손익으로 인식한다.

③ 무형자산의 상각방법은 자산의 경제적 효익이 소비될 것으로 예상되는 형태를 반영한 방법이어야 하지만, 그 형태를 신뢰성 있게 결정 할 수 없는 경우에는 정액법을 사용한다.

④ 내용연수가 비한정적인 무형자산은 상각하지 않고, 무형자산의 손상을 시사하는 징후가 있을 경우에 한하여 손상검사를 수행한다.

⑤ 내부적으로 창출한 브랜드, 제호, 출판표제, 고객목록과 이와 실질이 유사한 항목은 무형자산으로 인식하지 아니한다.

15 ㈜세무는 20×1년 1월 1일 ㈜한국의 의결권주식 70%를 취득하여 지배력을 획득하였다. 다음 자료에 근거할 때, 20×1년 말 비지배지분으로 계상할 금액을 구하시오.

• 20×1년 1월 1일 연결분개

차) 자본금	200,000	대) 투자주식	261,000
이익잉여금	30,000	비지배지분	99,000
재고자산	20,000		
유형자산	80,000		
영업권	30,000		

• 위 분개에서 재고자산은 당기에 모두 처분되었으며, 유형자산은 5년간 정액법으로 상각한다.
• 20×1년도 ㈜세무와 ㈜한국의 당기순이익은 각각 ₩80,000과 ₩50,000이다.
• 20×1년도 중 ㈜세무와 ㈜한국 간의 내부거래는 없다.

① ₩115,000

② ₩103,200

③ ₩99,000

④ ₩82,000

⑤ ₩71,000

16 A사는 20×1년 초에 기계장치를 아래와 같은 조건으로 리스계약을 체결하였다.

---

(1) 리스기간: 20×1년 1월 1일부터 20×3년 12월 31일까지
(2) 리스료: 연간 고정리스료 ₩100,000 매년 12월 31일 지급
(3) 할인율: 내재이자율 연 5%
　　(3년, 5% 현가계수: 0.86384, 3년, 5% 연금현가계수: 2.72325)
　　(2년, 5% 현가계수: 0.90703, 2년, 5% 연금현가계수: 1.85941)
(4) 기계장치의 내용연수는 5년(잔존가치 ₩0)이다.
(5) 리스기간 종료 시 기계장치를 리스제공자에게 반환하며, 반환 시 실제 잔존가치가
　　₩100,000에 미달할 경우 그 미달한 금액을 보증하기로 하였다. (단, 리스개시일 현
　　재 잔존가치 보증으로 인하여 리스기간 종료 시 지급할 것으로 예상되는 금액은 없다
　　고 추정하였다)

20×2년 초에 A사는 잔존가치 보증에 따라 리스기간 종료 시 ₩50,000의 현금을 지급할 것으로 예상
하였다. 이 경우 20×2년 초에 리스부채를 구하시오. (단, 20×2년 초에 동 리스계약에 대한 내재이자
율은 6%이다)

① ₩231,293 　　　　② ₩239,499 　　　　③ ₩242,293
④ ₩252,293 　　　　⑤ ₩262,499

17 다음 중 중간재무보고에 대한 설명으로 옳지 않은 것은?

① 중간재무보고서에는 연차재무제표에 비하여 적은 정보를 공시할 수 있다.
② 중간재무보고서는 직전의 전체 연차재무제표를 갱신하는 정보를 제공하기 위하여 작성한 것으로
　　본다. 따라서 중간재무보고서는 새로운 활동, 사건과 환경에 중점을 두며 이미 보고된 정보를 반
　　복하지 않는다.
③ 직전 연차재무보고서를 연결기준으로 작성하였다면 중간재무보고서도 연결기준으로 작성해야 한다.
④ 직전 연차재무보고서에 이미 보고된 정보에 대한 갱신사항이 상대적으로 경미하더라도 중간재무
　　보고서에 주석으로 보고하여야 한다.
⑤ 중간재무보고서는 중간기간 또는 누적기간을 대상으로 작성하는 재무보고서를 말한다. 이 때 누
　　적기간은 회계기간 개시일부터 당해 중간기간의 종료일까지의 기간을 말한다.

18 12월 말 결산법인인 A사는 20×1년 1월 1일, A사는 액면금액 ₩100,000의 B사 사채를 ₩93,660에 취득하였다. A사는 사채의 표시이자율은 8%로 이자지급일은 매년 말이며, 취득 시의 유효이자율은 10%이다. A사의 사채 만기일은 20×4년 12월 31일이다.

---

(1) 20×1년 12월 31일, B사 사채의 공정가치는 ₩92,000이며, 신용위험은 유의적으로 증가하지 않았다. B사 사채의 12개월 기대신용손실과 전체기간 기대신용손실은 각각 ₩2,000과 ₩3,000이다.

(2) 20×2년 중 B사 사채는 신용손실이 발생하였으며 20×2년 12월 31일 현재 추정미래 현금흐름은 다음과 같이 추정된다. 20×2년 말 현재 유사한 금융자산의 현행시장이자 율은 14%이며, 20×2년 말에 수령할 표시이자는 정상적으로 회수하였다.

구분	20×3년 말	20×4년 말
액면금액		₩60,000
표시이자	₩4,000	₩4,000

(3) 20×3년 12월 31일, B사 사채의 추정미래현금흐름은 다음과 같이 추정되었으며, 이 들 현금흐름의 회복은 신용손실이 회복된 사건과 관련되어 있다. 20×3년 말 현재 유 사한 금융자산의 현행시장이자율은 12%이며, 20×3년 말에 수령할 것으로 추정된 표 시이자 ₩4,000은 정상적으로 회수하였다.

구분	20×4년 말
액면금액	₩80,000
표시이자	₩7,000

A사가 동 금융자산을 FVOCI금융자산으로 분류한 경우, 20×3년에 인식할 손상차손환입액을 구하시 오.

① ₩27,909
② ₩24,909
③ ₩22,909
④ ₩20,909
⑤ ₩18,909

19 20×1년도 ㈜한국의 다음 자료를 이용하여 계산된 20×1년도 당기순이익은?

> • 현금흐름표상 영업활동순현금흐름은 ₩182,000이다.
> • 포괄손익계산서상 사채상환손실, 이자비용 및 감가상각비는 각각 ₩15,000, ₩10,000 및 ₩5,000이다.
> • 법인세비용은 ₩8,000이다.
> • 매출채권은 ₩20,000 증가하였다.
> • 재고자산은 ₩10,000 감소하였다.
> • 매입채무는 ₩15,000 증가하였다.
> • 법인세 지급액과 이자지급액은 법인세비용과, 이자비용과 일치한다.

① ₩148,000   ② ₩157,000   ③ ₩163,000
④ ₩173,000   ⑤ ₩178,000

20 ㈜국세는 20×1년 1월 1일 ㈜대한의 발행주식 중 70%를 ₩20,000,000에 취득하여 지배력을 획득하였다. 취득 당시 ㈜대한의 자본은 자본금 ₩20,000,000과 이익잉여금 ₩5,000,000으로 구성되어 있으며, ㈜대한의 순자산 공정가치와 장부금액의 차이는 ₩500,000이다. 이는 건물(잔존내용연수 5년, 정액법 상각)의 공정가치 ₩2,500,000과 장부금액 ₩2,000,000의 차이이다. 한편, ㈜대한은 20×1년 7월 2일 ㈜국세에 원가 ₩1,000,000인 제품을 ₩1,200,000에 매출하였으며, ㈜국세는 20×1년 말 현재 동 제품을 판매하지 못하고 보유하고 있다. ㈜대한이 20×1년 포괄손익계산서의 당기순이익으로 ₩7,000,000을 보고하였다면, ㈜국세가 20×1년 말 연결재무상태표에 인식할 비지배지분은 얼마인가? (단, 비지배지분은 종속기업 순자산의 공정가치에 비례하여 인식한다)

① ₩9,660,000   ② ₩9,720,000   ③ ₩9,750,000
④ ₩9,780,000   ⑤ ₩9,840,000

21 ㈜대한은 20×1년 1월 1일에 ㈜민국의 발행주식 총 수의 40%에 해당하는 100주를 총 ₩5,000에 취득하여, 유의적인 영향력을 행사하게 되어 지분법을 적용하기로 하였다. 취득일 현재 ㈜민국의 장부상 순자산가액은 ₩10,000이었고, ㈜민국의 장부상 순자산가액과 공정가치가 일치하지 않는 이유는 재고자산과 건물의 공정가치가 장부금액보다 각각 ₩2,000과 ₩400이 많았기 때문이다. 그런데 재고자산은 모두 20×1년 중에 외부에 판매되었으며, 20×1년 1월 1일 기준 건물의 잔존내용연수는 4년이고 잔존가치는 ₩0이며, 정액법으로 상각한다. ㈜대한은 ㈜민국에 원가 ₩1,000의 제품을 ₩1,500에 판매하였고, ㈜민국은 현재 동 제품의 50%를 보유 중에 있다. ㈜민국은 20×1년도 당기순이익 ₩30,000과 기타포괄이익 ₩10,000을 보고하였으며, 주식 50주(주당 액면 ₩50)를 교부하는 주식배당과 ₩5,000의 현금배당을 결의하고 즉시 지급하였다. ㈜대한이 20×1년도 재무제표에 보고해야 할 관계기업투자주식과 지분법손익은?

① 관계기업투자주식 ₩17,060 지분법이익 ₩11,060
② 관계기업투자주식 ₩17,060 지분법이익 ₩15,160
③ 관계기업투자주식 ₩18,060 지분법이익 ₩11,060
④ 관계기업투자주식 ₩18,060 지분법이익 ₩15,160
⑤ 관계기업투자주식 ₩20,060 지분법이익 ₩15,160

22 다음 자료는 ㈜현금의 20×0년 말과 20×1년 말 재무상태표와 20×1년 포괄손익계산서 및 현금흐름표에서 발췌한 회계자료의 일부이다. ㈜현금은 이자의 지급을 영업활동으로 분류하고 있다. 다음의 자료만을 이용할 때 20×1년도 '법인세비용차감전순이익' 및 '영업에서 창출된 현금'을 계산하면 각각 얼마인가?

(1) 감가상각비	₩50,000
(2) 매도가능금융자산처분손실	₩30,000
(3) 이자비용	₩20,000
(4) 법인세비용	₩35,000
(5) 미지급법인세의 감소액	₩7,000
(6) 이연법인세부채의 증가액	₩12,000
(7) 미지급이자 감소	₩10,000
(8) 매출채권의 증가액	₩10,000
(9) 대손충당금의 증가액	₩2,000
(10) 재고자산의 증가액	₩5,000
(11) 매입채무의 증가액	₩3,000
(12) 영업활동순현금흐름	₩300,000

	법인세비용차감전순이익	영업에서 창출된 현금
①	₩325,000	₩300,000
②	₩330,000	₩330,000
③	₩300,000	₩360,000
④	₩270,000	₩360,000
⑤	₩270,000	₩300,000

23 ㈜종열은 20×1년 1월 1일에 액면금액 ₩100,000, 액면이자율 10%, 만기 3년, 보장수익률 12%, 매년 말 이자지급조건으로 비분리형 신주인수권부사채를 액면발행하였다. 발행일의 시장이자율은 13%이다. 신주인수권의 행사가격은 ₩7,000으로 사채액면금액 ₩10,000당 보통주 1주(액면금액 ₩5,000) 매입할 수 있다. ㈜종열은 신주인수부사채를 20×1년 말에 액면금액의 40% 행사하였다. 다음 중 옳지 않은 것은? (단, 아래의 현가계수를 사용하고 소수점 첫째자리에서 반올림한다. 신주인수권 행사 시 신수인수권대가는 주식발행초과금으로 대체한다)

3년 기준	12%	13%
단일금액 ₩1의 현가계수	0.71178	0.69305
정상연금 ₩1의 현가계수	2.40183	2.36115

① 20×1년 1월 1일 신주인수권부사채와 관련하여 ㈜종열이 자본으로 인식할 금액은 ₩2,406이다.
② 20×1년에 신주인수권부사채와 관련하여 계상할 이자비용은 ₩12,687이다.
③ 20×2년에 신주인수권부사채와 관련하여 계상할 이자비용은 ₩13,036이다.
④ 20×1년 말 전환 시 자본총계에 미치는 영향은 ₩30,114이다.
⑤ 20×2년 말 신주인수권부사채의 장부가액은 ₩100,929이다.

24 A사는 20×6년 10월 1일 전환사채권자의 전환권 행사로 1,000주의 보통주를 발행하였다. 전환사채는 20×6년 4월 1일에 발행되었다. 20×6년 말 주당이익 관련 자료가 다음과 같을 때 20×6년도 희석주당이익은? (단, 유통보통주식수 계산 시 월할 계산하며 전환간주일 개념은 적용하지 않으며 소수점 첫째 자리에서 반올림한다)

- 기초유통보통주식수: 8,000주
- 당기순이익: ₩198,000
- 보통주 1주당 액면금액: ₩1,000
- 전환사채 액면금액은 ₩1,000,000이며 전환가격은 1주당 ₩500
- 포괄손익계산서상 전환사채의 이자비용은 ₩15,000 (상환할증금으로 인한 이자비용 ₩5,000)
- 법인세율: 20%

① ₩11   ② ₩14   ③ ₩16
④ ₩19   ⑤ ₩22

A사는 20×1년 말 제조원가 ₩300,000인 핸드폰 10대를 ₩460,000에 판매하고 핸드폰을 사용하는 중에 고장이 발생하면 2년간 무상으로 수리해주기로 하였다. 관련 법률에 따르면 판매 후 2년간 무상수리 하여야 하며, 동종업계에서는 모두 2년간 무상수리를 보증한다.

(1) A사는 원하는 고객들에게 핸드폰 1대당 ₩40,000을 받고 1년의 추가적인 제품보증을 제공하기로 하였다. 이러한 제품보증을 구매한 고객에게 판매한 핸드폰은 4대이다.
(2) A사는 핸드폰 판매와 관련하여 20×2년과 20×3년, 20×4년에 수리비용으로 지출될 것으로 예상되는 금액을 아래와 같이 추정하였다.

20×2년	20×3년	20×4년
대당 ₩10,000	대당 ₩15,000	대당 ₩25,000

동 거래로 A사의 20×1년 말 재무상태표상 계상될 충당부채와 20×1년에 수익으로 인식할 금액은 얼마인가?

	20×1년 말 충당부채	20×1년 수익
①	₩250,000	₩4,600,000
②	₩270,000	₩4,760,000
③	₩250,000	₩4,760,000
④	₩270,000	₩4,600,000
⑤	0	₩4,600,000

정답 및 해설

정답

01 ③	02 ③	03 ④	04 ②	05 ⑤	06 ⑤	07 ①	08 ①	09 ④	10 ③
11 ⑤	12 ③	13 ①	14 ④	15 ②	16 ①	17 ④	18 ④	19 ②	20 ①
21 ③	22 ④	23 ③	24 ⑤	25 ①					

해설

01 ③ ① 공정가치는 거래원가를 제외한다.
② 현행원가에 대한 설명이다.
④ 이행가치는 시장참여자가 결정하는 금액이 아니다.
⑤ 역사적 원가에 대한 설명이다.

02 ③ 수익과 비용은 자본청구권 보유자에 대한 거래는 제외한다.

03 ④ 기업이 기존의 대출계약조건에 따라 보고기간 후 적어도 12개월 이상 부채를 차환하거나 연장할 것으로 기대하고 있고, 그런 재량권이 있다면 보고기간 후 12개월 이내에 만기가 도래하더라도 비유동부채로 분류한다.

04 ② 1) 기말 평가충당금: 2,700
　(1) 상품 A: 취득원가보다 순실현가능가치가 크므로 평가손실 발생하지 않는다.
　(2) 상품 B: 100개 × 70% × (200 - 190) = 700 평가손실
　(3) 상품 C: 200개 × (100 - 90) = 2,000 평가손실
2) 평가손실: 2,700 - 1,000 = 1,700

05 ⑤ 저가법적용 선입선출법 적용 시 매출원가: 51,149,960

상품(원가)

기초	7,000,000	매출원가
매입	60,600,000	
매입에누리등	(-)600,000	
비정상파손	(-)900,000	기말재고
합계: I	66,100,000	

상품(매가)

기초	10,000,000	매출액	68,500,000
매입	85,000,000	정상파손	1,000,000
매입환출	(-)600,000	종업원할인	800,000
순인상	1,500,000		
순인하	(-)2,900,000		
비정상파손	(-)1,300,000	기말재고	21,400,000
합계: II	91,700,000		

1) 원가율: (I − 7,000,000)/(II − 10,000,000 + 2,900,000) = 69.86%

2) 기말재고(원가): 21,400,000 × 69.86% = 14,950,040

3) 매출원가: 66,100,000 − 14,950,040 = 51,149,960

06 ⑤ 1) 오류수정 정산표

구분	20×1년	20×2년
수정 전 당기순이익	16,000	9,200
1) 재고자산 − 20×1 과대	(-)9,700	9,700
1) 재고자산 − 20×2 과대		(-)7,500
2) 선급비용 누락 − 20×1	1,950	(-)1,950
2) 선급비용 누락 − 20×2		2,100
3) 미지급비용 누락 − 20×1	(-)2,400	2,400
3) 미지급비용 누락 − 20×2		(-)2,200
4) 트럭 − 20×1	19,000[1]	
4) 트럭 − 20×2		(-)4,000
수정 후 당기순이익	24,850	7,750

[1] 23,000 − (23,000 − 3,000)/5 = 19,000

2) 20×2년 말 수정 후 이익잉여금: 60,000 + 24,850 + 7,750 = 92,600

07 ① 1) 연평균지출액: (4,000,000 × 9 + 2,000,000 × 3 − 3,000,000 × 6)/12 = 2,000,000

2) 특정차입금

 (1) 특정차입금의 연평균지출액: 1,000,000 × 9/12 = 750,000

 (2) 특정차입금에서 자본화할 차입원가: 750,000 × 10% = 75,000

3) 일반차입금

 (1) 일반차입금의 연평균차입금: 2,400,000 × 10/12 + 3,000,000 × 6/12 = 3,500,000

 (2) 일반차입금의 실제 이자비용(한도): 2,400,000 × 10/12 × 6% + 3,000,000 × 6/12 × 3%

  = 165,000

 (3) 자본화이자율: 165,000 ÷ 3,500,000 = 4.7%

 (4) 일반차입금에서 자본화할 차입원가: (2,000,000 − 750,000) × 4.7% = 58,750

4) 20×1년 자본화할 차입원가: 75,000 + 58,750 = 133,750

08 ① 1) 공장의 취득원가: 6,000,000(건설비 지출액) + 150,000(자본화한 차입원가) + 610,000(복구충당부채)

 = 6,760,000

2) 감가상각비: (6,760,000 − 0) ÷ 10년 = 676,000

3) 정부보조금과 상계하는 감가상각비: 676,000 × 3,000,000/(6,760,000 − 0) = 300,000

4) 손익계산서상 감가상각비: 676,000 − 300,000 = 376,000

5) 복구충당부채의 20×2년 말 장부금액: 610,000 × 1.05 = 640,500

6) 20×2년 말 공장의 장부금액: 6,760,000 - 676,000 - (3,000,000 - 300,000) = 3,384,000

7) 20×3년 초 복구충당부채 재측정 후 장부금액: 2,000,000 × 0.42 = 840,000

8) 20×3년 초 회계처리

차) 건물	199,500	대) 복구충당부채*	199,500

  * 840,000 - 640,500 = 199,500

9) 20×3년 초 건물의 장부금액(정부보조금 차감 전): 6,760,000 - 676,000 + 199,500 = 6,283,500

10) 20×3년 감가상각비: (6,283,500 - 0) ÷ 9년 = 698,167

11) 정부보조금과 상계하는 감가상각비: 698,167 × 2,700,000/(6,283,500 - 0) = 300,000

12) 손익계산서상 감가상각비: 698,167 - 300,000 = 398,167

13) 20×3년 이자비용: 840,000 × 10% = 84,000

09 ④ 충당부채는 세전 금액으로 측정한다.

10 ③ 1) 자본의 증감: (7,000 - 3,400) - (5,000 - 2,500) = 1,100
2) 주주거래로 인한 자본의 증감: 300 - 200 = 100
3) 당기순이익: 1,100 - 100 - 80 = 920

11 ⑤ 최초 발생시점이나 매입할 때 신용이 손상되어 있는 상각후원가는 측정 금융자산의 이자수익은 최초 인식 시점부터 상각후원가에 신용조정유효이자율을 적용하여 계산한다.

12 ③ 기업이 고객에게 재화나 용역을 이전할 때 고객이 그 재화나 용역의 대가를 현금으로 결제한다면 지급할 가격으로 약속한 대가의 명목금액을 할인하는 이자율을 식별하여 그 할인율로 산정할 수 있다. 계약 개시 후에는 이자율이나 그 밖의 상황이 달라져도 그 할인율을 새로 수정하지 않는다.

13 ① 1) 평가이익: 510,000 - 475,982 = 34,018
2) 이자수익: 500,000 × 10% = 50,000
당기순이익에 미치는 영향: 1) + 2) = 84,018

14 ④ 내용연수가 비한정인 무형자산은 손상의 징후와 관계없이 매년 손상검사를 수행한다.

15 ② 1) 조정 후 당기순이익

구분	지배기업	비지배기업
조정 전 N/I	80,000	50,000
투자평가차액 상각		
-재고자산		(-)20,000
-유형자산		80,000/5 = (-)16,000
조정 후 N/I	① 80,000	② 14,000

2) 비지배지분: 99,000 + 14,000 × (1 - 70%) = 103,200

16 ① 20×2년 초 리스부채의 재측정 금액: 100,000 × 1.85941 + 50,000 × 0.90703 = 231,293

17 ④ 직전 연차재무보고서에 이미 보고된 정보에 대한 갱신사항이 상대적으로 경미하다면 중간재무보고서에 주석으로 보고할 필요는 없다.

18 ④ 손상차손환입: 87,000/1.1 - 64,000/1.1 = 20,909

19 ②

당기순이익 (A + B)	157,000
영업활동과 관련이 없는 손익 차감 (-B)	
- 감가상각비	5,000
- 사채상환손실	15,000
이자수익, 배당금관련 손익 차감 (-B)	
- 이자비용	10,000
- 법인세비용	8,000
영업활동 관련 자산·부채의 증감 (+C)	
- 매출채권 증가	(-)20,000
- 재고자산 감소	10,000
- 매입채무	15,000
영업에서 창출된 현금 (A + C)	200,000
이자 수령·지급	(-)10,000
배당금 수령·납부	
법인세 지급	(-)8,000
영업활동순현금흐름	182,000

20 ①
1) ㈜대한의 조정 후 N/I: 7,000,000 - 500,000/5 - (1,200,000 - 1,000,000) = 6,700,000
2) 비지배지분: 25,000,000 × 30% + 500,000 × 30% + 6,700,000 × 30% = 9,660,000

21 ③
1) 지분법이익: 27,650 × 40% = 11,060

구분	20×1년
조정 전 ㈜미래의 N/I	₩30,000
매출원가 조정	(-)2,000
감가상각비 조정	(-)100
내부거래 미실현이익	(1,500-1,000) × 50%
내부거래 이익 실현	-
조정 후 ㈜미래의 N/I	27,650

2) 관계기업투자주식: 5,000 + 11,060 + 10,000 × 40% - 5,000 × 40% = 18,060

22 ④

법인세비용차감전손익	A = 270,000
감가상각비	50,000
매도가능금융자산처분손실	30,000
이자비용	20,000
순매출채권 증가	(-)8,000
재고자산 증가	(-)5,000
매입채무 증가	3,000
영업활동에서 창출된 현금	B = 360,000
이자지급액[1]	(-)30,000
법인세납부액[2]	(-)30,000
영업활동순현금흐름	300,000

[1] 이자비용 (20,000) - 미지급이자 감소 10,000 = (-)30,000
[2] 법인세비용 (35,000) - 미지급법인세 감소 7,000 + 이연법인세부채증가 12,000 = (-)30,000

23 ③

1) 상환할증금: $100,000 \times (12\% - 10\%) \times (1.12^2 + 1.12 + 1) = 6,749$
2) 신주인수권 대가(= 신주인수권 발행 시 자본으로 계상할 금액)
   $100,000 - (10,000 \times 2.36115 + 106,749 \times 0.69305) = 2,406$
3) ×1년 이자비용: $97,594 \times 13\% = 12,687$
4) ×2년 이자비용: $(10,000/1.13 + 114,049/1.13^2) \times 13\% = 12,762$
   * $(100,000 + 10,000 + 6,749 \times 60\%)/1.13^2 = 114,049$
5) 전환 시 자본총계에 미치는 영향
   $100,000/10,000 \times 7,000 \times 40\% + 6,749 \times 40\%/1.13^2 = 30,114$
6) ×2년 말 신수인수권부사채의 장부가
   $(100,000 + 10,000 + 6,749 \times 60\%)/1.13 = 100,929$

24 ⑤ 희석EPS: $[198,000 + 15,000 \times (1 - 20\%)]/(8,250 + 1,250) = 22$

* 가중평균유통보통주식수: $8,000 + 1,000 \times 3/12 = 8,250$
* 잠재적 보통주: $1,000 \times 6/12 + 1,000 \times 9/12 = 1,250$ (전환사채의 발행일이 4월 1일부터이므로 4월 1일부터 계상)

25 ① 20×1년 말 충당부채: 250,000
20×1년 수익: 4,600,000

차) 현금[1]	4,760,000	대) 매출	4,600,000
		계약부채[2]	160,000
차) 제품보증비	250,000	대) 제품보증충당부채[3]	250,000

[1] 4대 × (460,000 + 40,000) + (10대 - 4대) × 460,000 = 4,760,000
[2] 4대 × 40,000 = 160,000
[3] 10대 × (10,000 + 15,000) = 250,000

해커스 세무사 IFRS 1차 FINAL 정윤돈 재무회계

개정 2판 1쇄 발행 2024년 2월 20일

지은이	정윤돈
펴낸곳	해커스패스
펴낸이	해커스 경영아카데미 출판팀

주소	서울특별시 강남구 강남대로 428 해커스 경영아카데미
고객센터	02-537-5000
교재 관련 문의	publishing@hackers.com
학원 강의 및 동영상강의	cpa.Hackers.com

ISBN	979-11-6999-786-7 (13320)
Serial Number	02-01-01

**회계사 · 세무사 · 경영지도사
단번에 합격,**
해커스 경영아카데미 cpa.Hackers.com

TH 해커스 경영아카데미

- 정윤돈 교수님의 **본 교재 인강**(교재 내 할인쿠폰 수록)
- 세무사 기출문제, 시험정보/뉴스 등 추가학습 콘텐츠
- 선배들의 성공 비법을 확인하는 **시험 합격후기**